綜合
易理要約集

綜合

易理要約集

| 최병기 지음 |

祥元文化社

필자의 조부께서는 동양학문인 한학자로 주위로부터 많은 덕망을 받고 있었는데, 당시 5세 정도의 어린 나이로 필자는 조부에게 한문(漢文)과 육효(六爻)를 배우게 되었으며 현재까지도 역리학(易理學)을 연구하여 오고 있습니다.

필자가 주변에서 많은 사람들이 역학(易學 : 역술·역리·점 보는 집 등)에 대한 집터·묘터·작명·관상·택일·신수 등을 보러 다니는데 일부 종교인들을 비롯하여 많은 사람들이 아주 나쁜 미신(迷信)으로 매도하고 있는 것을 보아왔는데, 필자는 어릴 때부터 동양학문이 중국에서 시작은 되었지만 이는 우리 선조들이 우주와 인간을 동일하게 여겨 사람을 소우주(小宇宙)라는 생각을 하는 높고 여유 있는 인생관으로 끊임없는 도전과 변화 속에서 스스로의 운명을 개척하며 가꾸어 가는 지혜를 가지고 살아왔다는 것은 우리 조상들의 역사적인 각종 기록으로 알 수가 있습니다.

우리 조상들에 의하여 이렇게 발전되어 온 이 역학(易學)은 신비(神秘)한 학문도 아니고 미신도 아닙니다. 미신의 사전적인 해설은 '마음에 무엇이 홀려서 망령(妄靈)된 믿음에 집착하는 것이다.'로 되어 있습니다. 즉, 종교적 과학적인 견지(見地)에서 망령된다고 생각하는 신앙(信仰)을 말하는 것입니다. 그래서 필자는 우리 역학(易學)을 좋아하는 수천만의 국민들에게 역학은 미신이 아니라고 알리기 위하여 동양학문(東洋學問)의 분류체계도(分類體系圖)를 만들어서 본 책의 7페이지에 게제하였습니다.

동양학문이 서양학문과 근본적인 차이는 태양력(서양)과 태음력(동양)에 의하여 서양은 현실에 보이는 유물론적인 사실에 입각하나 동양은 태극사상(음양학)에 의하여 유·무형의 사실에 대한 추리를 하고 판단하여 발전하여 온 학문입니다. 이런 동양학문은 먼저 수천년 전 문자가 없던 상고시대에 당시 중국의 위정자이던 태희·복씨가 하수에서 용마와 거북이 등에 있던 하도의 55개 점(点)을 보고 우주만물의 생성이치를 깨달아 음(--)과 양(—)이란 부호로 팔괘(八卦)를 그어 천지인(天地人) 삼재(三才)의 이치를 나타내어 치산치수에 사용하여 오던 것을 그 후 중국 춘추 전국시대 주나라의 재상을 지낸 공자가 낙향하여 주역을 만들고, 그 제자들에 의하여 '역'이란 이름으로 7권의 책으로 펴내었으나 동양권에 있는 대부분의 국가들이 학문으로 받아들였으며 우리나라에서도 중국의 학문인 '역', 즉 동양학문을 받아 공자의 사서삼경으로 개명하여 선비나 양반들이 기본 학문으로 배워서 과거나 나라 일에 사용하여 왔으나 현재는 동양학문인 사서삼경의 한 분야만 전문적으로 연구하는 학자는 있으나

7페이지에서 필자가 많은 고서적을 보고 연구 적립한 동양학문(태극사상)의 분류체계도에서 보시는 것과 같이 양의(兩儀) 중 음인 술학에 속하며 술학 중에 운명학의 한 분야인 점복 분야의 한 학문을 좋아하는 사람은 누구나 연구하고 발전시키며 직업으로도 가질 수 있는 것이 자명한 사실입니다. 그래서 필자가 편집한 동양학문 분류체계도를 자세히 보시고 역학이 미신이 아니라는 것을 많은 사람들에게 홍보하여 주실 것을 부탁드리는 바 입니다.

본 종합역리요약집과 책력, 만세력, 패철 등 4가지를 가지면 초급 역리학도나 전문역술인이라도 사용에 편리하리라 믿으며, 끝으로 필자의 나름대로 10여 년에 걸쳐 정성을 모아 기술하였으나 지식의 한계 등으로 여러분에게 만족을 다 채우지 못함을 아쉽게 생각하며 부족한 점은 넓은 아량으로 이해와 아낌없는 지도 편달을 바라며 머리말을 대신합니다.

2011년 계묘 조춘

金石 崔 炳 淇 謹識

● 동양학문 東洋學問 분류체계도 分類體系圖

태극 (무극)	양의 (음양)	사상 (태음 태양) (소음 소양)	팔괘 (건감간진손리곤태)		해 설
동 양 학 문 사서 논어 중용 대학 맹자 삼경 시경 서경 주역	도학 (양)	수기학 (태양)	윤리 분야 (건)	윤리학 (양)	●삼강오륜을 바탕으로 하여 인의예지를 근본사상으로 한 윤리학의 학문을 전개하였고
				노덕학 (음)	●충신·열녀·효자·효부·조싱 등에 대해 예절에 대한 학문을 전개하였으며
			심리 분야 (태)	심리학 (양)	●신령·성령 등에 의한 심신수련을 하는 심리학의 학문을 전개하였으며
				심령학 (음)	●심령과 위령 등에 의한 수련을 하기 위하여 심령학을 전개하였으며
		치인학 (태음)	정치 분야 (리)	정치학 (양)	●유물론·인본론·신본론인 신앙 등에 의한 치국하는 정치학의 학문을 전개하였고
				치수학 (음)	●천재지변에 대한 치산치수에 대한 치수학의 학문을 전개하였으며
			경제 분야 (진)	경제학 (양)	●자연과학·인문과학·정신과학에 의한 문명발달로 부국강병하는 경제학의 학문을 전개하였음
				제정학 (음)	●국가의 부강을 위하여 실존과학인 제정학을 발전시키는 학문을 전개하였음
	술학 (음)	보건학 (소양)	의술 분야 (손)	방제의학 (양)	●환자를 진찰하여 약재에 의한 탕약으로 질병을 치료하고 사전예방하는 방제의학의 의술이 발달하였으며
				침구의학 (음)	●환자를 진찰하여 침구로 환자의 질병을 치료하고 사전예방하는 침구의학의 의술이 발전하였고
			선술 분야 (감)	도인학 (양)	●명산과 심산유곡에서 권법과 검법 등의 무술과 호흡으로 심신수련과 선약 등의 식이요법을 하며 선인공부를 하여 중생을 인도하고 질병을 치료하는 학문이며
				무속학 (음)	●축문을 외우거나 부적을 사용하는 무속으로 길흉을 예언하거나 귀신을 쫓는 방법으로 질병을 치료하고 운명을 예언하는 학문이고
		운명학 (소음)	명리 분야 (간)	추명명리학 (양)	●사주팔자로 운명을 추리판단하는 학문으로 운명학·자평학·추명학·팔자학 등이 있고
				성궁명리학 (음)	●사주를 별자리 즉 성좌로 운명을 판단하는 학문으로 자미두수·성평회해·십이성좌 등이 있으며
			점복 분야 (곤)	작괘역리학 (양)	●주역팔괘와 육효 또는 구궁도에 의한 작괘로 길흉화복을 판단하는 육효점·육임점·태을신수·귀문둔갑·하락이수·매화역수 등이 있음
				유도역리학 (음)	●운명을 유리한 방향으로 유도하는 역리학문으로 파자법·풍수지리 등의 가상(家相)·관상·작명·궁합·택일 등이 있음

綜合 易理要約集

Contents

綜合 易理要約集

Contents

綜合 易理要約集

Contents

제3부 육효궁합 보는 법

Contents

綜合 易理要約集

Contents

綜合 易理要約集

Contents

綜合 易理要約集

Contents

Contents

제 1 부

사람은 태어나는 순간, 4개의 기둥(四柱)을 지니고 태어난다.

태어난 해(年), 태어난 달(月), 태어난 날(日), 태어난 시각(時)...
4개의 기둥, 이른바 사주(四柱)라는 것은 그런 까닭에 미로(迷路) 속 같은 인간의 운명의 노정(路程)을 헤쳐 나가는 데 있어 큰 이정표가 되어줄 수 있는 것이다.

자신이 태어난 시간을 명확히 모른다면 잠자리 습관, 신체적 특징, 출생 순간과 아버지와의 관계, 출생 방향 등으로 짐작할 수 있는 방법이 이 책 속에 있다.

가령 자(子), 오(午), 묘(卯), 유(酉) 시에 태어난 사람은 반듯하게 누워 자는 습관이 있으며, 그들의 가마 자리는 바르게 잡혀 있다. 또한 진(辰), 술(戌), 축(丑), 미(未) 시에 태어난 사람은 하늘을 등진 채 엎어진 모양으로 아버지가 없을 때 태어난다는 것이다.

아무리 나쁜 사주를 가지고 태어나도 10년마다 한 번씩 대운(大運)이 찾아온다는데... 당신은 그것을 문전박대해 버리지 않았는지?

운명 감정법 주학

綜合 易理要約集

종합 역리요약집

◉ 태극사상太極思想 역의 기원易之基源

● 복희씨伏羲氏 용마하도龍馬河圖

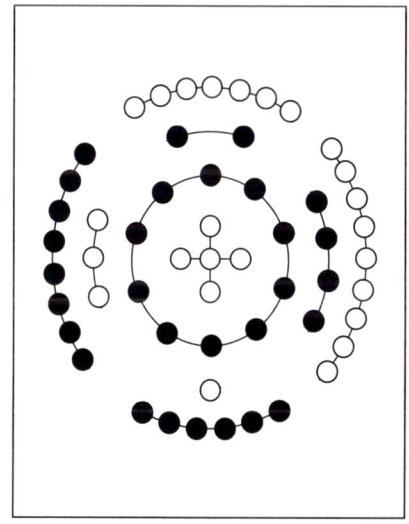

● 태극양의太極兩儀 사상도四象圖

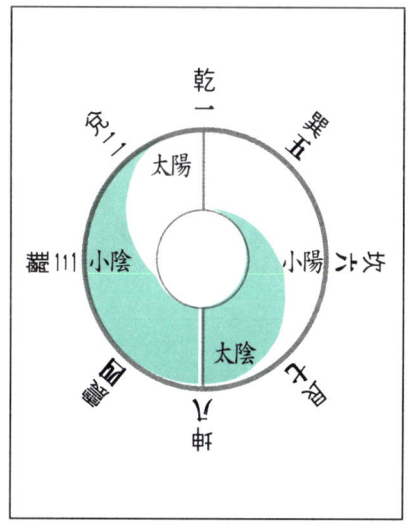

● 복희씨伏羲氏 선천팔괘先天八卦

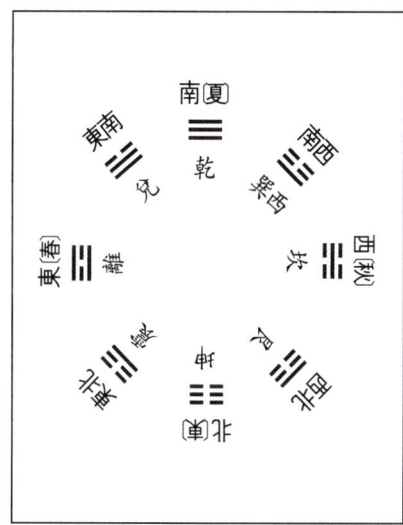

● 문왕文王 후천팔괘後天八卦

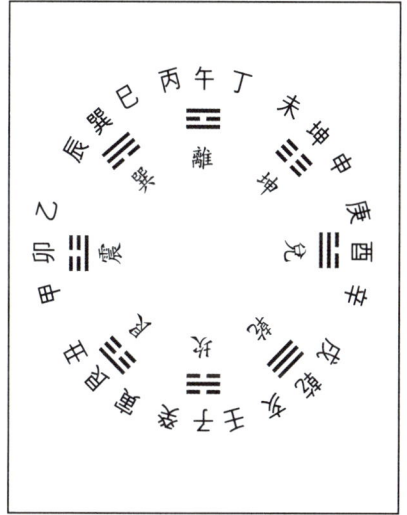

●우왕禹王 신구낙도神龜洛圖　　　　　●문왕文王 낙서구궁도洛書九宮圖

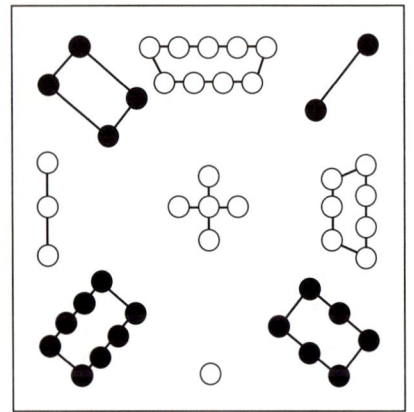

四綠 巽宮	九紫 離宮	二黑 坤宮
三碧 震宮	五黃 中宮	七赤 兌宮
八白 艮宮	一白 坎宮	六白 乾宮

● 음양오행론

●음양오행 생성원리

무극 (無極)	양의 (倆儀)	사상 (四象)	팔괘 (八卦)	선천 (先天)	후천 (後天)	괘효 (卦爻)	자연 (自然)	방위 (方位)	오행 (五行)	인간 (人間)	신체 (身體)	동물 (動物)
태극 (太極)	양 (陽)	태양 (太陽)	건(乾)	일(一)	일(一)	건(☰)	천(天)	서북 (西北)	양금 (陽金)	부(父)	두(頭)	마(馬)
		구 (九)	태(兌)	二	八	태(☱)	택(澤)	서방 (西方)	음금 (陰金)	소녀 (小女)	구(口)	양(羊)
		소음 (少陰)	리(離)	三	六	리(☲)	화(火)	남방 (南方)	양화 (陽火)	중녀 (中女)	목(目)	치(雉)
		팔 (八)	진(震)	四	四	진(☳)	뢰(雷)	동방 (東方)	양목 (陽木)	장남 (長男)	족(足)	용(龍)
	음 (陰)	소양 (少陽)	손(巽)	五	五	손(☴)	풍(風)	동남 (東南)	음목 (陰木)	장녀 (長女)	대장 (大腸)	계(鷄)
		칠 (七)	감(坎)	六	二	감(☵)	수(水)	북방 (北方)	음수 (陰水)	중남 (中男)	이(耳)	돈(豚)
		태음 (太陰)	간(艮)	七	三	간(☶)	산(山)	동북 (東北)	양토 (陽土)	소남 (小男)	수(手)	견(犬)
		육 (六)	곤(坤)	八	七	곤(☷)	지(地)	서남 (西南)	음토 (陰土)	모(母)	복(腹)	우(牛)

상대성 (相對性)	우주(宇宙)의 삼라만상(森羅萬象)은 음양(陰陽)의 상대성으로 구성(構成)됨 ●상대(相對)의 개념(槪念) : 천(天)과 지(地), 남(男)과 녀(女), 사(師)와 제(弟) 등 ●반대(反對)의 개념(槪念) : 사물(事物)과 사물(事物)의 대립(對立) 또는 역관계 (逆關係)
변화성 (變化性)	시간(時間)의 변화(變化)에 따라 음(陰)과 양(陽)이 변경되고 기준설정(基準設定) 및 장소(場所)와 사용(使用)에 따라 음(陰)과 양(陽)이 변(變)함 ●음지(陰地)가 양지(陽地)되고 양지(陽地)가 음지(陰地)되며 ●오늘에 여당(與黨)이 내일에 야당(野黨)이 되는가 하면 ●금일(今日)의 패자(敗者)가 내일(來日)의 승자(勝者)가 되지 않는가
공존성 (共存性)	음양(陰陽)은 "하나 속의 둘"로 땔래야 땔 수 없이 공존(共存)함 ●양지(陽地)가 있으면 음지(陰地)가 있고 ●외면(外面) 양(陽)은 행복한 양(陽)으로 보이나 내면(內面) 음(陰)은 불행한 음 (陰)이 있는 것 같이 모든 만물(萬物)도 음(陰)과 양(陽)이 같이 있음

●오행五行의 상생상극 통관 相生相剋 通關

상생(相生)			상극(相剋)		
목생화 (木生火)	목다화멸 (木多火滅)	화다목분 (火多木焚)	수극화 (水剋火)	화다수탕(건) (火多水渴)(乾)	목통관 (木通關)
화생토 (火生土)	화다토조 (火多土燥)	토다화무광 (土多火無光)	화극금 (火剋金)	금다화식(멸) (金多火息)(滅)	토통관 (土通關)
토생금 (土生金)	토다금매 (土多金埋)	금다토변 (金多土變)	금극목 (金剋木)	목다금결 (木多金缺)	수통관 (水通關)
금생수 (金生水)	금다수탁 (金多水濁)	수다금침 (水多金沈)	목극토 (木剋土)	토다목절 (土多木折)	화통관 (火通關)
수생목 (水生木)	수다목부(부) (水多木浮)(腐)	목다수축 (木多水縮)	토극수 (土剋水)	수다토붕(유) (水多土崩)(流)	금통관 (金通關)

※역생 : 목생수 수생금 금생토 토생화 화생목
(逆生 : 木生水 水生金 金生土 土生火 火生木)

●오행五行의 특성特性

구분(區分)	목(木)	화(火)	토(土)	금(金)	수(水)
작용(作用)	생(生)	장(長)	화(化)	수(收)	잠(藏)
계절(季節)	춘(春)	하(夏)	사계(四季)	추(秋)	동(冬)
방위(方位)	동(東)	남(南)	중앙(中央)	서(西)	북(北)
시간(時間)	조(朝)	주(晝)	사이시간(時間)	석(夕)	야(夜)
인생(人生)	소년기(少年期)	청년기(青年期)	결혼전후기(結婚前後期)	장년기(壯年期)	노년기(老年期)
천간(天干)	갑을(甲乙)	병정(丙丁)	무기(戊己)	경신(庚辛)	임계(壬癸)
지지(地支)	인묘(寅卯)	사오(巳午)	진술축미(辰戌丑未)	신유(申酉)	해자(亥子)
수리(數理)	일이(一二)	삼사(三四)	오육(五六)	칠팔(七八)	구십(九十)
색(色)	청(青)	적(赤)	황(黃)	백(白)	흑(黑)
미(味)	산(酸)	고(苦)	감(甘)	신(辛)	함(鹹)
성상(性常)	인자(仁慈)	예의(禮儀)	신용(信用)	의리(義理)	지혜(智慧)
오장(五臟)	간(肝)	심(心) 심포(心包)	비(脾)	폐(肺)	신(腎)
육부(六腑)	담(膽)	소장(小腸) 삼초(三焦)	위(胃)	대장(大腸)	방광(膀胱)
오관(五官)	안(眼)·시(視)	설(舌)·미(味)	구(口)·촉(觸)	비(鼻)·취(嗅)	이(耳)·청(廳)
육수(六獸)	청용(青龍)	주작(朱雀)	구진(句陳) 등사(螣蛇)	백호(白虎)	현무(玄武)
팔괘(八卦)	진(震)·손(巽)	이(離)	간(艮)·곤(坤)	건(乾)·태(兌)	감(坎)
조후(調侯)	온(溫)	열(熱)	조(燥)·습(濕)	냉(冷)	한(寒)
위치(位置)	좌(左)	상(上)	중(中)	우(右)	하(下)
오성(五性)	혼(魂)	신(神)	령(靈)	백(魄)	정(精)
특성(特性)	결과(結果) 인내(忍耐)	판단(判斷) 발표(發表)	사교(私交) 조직(組織)	실천(實踐) 통솔(統率)	기억(記憶) 사고(思考)
성격(性格)	자상(仔詳) 다감(多感)	명랑(明朗) 활발(活潑)	과묵(寡默) 중후(重厚)	예리(銳利) 용감(勇敢)	우수(優秀) 엉큼
오형(五形)	❘	△	○	□	( )
신체(身體)	신경(神經) 모발(毛髮) 두부(頭部)	혈맥(血脈) 체온(體溫) 시력(視力)	근육(筋肉) 소화기(消化器) 요(腰)·흉(胸)	골격(骨格) 피부(皮膚) 기관지(氣管支)	수분(水分) 배설(排泄) 비뇨기(泌尿器)

●천간天干의 특성特性

구분	갑(甲)	을(乙)	병(丙)	정(丁)	무(戊)	기(己)	경(庚)	신(辛)	임(壬)	계(癸)
음양오행	양목(陽木)	음목(陰木)	양화(陽火)	음화(陰火)	양토(陽土)	음토(陰土)	양금(陽金)	음금(陰金)	양수(陽水)	음수(陰水)
선천수	구(九)	팔(八)	칠(七)	육(六)	오(五)	구(九)	팔(八)	칠(七)	육(六)	오(五)
중천수	십일(十一)	십(十)	구(九)	팔(八)	칠(七)	십일(十一)	십(十)	구(九)	팔(八)	칠(七)
후천수	삼(三)	팔(八)	칠(七)	육(六)	오(五)	백(百)	구(九)	사(四)	일(一)	육(六)
성정(性情)	동량대목(棟梁大木)	화초유실(花草有實)	태양광열(太陽光熱)	등촉화로(燈燭火爐)	산성태산(山城泰山)	전원평야(田園平野)	강철창검(鋼鐵槍劍)	금은주옥(金銀珠玉)	대해강호(大海江湖)	우로천정(雨露泉井)
오성	혼(魂)	성(性)	심(心)	신(神)	령(靈)	능(能)	기(氣)	백(魄)	지(智)	정(精)
신체	두(頭)	정(頂)	견(肩)	배(背)	협(脅)	복(腹)	제(臍)	고(股)	경(脛)	족(足)
장기	담(膽)	간(肝)	소장(小腸)	심(心)	위(胃)	비(脾)	대장(大腸)	폐(肺)	방광(膀胱)	신(腎)
방위	동(東)		남(南)		중앙(中央)		서(西)		북(北)	
사계	춘(春)		하(夏)		사계(四季)		추(秋)		동(東)	
오상	인(仁)		예(禮)		신(信)		의(義)		지(智)	
오색	청(靑)		적(赤)		황(黃)		백(白)		흑(黑)	

●지지地支의 계통系統 및 조후표調候表

지지(地支)	명칭(名稱)		별칭(別稱)	
자오모유 (子午卯酉)	전문지지 (사전, 사정) (專門地支) (四專, 四正)		황제파 정통파 순종파 왕자파 양도파 도화살파 (皇帝派, 正統派, 純宗派, 王子派, 羊刃派, 桃花煞派)	
인신사해 (寅申巳亥)	발생지지 (사생, 사맹) (發生地支) (四生, 四孟)		창조파 개척파 시작파 역마살파 준비운동파 (創造波, 開拓派, 始作派, 驛馬殺派, 準備運動派)	
진술축미 (辰戌丑未)	잡기지지 (사묘, 사고) (雜氣地支) (四墓, 四庫)		상황파 눈치파 창고파 무덤파 잡기파 화개파 고독파 백호살파 (狀況派, 눈치派, 倉庫派, 무덤派, 雜氣派, 華蓋派, 孤獨派, 白虎殺派)	
조후 (調候)	조열 (燥熱)	인묘사오미술 (寅卯巳午未戌)	갑을인묘 (甲乙寅卯) 병정사오 (丙丁巳午) 기축진 (己丑辰) 무미술 (戊未戌) 경신신유 (庚辛申酉) 임계해자 (壬癸亥子)	
	한습 (寒濕)	신유해자축진 (申酉亥子丑辰)	온(溫) 열(熱) 습(濕) 조(燥) 냉(冷) 한(寒)	

● 지지 地支 의 특성 特性

구분	자(子)	축(丑)	인(寅)	묘(卯)	진(辰)	사(巳)	오(午)	미(未)	신(申)	유(酉)	술(戌)	해(亥)
음양(陰陽) 오행(五行)	음수(陰水)	음토(陰土)	양목(陽木)	음목(陰木)	양토(陽土)	양화(陽火)	음화(陰火)	음토(陰土)	양금(陽金)	음금(陰金)	양토(陽土)	양수(陽水)
월(月)	십일(十一)	십이(十二)	일(一)	이(二)	삼(三)	사(四)	오(五)	육(六)	칠(七)	팔(八)	구(九)	십(十)
동물(動物)	서(鼠)	우(牛)	호(虎)	토(兔)	용(龍)	사(蛇)	마(馬)	양(羊)	후(猴)	계(鷄)	견(犬)	저(猪)
방위(方位)	북(北)	북동(北東)	동북(東北)	동(東)	동남(東南)	남동(南東)	남(南)	남서(南西)	서남(西南)	서(西)	서북(西北)	북서(北西)
사계(四季)	동(冬)	동(冬)	춘(春)	춘(春)	춘(春)	하(夏)	하(夏)	하(夏)	추(秋)	추(秋)	추(秋)	동(冬)
오색(五色)	흑(黑)	황(黃)	청(靑)	청(靑)	황(黃)	적(赤)	적(赤)	황(黃)	백(白)	백(白)	황(黃)	흑(黑)
천간(天干)	임(壬)	기(己)	갑(甲)	을(乙)	무(戊)	정(丁)	병(丙)	기(己)	경(庚)	신(辛)	무(戊)	계(癸)
지(支)	임(壬) 10	계(癸) 9	무(戊) 7	갑(甲) 10	을(乙) 9	무(戊) 7	병(丙) 10	무(戊) 9	무(戊) 7	경(庚) 10	신(辛) 9	무(戊) 7
장(藏)		신(辛) 3	병(丙) 7		계(癸) 3	경(庚) 7	기(己) 10	을(乙) 3	임(壬) 7		정(丁) 3	갑(甲) 7
간(干)	계(癸) 20	기(己) 18	갑(甲) 16	을(乙) 20	무(戊) 18	병(丙) 16	정(丁) 0	기(己) 18	경(庚) 16	신(辛) 20	무(戊) 18	임(壬) 16
선천(先天)	구(九)	팔(八)	칠(七)	육(六)	오(五)	사(四)	구(九)	팔(八)	칠(七)	육(六)	오(五)	사(四)
중천(中天)	구(九)	십일(十一)	팔(八)	팔(八)	십일(十一)	칠(七)	칠(七)	십일(十一)	십(十)	십(十)	십일(十一)	구(九)
후천(後天)	일(一)	십(十)	삼(三)	팔(八)	오(五)	이(二)	칠(七)	십(十)	사(四)	구(九)	오(五)	육(六)
신체 장부(身體 臟腑)	신(腎) 방광(膀胱) 이(耳)	비(脾) 복(腹) 흉(胸)	담(膽) 풍(風) 발(髮)	간(肝) 안(眼) 신경(神經)	위(胃) 피부(皮膚) 견(肩)	소장(小腸) 면(面) 후(喉)	심(心) 신기(神氣) 설(舌)	비(脾) 완(腕) 치(齒)	대장(大腸) 골(骨) 근(筋)	폐(肺) 구(口) 성대(聲帶)	위(胃) 협(脇) 요(腰)	방광(膀胱) 생식 기능(生殖 機能)

● 육십갑자 공망(음양오행) 조견표

갑자순중 (甲子順中)	갑술순중 (甲戌順中)	갑신순중 (甲申順中)	갑오순중 (甲午順中)	갑진순중 (甲辰順中)	갑인순중 (甲寅順中)
갑자(甲子)	갑술(甲戌)	갑신(甲申)	갑오(甲午)	갑진(甲辰)	갑인(甲寅)
을축(乙丑)	을해(乙亥)	을유(乙酉)	을미(乙未)	을사(乙巳)	을묘(乙卯)
해중금 (海中金)	산두화 (山斗火)	천중수 (泉中水)	사중금 (砂中金)	복등화 (覆燈火)	대해수 (大海水)
병인(丙寅)	병자(丙子)	병술(丙戌)	병신(丙申)	병오(丙午)	병진(丙辰)
정묘(丁卯)	정축(丁丑)	정해(丁亥)	정유(丁酉)	정미(丁未)	정사(丁巳)
노중화 (爐中火)	간하수 (澗下水)	옥상토 (屋上土)	산하화 (山河火)	천하수 (天河水)	사중토 (沙中土)
무진(戊辰)	무인(戊寅)	무자(戊子)	무술(戊戌)	무신(戊申)	무오(戊午)
기사(己巳)	기묘(己卯)	기축(己丑)	기해(己亥)	기유(己酉)	기미(己未)
대림목 (大林木)	성두토 (城頭土)	벽력화 (壁歷火)	평지목 (平地木)	대역토 (大驛土)	천상화 (天上火)
경오(庚午)	경진(庚辰)	경인(庚寅)	경자(庚子)	경술(庚戌)	경신(庚申)
신미(辛未)	신사(辛巳)	신묘(辛卯)	신축(辛丑)	신해(辛亥)	신유(辛酉)
로방토 (路傍土)	백납금 (白鑞金)	송백목 (松栢木)	벽상토 (壁上土)	차천금 (釵釧金)	석류목 (石榴木)
임신(壬申)	임오(壬午)	임진(壬辰)	임인(壬寅)	임자(壬子)	임술(壬戌)
계유(癸酉)	계미(癸未)	계사(癸巳)	계묘(癸卯)	계축(癸丑)	계해(癸亥)
검봉금 (劍鋒金)	양류목 (楊柳木)	장류수 (長流水)	금박금 (金箔金)	상자목 (桑柘木)	대해수 (大海水)
술해공망 (戌亥空亡)	**신유공망** (申酉空亡)	**오미공망** (午未空亡)	**진사공망** (辰巳空亡)	**인묘공망** (寅卯空亡)	**자축공망** (子丑空亡)

※ 납음오행(納音五行) 쉽게 찾는 법

- 천간(天干) : 갑을(甲乙)(1) 병정(丙丁)(2) 무기(戊己)(3) 경신(庚辛)(4) 임계(壬癸)(5)
- 지지(地支) : 자축오미(子丑午未)(1) 인묘신유(寅卯申酉)(2) 진사술해(辰巳戌亥)(3)
- 오행(五行) : 1-목(木) 2-금(金) 3-수(水) 4-화(火) 5-토(土)
- 천간의 수(天干數) 갑을(甲乙)1 + 지지의 수(地支數) 인묘(寅卯)2 = 3 즉, 3은 수(水)임

運命鑑定書 운명감정서

( )命명 ( )胎生태생 ( )歲세 ( )띠 陰陽음양 年년 月월 日일 時시 分生분생
姓名성명　　　　　　　　年년 月월 日일 鑑定감정

胎月태월		格局격국		時柱시주	日柱일주	月柱월주	年柱년주	四柱사주	
								納音五行 납음오행	
格局用神 격국용신		五行 오행						通辯星 통변성	
病藥用神 병약용신		調喉用神 조후용신						干五行 간오행 干간	
通關用神 통관용신		强弱 강약						支지 支五行 지오행	
三災 삼재		空亡 공망						通辯星통변성	
								支藏干 지장간	
	左側 좌측 體質 체질	五運 오운 六氣 육기 體質 체질 分類 분류						十二神殺 십이신살	
								奉봉 居거	運星 운성
	右側 우측 體質 체질							合刑沖破害 합형충파해 元嗔 원진 吉神 길신	鬼門 귀문 凶殺 흉살
	現在 현재 體質 체질							唐四柱당사주	
								運운 歲세	大運 대운
								運운 歲세	年運 년운
總評 총평									

易學相談士역학상담사　 ○○ ○ ○ ○ 　鑑定감정

월 \ 년	인월(寅月)	묘월(卯月)	진월(辰月)	사월(巳月)	오월(午月)	미월(未月)	신월(申月)	유월(酉月)	술월(戌月)	해월(亥月)	자월(子月)	축월(丑月)
	입춘(立春)	경칩(驚蟄)	청명(淸明)	입하(立夏)	망종(亡種)	소서(小暑)	입추(立秋)	백로(白露)	한로(寒露)	입동(立冬)	대설(大雪)	소한(小寒)
갑기(甲己)	병인(丙寅)	정묘(丁卯)	무진(戊辰)	기사(己巳)	경오(庚午)	신미(辛未)	임신(壬申)	계유(癸酉)	갑술(甲戌)	을해(乙亥)	병자(丙子)	정축(丁丑)
을경(乙庚)	무인(戊寅)	기묘(己卯)	경진(庚辰)	신사(辛巳)	임오(壬午)	계미(癸未)	갑신(甲申)	을유(乙酉)	병술(丙戌)	정해(丁亥)	무자(戊子)	기축(己丑)
병신(丙辛)	경인(庚寅)	신묘(辛卯)	임진(壬辰)	계사(癸巳)	갑오(甲午)	을미(乙未)	병신(丙申)	정유(丁酉)	무술(戊戌)	기해(己亥)	경자(庚子)	신축(辛丑)
정임(丁壬)	임인(壬寅)	계묘(癸卯)	갑진(甲辰)	을사(乙巳)	병오(丙午)	정미(丁未)	무신(戊申)	기유(己酉)	경술(庚戌)	신해(辛亥)	임자(壬子)	계축(癸丑)
무계(戊癸)	갑인(甲寅)	을묘(乙卯)	병진(丙辰)	정사(丁巳)	무오(戊午)	기미(己未)	경신(庚申)	신유(辛酉)	임술(壬戌)	계해(癸亥)	갑자(甲子)	을축(乙丑)

※ 태월산출법(胎月算出法) : 출생월건천간(出生月建天干) 다음 천간(天干)과 월건지지(月建地支) 다음 세 번째 지지(地支)임

● 기시起時 조견표早見表

시 \ 일	자(子)	축(丑)	인(寅)	묘(卯)	진(辰)	사(巳)	오(午)	미(未)	신(申)	유(酉)	술(戌)	해(亥)
갑기(甲己)	갑자(甲子)	을축(乙丑)	병인(丙寅)	정묘(丁卯)	무진(戊辰)	기사(己巳)	경오(庚午)	신미(辛未)	임신(壬申)	계유(癸酉)	갑술(甲戌)	을해(乙亥)
을경(乙庚)	병자(丙子)	정축(丁丑)	무인(戊寅)	기묘(己卯)	경진(庚辰)	신사(辛巳)	임오(壬午)	계미(癸未)	갑신(甲申)	을유(乙酉)	병술(丙戌)	정해(丁亥)
병신(丙辛)	무자(戊子)	기축(己丑)	경인(庚寅)	신묘(辛卯)	임진(壬辰)	계사(癸巳)	갑오(甲午)	을미(乙未)	병신(丙申)	정유(丁酉)	무술(戊戌)	기해(己亥)
정임(丁壬)	경자(庚子)	신축(辛丑)	임인(壬寅)	계묘(癸卯)	갑진(甲辰)	을사(乙巳)	병오(丙午)	정미(丁未)	무신(戊申)	기유(己酉)	경술(庚戌)	신해(辛亥)
무계(戊癸)	임자(壬子)	계축(癸丑)	갑인(甲寅)	을묘(乙卯)	병진(丙辰)	정사(丁巳)	무오(戊午)	기미(己未)	경신(庚申)	신유(辛酉)	임술(壬戌)	계해(癸亥)
서머타임 년	48년	49년	50년	51년	55년	56년	57년	58년	59년	60년	67년	88년
서머타임 시	5월 31일	4월 1일	4월 1일	5월 6일	4월 6일	5월 20일	5월 5일	5월 4일	5월 4일	5월 1일	5월 10일	5월 8일
서머타임 종	9월 12일	9월 23일	9월 23일	9월 8일	9월 21일	9월 29일	9월 21일	9월 21일	9월 19일	9월 17일	10월 17일	10월 9일

잠버릇 및 관상(觀相)	
자오묘유(子午卯酉) 시(時)	•반듯이 누워 자고 얼굴이 좁으며 아래턱이 뾰족함
인신사해(寅申巳亥) 시(時)	•옆으로 누워 자고 얼굴이 길며 장신(身長)으로 키가 큰 편임
진술축미(辰戌丑未) 시(時)	•엎드려 자고 얼굴이 둥글며 후하고 신체(身體)가 큰 편임

남자(男子)는 부(父)의 출생년(出生年) 천간 기준(天干 基準)

시(時)	자(子)	축(丑)	인(寅)	묘(卯)	진(辰)	사(巳)	오(午)	미(未)	신(申)	유(酉)	술(戌)	해(亥)
초(初)	갑을(甲乙)	경신(庚辛)	병정(丙丁)	임계(壬癸)	무기(戊己)	갑을(甲乙)	경신(庚辛)	병정(丙丁)	임계(壬癸)	무기(戊己)	갑을(甲乙)	경신(庚辛)
중(中)	병정(丙丁)	임계(壬癸)	무기(戊己)	갑을(甲乙)	경신(庚辛)	병정(丙丁)	임계(壬癸)	무기(戊己)	갑을(甲乙)	경신(庚辛)	병정(丙丁)	임계(壬癸)
말(末)	무기(戊己)	갑을(甲乙)	경신(庚辛)	병정(丙丁)	임계(壬癸)	무기(戊己)	갑을(甲乙)	경신(庚辛)	병정(丙丁)	임계(壬癸)	무기(戊己)	갑을(甲乙)

여자(女子)는 모(母)의 출생년지지기준(出生年地支基準)

시(時)	자(子)	축(丑)	인(寅)	묘(卯)	진(辰)	사(巳)	오(午)	미(未)	신(申)	유(酉)	술(戌)	해(亥)
초(初)	자축(子丑)	오미(午未)	자축(子丑)	오미(午未)	자축(子丑)	오미(午未)	자축(子丑)	오미(午未)	자축(子丑)	오미(午未)	자축(子丑)	오미(午未)
중(中)	인묘(寅卯)	신유(申酉)	인묘(寅卯)	신유(申酉)	인묘(寅卯)	신유(申酉)	인묘(寅卯)	신유(申酉)	인묘(寅卯)	신유(申酉)	인묘(寅卯)	신유(申酉)
말(末)	진사(辰巳)	술해(戌亥)	진사(辰巳)	술해(戌亥)	진사(辰巳)	술해(戌亥)	진사(辰巳)	술해(戌亥)	진사(辰巳)	술해(戌亥)	진사(辰巳)	술해(戌亥)

●통변성通辯星 조견표早見表

일간 간지	갑(甲)	을(乙)	병(丙)	정(丁)	무(戊)	기(己)	경(庚)	신(辛)	임(壬)	계(癸)
갑인 (甲寅)	비견 (比肩)	겁재 (劫財)	편인 (偏印)	정인 (正印)	편관 (偏官)	정관 (正官)	편재 (偏財)	정재 (正財)	식신 (食神)	상관 (傷官)
을묘 (乙卯)	겁재 (劫財)	비견 (比肩)	정인 (正印)	편인 (偏印)	정관 (正官)	편관 (偏官)	정재 (正財)	편재 (偏財)	상관 (傷官)	식신 (食神)
병사 (丙巳)	식신 (食神)	상관 (傷官)	비견 (比肩)	겁재 (劫財)	편인 (偏印)	정인 (正印)	편관 (偏官)	정관 (正官)	편재 (偏財)	정재 (正財)
정오 (丁午)	상관 (傷官)	식신 (食神)	겁재 (劫財)	비견 (比肩)	정인 (正印)	편인 (偏印)	정관 (正官)	편관 (偏官)	정재 (正財)	편재 (偏財)
무진술 (戊辰戌)	편재 (偏財)	정재 (正財)	식신 (食神)	상관 (傷官)	비견 (比肩)	겁재 (劫財)	편인 (偏印)	정인 (正印)	편관 (偏官)	정관 (正官)
기축미 (己丑未)	정재 (正財)	편재 (偏財)	상관 (傷官)	식신 (食神)	겁재 (劫財)	비견 (比肩)	정인 (正印)	편인 (偏印)	정관 (正官)	편관 (偏官)
경신 (庚申)	편관 (偏官)	정관 (正官)	편재 (偏財)	정재 (正財)	식신 (食神)	상관 (傷官)	비견 (比肩)	겁재 (劫財)	편인 (偏印)	정인 (正印)
신유 (辛酉)	정관 (正官)	편관 (偏官)	정재 (正財)	편재 (偏財)	상관 (傷官)	식신 (食神)	겁재 (劫財)	비견 (比肩)	정인 (正印)	편인 (偏印)
임해 (壬亥)	편인 (偏印)	정인 (正印)	편관 (偏官)	정관 (正官)	편재 (偏財)	정재 (正財)	식신 (食神)	상관 (傷官)	비견 (比肩)	겁재 (劫財)
계자 (癸子)	정인 (正印)	편인 (偏印)	정관 (正官)	편관 (偏官)	정재 (正財)	편재 (偏財)	상관 (傷官)	식신 (食神)	겁재 (劫財)	비견 (比肩)

● 십이신살十二神殺 및 삼재三災 조견표早見表

살 / 생년	겁살(劫殺) 생(生)	재살(災殺) 욕(浴)	천살(天殺) 대(帶)	지살(地殺) 관(冠)	년살(年殺) 왕(旺)	월살(月殺) 쇠(衰)	망신(亡身) 병(病)	장성(將星) 사(死)	반안(攀鞍) 장(葬)	역마(驛馬) 포(胞)	육해(六害) 태(胎)	화개(華蓋) 양(養)
사유축 (巳酉丑)	인(寅)	묘(卯)	진(辰)	사(巳)	오(午)	미(未)	신(申)	유(酉)	술(戌)	해(亥)	자(子)	축(丑)
해묘미 (巳酉丑)	신(申)	유(酉)	술(戌)	해(亥)	자(子)	축(丑)	인(寅)	묘(卯)	진(辰)	사(巳)	오(午)	미(未)
신자진 (巳酉丑)	사(巳)	오(午)	미(未)	신(申)	유(酉)	술(戌)	해(亥)	자(子)	축(丑)	인(寅)	묘(卯)	진(辰)
인오술 (巳酉丑)	해(亥)	자(子)	축(丑)	인(寅)	묘(卯)	진(辰)	사(巳)	오(午)	미(未)	신(申)	유(酉)	술(戌)
신수(身數) 방위(方位)	불리(不利)	평(平)	소길(小吉)	길(吉)	불리(不利)	길(吉)	대길(大吉)	대길(大吉)	평(平)	입삼재(入三災)	복삼재(伏三災)	출삼재(出三災)

● 십이운성十二運星 조견표早見表

구분	갑(甲) 인(寅)	을(乙) 묘(卯)	병(丙) 오(午) 사(巳)	정(甲) 사(巳) 오(午)	무(戊) 진(辰) 술(戌)	기(己) 축(丑) 미(未)	경(庚) 신(申)	신(申) 유(酉)	임(壬) 자(子) 해(亥)	계(癸) 해(亥) 자(子)
포(抱)	신(申)	유(酉)	해(亥)	자(子)	해(亥)	자(子)	인(寅)	묘(卯)	사(巳)	오(午)
태(胎)	유(酉)	신(申)	자(子)	해(亥)	자(子)	해(亥)	묘(卯)	인(寅)	오(午)	사(巳)
양(養)	술(戌)	미(未)	축(丑)	술(戌)	축(丑)	술(戌)	진(辰)	축(丑)	미(未)	진(辰)
생(生)	해(亥)	오(午)	인(寅)	유(酉)	인(寅)	유(酉)	사(巳)	자(子)	신(申)	묘(卯)
욕(浴)	자(子)	사(巳)	묘(卯)	신(申)	묘(卯)	신(申)	오(午)	해(亥)	유(酉)	인(寅)
대(帶)	축(丑)	진(辰)	진(辰)	미(未)	진(辰)	미(未)	미(未)	술(戌)	술(戌)	축(丑)
관(冠)	인(寅)	묘(卯)	사(巳)	오(午)	사(巳)	오(午)	신(申)	유(酉)	해(亥)	자(子)
왕(旺)	묘(卯)	인(寅)	오(午)	사(巳)	오(午)	사(巳)	유(酉)	신(申)	자(子)	해(亥)
쇠(衰)	진(辰)	축(丑)	미(未)	진(辰)	미(未)	진(辰)	술(戌)	미(未)	축(丑)	술(戌)
병(病)	사(巳)	자(子)	신(申)	묘(卯)	신(申)	묘(卯)	해(亥)	오(午)	인(寅)	유(酉)
사(死)	오(午)	해(亥)	유(酉)	인(寅)	유(酉)	인(寅)	자(子)	사(巳)	묘(卯)	신(申)
장(葬)	미(未)	술(戌)	술(戌)	축(丑)	술(戌)	축(丑)	축(丑)	진(辰)	진(辰)	미(未)

년지 (年支)	자(子)	축(丑)	인(寅)	묘(卯)	진(辰)	사(巳)	오(午)	미(未)	신(申)	유(酉)	술(戌)	해(海)
성 (星)	천귀 (天貴)	천액 (天厄)	천권 (天權)	천파 (天破)	천간 (天奸)	천문 (天文)	천복 (天福)	천역 (天驛)	천고 (天孤)	천인 (天刃)	천예 (天藝)	천수 (天壽)
작법 (作法)	• 년주성(年柱星)은 년지(年支) 미(未)의 성(星) 천역(天驛)이고, 월일시주성(月日時柱星)은 년주성부터 음력 생월(3월) 생일(10일) 생시(인시)까지 세어서 해당성 천인(天刃), 천복(天福), 천고(天孤)가 됨											

● 합合 형刑 충沖 파破 해害 원진怨嗔 귀문鬼門 조견표早見表

	천간 (天干)	갑기토(甲己土)	을경금(乙庚金)	병신수(丙辛水)	정임목(丁壬木)	무계화(戊癸火)
합 (合)	합(合)	중정지합 (中正之合)	인의지합 (仁義之合)	위엄지합 (威嚴之合)	인수지합 (人壽之合)	무정지합 (無情之合)
	육합 (六合)	자축 토 (子丑 土)	인해 목(寅亥 木) / 묘술 화(卯戌 火)	진유 금(辰酉 金) / 사신 수(巳申 水)		오미 토 (午未 土)
	삼합 (三合)	신자진(申子辰) 수, 임(水, 壬)	해묘미(亥卯未) 목, 갑(木, 甲)	인오술(寅午戌) 화, 병(火, 丙)		사유축(巳酉丑) 금, 경(金, 庚)
	방합 (方合)	인묘진(寅卯辰) 동, 목(東, 木)	사오미(巳午未) 남, 화(南, 火)	신유술(申酉戌) 서, 금(西, 金)		해자축(亥子丑) 북, 수(北, 水)
형 (刑)		인사신(寅巳申) 삼형(三形) 무은지형(無恩之刑)	축술미(丑戌未) 삼형(三形) 지세지형(持勢之刑)	자묘(子卯) 상형(相形) 무례지형(無禮之刑)	진진, 오오, 유유, 해해 (辰辰, 午午, 酉酉, 亥亥) 자형(自形)	

충 (沖)	간 (干)	갑경(甲庚)		을신(乙辛)		병임(丙壬)		정계(丁癸)	
	지 (支)	자오(子午)	축미(丑未)	인신(寅申)	묘유(卯酉)	진술(辰戌)	사해(巳亥)		
파(破)		축진(丑辰)	묘오(卯午)	사신(巳申)	미술(未戌)	유자(酉子)	해인(亥寅)		
해(害)		자미(子未)	축오(丑午)	인사(寅巳)	묘진(卯辰)	신해(申亥)	유술(酉戌)		
원진(元嗔)		자미(子未)	축오(丑午)	인유(寅酉)	묘신(卯申)	진해(辰亥)	사술(巳戌)		
귀문(鬼門)		자유(子酉)	축오(丑午)	인미(寅未)	묘신(卯申)	진해(辰亥)	사술(巳戌)		

● 길신吉神 조견표早見表

천을귀인(天乙貴人)

갑무경 일(甲戊庚 日)	을기 일(乙己 日)	병정 일(丙丁 日)	경신 일(庚辛 日)	신계 일(辛癸 日)
축미(丑未)	자신(子申)	해유(亥酉)	인오(寅午)	사묘(巳卯)

삼기성(三奇星)

을병정(乙丙丁)	갑무경(甲戊庚)	신임계(辛壬癸)
천상삼기(天上三奇)	지상삼기(地上三奇)	인중삼기(人中三奇)

문창성(文昌星)

갑일(甲日)	을일(乙日)	병일(丙日)	정일(丁日)	무일(戊日)	기일(己日)	경일(庚日)	신일(辛日)	임일(壬日)	계일(癸日)
사병(巳丙)	오정(午丁)	신경(申庚)	유신(酉辛)	신경(申庚)	유신(酉辛)	해임(亥壬)	자계(子癸)	인갑(寅甲)	묘을(卯乙)

천록(天祿)

갑(甲)	을(乙)	병(丙)	정(丁)	무(戊)	기(己)	경(庚)	신(辛)	임(壬)	계(癸)
인(寅)	묘(卯)	사(巳)	오(午)	사(巳)	오(午)	신(申)	유(酉)	해(亥)	자(子)

천의성(天醫星)

자월(子月)	축월(丑月)	인월(寅月)	묘월(卯月)	진월(辰月)	사월(巳月)	오월(午月)	미월(未月)	신월(申月)	유월(酉月)	술월(戌月)	해월(亥月)
해계(亥癸)	자임(子壬)	축기(丑己)	인갑(寅甲)	묘을(卯乙)	진무(辰戊)	사정(巳丁)	오병(午丙)	미기(未己)	신경(申庚)	유신(酉辛)	술무(戌戊)

천덕(天德)

인월(寅月)	묘월(卯月)	진월(辰月)	사월(巳月)	오월(午月)	미월(未月)	신월(申月)	유월(酉月)	술월(戌月)	해월(亥月)	자월(子月)	축월(丑月)
정(丁)	신(申)	임(壬)	신(辛)	해(亥)	갑(甲)	계(癸)	인(寅)	병(丙)	을(乙)	기(己)	경(庚)

월덕(月德)

인월(寅月)	묘월(卯月)	진월(辰月)	사월(巳月)	오월(午月)	미월(未月)	신월(申月)	유월(酉月)	술월(戌月)	해월(亥月)	자월(子月)	축월(丑月)
병(丙)	갑(甲)	임(壬)	경(庚)	병(丙)	갑(甲)	임(壬)	경(庚)	병(丙)	갑(甲)	임(壬)	경(庚)

●흉신凶神 조견표 早見表

양인살(羊刃殺)

일간(日干)	갑(甲)	을(乙)	병(丙)	정(丁)	무(戊)	기(己)	경(庚)	신(辛)	임(壬)	계(癸)
지양인(支羊刃)	묘(卯)	진(辰)	오(午)	미(未)	오(午)	미(未)	유(酉)	술(戌)	자(子)	축(丑)
간양인(干羊刃)	을(乙)		정(丁)		기(己)		신(辛)		계(癸)	

백호살(白虎殺)

갑진(甲辰)	을미(乙未)	병술(丙戌)	정축(丁丑)	무진(戊辰)	임술(壬戌)	계축(癸丑)

괴강살(魁罡殺)

경진(庚辰)	경술(庚戌)	임진(壬辰)	임술(壬戌)	무진(戊辰)	무술(戊戌)

지망살(地網殺) / 천라살(天羅殺)

지망살(地網殺)	천라살(天羅殺)
진사(辰巳) 일시, 월일, 년월(日時, 月日, 年月)	술 해(戌 亥)

고과살(孤寡殺)

인묘진년생(寅卯辰年生)	사오미년생(巳午未年生)	신유술년생(申酉戌年生)	해자축년생(亥子丑年生)
고축(孤丑) 과사(寡巳)	고진(孤辰) 과신(寡申)	고미(孤未) 과해(寡亥)	고술(孤戌) 과인(寡寅)

삼살방(三煞方)

신자진년(申子辰年)	해묘미년(亥卯未年)	인오술년(寅午戌年)	사유축년(巳酉丑年)
오방(午方) 남방(南方)	유방(酉方) 서방(西方)	자방(子方) 북방(北方)	묘방(卯方) 동방(東方)

대장군방(大將軍方)

인묘진년(寅卯辰年)	사오미년(巳午未年)	신유술년(申酉戌年)	해자축년(亥子丑年)
해자축방(亥子丑方) 북방(北方)	인묘진방(寅卯辰方) 동방(東方)	사오미방(巳午未方) 남방(南方)	신유술방(申酉戌方) 서방(西方)

중상일(重喪日)

월(月)	인월(寅月) 해월(亥月)	묘월(卯月) 유월(酉月)	진월(辰月) 술월(戌月)	미월(未月) 축월(丑月)	사월(巳月) 해월(亥月)	오월(午月) 자월(子月)
일(日)	갑경 사해(甲庚巳亥)	을신 사해(乙辛巳亥)	기무 사해(己戊巳亥)		병정 사해(丙丁巳亥)	정계 사해(丁癸巳亥)

입관시(入棺時)

일(日)	자(子)	축(丑)	인(寅)	묘(卯)	진(辰)	사(巳)	오(午)	미(未)	신(申)	유(酉)	술(戌)	해(亥)
시(時)	갑경(甲庚)	을신(乙辛)	을계(乙癸)	병임(丙壬)	정기(丁己)	을경(乙庚)	정계(丁癸)	을신(乙辛)	갑계(甲癸)	정임(丁壬)	경임(庚壬)	을신(乙辛)

하관시(下棺時)

일(日)	자오(子午)	묘유(卯酉)	진술(辰戌)	축미(丑未)	인신(寅申)	사해(巳亥)
시(時)	오신(午申)	오미(午未)	진사(辰巳)	사신(巳申)	진사(辰巳)	진오(辰午)

구분	최강	중강	강	약변강	강변약	약	중약	최약
월지	●	●	●	×	●	×	×	×
일지	●	×	●	●	×	×	●	×
세력	●	●	×	●	×	●	×	×

갑을(甲乙)	묘인해진미(卯寅亥辰未)
병정(丙丁)	오사인미술(午巳寅未戌)
무기(戊己)	오사미술진축(午巳未戌辰丑)
경신(庚辛)	유신술축사(酉申戌丑巳)
임계(壬癸)	자해신축진(子亥申丑辰)

※득세(세력)는 일간을 생조하는 천간지 수가 3개 이상일 때

●용신用神을 찾는 공식公式

일지십신(日支十神)	용신순위(龍神順位)		
비견(比肩) 겁재(劫財)	정관(正官) 편관(偏官)	식신(食神) 상관(傷官)	정재(正財) 편재(偏財)
정인(正印) 편인(偏印)	정재(正財) 편재(偏財)	정관(正官) 편관(偏官)	식신(食神) 상관(傷官)
식신(食神) 상관(傷官)	정인(正印) 편인(偏印)	비견(比肩) 겁재(劫財)	
재다(財多)	비견(比肩) 겁재(劫財)	정인(正印) 편인(偏印)	
정관(正官) 편관(偏官)	정인(正印) 편인(偏印)	비견(比肩) 겁재(劫財)	식신(食神) 상관(傷官)

●외격外格 및 특수격特殊格

종아격(從兒格)	●식신 상관(食神 傷官)에 종(從)하는 것	윤하격(潤下格)	●일주(日柱)가 임계일(壬癸日)로 종강(從强)일 때
종재격(從財格)	●정재 편재(正財 偏財)에 종(從)하는 것	곡직격(曲直格)	●일주(日柱)가 갑을일(甲乙日)로 종강(從强)일 때
종살격(從殺格)	●정관 편관(正官 偏官)에 종(從)하는 것	염상격(炎上格)	●일주(日柱)가 병정일(丙丁日)로 종강(從强)일 때
종인격(從印格)	●정인 편인(正印 偏印)에 종(從)하는 것	종혁격(從革格)	●일주(日柱)가 경신일(庚辛日)로 종강(從强)일 때
종강왕격(從强旺格)	●비견 겁재(比肩 劫財)에 종(從)하는 것	가색격(稼穡格)	●일주(日柱)가 무기일(戊己日)로 종강(從强)일 때

시상일위격 (時上一位格)	• 일주(日柱)가 득령(得令)하고 타(他)에 관살(官殺)이 없고 시간지중(時干支中) 편관(偏官) 하나만 있는 四柱로 왕운을 만나면 무관 또는 법관으로 크게 출세함
양인격 (羊刃格)	• 양간일(陽干日)에만 월지(月支)에 양인(羊刃)을 놓는 사주(四柱)로 관살(官殺)이 있어야 길격(吉格)임
살인상정격 (殺刃相停格)	• 신약(身弱)한 사주(四柱)에 양인(羊刃)과 칠살(七殺)이 있으면 귀격(貴格)이 되는 사주(四柱)임
세덕부살격 (歲德扶殺格)	• 신왕사주(身旺四柱)의 년주(年柱)에 칠살(七殺)이 있으면 선조(先祖)로 이어 받는 대귀격(大貴格)임
세덕부재격 (歲德扶財格)	• 신왕사주(身旺四柱)의 년주(年柱)에 재성(財星)이 있으면 선조(先祖)로 이어 받은 대부격(大富格)임
오행구족격 (五行具足格)	• 상생(相生)되는 정오행(正五行) 또는 태월(胎月)을 포함한 납음오행(納音五行)이 목화토금수 오개(木火土金水 五個)가 구비된 사주로 대길 부귀격임
식상용인격 (食傷用印格)	• 식상(食傷)이 많아 심한 신약사주(身弱四柱)에 정편인(正偏印)을 용(用)하여 주어야 귀하게 되며 관살이나 식상운을 만나면 약해지기 때문에 천격이 됨
금신격 (金神格)	• 갑기일생(甲己日生)이 사(巳)나 유(酉) 또는 축시(丑時)에 출생하면 삼합(三合)으로 금신길격(金神吉格)임
시묘격 (時墓格)	• 진술축미시(辰戌丑未時)에 출생하여 재관식상(財官食傷)에 해당하고 용신(用神)일 때 시묘길격(時墓吉格)임
재자약살격 (財滋弱殺格)	• 사주구성(四柱構成)에 관살(官殺)이 약하여 정재 편재(正財 偏財)로 이를 도와주어야 하는 격을 재자약살격(財滋弱殺格)이라 함
살중용인격 (煞重用印格)	• 사주(四柱)에 관살이 태과하여 정인(正印)이나 편인(偏印)으로 제살(除殺)시키는 격을 살중용인격(殺重用印格)이라 함
식상제살격 (食傷制煞格)	• 신약(身弱)이 아닌 사주(四柱)에 관살(官殺)이 왕성할 때 식상(食傷)으로 제살(除殺)하는 격을 식상제살격(食傷除殺格)이라 함
제살태과격 (制煞太過格)	• 관살(官殺)이 사주에 태과하여 식상(食傷)으로 제살(除殺)하므로 인성(印星) 운이 와야 길한 사주임
관살혼잡격 (官煞混雜格)	• 정편관(正編官)이 간지(干支)에 혼잡(混雜)되어 관살이 태과하여도 혼잡된 것을 무방(無妨)한 것으로 판단함
식상용식상격 (食傷用食傷格)	• 사주(四柱)가 극신강(極身强)하여 편중(偏重)될 때 식상운(食傷運)을 만나 설기시켜야 부귀(富貴)격이 됨
식상생재격 (食傷生財格)	• 비겁(比劫) 인성(印星)으로 태강(太强)한 사주에 재성이 없고 식상만 있는 경우 식상대운을 만나면 부귀격이고 재성을 만나면 천격임
십간구족격 (十干具足格)	• 사주(四柱) 천간(天干)과 지지(地支) 지장간(地藏干)을 포함하여 십간(十干)을 갖추면 대길격(大吉格)임

천원일기격 (天元一氣格)	•천간(天干)이 모두 같은 사주로 전국(全局)이 잘 짜여지면 길격(吉格)임
지지일기격 (地支一氣格)	•지지(地支)가 모두 같은 기이(奇異)한 사주로 구성이 잘 짜여지면 길격(吉格)임
간지동체격 (干支同體格)	•갑술(甲戌) 신묘(辛卯)를 제외(除外)한 간(干) 네 개 지(支) 네 개가 같은 사주로 모 누 길격(吉格)임
사위순전격 (四位純全格)	•사생사주(四生四柱)는 남자는 귀격(貴格), 여자는는 풍상(風霜)이 많고 •사패사주(四敗四柱)는 남녀 공히 빈천(貧賤)하며 •사고사주(四庫四柱)는 남자는 귀격(貴格), 여자는 고독(孤獨)한 사주임
천간순식격 (天干順食格)	•같은 양간(陽干) 또는 같은 음간(陰干)끼리 년(年)에서 시(時)까지 생(生)해 주는 사주는 길격(吉格)임
양간부잡격 (兩干不雜格)	•같은 오행(五行)이 양음순서(陽陰順序)로 배치(配置)된 길격(吉格)인 사주로 갑을 병정(甲乙丙丁)식으로 포함되어도 길격임
일간록 (日干祿) 특수길격 (特殊吉格)	•건록격(建祿格) : 일간(日干), 월지(月支)가 건록(建祿)일 때 •전록격(全祿格) : 일간지(日干支)가 전록(全祿)일 때 •귀록격(歸錄格) : 일간(日干), 시지(時支)가 귀록(歸錄)일 때 •교록격(交祿格) : 일간시지(日干時支) 시간일지(時干日支)와 교차(交差)된 녹(祿) 으로 된 사주도 길격(吉格)임

● 오운육기론 五運六氣論

● 화기오행 化氣五行

년 천간 (年 天干)	갑기합화 토 (甲己合化 土)	을경합화 금 (乙庚合化 金)	병신합화 수 (丙辛合化 水)	정임합화 목 (丁壬合化 木)	무계합화 화 (戊癸合化 火)
년 지지 (年 地支)	자우(子午) 소양(少陰) 군화(君火)			묘유(卯酉) 양명(陽明) 조금(燥金)	
	축미(丑未) 태음(太陰) 습토(濕土)			진술(辰戌) 태양(太陽) 한수(寒水)	
	인신(寅申) 소양(少陽) 상화(相火)			사해(巳亥) 궐음(厥陰) 풍목(風木)	

오운(五運) 오장(五臟)	주운(主運) 정오행(正五行)	운(運)		일운(一運)	이운(二運)	삼운(三運)	사운(四運)	오운(五運)
		불변(不變)	양년(陽年)	갑목(甲木)	병화(丙火)	무토(戊土)	경금(庚金)	임수(壬水)
			음년(陰年)	을목(甲木)	정화(丁火)	기토(己土)	신금(辛金)	계수(癸水)
		적용(適用)		● 객운(客運) 통변시(通辯時) 해당년(該當年)의 운(運) 변동(變動)의 참고 자료로 사용함				
	객운(客運) 화기(化氣) 오행(五行)	태세 ＼ 운		일운(一運)	이운(二運)	삼운(三運)	사운(四運)	오운(五運)
		갑(甲) 기(己)		갑토(甲土) 기토(己土)	경금(庚金) 을금(乙金)	병수(丙水) 신수(辛水)	임목(壬木) 정목(丁木)	무화(戊火) 계화(癸火)
		을(乙) 경(庚)		을금(乙金) 경금(庚金)	신수(辛水) 병수(丙水)	정목(丁木) 임목(壬木)	계화(癸火) 무화(戊火)	기토(己土) 갑토(甲土)
		병(丙) 신(辛)		병수(丙水) 신수(辛水)	임목(壬木) 정목(丁木)	무화(戊火) 계화(癸火)	갑토(甲土) 기토(己土)	경금(庚金) 을금(乙金)
		정(丁) 임(壬)		정목(丁木) 임목(壬木)	계화(癸火) 무화(戊火)	기토(己土) 갑토(甲土)	을금(乙金) 경금(庚金)	신수(辛水) 병수(丙水)
		무(戊) 계(癸)		무화(戊火) 계화(癸火)	갑토(甲土) 기토(己土)	경금(庚金) 을금(乙金)	병수(丙水) 신수(辛水)	임목(壬木) 정목(丁木)
	절후(節侯)			대한(大寒) ~ 청명전사일(淸明前四日)	청명전삼일(淸明前三日) ~ 망종후삼일(芒種後三日)	망종후이일(芒種後二日) ~ 입추후팔일(立秋後八日)	입추후구일(立秋後九日) ~ 입동후팔일(立冬後八日)	입동후구일(立冬後九日) ~ 대한전일(大寒前日)
	기간(期間)	양력(陽曆)	태과년(太過年)	1/7, 8 ~ 4/1	4/2 ~ 6/7	6/8 ~ 8/12	8/13 ~ 11/14, 15	11/15, 16 ~ 1/19, 20, 31 2/1
			불급년(不及年)	2/1, 2 ~ 4/1, 2	4/2, 3 ~ 6/6, 7	6/7, 8 ~ 8/13	8/13 ~ 11/15, 16	11/16, 17 ~ 1/6, 7, 19, 20, 31. 2/1
			평기년(平氣年)	1/20, 21 ~ 4/1, 2	4/2, 3 ~ 6/6, 7, 8	6/7, 8, 9 ~ 8/11, 12	8/12, 13 ~ 11/14, 15	11/15,16 ~ 1/6, 7, 19, 20, 31. 2/1
	초운(初運) 입절(立節) 기간(期間)			● 태과지년(太過之年)의 양오년(五陽年)은 운기(運氣)가 대한(大寒) 13일 전인 양력 1월 7-8일에 초운(初運)이 입절(立節)하고, ● 불급지년(不及之年)의 음오년(五陰年)은 운기(運氣)가 대한(大寒) 13일 후인 양력 2월 1-2일에 초운(初運)이 입절(立節)하며, ● 평기지년(平氣之年)의 양년은 무진(戊辰)·무술(戊戌)·경인(庚寅)·경신(庚申)·경자(庚子)·경오(庚午) 육개년(六個年)이고, 음년은 기축(己丑)·기미(己未)·정묘(丁卯)·을유(乙酉)·계사(癸巳)·신해(辛亥) 육개년(六個年)으로 운기는 대한일(大寒日)인 양력 1월20-21일에 초운(初運)이 입절(立節)된다.				
	장(臟)의 허실판단(虛實判斷)			● 오행(五行)으로 오장(五臟)의 양간(陽干)은 실(實)로, 음간(陰干)은 허(虛)로 판단하며, 기(氣)가 군화(君火)인 무자(戊子)·무오(戊午)의 운(運)은 심(心)으로 하고, 기(氣)가 상화(相火)인 무인(戊寅)·무신(戊申)의 운(運)은 심포(心胞)로 한다.				

주기 (主氣)	불변 (不變)		일기(一運)	이기(二運)	삼기(三運)	사기(四運)	오기(五運)	육기(六運)
			해목(亥木) 기목(己木)	자군화(子君火) 오군화(午君火)	인상화(寅相火) 신상화(申相火)	축토(丑土) 미토(未土)	묘금(卯金) 유금(酉金)	술수(戌水) 진수(辰水)
객기 (客氣) 화기 (化氣) 오행 (五行)	지지 기		일기(一氣)	이기(二氣)	삼기(三氣)	사기(四氣)	오기(五氣)	육기(六氣)
	자(子) 오(午)		술수(戌水) 진수(辰水)	해목(亥木) 사목(巳木)	자군화(子君火) 오군화(午君火)	토토(土土) 미토(未土)	인상화(寅相火) 신상화(申相火)	묘금(卯金) 유금(酉金)
	축(丑) 미(未)		해목(亥木) 사목(巳木)	자군화(子君火) 오군화(午君火)	토토(土土) 미토(未土)	인상화(寅相火) 신상화(申相火)	묘금(卯金) 유금(酉金)	진수(辰水) 술수(戌水)
	인(寅) 신(申)		자군화(子君火) 오군화(午君火)	토토(土土) 미토(未土)	인상화(寅相火) 신상화(申相火)	묘금(卯金) 유금(酉金)	진수(辰水) 술수(戌水)	사목(巳木) 해목(亥木)
	묘(卯) 유(酉)		토토(土土) 미토(未土)	인상화(寅相火) 신상화(申相火)	묘금(卯金) 유금(酉金)	진수(辰水) 술수(戌水)	사목(巳木) 해목(亥木)	오군화(午君火) 자군화(子君火)
	진(辰) 술(戌)		인상화(寅相火) 신상화(申相火)	묘금(卯金) 유금(酉金)	진수(辰水) 술수(戌水)	사목(巳木) 해목(亥木)	오군화(午君火) 자군화(子君火)	미토(未土) 토토(土土)
	사(巳) 해(亥)		묘금(卯金) 유금(酉金)	진수(辰水) 술수(戌水)	사목(巳木) 해목(亥木)	오군화(午君火) 자군화(子君火)	미토(未土) 토토(土土)	신상화(申相火) 인상화(寅相火)
육기 (六氣) 육부 (六腑)	절후 (節侯)		대한 입춘 (大寒 立春) 우수 경칩 (雨水 驚蟄)	춘분 청명 (春分 淸明) 곡우 입하 (穀雨 立夏)	소만 망종 (小滿 芒種) 하지 소서 (夏至 小暑)	대서 입추 (大暑 立秋) 처서 백로 (處暑 白露)	추분 한로 (秋分 寒露) 상강 입동 (霜降 立冬)	소설 대설 (小雪 大雪) 동지 소한 (冬至 小寒)
	기간 (期間) 양력 (陽曆)	태과년 (太過年)	1/7, 8 ~ 3/20, 21	3/21, 22 ~ 5/20, 21	5/21, 22 ~ 7/22, 23	7/23, 24 ~ 9/22, 23	9/23, 24 ~ 11/22. 23	11/23, 24 ~ 1/19, 20, 31. 2/1
		불급년 (不及年)	2/1, 2 ~ 3/20	3/21 ~ 5/20, 21	5/21, 22 ~ 7/22, 23	7/23, 24 ~ 9/22, 23	9/23, 24 ~ 11/21, 22	11/22, 23 ~ 1/6, 7, 19, 20
		평기년 (平氣年)	1/20, 21 ~ 3/19, 20	3/20, 21 ~ 5/20, 21	5/21, 22 ~ 7/22, 23	7/23, 24 ~ 9/22, 23	9/23, 24 ~ 11/22, 23	11/23, 24 ~ 1/6, 7, 19, 20. 2/1

부(腑)의 허실판단 (虛實判斷)	• 오행으로 육부(六腑)를 판단하는데 군화(君火) = 소장, 상화(相火) = 삼초로 하고 • 기가 운의 양간(陽干)을 생조(生助)하면 허(虛)로 상극이면 실(實)이 되고, 운의 음간(陰干)을 생조하면 실(實)로, 상극이면 허(虛)로 판단함 • 또 기가 정화자(正化者)면 실(實), 대화자(對化者)면 허(虛)로 판단할 수 있음 • 주객가람(客主伽藍)의 주운이 객운을 역(逆)할시는 병기(病氣)가 심해짐
출생(出生) 체질(體質)	• 출생사주(出生四柱)를 뽑아 운기조견표로 운기의 허실을 판단하여 좌측체질(左側體質)로 함
포태(胞胎) 체질(體質)	• 입태사주(入胎四柱)를 뽑아 운기조견표로 운기의 허실을 판단하여 우측체질(右側體質)로 함 • 생신일(生辰日)부터 거꾸로 세어 자오일생(子午日生)은 276일, 축미일생(丑未日生)은 266일, 인신일생(寅申日生)은 256일, 묘유일생(卯酉日生)은 246일 또는 306일, 진술축미일생(辰戌丑未日生)은 296일, 사해일생(巳亥日生)은 286일 등 각각 생일일진(生日日辰)과 포태일진(胞胎日辰)이 서로 상합(相合)이 되는 날이 포태일(胞胎日)임
현재운기 (現在運氣)	• 감정시 현재의 운기를 조견표에서 산출하여 감정자의 좌우측 체질과 비교 판단하기 위한 자료로 사용함

◉ 운명판단자료 運命判斷資料

● 장부臟腑의 허실虛實 증상症狀

구분(區分)		증상(症狀)
음목 **(陰木)** **간** **(肝)**	허 (虛)	● 전병(轉病) 폐담실증(肺膽實症) : 간허(肝虛) 담실(膽實) 폐실(肺實) 비실(脾實) 방광실(膀胱實) 소장삼초실(小腸三焦實) ● 옆구리가 단단하고 항열(寒熱)이 왕래하며 음식 생각이 없고 월경이 불순하여 허리와 배의 통증, 빈혈, 시력감퇴, 색맹과 야맹증, 백내장, 근무력, 위산과소 근육경련, 간질, 정신병, 전신불수 등의 증상이 일어난다.
	실 (實)	● 전병(轉病) 폐담실증(肺膽實症) : 간실(肝實) 담허(膽虛) 대장실(大腸實) 위실(胃實) 신실(腎實) 심심포실(心心包實) ● 협통과 요통이 있고 구역질과 설사를 하며 소변 불리와 눈병 또는 두통이 있는 것이 특징이고 소화불량, 고환염, 간염, 간경화, 근육통, 동맥경화, 반신불수, 경기, 생식기 이상, 만성감기, 장염, 신경과민 등의 증상이 일어난다.
양목 **(陽木)** **담** **(膽)**	허 (虛)	● 전병(轉病) 간위실증(肝胃實症) : 담허(膽虛) 간실(肝實) 대장실(大腸實) 비실(脾實) 신실(腎實) 심장심포실(心腸心胞實) ● 현기증이 일어나고 발이 저리며 눈이 노랗고 정액(情液)이 저절로 나오는 증상 등이 있다.
	실 (實)	● 전병(轉病) 폐담실증(肺膽實症) : 담실(膽實) 간허(肝虛) 폐실(肺實) 비실(脾實) 방광실(膀胱實) 소장삼초실(小腸三焦實) ● 찬 것을 싫어하며 협통과 전두통이 있고 눈초리가 아프며 쇄골이 붓고 아프며 겨드랑 밑에 땀이 많이 나며 학질과 좌골관, 절통, 무릎과 정강이뼈, 발목 외측 복사뼈 등이 삐기를 잘하고 아프다.
음화 **(陰火)** **심** **(心)** **심포** **(心包)**	허 (虛)	● 전병(轉病) 신소삼초실증(腎小.三焦實症) : 심장심포허(小腸三焦實) 신실(腎實) 폐실(肺實) 담실(膽實) 위실(胃實) ● 가슴이 두근거리며 아프고 잘 놀라고 꿈을 많이 꾸며 항상 불안하고 초조하며 야뇨증과 몽정을 하며 수족이 차갑고 소변 빈삭과 요혈, 저혈압 또는 신성 고혈압, 두통, 류머티즘 통증, 자궁냉증, 동상, 언어장애, 난시, 난청, 이명, 경련, 요척통, 사지마비 등이 일어난다.

양화 (陽火) **소장** (小腸) **삼초** (三焦)	실 (實)	• 전병(轉病) 심장심포대장실증(心臟心包大腸實症) : 소장삼초허(小腸三焦虛) 방광실(膀胱實) 대장실(大腸實) 간실(肝實) 비허(脾虛) • 변비와 복만이 있고 사지가 무거우며 피로가 심하고 몸에 항상 열이 많으며 입 안이 쓰고 잇몸이 부으며 간증이 심하고 눈이 노랗고 옆구리가 아프며 가슴이 답답하고 호흡이 곤란하며 피부질환, 두통, 고혈압 등의 증상이 일어난다.
	허 (虛)	• 전병(轉病) 심장심포대장실증(心臟心包大腸實症) : 소장삼초허(小腸三焦虛) 심장심포(心臟心包實) 방광실(膀胱實) 대장실(大腸實) 간실(肝實) 비실(脾實) • 다섯째 손가락 외측부터 견갑골, 목덜미, 귓뒤와 얼굴의 광대뼈에 통증이 많이 일어난다.
	실 (實)	• 전병(轉病) 신소장삼초실증(腎小腸三焦實症) : 심장심포허(心臟心包虛) 소장삼초실(小腸三焦實) 신실(腎實) 폐실(肺實) 담실(膽實) 위실(胃實) • 척추가 아프고 심하면 뒷목이 뻣뻣하며 오른쪽 견갑통과 류머티즘 통증이 일어나며 하지에 힘이 없어지고 마비되며 잘 놀라고 잠을 자려고 눈을 감으면 계속 꿈에 헤매고 항상 초조하며 시력이 나빠지고 두통, 코감기, 인후염, 편도선염, 소변 곤란, 부종, 신장염, 월경불순, 류머티즘, 알레르기질환, 하복통, 귓병, 축농증, 내구염 등의 증상이 발생한다.
음토 (陰土) **비** (脾)	허 (虛)	• 전병(轉病) 간위실증(肝胃實證) : 비허(脾虛) 위실(胃實) 간실(肝實) 신실(腎實) 소장삼초실(小腸三焦實) 대장실(大腸實) • 살이 빠지거나 찌고 입술에 이상이 오며 피로감, 허약증 등도 오고 설사 또는 이질, 변비, 복만, 구역질, 식욕부진, 불면증, 소화불량, 장명, 위산과다, 위장병, 두통 등의 증상이 일어난다.
	실 (實)	• 전병(轉病) 비방광실증(脾膀胱實證) : 비실(脾實) 위허(胃虛) 담실(膽實) 방광실(膀胱實) 심실(心實) 폐실(肺實) • 혀끝이 아프고 뻣뻣하며 배가 차고 부으며 통증이 있고 먹은 즉시 게트림이나 구토가 나며 가슴이 몹시 답답하고 아프며 발이 차고 정강이는 열이 나며 식사를 많이 하고 잠을 많이 자며 물을 많이 마시고 관절통, 복통, 요통, 신경통, 피부병, 빈혈, 정력 부족, 전신불수, 화농질환, 황달 등의 증상이 나타난다.
양토 (陽土) **위** (胃)	허 (虛)	• 전병(轉病) 비방광실증(脾膀胱實證) : 위허(胃虛) 비실(脾實) 담실(膽實) 방광실(膀胱實) 심실(心實) 폐실(肺實) • 각종 위병, 빈혈, 사지수족의 냉증, 간질, 시력 부족, 야맹증, 대식증, 당뇨병, 비만증, 신경통, 삼차신경통, 안면신경통, 피부의 습진, 탈모증, 정력 감퇴 등의 증상이 나타난다.

음금 (陰金)	**실** (實)	• 전병(轉病) 간위실증(肝胃實證) : 위실(胃實) 비허(脾虛) 간실(肝實) 신실(腎實) 소장삼초실(小腸三焦實) 대장실(大腸實) • 변비 또는 설사, 식욕부진, 구토, 소화불량, 위의 복만증, 트림, 하품 및 토할 것 같은 증상이 일어나며 만성체증, 토사곽란, 복통, 내구염, 식도염 및 얼굴 여드름, 눈병, 코막힘, 치통, 설염, 두통, 정신병, 현기증, 유방질병, 전흉통, 갑상선종대, 연주창 등도 일어나며 복직근이 당기고 원인 모를 열병, 사지무력증, 무릎관절염, 정강이뼈와 앞 발목, 아랫배, 둘째 셋째 발가락이 아픈 증상 등도 나타난다.
	허 (虛)	• 전병(轉病) 심심포대장실증(心心包大腸實症) : 폐허(肺虛) 대장실(大腸實) 심심포실(心心包實) 간실(肝實) 위실(胃實) 방광실(膀胱實) • 침이 마르고 어깨가 차며 아프고 소변이 수없이 자주 나오며 오줌 색이 변하고 피로가 쉽게 오며 피부가 거칠고 가슴이 답답하며 얼굴이 창백해지고 두통, 폐결핵, 연주창, 체증 등이 자주 일어난다.
폐 (肺)	**실** (實)	• 전병(轉病) 폐담실증(肺膽實證) : 폐실(肺實) 대장허(大腸虛) 소장삼초실(小腸三焦實) 담실(膽實) 비실(脾實) 신실(腎實) • 땀이 이슬처럼 맺히고 기침과 목구멍이 막히고 구토 증세가 있으며 가슴이 답답하고 숨이 가쁘며 손바닥이 뜨겁고 어깨가 아프며 소변에 피가 섞여 나오고 가슴이 아프며 폐염(肺炎), 기관지염, 인후염, 편두통, 빈혈, 비염, 축농증, 요골신경통 등이 발생된다.
양금 (陽金)	**허** (虛)	• 전병(轉病) 폐담실증(肺膽實症) : 대장허(大腸虛) 폐실(肺實) 소장삼초실증(小腸三焦實症) 담실(膽實) 비실(脾實) 신실(腎實) • 가슴이 답답하고 숨이 가쁘며 장에서 끄르륵 소리가 나고 목과 입술이 마르며 눈이 당기고 자주 놀라며 대변에 흰색이 나오고 무르며 하혈과 혈변이 생기는 증상이 일어난다.
대장 (大腸)	**실** (實)	• 전병(轉病) 심심포대장실증(心心包大腸實症) : 대장실(大腸實) 폐허(肺虛) 심심포실(心心包實) 간실(肝實) 위실(胃實) 방광실(膀胱實) • 코피가 나고 마른기침과 목구멍에 무엇이 걸려 있는 것 같으며 잇몸이 아프고 가슴이 답답하며 어지럽고 무릎이 아프며 수족(手足)이 저리고 입술이 마르는 등 소화불량, 변비, 불면증, 두통, 장의 통증, 척추 압통, 식욕감퇴, 체증, 피로, 만성 감기, 치통, 비색, 전두통, 요통, 견비통 등의 증상이 일어난다.

음수 (陰水) **신** (腎)	**허** (虛)	• 전병(轉病) 비방광실증(脾膀胱實證) : 신허(腎虛) 방광실(膀胱實) 비실(脾實) 심심포실(心心包實) 대장실(大腸實) 담실(膽實) • 가슴이 답답하고 다리가 무거우며 발이 붓고 차가우며 찬바람을 싫어하고 맥이 불규칙하며 아랫배가 붓고 두통, 치통, 신경통, 고혈압, 반신불수 또는 전신 불수, 관절염, 이목비병, 견갑통, 정력감퇴, 정액이 적은 증상 등이 나타난다.
	실 (實)	• 전병(轉病) 신소장삼초실증(腎小腸三焦實證) : 신실(腎實) 방광허(膀胱虛) 위실(胃實) 소장삼초실(小腸三焦實) 폐실(肺實) 간실(肝實) • 침에 피가 섞여 나오며 숨이 가쁘고 항상 허기진 사람 같고 방광과 아랫배가 붓고 아프며 허리와 척추도 아프고 혀가 마르며 가슴이 답답하고 목이 부으며 소변 색이 적황색으로 잘 안 나오며 발가락이 아프고 신장염, 부종, 소화불량, 저혈압, 신성중풍, 자궁염증, 하복통, 고환염, 인후염, 류머티즘, 이질, 귀가 울리는 증상과 언어 장애 등이 일어난다.
양수 (陽水) **방광** (膀胱)	**허** (虛)	• 전병(轉病) 신소장삼초실증(腎小腸三焦實證) : 신실(腎實) 방광허(膀胱虛) 위실(胃實) 소장삼초실(小腸三焦實) 폐실(肺實) 간실(肝實) • 다리 힘줄, 허리 등이 당기며 아프고 배 가운데도 아프며 바람을 싫어하며 소변을 자주 보거나 저절로 흐르고 자면서도 오줌을 싸며 후두가 무겁고 고환염, 치질 및 목이 뻣뻣한 증상과 자궁과 생식기의 염증 등이 일어난다.
	실 (實)	• 전병(轉病) 비방광실증(脾膀胱實證) : 방광실(膀胱實) 신허(腎虛) 비실(脾實) 심심포실(心心包實) 대장실(大腸實) 담실(膽實) • 허리가 아프며 피로하고 소변이 잘 안 나오며 머리와 목 및 척추가 아프며 오금이 결리고 장단지가 터지는 것 같이 아프며 코피도 나오고 새끼발가락을 쓰지 못하는 증상도 일어나고 광병, 간질병, 정후두통, 요통, 좌골신경통, 슬관절통, 족관절통 등이 일어난다.

●사주오행四柱五行의 성정性情

배치(配置)		성 정(性 情)
사주에 목의 성격	목 적당 (중화)	●총명 온순하고 단정하며 인품이 고상하고 베풀기 좋아하며 명분과 질서를 존중하고 절도 있는 행동과 대인관계가 원만하여 주위로부터 환영을 받음
	목 다 (태과)	●총명하나 우유부단하며 많은 변덕으로 풍파가 많고 무결실로 독선적인 옹고집에 무정, 허영심, 허세, 질투심 및 시기심과 자아에 도취되어 방황과 좌절로 무정한 면이 있음
	목 소 (태약)	●유하며 인자하지 못하고 저품위로 의욕과 실천력은 있으나 허세와 의지력과 결단성 및 절제력이 부족하며 오해를 잘하고 아집과 오기가 많음
	화 다 (분목)	●곧은 마음으로 총명하나 의지력이 부족하여 시작은 잘하나 끝을 맺지 못하는 실천력이 미약하고 나쁜 줄 알면서 지능적인 범죄를 유발함
	토 다 (절목)	●호인상에 사교에 능하며 매사에 자신감과 자부심으로 행동하고 검소 침착하나 과다지출로 배우자의 주권이 유리함
	금 다 (단목)	●심약 무 결단성 및 자재력 부족 등 심동요로 피로하며 잔병이 많음
	수 다 (부목)	●언행이 일치하지 못하고 안정 침착성이 없으며 직업과 주거변동이 많은 자로 및 말년 생활이 고독하게 됨
사주에 토의 성격	토 적당 (중화)	●중후 침착하고 매사 충실하며 정직하고 신앙심이 돈독하며 신의와 책임감이 강하고 자비와 포용력이 크며 많은 재물복에 건왕장수하나 보수적이고 우둔한 편임
	토 다 (태과)	●유순하나 고집이 세고 완고하며 융통성이 부족하고 자부심과 자존심이 많으며 재물에 집착하고 타산적이나 우둔 및 의심이 많음
	토 소 (태약)	●신중성이 없고 경솔, 음흉하며 기초바탕의 부실로 자기 위주 생각과 행동으로 비사교적이며 인색하고 무정하며 무질서한 경우가 많음
	금 다 (변토)	●의리와 신용과 책임감이 있고 강직하지만 부부 인연이 좋지 않고 다시비와 다변으로 주변인이 피곤하며 인물은 좋은데 교만한 인상으로 인기가 없는 편임

	수 다 (유토)	• 권모술수와 잔꾀가 많고 진취적이나 욕심 과다로 현실에 집착하여 불의와 타협으로 많은 실패를 하여 착한 일을 하는 운을 개척함이 필요함
	목 다 (경토)	• 많은 계획을 하나 실천성과 일관성 및 주체성 부족으로 근본을 이탈하여 지엽적인 일에 매달려 매사 성과와 실속 없이 타인을 위한 노고를 함
	화 다 (초토)	• 결단성이 없고 의타심이 많으며 잘 베풀고도 좋은 소리를 듣지 못하며 꼭 필요할 때는 인색하며 편한 대로 약속을 어기고도 자기 합리화에 급한 이기주의자임
사주에 수의 성격	수 적당 (중화)	• 지혜, 이해심, 기교, 지략, 치밀성 등이 많고 창조성, 침투성, 세탁성이 강하고 유흥과 밤을 좋아하며 재산 증식에 탁월함
	수 다 (태과)	• 간교한 재주와 음모, 임기응변, 권모술수에 능하고 호색 음란하며 고집 및 풍파와 곡절이 많고 잔인성과 방랑성이 많음
	수 소 (태약)	• 유식하나 우유부단과 언행 불일치로 계획성이 없으며 우매하며 소심함
	목 다 (축수)	• 성품이 인자하고 의지가 미약하여 무배짱에 호언장담으로 남의 일에는 적극적이나 자기 일에는 소극적이고 인색하면서도 낭비벽 있음
	화 다 (불수)	• 재물복은 있으나 허례허식이 많으며 경솔하고 산만하여 신용이 없고 인내심이 없으며 도와주고도 원한과 미움을 많이 받음
	토 다 (체수)	• 인내심과 결단성 및 실천성이 없고 매사에 장애가 많으며 자기 주장만 고집하는 성격으로 유금왕토면 설기로 매사에 원활히 성공함
	금 다 (유수)	• 자부심과 지모가 있고 의리 존중과 형식에 치중하고 의지력과 실천력 부족으로 매사에 실패가 많고 이성 문제로 파란 많음
사주에 금의 성격	금 적당 (중화)	• 용모가 수려하고 기골이 장대하며 혁명적 기질과 파괴, 난폭성도 잠재되어 있는 냉정하고 강직하며, 용감한 성격으로 길사에는 위험한 손해가 있어도 불굴의 의협심과 승부욕이 강하고 기분파에 실리도 추구하는 자임
	금 다 (태과)	• 많은 욕심에 투쟁을 좋아하는 용기와 모사는 서툴고 고집과 명예와 자존심이 강하며 매사 계획성과 융통성이 부족하여 인심을 잃으나 또한 주색가임
	금 소 (태약)	• 매사에 결단성 없어 자고 나면 계획 허사 또는 용두사미격이고 큰 소리로 고집, 시비를 좋아하며 기분파에 때로는 인색하고 의리가 없는 편임

	수 다 (황금)	총명하고 영리하나 수다능변이며 자기 실리만 따지고 행동은 너그러운 듯하나 인색하고 야비하며 계획에 균형을 잃어 성패도 없이 유명무실이 많고 은혜를 잘 저버리고 싫증을 빨리 느낌
	목 다 (결금)	이해타산과 사리분명하나 욕심이 적어 지출이 많으며 기분파로 허세가 많고 언행 불일치로 도와주고 욕을 먹는 경우가 많으며 욕심을 부리면 반대로 손해가 많음
	화 다 (용금)	초조하고 끈기가 없어 매사에 좌절하기 쉬우며 양보와 이해타산이 버릇이고 다질병이나 신왕하면 부귀를 누림
	토 다 (금매)	매사에 언행이 불일치하고 우둔하며 의심이 많으면서도 일에 집착하지 못하므로 사회에 이름을 떨치지 못함
사 주 에 화 의 성 격	화 적당 (중화)	다인정에 사리분명하며 명랑쾌활하고 화려함을 좋아하고 명예를 존중하는 성격에 근면 성실한 활동가이지만 단점은 인내심이 부족하고 성질이 급함
	화 다 (태과)	직언을 잘하며 무례한 행동과 언어에 일관성이 없고 조급하며 과격행동에 비웃음을 잘하는 경향과 화려함을 좋아하고 실속 없이 다른 사람에게 간섭하는 일이 많아 자신의 주위 사람을 피곤하게 하는 경향이 많음
	화 소 (태약)	밖으로 강하게 하고 안으로는 부드러운 것 같이 예의를 갖추나 악한 것이 많고 또 위선자로 교활하고 나태하나 잘난 척을 잘하고 매사에 결단력과 실행력이 부족한 편임
	토 다 (회화)	재물복이 있고 봉사하는 직업이 적합하며 행동이 대담하나 비밀을 지키지 못하고 우둔 완고하며 융통성이 없으며 매사 불성하고 유목토치로 영달함이 가함
	금 다 (식화)	매사에 독단처리로 용두사미 또는 유명무실하고 과격행동으로 의리가 없으며 자존심이 강하고 속성속패로 손재가 많으나 주색을 삼가야 함
	수 다 (멸화)	예의가 없고 요령과 잔재주로 실수를 많이 하고 무덕하여 총명한 것이 해가 되고 잔병과 관재구설로 많이 놀라며 시력이 좋지 않음
	목 다 (식화)	매사에 시비와 논쟁을 좋아하고 독선적인 자존심과 타인을 경시하고 의타심이 많고 부모덕이 없고 특히 사주에 수(水)가 없으면 냉정하여 속성속패함

● 일주日柱 천간天干의 성정性情

천간	성 정
갑 목 (甲木)	● 상식한 성격에 책임감이 있고 매사에 앞상서므로 때로는 공격의 대상이 되는 가 하면 경쟁자로 인정되며 ● 박식하고 문장력과 언변이 좋으나 편중된 사주는 우둔하여 군중 심리에 휩싸여 감하고 폭력적 인자로 변할 수 있고 ● 여자는 활동력과 생활력이 강한 반면에 내 주장의 경향이 있음
을 목 (乙木)	● 유약하게 보이나 매사에 무리하지 않으며 타인의 간섭을 싫어하고 대쪽 같은 성격을 고집하며 ● 힘과 끈기는 어떤 난관에도 굴하지 않으나 때로는 타인을 이용 또는 의지하려는 경향이 있어 환영을 받지 못하는 면도 있고 ● 친절하고 사심 없이 적극적으로 대하나 내면으로 삐딱하거나 변덕이 잦아 비위를 맞추기 힘든 스타일임
병 화 (丙火)	● 쾌활하며 매사에 정열적이고 적극적이며 화끈한 성격의 소유자이나 다변에 직언은 잘하며 타인의 비밀을 지켜주지 못하는 단점도 있고 ● 언변이 좋아 설단생금하나 인내심이 부족하여 매사에 도중하차하는 경향이 많으며 ● 여자는 활동력이 강하고 대인관계가 원만하여 인기가 좋으나 외유를 좋아하고 가정은 등한시하는 경향이 많음
정 화 (丁火)	● 외유내강하고 헌신적이며 봉사적인 데가 많으나 보편적으로 고지식하여 불의를 보면 참지 못하는 성격이고 타인과 잘 사귀는 편이나 한번 미워하면 다시 보지 않으려는 단점도 있으며 ● 여자는 활발하고 친절하며 일을 시작하면 몸을 아끼지 않고 열중하지만 자기의 감정을 못 참는 성격의 단점도 있음
무 토 (戊土)	● 언행이 신중하며 온후하고 아량이 넓은 후덕한 성격이나 무표정하여 인정이 없어 보이고 음흉해 보이며 자기주장을 관철하는 능력은 있으나 자신의 판단을 너무 과신하는 아집과 독선이 있고 ● 성실성과 책임감이 강하며 신용을 중히 여기 중화와 중용으로 뭇사람들과 잘 어울리는 동화력이 풍부함
기 토 (己土)	● 순박하고 중후한 인품으로 자기주장을 잘 드러내지 않고 능글맞거나 이기적인 경향도 있으며 ● 신용과 효심은 있으나 한편으로 음흉하고 예민하며 까다로워서 터놓고 지내기가 곤란한 단점도 있음

경 금 (庚金)	● 의리파로서 의협심과 소속감이 강하고 한번 믿는 사람에게는 평생 충의를 지키며 배반하는 일이 없으나 친구나 선후배를 따르다가 건달이 되기도 하고 ● 강자에게는 대항하고 약자를 도와주는 희생정신도 있으나 조급하고 난폭하며 독선적인 면도 있음
신 금 (辛金)	● 세심하고 깔끔하며 유하면서도 의리나 정의 공론을 중시하는 성격으로 자존심이 강하고 욕심이 많으며 자신이 최고라는 자아도취에 빠져 남의 눈총이나 비난의 대상이 되기도 하고 ● 정확한 기획 능력과 계산 능력이 뛰어난 것이 특징이기도 하나 결백함이 지나쳐냉정하고 까다로워 비위 맞추기 힘든 상대임
임 수 (壬水)	● 선천적으로 두뇌가 총명하고 심오한 지혜를가지고 있으나 한편으로는 남을 무시하는 경향이 있고 피해를 줄 소지가 있으며 ● 맑고 깨끗하며 잘 어울리려는 성품이나 그와 반대로 음란하거나 비천해질 소지도 있으며 ● 재치가 있고 임기응변이 능하며 남을 이용하는 권모술수가 지나쳐 사기성으로 변할 수도 있음
계 수 (癸水)	● 지모가 특출하고 준법정신과 임기응변이 능하고 변화에 민감한 대응 능력이 뛰어나나 때로는 자기 꾀에 자기가 당하는 경향도 있고 ※ 지도자가 되기보다는 참모나 보좌관 역할이 어울림 ● 매사에 자유자재로 변신하고 적응하는 능력이 뛰어나나 변덕스럽고 지조가 없는 이중인격으로 보일 염려가 있음

●공망空亡의 성정性情

종류	구분	성 정
위치공망(位置空亡)	전공(全空)	●전부 또는 삼개지지가 공망시 사주와 생왕되면 외국 진출시에 성공하여 명진사해(名振四海)하는 대귀(大貴) 대인(大人)의 명으로 해석함
	태월(胎月)	●매사 불성이면서 동분서주로 직장이 자주 바뀌어 이사가 빈번한 운명으로 선천적으로 부모와 육친과 인연이 약한 사주임
	년간(年干)	●부친에 덕이 없고 국가와 윗사람의 혜택을 얻기 어려움
	년지(年支)	●모친에 덕이 없고 조상과도 인연이나 덕이 없음
	월간(月干)	●형제가 부실하거나 형제간의 일로 근심이 많게 됨
	월지(月支)	●부모형제의 도움이 없고 고향을 떠나 살거나 진로나 직업이 순탄하지 못하고 복잡다단하기 쉬움
	일간(日干)	●십악대패일로 항시 허전하고 고독하며 고질병에 시달리거나 유랑생활 또는 서모나 계모 슬하에 걱정거리가 있게 됨
	일지(日支)	●배우자 궁이 불안하여 만혼하거나 흠이 있는 배우자를 만나기 쉽고 본인도 타가에 기식하는 경우가 많음
	시간(時干)	●유지나 불성으로 진로에 장애물이 많이 있으며 자녀들이 성실하지 못하여 항시 근심에 싸여 있음
	시지(時支)	●유녀 무자하거나 양자를 두거나 임종시 자식이 없을 수 있음
신살공망(神殺空亡)	천을(天乙)	●총명하고 기예에 능하며 낭만적이나 귀인을 만나기 어려움
	문창(文昌)	●학문에 장애가 있고 방송, 가수, 연주인 무속에 인연이 많음
	양인(羊刃)	●기회가 오지 않는다고 신세 한탄하기 쉽고 재액을 당할 수 있음
	역마(驛馬)	●품위는 있으나 휴마로 발전 지연과 주거가 불안정함
	화개(華蓋)	●극자 극부하는 명으로 승도나 과부가 되기 쉬우며 일시가 공망이면 기고청심(氣高淸心)으로 출가도인, 종교인, 역학인 등이 많음
	겁살(劫煞)	●도심이 있거나 냉혹한 성품이 많음
	도화(桃花)	●천함 변하여 귀기를 따나 합충이 되면 주색잡기로 방탕함
	망신(亡身)	●허세허욕이 많아 타인을 괴롭히거나 허송세월하는 자가 많음
	건록(建祿)	●평생 무재로 꿈속에서 방황하는 생활을 하기 쉬움
	삼기(三奇)	●부귀에 초연한 탈속적인 사람으로 대학자나 수도자 또는 도인이 많음

육신공망(六神空亡)	비겁(比劫)	●형제간에 무덕하고 고향보다는 타향에서 성공률이 많음
	편재(偏財)	●직업이 잘 바뀌며 기예, 가무에 재주가 있고 달변으로 의술, 예술, 복술, 종교 등에 소질이 있으며 여명은 다녀 무자가 많음
	정재(正財)	●학문연구에 종사하거나 구류술사가 많으며 말이 적고 인정이 없기는 하나 정신적 차원은 높음. 여명은 첫딸이 많음
	식신(食神)	●재물에 욕심이 많고 허영심과 사기성이 많이 잠재되어 있음
	상관(傷官)	●남명은 처와 인연이 약하며 처로 인한 흉액이 있고 재리에 냉혹 인색함
	편관(偏官)	●영웅적인 기질로 정치 성향이 강하고 외교력과 지도력은 있으나 반체제 성향으로 혁신적인 일을 좋아하나 남명은 지식과 인연이 약함
	정관(正官)	●관직과 직장 그리고 자손의 인연이 약하며 여명은 부부 인연이 약하며 어떤 남자를 만나도 만족하기 힘듬
	인성(印星)	●자립적인 재야선비로 상하간에 불순하거나 인덕과 부모덕이 없으며 학업을 마치기 어렵고 이사를 자주 하는 경향이 있음
절로공망(絶路空亡)	갑기일(甲己日)은 **신유시(申酉時)**	
	을경일(乙庚日)은 **오미시(午未時)**	●매사에 도중 장애가 많고 무자 또는 말년에 고독하며 대운 년운이 불길하면 자식과 관형에 근심이 생길 수 있음
	병신일(丙辛日)은 **진사시(辰巳時)**	
	정임일(丁壬日)은 **인묘시(寅卯時)**	
	무계일(戊癸日)은 **술해시(戌亥時)**	

●**통변성**通辯星**의 성정**性情

육신(六神)	성 정
편중혼잡(偏重混雜) 사주(四柱)의 특성(特性)	●전생부터 인연이 있다 ●많은 것은 강한 행동의 습성과 성격의 특징이 나타난다 ●그 육신에 대한 변화가 많이 일어난다 ●정성(正星) 희신(喜神)도 편성(偏星) 흉성(凶星)쪽으로 변할 확률이 많다 ●행동이나 성격대로 어쩔 수 없이 해가면서 후회를 많이 한다 ●제화될 경우는 흉한 성격이 나타나지 않으나 운에 따라 나타남
없는 육신(六神)의 특성(特性)	●전생부터 인연이 없거나 미약하다 ●평소에 필요성을 느끼나 막상 운에 없던 육신이 나타나면 소홀히 하는 경향이 있다 ●만족이 안 되고 안정이 안 되면 상대 육신도 안정이 안 된다

		• 대운에 따라 들어오면 그 기간 동안 있는 것으로 본다 ※ 지장간이 생해 주는 육신궁(六神宮) 즉 부모궁(父母宮), 일지(日支), 시지(時支),대운을 본다. 특수격은 다르게 본다.
비견	독립과 분리와 자아의 성	• 자기주장에 고집이 강하여 타인과 불화는 물론 쟁론을 일으키거나 비방을 받기 쉬우며 자존심이 강하고 타인의 지배를 싫어하는 성격으로 과감한 행동을 위한 박력 있는 결단력과 추진력 있고 • 공사 구분과 청렴성이 강하고 바른 말은 잘하며 자기가 싫은 일은 절대로 하지 않는 성격이며 사회적으로 채권자, 사기, 협박, 손재, 불화, 배신, 투쟁, 폭력, 차압, 부도, 강도, 깡패 등이 이에 해당함
겁재	강압과 교만 파괴와 실패의 성	• 투기를 좋아하고 강압적이거나 폭력으로 행동하는 성격로 자존심이 강하고 총명하며 재능이 있고 언변이 뛰어나 쟁론 및 시비로 타인의 자존심을 상하게 하며 매사에 적응력과 임기응변술이 뛰어나고 업무 능력도 탁월하며 승부욕이 강하고 이해타산을 위해서는 수단 방법을 가리지 않는 면도 있고 • 매사에 비판적이거나 반항적이고 남의 능력을 무시하거나 불인정하는 독특한 성격도 있으며 자기를 해치거나 억압하지 않으면 절대 화를 내지 않으며 • 끊고 맺음이 분명하고 솔직 담백하며 의리와 신용을 중히 여기고 강한 사람에게는 강하게 대항하고 약자를 보살피는 성격이나 양보심이 많아 실속 없는 경우가 많음
식신	풍족과 의식주 및 유행의 성	• 예의바르고 온화한 성격으로 의식주가 풍요롭고 성품도 낙천적이며 세련미가 있고 문학적 소질과 예술적인 감각이 뛰어나 가무와 풍류 및 예술을 좋아하고 • 적극성과 결단성이 부족하고 우유부단한 성격으로 매사에 다투거나 따지는 것을 싫어하여 기회를 놓치거나 한 발 양보하여 손해를 보는 경우가 많음
상관	방해 및 모사와 재능의 성	• 총명하고 재능이 있고 언변이 뛰어나나 온화하지 못하고 안하무인격으로 매사에 자기주장이 강하여 쟁론 및 시비로 타에 존경을 받지 못함 • 매사에 적응력과 임기응변술이 뛰어나고 업무 능력도 탁월하며 승부심과 이해타산을 위해서는 수단 방법을 가리지 않는 면도 있고 매사에 비판적이거나 반항적이고 남의 능력을 무시하거나 불인정하는 독특한 성격도 있음
편재	금전 출납 투기와 허욕 색정의 정	• 의협심과 봉사정신은 있으나 편파적이고 타산적이며 노력의 대가가 아닌 일확천금을 노리거나 비정상적인 재화를 탐내는 경향이 있고 재물에 욕심이 많아 돈 버는 일이라면 수단 방법을 가리지 않는가 하면 낭비벽도 심하며 또한 주색잡기로 종종 말썽을 일으키는 성격임

정재	관용과 축재 근면과 성실의 성	● 도덕적이고 정의, 충직, 성실함이 분명하며 사리분별과 판단력이 정확하고 관용과 도량이 넓으며 사회나 가정에서도 명예와 신의가 두터우며 정당한 노력으로 얻은 재물로 검소하게 살아가는 성격이고 ● 부적절한 금전관계를 하지 않는 점은 좋으나 금전을 활용할 줄 모르거나 인색하고 소심하며 다른 사람을 믿지 못하는 경향도 있음
편관	관권과 억제 개혁과 투쟁의 성	● 완고하고 편향된 외고집으로 모험심과 의협심은 강하나 조직이나 단체를 독재하려 는 영웅 심리와 지배 심리가 있고 때와 장소를 가리지 않고 성급한 언행과 감정 폭 발로 자기를 과시하는 성격이며 ● 한편으로는 죽어도 비밀과 약속을 지키나 타인에게 부탁하지 않은 독한 내면을 소 유하고 있으며 약자를 돕고 강자에게 대항하는 배짱과 담력을 가진 성격임
정관	도덕과 보수 명예와 인격의 성	● 명예와 질서를 존중하고 품위와 인격이 잘 갖추어 있고 자비와 도덕심이 강한 것은 물론이고 권위와 통솔력을 겸비하여 주위와 부하로부터 존경받는 성격이며 ● 모범적이고 청렴결백하나 융통성이 부족하고 고지식하며 보수적이거나 수동적인 성격이 강함
편인	시기와 위선 병난과 이별의 성	● 매사에 기회주의적이고 불평불만이나 의심이 많고 신경이 예민하여 자기 것만 챙 기고 타인 것은 파괴하는 흉신으로 사기와 허례허식의 성격이고 ● 다방면에 재능은 많으나 초지일관하여 능력을 개발하지 못하고 항시 다른 곳에 눈 을 돌리거나 마음이 불안정한 성격의 소유자임
정인	인수 지혜와 자애 학문 인정의 성	● 학문과 재능 및 인의를 존중하고 인정이 많으며 자비심과 봉사정신이 많은 사람으 로 전통과 명예를 지키는 보수적인 성격이고 ● 편안하고 지혜로우며 단정하나 자신의 실력을 믿고 남을 무시하므로 타인과 마찰 이 생기는 경향이 있으며 ● 매사에 설계와 계획은 좋으나 실천력이 약하고 행동이 느리거나 게으른 성격도 있 어 솔선수범하는 자세를 지녀야 함

● 육친(肉親) 조견표(早見表)

비 견	남	형제자매	처질	자매시부	친구	동창생	동료 직위 사업 이성관계 경쟁자
	여	형제자매	시부형제(媤父兄弟)		친구	동창생	
겁 재	남	형제자매	이복형제	자부	동서	여시모	
	여	형제자매	이복형제	시부	동서	자 장인	
식 신	남	손자	장모	서(사위)	생질녀	증조부	나의 자유 국가기강 문란 폭도
	여	자		여 시부		증조부	
상 관	남	조모	손녀	생질	외조부	외숙모	
	여	여		조모		시 고모부	
편 재	남	부	첩	애인	형수	제수	처형제매	재물 사업 지배하는 부하 (아랫사람)
	여	부		시모		외손녀		자 장모	
정 재	남	처	백부	고모	자 장인	자매시모	
	여	외손자	백부	고모	시모형제자매	시조부	
편 관	남	자	질녀	외조모	매부	여 시부	나의 자유 구속 지배 국가 관청상사
	여	애인		정부		시형제자매	자부형제	
정 관	남	여		질		증조모	
	여	부		자부		여시모	증조모	
편 인	남	계모서모	이모	외삼촌	조부	외손녀	자장모	부모뻘되는 존장 직위 사업 이성관계 경쟁자
	여	계모서모	이모	외삼촌	조부	손자	서	
정 인	남	모		외손자	처남댁		장인	
	여	모			손녀			

신살	분류	성 정
간합(干合)	갑기합토(甲己合土) 중정지합(中情之合)	● 세인의 존경을 받고 일에 절도가 있음 ● 신의가 있으나 감정이 둔하고 이기적인 경향이 농후함
	을경합금(乙庚合金) 인의지합(仁義之合)	● 강인한 성품이 있음 ● 남의 말에 잘 넘어가고 결단력이 부족하며 부당한 일은 못함
	병신합수(丙辛合水) 위엄지합(威嚴之合)	● 위엄은 있으나 편굴하고 잔인하며 색을 좋아함 ● 바람기에 이기적인 간계수단을 잘 쓰고 변태적인 경향이 있음
	정임합목(丁壬合木) 인수지합(仁壽之合)	● 질투심이 많고 자기도취에 잘 빠지고 색을 좋아함 ● 여자는 남성의 유혹에 잘 빠지고 성질을 잘 내며 남자는 여자 관계가 복잡함
	무계합화(戊癸合火) 무정지합(無情之合)	● 박정하나 믿는 사람한테는 손해를 보면서도 잘 대해줌 ● 남자는 남의 꾀에 잘 넘어가며 아부 잘하고, 여자는 질투심이 강하여 남편의 바람을 용납 못함
지지육합	총괄(總括)	● 한 가지 일에 종사 못하고 겸업 또는 직업 변동이 많으며 신살작용이 미약하여 일생 동안 기복 없이 평탄함
	년월지합(年月支合)	● 조상의 업을 부모가 이어 받는 상임
	월일지합(月日支合)	● 부모와 같이 살거나 유산을 받게 되며 형제간에 의가 좋음
	일시지합(日時支合)	● 자녀운이 평탄하고 자식과 함께 살 수 있는 것으로 추리됨
삼합 및 방합	세 력	● 합력은 삼합이 강하고 오행세력은 방합이 더 강함 ● 방합은 지지 중에 한 개가 반드시 월지에 있어야 방합이 성립되고 천간에 지오행과 동일한 오행이 있을시 전합과 동일한 효력임
합의 종류		● 전합(진합), 반합(준삼합), 가합(가회), 근합, 원합(격합), 명합, 암합, 쌍합(쟁합투합)
합의 특성		● 자화간합 : 임오, 정해, 무자, 신사, 갑오의 일주이면 복록이 농후하고 총명하며 부부 인연이 좋은 것으로 판단하며 ● 공망은 삼합행운이 들면 탈공되며 육합공망은 탈공되나 합력이 반감되고 형, 충, 파가 있어도 합력이 반감되고 ● 남자가 합이 많으면 외교와 사교 능력 있고. 여자가 합이 많으면 불수 정절하고 중혼과 음란한 명으로 판단된다

형	인사신(寅巳申) 삼형 무은지형(無恩之刑)		● 관형, 교통사고, 약물 중독, 총상 등이 있을 수 있고 ● 남자는 입신출세운이 있으나 여자는 천한 직업에 종사함
	축술미(丑戌未) 삼형 지세지형(持勢之刑)		● 사소한 일로 원수, 불신, 배신, 투쟁 등으로 일생 동안 절교가 많으며 부부 불화, 배신 또는 이별 등으로 고독하고 ● 유기하면 장수로 출세하고 무기하면 매사에 불성임
	자묘(子卯) 상형(相刑) 무례지형(無禮之刑)		● 불륜이나 부례, 간봉, 변태성욕으로 十설, 형액능이 따르며 ● 명조가 조화를 이루면 산부인과, 비뇨기과 병원이나 관광오락 사업에 두각을 나타내고 성공함
	자형 (自刑)	진 진 (辰 辰)	● 수해, 매몰, 익사 등의 사고 수가 있고 유기하면 법조계에 두각을 나타내며
		오 오 (午 午)	● 폭발, 충돌, 총상 등이 염려되고 신기의 발달로 무속, 점복업에 종사하거나
		유 유 (酉 酉)	● 칼, 연장, 기계 등으로 인한 상해, 수술 등을 경험하거나 수족 절단 등의 염려가 되며
		해 해 (亥 亥)	● 수해, 폭설, 폭풍, 한파 등으로 해를 입었거나 목욕탕, 세탁업, 청소, 주점 등을 경영하면 유리함
	※ 곤명의 일지에 형살이 있으면 자궁외 임신, 자연유산, 임신중독, 제왕절개, 자궁암 등의 수술을 하는 경우도 있음		
충	간충(干沖)		● 지충보다 빨리 일어나며 대인관계의 변화를 나타냄
	지충 (支沖)	자오상충 (子午相沖)	● 심성은 정직하나 사주에 년월 충 또는 행운과 년월 충이면 본인 또는 형제자매나 자녀가 외국에 거주함
		묘유원수충 (卯酉怨讐沖)	● 부부, 친인척 상쟁과 배은 등과 주거의 변동이 많고 일시에 충이 있으면 말년에 가택이 없을 수도 있음
		인신역마충 (寅申驛馬沖)	● 서두루고 매사 용두사미격이며 행운에 충이 오면 전직 및 주거 변동이 많고 남녀간에 이별 수나 교통사고 등이 발생함
		사해상충 (巳亥相沖)	● 조령모개로 후회하거나 매사를 반복하는 소심한 경향이 있고 폭발, 화재 또는 교통사고 등을 주의해야 함
		진술붕우충고독충 (辰戌朋友沖 孤獨沖)	● 과묵하고 매사에 방관하거나 무리하게 도모하여 곤경에 빠지는 경향도 있으며 이성관계에 어려움과 전택 토지 관계로 관재구설 등 투쟁이 많이 일어남
		축미상친상소충 (丑未相親相疏沖)	● 형제, 친구, 친척들과 소외당하기 쉽고 내가 힘 있을 때에는 사람이 모이고 내가 힘 없을 때에는 인간관계가 냉정하게 변함

파	자유(子酉)	●매매, 취직, 금전거래 등이 갑작스레 약속 위반 또는 파기 상태가 발생하며 주색잡기나 불륜으로 사건이 발생될 수 있음.
	인해선합후파 (寅亥先合後破)	●행운에 합을 깨는 작용이 오면 건명은 처가 곤명은 본인이 자궁수술, 유산을 하거나 방광염, 담석증이 발생함
	축진 (丑辰)	●성급하여 매사에 명예와 재산을 손상 또는 가정파탄을 가져오고 부동산 등으로 끌어오던 사건은 쉽게 결말이 나며 ●일지와 운에 파가 오면 건명은 처로 인하여 파재하고 곤명은 남편이 사회적인 물의로 가정파탄이 올 수 있음
	사신(巳申) 합 형이 동시 발생	●처음은 화합, 단합, 협의, 동업 등으로 잘 되나 도중에 의견 충돌, 불화, 배신, 투쟁이 발생하여 손재, 파산, 이별 등이 야기됨
	오묘 (午卯)	●속전속결로 처리함으로 실패와 손해를 보는 경향이 있고 남녀 막론하고 행운에 다시 파를 만나면 도박, 유흥, 색정 관계로 손해는 물론 명예실추와 공금횡령, 뇌물수수에 말려드는 불상사가 따르며 화재, 폭발 사고 등에 조심해야 함
	술미(戌未) (형 파)	●시비, 구설, 질투, 모함 등이 따르고 서류나 문서 착오 및 실수로 인한 사고 발생과 대인관계에서 믿고 한 일이 적반하장격으로 배반당하거나 억울한 누명을 쓰게 됨
해	총괄(總括)	●합을 방해하는 역할로 질투, 암해, 모략, 공격 등을 주관함
	자미(子未)	●육친이나 골육간에 불화로 떨어져 살아야 함
	축오(丑午)	●재물에 관한 오해로 관재, 송사 등 친척간의 시비가 발생함
	인사(寅巳)	●사고나 신체 절단 등의 수술이나 관형, 배은 등이 일어남
	묘진(卯辰)	●중상모략, 배신, 재산을 탕진하는 경향이 있음
	신해(申亥)	●안면에 상처를 입거나 목 일주는 수액이나 교통사고가 있음
총괄(總括)		●형, 충, 파, 해 작용은 매사에 최종 마무리 즉 중간 계획 수정이나 진로를 바꾸거나 이외의 사건이 일으킴
원진	년월월일 (年月月日)	●부자, 형제, 친척간에 등지거나 상쟁이 발생되며 곤명의 월일지에 있는 재성과 원진이 같이 있으면 고부갈등이 예상됨
	일시 (日時)	●부부나 자식과 불화로 별거나 이별이 예상되며 식상이 같이 있으면 생자하나 우환 및 산액이 우려됨
	쌍원진 (雙元嗔)	●명조에 쌍원진이 있고 행운에 원진이 오거나 행운이 나쁘면 흉화가 가중됨

귀 문	자유(子酉)	●동자신, 선녀신의 작난으로 주기적으로 발동 및 변덕이 심한 공 주병 증세가 있음
	축오(丑午)	●객사나 흉사한 귀신이나 몹쓸 병으로 죽은 귀신의 작난과 같이 폭력적이거나 과격한 기질이 특징이고 음독 또는 분신자살의 우 려가 있으며 남자에게 많음
	인미(寅未)	●어른 귀신, 늙은 귀신의 작난으로 늙은이가 넋 놓고 있는 행동 및 눈동자가 풀어져 있는 것이 특징이며 도사인 척 어른인 척 점잖 은 척하면서도 가부가 불분명하고 갑자기 뜻밖의 일을 내는 것 이 남자에게 많음
	묘신(卯申)	●장군 귀신, 도화살 귀신의 작난이 특징으로 잘난 척 자기 과신을 많이 하고 매사에 급하게 즉각 반응을 잘하며 허세와 허풍이 세 고 항상 자기는 옳고 남들은 이상하다고 무시하는 경향이 있음
	진해(辰亥)	●처녀 귀신 출산하다 죽은 귀신과 같이 상당히 까다롭고 앙칼지 며 사나운 성질이 있고 대인기피증과 결백증이 심하고 여자는 남편과 자식밖에 모르고 있음
	사술(巳戌)	●출산 못하고 죽은 귀신, 무자 귀신, 도사 귀신과 같이 늙은이가 넋 놓고 있는 행동과 눈동자가 풀어져 있는 것이 특징이며 능구 렁이 같고 음흉하며 고집이 세고 자기주장만 내세우고 갑자기 돌변하기도 함
총괄 (總括)		●귀문관살은 여자에게 많으며 화병이나 우울증이 있고 ●귀문살이 있는 사람은 정신이상자나 무속인의 기가 흐르고 있어 그 기를 잡아줄 사람에게 털어놓고 아무에게나 말하지 않음

● 길신吉神의 성정性情

길신	성 정
천을귀인	●인격이 공명정대하고 지혜가 총명하여 인덕이 있고 외교활동에 능하며 귀인이 중중함
삼기성	●천상삼기는 총명하고 학문에 통달하고, 지상삼기는 부귀와 장수를 누리며, 인중삼기는 신동이나 수재인 반면 음란에 빠지기 쉬움
문창성	●학문과 예술계통에 천부적 재질을 소유하고 있어 총명하고 박식하여 교수나 작가 등 학 계나 예술계에 이름을 떨칠 수 있음

천록	● 신강하고 질병이 없고 주관이 뚜렷하고 월지에 있으면 부모 유산으로 편한 생활을 하고 정관에 있으면 일생 관록이 있을 것임
천의성	● 의사, 간호사, 한의사, 약사, 종교지도자, 교육자, 변호사 등의 직업에 인연이 있다 하겠으나 명조에 관인 또는 문창성이 있으면 의사와 교수를 겸하는 경우가 있고 신살이 있거나 기신이 되면 실력이 있어도 무면허로 일하기 힘든 상태임
천월덕	● 길격 사주는 더욱 길해지고 흉격 사주도 흉이 감해 주는 길신이며 일지에 있으면 일생 나쁜 일이 없으며 여자는 온순한 현모양처임

● 흉신吉神의 성정性情

길신	성 정
양인살 (羊刃殺)	● 년지에 있으면 조업이 없고 월지에 있으면 성격이 강인하며 일지에 있으면 부부궁에 결함이 있고 시지에 있으면 자녀 덕이 없고 ● 편관을 만나면 도리어 권세를 잡는 귀격이 되며 양인이 많으면 농아나 장님되는 수가 있음 ● 재성이 양인 옆에 있으면 재물 다툼, 여자 다툼이 많고 양인이 천간에 있으면 재운이 없고 도화살에 해당되면 고질병으로 고생함
백호살 (白虎殺)	● 일주는 물론이고 월, 시주 있어도 해당되며 육친에게 질병, 부상 등의 액이 있다 하며 갑진일, 을미일 생은 그 부친에게 액이 있음
괴강살 (魁罡殺)	● 남자는 청렴하고 여자는 고집이 세고 성격이 강하여 과부가 될 가능성 많고 일지가 정관 편관이면 빈궁하겠음
지망살 (地網殺)	● 인생행로에 장애가 많으며 사주가 잘 짜여지면 특수기관에 종사할 운이 있는 길한 사주가 될 수 있음
천라살 (天羅殺)	● 신앙, 활인업, 역학, 무당, 의사, 수련, 수행 등과 인연이 많음
고과살 (孤寡殺)	● 백호, 괴강살이 같이 있으면 부부 사이 풍파가 많고 건강과 경제적으로 나쁘면 면할 수 있다 함
삼살방 (三煞方)	● 삼대가 사는 집 임산부, 신앙가 등은 이사, 기도, 원행시에 해 방향을 고려하고 대장군방도 동일하게 판단함
중상일 (重喪日)	● 초상 및 출상시에 피하거나 방책을 강구하여야 함

●십이신살十二神殺 및 삼재三災의 성정性情

신살	성 정
겁살 (劫殺)	●명조에 흉신일 때는 사고나 형액을 면하기 어려우나 길신 즉 희용신(喜用神)에 해당할 시는 전화위복이 됨
재살 (災殺)	●격국과 용희신이 좋으면 권력기관에 종사하기도 하나 재살 방향에는 나를 해하는 자가 있는 곳으로 거래를 피하는 것이 좋음
천살 (天殺)	●천살 방향으로 제사 또는 선산을 모시거나 학생들의 책상을 두면 길하고 종교적인 물건은 두지 않고 직장인은 배후세력으로 보나 사업가는 허세나 기밀누설로 관액이 있음
지살 (地殺)	●여행, 이사 등의 변화를 적극적으로 주관하며 지살 방향에 출입문, 문패, 간판, 선전물, 창고 등을 두면 길함
년살 (年殺)	●도화살, 함지살, 욕패살이라고 하며 음란, 색정을 주도하며 기신이면 주색잡기로 가산 탕진하며 희신이면 유흥업으로 여자는 부자가 됨
월살 (月殺)	●고초살이라 하고 행운에 월살운이 들어오면 신앙에 개종을 하며 신체의 각종 재해가 따르며 화개와 같이 있으면 소아마비가 많음
망신살 (亡身殺)	●관부살이라 하고 길신이면 외모 준수하고 매사에 길하나 흉신이면 경거망동으로 관재 구설이 많이 일어나고 허세와 허욕이 많음
장성살 (將星殺)	●공망이 되면 실권 없는 무용지물로 입산 수도자가되고 장성살 방향으로 사는 집이나 사무실, 영업소 등의 문은 절대로 내지 않음
반안살 (攀鞍殺)	●집이나 사업장소에 반안살 방향에 금고나 카운터를 두는 것이 좋으며 잠잘 때 두침 방향으로 좋은 곳이며 매사에 반안 방향이 길함
역마 (驛馬)	●길신이면 외교성과 영업, 사교에 능하여 행운에 합이 되면 영전이나 승진, 이사, 해외여행 등의 발전이 오고 흉신이면 소년 시절의 학마살 작용을 하며 충이 되면 사고나 객사가 염려됨
육해살 (六害殺)	●흉신에 해당하면 부모, 형제, 처자에 해가 많고 길신에 해당하면 영전 등으로 좋은 일이 있고 구인시 육해에 해당 띠의 사람이 길함
화개살 (華蓋殺)	●예술성으로 예술가 운에 공망이 있으면 승도나 종교 계통으로 출세하고 여명에 화개가 많으면 음난으로 자녀 양육에 어려움 있음
삼재 (三災)	●입삼재는 역마 삼재로 이동 변동이 많은데 인신사해 생에게 해가 많고, 복삼재는 해가 심한 해인데 자오묘유 생에게 해가 더 심하며, 출삼재는 진술축미 생이 해가 많아 불회 갑이 관례임

●십이운성 拾貳運星의 성정 性情

형제(월) 자녀(시) 수명(일)의 수(數)

운성	성 정
포(절)	●객지, 병액, 고독, 파산의 성으로 형제 자식 1명으로 수명 73세
태	●초년에 관재구설 및 형액 또는 사운이 유하며 무자(無子)에 수명 77세
양	●부모와 이별하고 자수성가하며 형제 자식 3명으로 수명 80세
생	●매사가 순탄하고 장수할 운이며 형제 자식 4명에 수명 86세
욕(浴)	●음란 방탕하고 고독과 풍파가 있으며 형제 자식 2명에 수명 75세
대	●출사로 명성을 날리며 형제 자식 3명에 수명 75세
관	●착실하고 온순한 운이 오며 형제 자식 3명에 수명 69세
왕	●크게 성공으로 부귀겸전하며 형제 자식 5-7명에 수명 76세
쇠	●편협하고 건강이 쇠퇴하여 지며 형제 자식 2명에 수명 67세
병	●매사에 허약단명운이며 형제 자식 1명에 수명 70세
사	●이별과 조사할 운이 있으며 무자(無子)에 수명 68세
장	●고정, 보관, 정지 등의 의미로 쇠퇴 불생의 운 무자(無子)에 수명 76세

여아 판단	명수 / 년생	3.4운 출 2명	3중 사망 유	2.3중 1 사망	3중 2명 생	1.2운 4.5가	2명	2.3운 여덕 무	2명	7.8운 생 1명	3.4명	5명	3명
	사유축	묘월	인월	축월	자월	해월	술월	유월	신월	미월	오월	사월	진월
	해묘미	유월	신월	미월	오월	사월	진월	묘월	인월	축월	자월	해월	술월
	신자진	오월	사월	진월	묘월	인월	축월	자월	해월	술월	유월	신월	미월
	인오술	자월	해월	술월	유월	신월	미월	오월	사월	진월	묘월	인월	축월

※ 수명의 나이는 정확히 맞지 않으므로 참고로 할 정도임(남+17 녀+19)

●당사주唐四柱 해설解說

주	성	해 설
년 초 년 운 1 세 부 터 17 세	천귀	●인품이 준수하고 총명하며 자손이 번창하고 귀인의 기상임
	천액	●일신이 곤궁하며 조실부모하지 않으면 타향살이할 운임
	천권	●벼슬을 하여 권세를 누리겠으며 아니면 장사를 할 운수임
	천파	●대개 초년에 실패수가 있으며 유두무미로 결단성이 부족함
	천간	●꾀가 많고 관공서 계통이나 기술 계통에서 성공할 운수임
	천문	●많이 공부하여 벼슬을 못하면 신경성 병으로 고생하는 수임
	천복	●의식이 풍족으로 사치를 하나 사업 및 기술 계통으로 성공함
	천역	●객지로 유람할 팔자로 학업에 힘써 대성하는 사람이 많음
	천고	●형제이별 등 고독하나 재주가 있어 일찍 가정을 잘 이끌어 감
	천인	●조급, 매정하며 군인, 경찰, 의사 등의 직업에 운을 가지고 있음
	천예	●재능과 손재주가 있으며 급한 성격에 남을 시키기 좋아함
	천수	●도덕심이 있고 결백하며 성공할 운이나 고집으로 실패도 함
월 청 년 운 18 세 부 터 37 세	천귀	●자수성가 운으로 낭비와 여색을 조심하면 대성할 운수임
	천액	●객지풍파격으로 나쁜 팔자이니 재산 탕진과 관재구설이 따를 운임
	천권	●사방에 이름을 떨치나 명성이 거듭되면 나빠지는 운이 옴
	천파	●일차 실패수가 있으니 낭비벽을 조심하라, 부부 이별 수도있음
	천간	●신액, 구설수, 형벌 등이 따를 수 있으며 기술로 성공하는 운임
	천문	●공부를 많이 하면 좋으나 그렇지 않으면 신경성 병으로 고생함
	천복	●권태로 도중 중단 운수도 있으며 관운 출세 팔자로 귀인 운명임
	천역	●일찍 고향을 떠나 자수성가하나 신병이 몸에 따르고 있음
	천고	●고독과 풍파가 많으며 잦은 이사로 해외 거주 운도 있음
	천인	●유두무미로 급하여 실패가 많고 몸에 흉터나 중병이 들 운임
	천예	●수단이 좋아 예술 계통으로 출세하나 신경질을 고쳐야 길함
	천수	●진취의 기상으로 풍파가 있으나 한 곳에 오래 있어야 대성함

일 **장** **년** **운** **38** **세** **부** **터** **57** **세**	천귀	●일찍 명성을 날려 만인이 우러러 보나 여색을 조심할 운수임
	천액	●신명이 있고 관록이 있어 길하나 반대로 신고도 있는 운수임
	천권	●대인은 관록이 있고 중인은 상업으로 소인은 만신운이 있음
	천파	●마음이 들떠 있는 운으로 실패수가 있으니 분수를 지켜야 길함
	천간	●지혜와 언변이 좋아 사업이 대성할 팔자로 활인구명해야 길함
	천문	●용모가 단정하고 문예에 능하나 색욕과 신경질환을 조심할 운임
	천복	●처덕이 있고 재록이 많으며 귀인이 도와주는 운이라 길함
	천역	●관록으로 고향을 일찍 떠나지 않으면 자주 이사와 부부 이별수
	천고	●육친에 덕이 없어 고독과 부부 이별수로 바닷가 어부가 길함
	천인	●성질이 강직하여 군인, 의사, 법관이 대길하며 몸에 흉터 있음
	천예	●예술, 기술, 의원으로 성공도 많으나 종교인이 될 운수도 많음
	천수	●천상에서 죄를 짓고 인간으로 하강 40세 이후 길한 운임
시 **말** **년** **운** **58** **세** **부** **터** **종** **천**	천귀	●자손 창성과 재록이 풍부하며 천액, 천귀성이 둘이면 고생운임
	천액	●자손덕이 없어 고독과 중병으로 고생하며 천액이 둘이면 길함
	천권	●뭇사람의 우두머리로 재록이 풍부하고 장수할 운세임
	천파	●대체로 무난한 팔자로 자손이 속을 썩이나 말년 성공수도 있음
	천간	●말년에 대성하니 소개업이 길하며 자손 창성으로 사업 대성 운임
	천문	●말년 신경성 병으로 고생하며 천예성이 있으면 술로 미칠 운임
	천복	●자손이 창성하며 천금을 만지는 대길한 운명을 가진격임
	천역	●기술인으로 사업은 대성하나 실패가 다난하고 자손 이별운임
	천고	●부부, 자식연이 약하고 말년이 고단하며 종교를 가지면 길함
	천인	●일시 떠돌아 다닐 운으로 흉터, 불구자 자식 잃을 운도 있음
	천예	●예술, 기술 계통에 재주가 있고 종교로 명산을 찾는 운도 있음
	천수	●의식이 풍족하고 장수하나 천수성이 둘이면 고독과 신기가 있음

● 운명감정서運命鑑定書 작성법作成法

항목	작성 방법

사주(四柱)의 천간(天干) 지지(地支) 작성(作成)	● 년 : 태어난 해를 만세력에서 찾아서 기록함
	● 월 : 기월건표에 절기를 보아 월건을 결정하여 기록함
	● 일 : 태어난 해를 만세력에서 찾아서 기록함
	● 시 : 기시조견표에 의거 태어난 날에 출생시간을 육갑으로 기록하고 시간을 잘 알
	     지 못할시 시지법을 참고로 함
	  ※ 야자시, 조자시 적용설도 있으나 본 책에서는 무시함

간오행 (干五行)	● 사주의 천간 음양오행을 적색으로 기록함 **예** 〔갑〕〔+목〕 〔을〕〔−목〕
지오행 (支五行)	● 사주의 지지 음양오행을 적색으로 기록함 **예** 〔인〕〔+목〕 〔묘〕〔−목〕
오행(五行)	● 사주에 없는 오행을 적색으로 (무)로 기록함
납음오행	● 납음오행 육십갑자 및 공망 조견표에서 오행을 찾아 기록함
통변성 (通辯星)	● 통변성 조견표에 의한 기록이 간편하며 비겁 : 비아비, 식상 : 아생식, 정편재 : 아극재, 정편인 : 생아인, 정편관 : 극아관의 공식으로 일간(본인)을 기준으로 하 여 명궁에 상기함
지장간 (地藏干)	● 지지의 특성에 지장간 난을 보고 기록하며 월지의 지장간 중에 초기·중기·여기 중에 월령 분야에 사령한 지장간은 적색으로 기록함
십이신살	● 십이신살 조견표에 의거 년지를 기준으로 하여 기록함
태월(胎月)	● 기월건표의 산출법에 의한 계산을 하여 기록함
신강약	● 강약 구분 조견표와 통근 강약 순위에 의거, 기록함
운성(運星)	● 간 : 십이운성 조견표에 의거 년월일시의 지지로 천간에 대입하여 기록함 ● 지 : 십이운성 조견표에 의거 일간으로 년월일시지에 대입하여 기록함
당사주	● 당사주 조견표에 의거 기록함
신살	● 합·형·충·파·해부터 흉신까지 조견표를 보고 기록함

격국(格局)	● 사주 전체(내격)를 보아 억부가 필요시는 월지가 비견·겁재가 아닐 시는 내팔격으로 정하고, 비견·겁재시는 월지 지장간 중 사령한 지장간 또는 정기·중기 중 투간된 천간 중 사주에 중심이 될 십신으로 정함 ● 사주가 한쪽으로 힘이 몰릴 때에는 외격으로 종강, 종왕, 종아, 종살, 종재격과 특수격으로 신중히 분류함
용신(用神)	● 용신을 찾는 방법을 이용하되 사주 흐름에 따라 내팔격에는 격국용신·억부용신을, 외격 및 특수격에는 조후·통관(두 개 세력을 연결), 종격은 특수용신을 쓴다 ● 월지의 지장간 중 격국이나 조후 또는 자신을 도울 수 있는 투출된 천간을 용신으로 한다. 없을 시는 시주에서 쓰고 또 없을 시는 년주에서 쓰되 지보다는 간을 쓰는 것이 사회적 활동면에서 나은 것으로 본다 ● 병약용신은 신약사주에서 구성을 방해 또는 불필요하게 태왕 및 용신을 극하는 자를 병이라 하고 이를 치료하는 것을 약신(병약용신)으로 사용함
공망(空亡)	● 납음오행, 육십갑자 및 공망 조견표에 의거 기록함
조후(調喉)	● 지지의 조후 조견표에서 사주의 간지를 조열습한을 표기하고 습한조열시만 조후용신을 적용함
운기체질 (運氣體質)	● 운기체질 조견표에 의거, 좌우의 주객운기와 현재운기를 찾아 체질과 현재의 기후에서 오는 질병 등을 판단하여 건강 관리에 활용함 例 계미년 양력 2월 13일 출생 체질은 1運이 1월 20일부터 4월 2일까지로 계화불급이고, 기도 1월 20일부터 3월 20일까지 1기로 사목이 되어 음남이므로 화목불급이 우측체질이고, 입태체질은 생일이 축일로 266일을 거꾸로 계산하면 임오년 5월 17일이 입태일이 되므로 2운은 4월 3일부터 6월 8일까지로 정화불급이고, 기도 5월 20일부터 7월 20일까지 3기로 오화가 되므로 화화불급이 좌측체질이 되며, 주운기와 현재운기도 동일한 방법으로 작성한다
대운 (大運)	● 입운과 간지 난 연결 칸은 출생년을 기록하고, 기간 난 0부터 1운기간 전까지 기록하고, 양남음녀는 미래절을 음남양녀는 과거절을 적용하여 월건으로부터 순역으로 기재하고, 간지의 통변성도 기록하며, 대운기간의 수를 산출은 음남양녀는 과거절을 적용으로 당월입절일부터 생일까지 센 수를 3으로 제한 나머지 수가 1일 때는 제 1하고 나누어진 수를 초운으로 하고 제한 수에서 나머지 수가 2일 때는 가 1을 하여 초운으로 한다 例 계미년은 과거절로 입춘 7일 후에 출생하면 7 ÷ 3 = 2...1로 2대운으로 기간 난에 2~11을 기록하고, 8일 후면 8 ÷ 3 = 2...2로 3대운이 되어 3~12로 기록함
년운(年運)	● 대운에서 나이를 기록하는데 대운에 해당되는 해 즉 금년을 기준하여 전후 10년간의 태세를 기록한다
총평(總評)	● 오행배치를 비롯하여 검토된 각종 자료를 종합 검토로 무슨 격에 어떠한 사주이다는 것을 간략하게 내용을 기술함

● 운명감정運命鑑定 판단순위判斷順位

궁별	감 정 방 법		
성격 및 체질	● 월지에 사령한 통변성의 특성 판단 ● 편중되거나 혼잡한 통변성의 특성 판단 ● 배치된 오행의 장부 판단과 운기체질에 의한 판단	● 격국과 용신에 따른 특성 판단 ● 일주의 특성과 강약 상태 판단	
조상 내력	● 년간궁(年干宮)과 편인성(偏印星)은 조부계열(남) 년지궁(年支宮) 상관성(傷官星)은 조모 계열 관계를 판단 ● 년주를 중심으로 오행 통변성의 관계, 십이운성의 길흉신, 형, 충, 신살 등으로 부귀빈천한 집안의 내력을 판단		
부모	● 월간궁과 편재성은 부계 월지궁과 정인성은 모계를 판단 ● 월주를 중심으로 오행 통변성의 관계, 십이운성의 길흉신, 형, 충, 각종 신살 등으로 부모와 의 관계를 판단함		
형제	● 월간궁과 편재성은 형제, 월지궁과 정인성은 자매 관계를 판단 ● 월주를 중심으로 오행 통변성의 관계, 십이운성의 길흉신, 형, 충, 각종 신살 등으로 형제자 매 관계를 판단함		
부부	● 배성(남-재성, 여-관살성)에 의한 판단 ● 배성을 극하는 통변성의 향방에 의한 판단 ● 격국용신과 배성의 관계에 의한 판단 ※ 일주를 중심으로 오행 통변성의 관계, 십이운성의 길흉신, 형, 충, 각종 신살 등으로 결 혼시기, 부부 관계 등을 판단함	● 배우자궁에 의한 판단 ● 일주 강약에 의한 판단	
자식	● 통변성에 남명→자 편관, 여 정관 여명→자 식신, 여 상관으로 판단 ● 자식궁인 시주에 의한 판단 ● 자식궁을 극하는 통변성의 향방에 의한 판단 ● 조후상태 및 격국용신과 각종 신살관계에 의한 판단 ※ 득자 시기는 대운, 년운이 용신을 도울 때와 조열 한습시는 용신에 관계없이 조후되는 시기임		
업직	관직	● 신왕하고 관성이 유기 또는 득령하거나 상관격에 유재성하거나 특수격에 관살이 용신 또는 희신일 때	
	외교	● 귀격사주에 역마와 관성이 있을 때, 역마·지살·관성이 육합일 때, 용신이 희신일 때와 인신사해가 사주에 많고 귀격일 때	
	학계	● 정인이 용신이거나 정인격을 놓으면 교육자나 학자로 성공하며 식상용식상격, 인 수국, 윤하격, 육을서귀격 등도 교육계에 진출	

	금융	● 신왕에 재관이 용신에 육합을 이루면 금융업으로 성공하며, 사주에 축월에 정사일과 병정일에 축이 있고, 신왕에 재용이거나 신왕 재왕에 재고일(財庫日)(갑을병정일-축, 무기일-진, 경신일-미, 임계일-술)과 관고일(官庫日)(갑일-축, 병정일-진, 무기일-미, 경신임계일-술)이 있고 용신과 희신이 공망되지 않을 때
	의약	● 용신이 편인이거나 편인격 또는 용신이 양인이나 상관이면 의사가 될 가능성이 많으며, 사주에 묘유술 두 글자가 있으면 의사·약사가 많고, 인사신 삼형살 및 자묘형이 있으면 의약계에 종사자가 많으며, 시상편관격, 종혁격 금이 태왕하거나 금에 종하는 사주도 의약업이 적임임
직업	사업	● 신왕에 재왕이 된 사주와 식신격·식상생재격의 사주는 사업가로 성공하며 ● 인사(寅巳)가 역마·관성에 해당하면 항공계에 종사하고 ● 해(亥)가 역마·관성에 해당하면 해상무역, 상선, 어업, 마도로스직에 종사자가 많음 ● 병정(丙丁)일생은 금융업, 건축업, 피복, 직물, 지물 취급이 유리하고 ● 갑술(甲戌)·병술(丙戌)·무술(임술)·임진(壬辰)일생은 공업에 유리하며 ● 사주에 금이 많고 목이 미약하면 상업인이고 ● 윤하격을 놓은 남녀 또는 경신(庚申)일에 식상(食傷)이 태왕하거나 임계(壬癸)일에 인수 비겁이 왕하면 요정이나 술집 경영으로 성공할 운임
	기술	● 정인이 월덕귀인이 되거나 편인격·상관격 또는 임계일생이 무토가 용신일 때 기술자나 기술직에 근무할 수 있음
	종교	● 사주에 재관이 없거나 태약 또는 공망이면 승려가 되며 ● 무인·무오·무술·갑인·갑오·갑술·기미·기축·기사일생이 지지에 사오·술오가 있으면 승려 또는 독실한 신자가 되고 ● 갑을일에 해자축인묘월생, 병정일에 인묘진월생, 무기일에 화토월생, 경신일에 금수월생, 임계일에 신유월생은 교육자나 종교인, 철학자가 많음
부격		● 재성이 용신 및 희신이 되어 유기하면 부귀명 ● 재다신약된 사주에 비겁대운을 만나면 많은 재물을 모으고 재다신왕된 사주는 일생에 재물이 넉넉하고 ● 신왕에 재가 다소 미약하더라도 가까이 식상이 있으면 식상생재격을 놓으면 날로 재물이 늘어남 ● 신왕에 재고(갑을일-진술축미, 병정일-축, 무기일-진, 경신일-미, 임계일-술)가 있고, 용신 및 희신이 되면 큰 부자된다 ● 신왕사주에 월간 정재가 투출하고 월지에 식상이면 부모로부터 상속받고, 월간 편재 월지에 근하면 자수성가한다 ● 구진득위격에 재국, 현무당권격, 가색격, 갑기일에 종화격, 상관용재격, 종재격을 놓으면 대운이 길하면 큰 부자가 된다

귀격	●인수격, 재관격, 재관인상생격, 관인상생격, 살인상생격, 재자약살격, 중화, 종인격, 종강격, 종아격, 종재격, 종살격, 곡직격, 종화격, 염상격, 가색격, 종혁격, 윤하격, 양인격, 편관격, 금신격, 시상일위귀격 등 특수격은 대운이 길하면 귀격으로 성공함	
빈천	빈궁	●사주 구성이 귀격 같으나 대운이 나쁘면 빈궁하다 ●군비쟁재 사주는 처덕과 재운이 없고 일생 곤궁 ●신약사주에 인수가 용신인 경우 재왕이나 재대운이 오면 탐재괴인이라 하여 재앙을 만나지 않으면 빈궁하다 ●재가 병이나 사주에 기신이 있는 사람은 대개 빈궁하다 ●미약한 용신이 운에서 파극을 당하면 영웅수재라도 빈궁
	빈천	●사주 구성이 잡된데다 대운까지 나쁘면 빈천한 운명이다 ●관살이 겁살 및 망신살이면 도둑질에 종사한다 ●비겁이 왕한 상태에서 재가 투출하여 근을 못했거나 식상이 없어 생부를 못하면 빈천한 명이다 ●신약에 식상 관살 많고 인수가 없거나 사주가 상극으로 이루어졌는데 통관성이 없으면 빈천하다 ●사주에 병이 있고 약이 없으면 빈곤할 명이다 ●양인이 왕하고 재가 미약하며 관살이 없으면 빈천하다 ●인수가 많아 나쁠 때 재가 있고 관살도 있으면 빈천하다 ●재관이 용신 및 희신일 경우 재관이 모두 공망이면 빈천하다
수요	장수	●사주에 오행이 구비되어 균형을 이루고 무충극이면 장수 ●오행이 구비가 안 되더라도 중화를 이루면 장수 ●기신은 제거되고 한신은 화합하여 희신이 되면 장수 ●대운에서 용신이 파극당하지 않으면 장수 ●일간에 장생 및 건록이 있고 인수가 유기하면 장수 ●일주가 태약해도 용신이 왕하거나 종아, 종재, 종살격에 해당하면 장수
	요절	●사주의 정신기가 흐리고 용신이 모호하거나, 분명하더라도 육친에 파손되면 단명 ●일주가 태약해졌는데도 종아, 종재, 종살도 못되면 단명 ●용신이 미약하고 기신이 왕해 있으면 단명 ●년월이 상충되고 일시가 상충되는 상충 사주는 단명 ●용신이 기반되고 기신은 근해 있으면 단명 ●일주가 근이 없는데 인수만 많고 인수에 종 안 되는 사주 ●신약에 미약한 인수는 있으나 식상 재가 왕하면 단명 ●일주가 태왕한데 식상관살이 미약하고 인수가 오면 단명 ●사주가 심히 한습 또는 난조하여 조후용신이 불가한 경우 다시 한습이나 난조를 만나면 단명

사망 시기	• 용신을 파극하거나 기신을 생부하는 대운, 년운에 사망 • 비겁이 많고 재가 미약 운에서 비겁을 만나면 군비쟁재되어 생명을 잃거나 재난을 당한다 • 인수가 태왕한데 종인이 안 되고 재를 용신으로 하는 경우 인수 및 비겁운이 오면 생명 유지 곤란 • 일주가 태왕하여 식상으로 용신을 삼은 경우 인수운을 만나면 파료상관이라 식상이 파기되어 생명 유지 곤란 • 신약하여 인수를 용신한 경우 대운, 세운에서 재운을 만나면 탐재괴인이라 사망 • 신왕에 관살로 용신을 할 때 식상운을 다시 만나면 사망 • 신약에 식상이 태왕한 경우 갑을일에 화다목분, 병정일에 토다화식, 무기일에 금다토변, 경신일에 수다금침, 임계일에 목다수축이면 사망 • 사주 오행 중에 수다목부, 목다화멸, 화다토조, 토다금매, 금다수탁하면 해당 오행이나 도와주는 오행을 만나면 사망
재앙 흉액	• 백호대살(무진·정축·병술·을미·갑진·계축·임술)이 양인 및 칠살에 해당되면 병법을 범하고 가산 탕진 • 양인이 칠살에 해당하여 신왕이면 사람을 해치고, 신약에 해당되면 남에게 살상을 당할 수 있다 • 진술진술 지지나 사해사해지지이면 형액 조심하고, 일시가 충극이면 미친개 조심 • 왕한 칠살이 지살, 역마를 충극하거나 일지를 형극하는 사람과 계축·계미·계사일생이 인시에 해당되면 교통사고 • 무기일생이 재관식상이 왕하거나 해자축월생이 다금수면 익사 • 신미일생이 사오미월에 생하면 화상을 입고 파편 부상

제 2 부

	才戌	●●	巳	卯兄
		應		
官酉綠	官申破	⊗		句
	孫午乙	●		朱
	官酉	●		青
		世		
	父亥	●		玄
	才丑空	●●		白

주역 육효학

綜合 易理要約集

종합 역리요약집

● 주역周易 육효학六爻學

● 주역周易 기본基本 팔괘八卦

음양 (陰陽)	양(陽)				음(陰)			
선천 (先天)	일(一)	이(二)	삼(三)	사(四)	오(五)	육(六)	칠(七)	팔(八)
팔괘 (八卦)	건천 (乾天)	태택 (兌澤)	이화 (離火)	진뢰 (震雷)	손풍 (巽風)	감수 (坎水)	간산 (艮山)	곤지 (坤地)
후천 (後天)	일(一)	팔(八)	육(六)	사(四)	오(五)	이(二)	삼(三)	칠(七)
오행 (五行)	양금 (陽金)	음금 (陰金)	양화 (陽火)	음목 (陰木)	양목 (陽木)	음수 (陰水)	양토 (陽土)	음토 (陰土)
부호 (符號)	☰ 삼연 (三連)	☱ 상절 (上絶)	☲ 중허 (中虛)	☳ 하연 (下連)	☴ 하절 (下絶)	☵ 중연 (中連)	☶ 상연 (上連)	☷ 삼절 (三絶)
인간 (人間)	부(父)	소녀 (小女)	중녀 (中女)	장남 (長男)	장녀 (長女)	중남 (中男)	소남 (小男)	모(母)
동물 (動物)	마(馬)	양(羊)	치(雉)	용(龍)	계(鷄)	돈(豚)	구(狗)	우(牛)

● 납갑표納甲表

팔 괘	납갑 내괘				납갑 외괘			
건 금	갑(甲)	자(子)	인(寅)	진(辰)	임(壬)	오(午)	신(申)	술(戌)
감 수	무(戊)	인(寅)	진(辰)	오(午)	무(戊)	신(申)	술(戌)	자(子)
간 토	병(丙)	진(辰)	오(午)	신(申)	병(丙)	술(戌)	자(子)	인(寅)
진 목	경(庚)	자(子)	인(寅)	진(辰)	경(庚)	오(午)	신(申)	술(戌)
손 목	신(辛)	축(丑)	해(亥)	유(酉)	신(辛)	미(未)	사(巳)	묘(卯)
이 화	기(己)	묘(卯)	축(丑)	해(亥)	기(己)	유(酉)	미(未)	사(巳)
곤 토	을(乙)	미(未)	사(巳)	묘(卯)	계(癸)	축(丑)	해(亥)	유(酉)
태 금	정(丁)	사(巳)	묘(卯)	축(丑)	정(丁)	해(亥)	유(酉)	미(未)

●각신各神 배치법配置法

육수법 (六獸法)	청룡(靑龍)	주작(朱雀)	구진(九陳)	등사(螣蛇)	백호(白虎)	현무(玄武)
	갑을 목 (甲乙 木)	병정 화 (丙丁 火)	무 토(戊 土)	기 토(己 土)	경신 금 (庚辛 金)	임계 수 (壬癸 水)
일충 월파 (日沖 月破)	자오(子午)	축미(丑未)	인신(寅申)	묘유(卯酉)	진술(辰戌)	사해(巳亥)

천록법 (天祿法)	갑(甲)	을(乙)	병무(丙戊)	정기(丁己)	경(庚)	신(申)	임(壬)	계(癸)
	인(寅)	묘(卯)	사(巳)	오(午)	신(申)	유(酉)	해(亥)	자(子)

천을법 (天乙法)	갑무(甲戊)	병정(丙丁)	을기(乙己)	경신(庚辛)	임계(壬癸)
	축미(丑未)	해유(亥酉)	자신(子申)	오인(午寅)	사묘(巳卯)

공망법 (空亡法)	갑자 순 (甲子 順)	갑인 순 (甲寅 順)	갑진 순 (甲辰 順)	갑오 순 (甲午 順)	갑신 순 (甲申 順)	갑술 순 (甲戌 順)
	술해(戌亥)	자축(子丑)	인묘(寅卯)	진사(辰巳)	오미(午未)	신유(申酉)

구분(區分)	신자진(申子辰)	인오술(寅午戌)	해묘미(亥卯未)	사유축(巳酉丑)
역마살 (驛馬殺)	인(寅)	신(申)	사(巳)	해(亥)
겁살(劫殺)	사(巳)	해(亥)	신(申)	인(寅)

●점占 목적目的에 따른 용신用神 분류分類

육친(六親)	용신(用神)
아생자부모(我生者父母)	●조부모, 부모, 사부, 주인, 가옥, 자동차, 선박, 비행기, 의복, 무기 (호신용), 책, 장부, 편지, 문서, 학교, 계약, 인장, 여관방 등
생아자자손(生我者子孫)	●자녀, 제자, 의약, 승려, 가축, 화를 피하기 위한 점, 천시점, 일월 성신점, 근심 걱정이 있을시 길흉을 알고자 치는 점 등
아극자처재(我克者妻財)	●처첩, 재물과 금전, 보물, 창고, 양곡, 습득물, 그릇, 가구, 상품, 부하급 고용인 등(구재, 경재적 손득)
극아자관귀(克我者官鬼)	●직업의 성패, 관청의 일, 남편, 병마, 도난, 선거 결과 등의 문제
비아자형제(比我者兄弟)	●형제자매, 자형, 매부, 종형제, 동료, 친우, 경쟁자, 동업분점 등
자기에 관한 모든 일	●세효(世爻)를 용신으로 삼는다
피아에 관한 일체의 일	●응효(應爻)를 용신으로 삼는다

상괘 하괘	천(天)	택(澤)	화(火)	뢰(雷)	풍(風)	수(水)	산(山)	지(地)
천(天)	1 건위천 乾爲天	54 택천쾌 澤天夬	8 화천대유 火天大有	53 뢰천대장 雷天大壯	34 풍천소축 風天小畜	55 수천수 水天需	19 산천대축 山天大畜	52 지천태 地天泰
택(澤)	22 천택리 天澤履	57 태위택 兌爲澤	21 화택규 火澤暌	64 뢰택귀매 雷澤歸妹	23 풍택중부 風澤中孚	10 수택절 水澤節	20 산택손 山澤損	51 지택림 地澤臨
화(火)	48 천화동인 天火同人	13 택화혁 澤火革	41 이위화 離爲火	14 뢰화풍 雷火豊	35 풍화가인 風火家人	12 수화기제 水火旣濟	18 산화비 山火賁	15 지화명이 地火明夷
뢰(雷)	37 천뢰무망 天雷无妄	32 택뢰수 澤雷隨	38 화뢰서합 火雷噬嗑	25 진위뢰 震爲雷	36 풍뢰익 風雷益	11 수뢰둔 水雷屯	39 산뢰이 山雷頤	50 지뢰복 地雷復
풍(風)	2 천풍구 天風姤	31 택풍대과 澤風大過	43 화풍정 火風鼎	28 뢰풍항 雷風恒	33 손위풍 巽爲風	30 수풍정 水風井	40 산풍고 山風蠱	29 지풍승 地風升
수(水)	47 천수송 天水訟	58 택수곤 澤水困	44 화수미제 火水未濟	27 뢰수해 雷水解	46 풍수환 風水渙	9 감위수 坎爲水	45 산수몽 山水蒙	16 지수사 地水師
산(山)	3 천산둔 天山遯	60 택산함 澤山咸	42 화산려 火山旅	63 뢰산소과 雷山小過	24 풍산점 風山漸	61 수산건 水山蹇	17 간위산 艮爲山	62 지산겸 地山謙
지(地)	4 천지비 天地否	59 택지췌 澤地萃	7 화지진 火地晉	26 뢰지예 雷地豫	5 풍지관 風地觀	56 수지비 水地比	6 산지박 山地剝	49 곤위지 坤爲地

건괘

1 乾爲天 (건위천)

文戌 문술	● 世세
兄申 형신	●
官午 관오	●
文辰 문진	● 應응
才寅 재인	●
孫子 손자	●

2 天風姤 (천풍구)

文戌 문술	●
兄申 형신	●
官午 관오	● 應응
兄酉 형유	●
孫亥 손해	● 寅才 인재
文丑 문축	●● 世세

3 天山遯 (천산둔)

文戌 문술	●
兄申 형신	● 應응
官午 관오	●
兄申 형신	●
官午 관오	●● 寅才 인재 世세
文辰 문진	●● 子孫 자손

4 天地否 (천지비)

文戌 문술	● 應응
兄申 형신	●
官午 관오	●
才卯 재묘	●● 世세
官巳 관사	●●
文未 문미	●● 子孫 자손

5 風地觀 (풍지관)

才卯 재묘	●
官巳 관사	● 申兄 신형
文未 문미	●● 世세
才卯 재묘	●●
官巳 관사	●●
文未 문미	●● 子孫 자손 應응

6 山地剝 (산지박)

才寅 재인	●
孫子 손자	● 申兄 신형 世세
文戌 문술	●●
才卯 재묘	●●
官巳 관사	●● 應응
文未 문미	●●

7 火地晉 (화지진)

官巳 관사	●
文未 문미	●
兄酉 형유	● 世세
才卯 재묘	●●
官巳 관사	●●
文未 문미	● 子孫 자손 應응

8 火天大有 (화천대유)

官巳 관사	● 應응
文未 문미	●
兄酉 형유	●
文辰 문진	● 世세
才寅 재인	●
孫子 손자	●

9 坎爲水 (감위수)

兄子 •• 世 (형자)
官戌 • (관술)
文申 •• (문신)
才午 • 應 (재오)
文辰 • (문진)
孫寅 •• (손인)

10 水澤節 (수택절)

兄子 •• (형자)
官戌 • (관술)
文申 • 應 (문신)
官丑 •• (관축)
孫卯 • (손묘)
才巳 • 世 (재사)

11 水雷屯 (수뢰둔)

兄子 •• (형자)
官戌 • 應 (관술)
文申 •• (문신)
官辰 •• 午才 (관진 / 오재)
孫寅 •• 世 (손인)
兄子 • (형자)

12 水火旣濟 (수화기제)

兄子 •• 應 (형자)
官戌 • (관술)
文申 •• (문신)
兄亥 • 午才 世 (형해 / 오재)
官丑 •• (관축)
孫卯 • (손묘)

13 澤火革 (택화혁)

官未 •• (관미)
文酉 • (문유)
兄亥 • 世 (형해)
兄亥 • 午才 (형해 / 오재)
官丑 •• (관축)
孫卯 • 應 (손묘)

14 雷火豊 (뇌화풍)

官戌 •• (관술)
文申 •• 世 (문신)
才午 • (재오)
兄亥 • (형해)
官丑 •• 應 (관축)
孫卯 • (손묘)

15 地火明夷 (지화명이)

文酉 •• (문유)
兄亥 •• (형해)
官丑 •• 世 (관축)
兄亥 • 午才 (형해 / 오재)
官丑 • (관축)
孫卯 • 應 (손묘)

16 地水師 (지수사)

文酉 •• 應 (문유)
兄亥 •• (형해)
官丑 •• (관축)
才午 •• 世 (재오)
官辰 • (관진)
孫寅 •• (손인)

간괘

17 艮爲山 간위산	18 山火賁 산화비	19 山天大畜 산천대축	20 山澤損 산택손
官寅 ● 관인 世세	官寅 ● 관인	兄辰 ● 형진	官寅 ● 관인 應응
才子 ●● 재자	才子 ●● 재자	才子 ●● 재자 應응	才子 ●● 재자
兄戌 ●● 형술	兄戌 ●● 형술 應응	兄戌 ●● 형술	兄戌 ●● 형술
孫申 ● 손신 應응	才亥 ● 재해 　申孫 신손	兄辰 ● 형진 　申孫 신손	兄丑 ●● 형축 世세 　申孫 신손
文午 ●● 문오	兄丑 ●● 형축 　午文 오문	官寅 ● 관인 世세 　午文 오문	官卯 ● 관묘
兄辰 ●● 형진	官卯 ● 관묘 世세	才子 ● 재자	文巳 ● 문사

21 火澤睽 화택규	22 天澤履 천택리	23 風澤中孚 풍택중부	24 風山漸 풍산점
文巳 ● 문사	兄戌 ● 형술	官卯 ● 관묘	官卯 ● 관묘 應응
兄未 ●● 형미 　子才 자재	孫申 ● 손신 世세 　子才 자재	文巳 ● 문사	文巳 ● 문사 　子才 자재
孫酉 ● 손유 世세	文午 ● 문오	兄未 ●● 형미 世세	兄未 ●● 형미
兄丑 ●● 형축	兄丑 ●● 형축	兄丑 ●● 형축 　申孫 신손	孫申 ● 손신 世세
官卯 ● 관묘	官卯 ● 관묘 應응	官卯 ● 관묘	文午 ●● 문오
文巳 ● 문사 應응	文巳 ● 문사	文巳 ● 문사 應응	兄辰 ●● 형진

	25 震爲雷 진위뢰	26 雷地豫 뇌지예	27 雷水解 뇌수해	28 雷風恒 뇌풍항
진괘	才戌 ●● 世 재술 官申 ●● 관신 孫午 ● 손오 才辰 ●● 應 재진 兄寅 ●● 형인 文子 ● 문자	才戌 ●● 재술 官申 ●● 관신 孫午 ● 應 손오 兄卯 ●● 형묘 孫巳 ●● 손사 才未 ●● 子文 世 재미 자문	才戌 ●● 재술 官申 ●● 應 관신 孫午 ● 손오 孫午 ● 손오 才辰 ● 世 재진 兄寅 ●● 子文 형인 자문	才戌 ●● 應 재술 官申 ●● 관신 孫午 ● 손오 官酉 ● 世 관유 文亥 ● 寅兄 문해 인형 才丑 ●● 재축
	29 地風升 지풍승	30 水風井 수풍정	31 澤風大過 택풍대과	32 澤雷隨 택뢰수
	官酉 ●● 관유 文亥 ●● 문해 才丑 ●● 午孫 世 재축 오손 官酉 ● 관유 文亥 ● 寅兄 문해 인형 才丑 ●● 應 재축	文子 ●● 문자 才戌 ● 世 재술 官申 ●● 午孫 관신 오손 官酉 ● 관유 文亥 ● 寅兄 應 문해 인형 才丑 ●● 재축	才未 ●● 재미 官酉 ● 관유 文亥 ● 午孫 世 문해 오손 官酉 ● 관유 文亥 ● 寅兄 문해 인형 才丑 ●● 應 재축	才未 ●● 應 재미 官酉 ● 관유 文亥 ● 午孫 문해 오손 才辰 ●● 世 재진 兄寅 ●● 형인 文子 ● 문자

33 巽爲風 손위풍	34 風天小畜 풍천소축	35 風火家人 풍화가인	36 風雷益 풍뢰익
兄卯 ● 世 형묘 세	兄卯 ● 형묘	兄卯 ● 형묘	兄卯 ● 應 형묘 응
孫巳 ● 손사	孫巳 ● 손사	孫巳 ● 應 손사 응	孫巳 ● 손사
才未 ●● 재미	才未 ●● 應 재미 응	才未 ●● 재미	才未 ●● 재미
官酉 ● 應 관유 응	才辰 ● 酉官 재진 유관	文亥 ● 酉官 문해 유관	才辰 ●● 酉官 世 재진 유관 세
文亥 ● 문해	兄寅 ● 형인	才丑 ●● 世 재축 세	兄寅 ●● 형인
才丑 ●● 재축	文子 ● 世 문자 세	兄卯 ● 형묘	文子 ● 문자

37 天雷无妄 천뢰무망	38 火雷噬嗑 화뢰서합	39 山雷頤 산뢰이	40 山風蠱 산풍고
才戌 ● 재술	孫巳 ● 손사	兄寅 ● 형인	兄寅 ● 應 형인 응
官申 ● 관신	才未 ●● 世 재미 세	文子 ●● 巳孫 문자 사손	文子 ●● 巳孫 문자 사손
孫午 ● 世 손오 세	官酉 ● 관유	才戌 ●● 世 재술 세	才戌 ●● 재술
才辰 ●● 재진	才辰 ●● 재진	才辰 ●● 재진	官酉 ● 應 관유 응
兄寅 ●● 형인	兄寅 ●● 應 형인 응	兄寅 ●● 형인	文亥 ● 문해
文子 ● 應 문자 응	文子 ● 문자	文子 ● 應 문자 응	才丑 ●● 재축

이괘

41 離爲火 (이위화)

兄巳 형사 ● 世세
孫未 손미 ●●
才酉 재유 ●
官亥 관해 ● 應응
孫丑 손축 ●
文卯 문묘 ●

42 火山旅 (화산려)

兄巳 형사 ●
孫未 손미 ●●
才酉 재유 ● 應응
才申 재신 ● 亥官 해관
兄午 형오 ●
孫辰 손진 ●● 卯文 묘문 世세

43 火風鼎 (화풍정)

兄巳 형사 ●
孫未 손미 ●● 應응
才酉 재유 ●
才酉 재유 ●
官亥 관해 ● 世세
孫丑 손축 ●● 卯文 묘문

44 火水未濟 (화수미제)

兄巳 형사 ● 應응
孫未 손미 ●●
才酉 재유 ●
兄午 형오 ●● 亥官 해관 世세
孫辰 손진 ●
文寅 문인 ●●

45 山水蒙 (산수몽)

文寅 문인 ●
官子 관자 ●●
孫戌 손술 ●● 酉才 유재 世세
兄午 형오 ●●
孫辰 손진 ●
文寅 문인 ●● 應응

46 風水渙 (풍수환)

文卯 문인 ●
兄巳 관자 ●● 世세
孫未 손술 ●● 酉才
兄午 형오 ●
孫辰 손진 ● 應응
文寅 문인 ●●

47 天水訟 (천수송)

孫戌 손술 ●
才申 재신 ●
兄午 형오 ● 世세
兄午 형오 ●●
孫辰 손진 ●
文寅 문인 ●● 應응

48 天火同人 (천화동인)

孫戌 손술 ● 應응
才申 재신 ●
兄午 형오 ●
官亥 관해 ● 世세
孫丑 손축 ●●
文卯 문묘 ●

	49 坤爲地 곤위지	50 地雷復 지뢰복	51 地澤臨 지택림	52 地天泰 지천태
곤괘	孫酉 손유 •• 世세 才亥 재해 •• 兄丑 형축 •• 官卯 관묘 •• 應응 文巳 문사 •• 兄未 형미 ••	孫酉 손유 •• 才亥 재해 •• 兄丑 형축 •• 應응 兄辰 형진 •• 官寅 관인 • 才子 제자 • 世세	孫酉 손유 •• 才亥 재해 •• 應응 兄丑 형축 •• 兄丑 형축 •• 官卯 관묘 • 世세 文巳 문사 •	孫酉 손유 •• 應응 才亥 재해 •• 兄丑 형축 •• 兄辰 형진 • 世세 官寅 관인 • 巳文 사문 才子 제자 •
	53 雷天大壯 뇌천대장	54 澤天夬 택천쾌	55 水天需 수천수	56 水地比 수지비
	兄戌 형술 •• 孫申 손신 •• 文午 문오 • 世세 兄辰 형진 • 官寅 관인 • 才子 재자 • 應응	兄未 형미 •• 孫酉 손유 • 世세 才亥 재해 • 兄辰 형진 • 官寅 관인 • 應응 才子 재자 •	才子 재자 •• 兄戌 형술 • 孫申 손신 • 世세 兄辰 형진 • 官寅 관인 • 巳文 사문 才子 재자 • 應응	才子 재자 •• 應응 兄戌 형술 •• 孫申 손신 • 官卯 관묘 •• 世세 文巳 문사 •• 兄未 형미 ••

태괘

57 兌爲澤 태위택

文未 문미 ··	世세
兄酉 형유 ·	
孫亥 손해 ·	
文丑 문축 ··	應응
才卯 재묘 ·	
官巳 관사 ·	

58 澤水困 택수곤

文未 문미 ··	
兄酉 형유 ·	
孫亥 손해 ·	應응
官午 관오 ··	
文辰 문진 ·	
才寅 재인 ··	世세

59 澤地萃 택지췌

文未 문미 ··	
兄酉 형유 ·	應응
孫亥 손해 ·	
才卯 재묘 ··	
官巳 관사 ·	世세
文未 문미 ··	

60 澤山咸 택산함

文未 문미 ··	應응
兄酉 형유 ·	
孫亥 손해 ·	
兄申 형신 ·	世세
官午 관오 ··	卯才 묘재
文辰 문진 ·	

61 水山蹇 수산건

孫子 손자 ··	
文戌 문술 ·	
兄申 형신 ··	世세
兄申 형신 ·	
官午 관오 ··	卯才 묘재
文辰 문진 ··	應응

62 地山謙 지산겸

兄酉 형유 ··	
孫亥 손해 ··	世세
文丑 문축 ··	
兄申 형신 ·	
官午 관오 ·· 卯才 묘재	應응
文辰 문진 ·	

63 雷山小過 뇌산소과

文戌 문술 ··	
兄申 형신 ··	
官午 관오 · 亥孫 해손	世세
兄申 형신 ·	
官午 관오 ··	卯才 묘재
文辰 문진 ··	應응

64 雷澤歸妹 뇌택귀매

文戌 문술 ··	應응
兄申 형신 ··	
官午 관오 ·	亥孫 해손
文丑 문축 ··	世세
才卯 재묘 ·	
官巳 관사 ·	

●역괘易卦 입괘入卦 방법方法

※주역 육십사괘 중 역괘(易卦)를 뽑는 방법은 여러 가지가 있으나 척전법(擲錢法)만 소개하기로 한다.

척전입괘요령(擲錢立卦要領)	입괘도(立卦圖)

•같은 종류의 동전 3개 사용, 6번 던져서 육효(六爻)를 뽑는다.
•동전 한 닢에 음양효(陰陽爻)는 문자수(文字數)로 상평통보(常平通寶)(십원 백원) 등의 면은 양효(陽爻)로 하고 십전(十全)(10원 100원) 등의 면은 음효(陰爻)로 한다.
•동전 세 개를 던져서 던지는 수대로 첫 번째를 초효(初爻), 두 번째를 이효(二爻), 세 번째를 삼효(三爻) 등으로 6회를 던져 육효(六爻)까지 다음과 같은 부호로 표기하는 데 던지는 매회마다 양이 두 개면 양효(陽爻)로 부호를 • 또는 ┃로 표기하고, 음이 두 개면 음효(陰爻)로 부호를 •• 또는 ┃┃로 표기하며, 양이 세 개면 양동(陽動) 또는 노양(老陽)으로 부호는 ⊡로 하고, 음이 세 개면 음동(陰動) 또는 노음(老陰)으로 부호는 ✕로 한다.
	입괘(立卦) 예
	
	택뢰수 변 ← 수화기제
	
	•• ┌ ●●육효(六爻)
	• 외(外) ● 오효(五爻)
	   괘(卦)
	   감(坎)
	   수(水)
	• ← └ •✕•사효(四爻)
	•• ← ┌ ▣ 삼효(三爻)
	   내(內)
	   괘(卦)
	•• 이(離) ••이효(二爻)
	   호(火)
	• └ ● 초효(初爻)

●주역 육효점周易 六爻占 용어用語

비신(飛神)	•용신(用神)이 괘상(卦象)에 나타나 있다
복신(伏神)	•용신(用神)이 비신(飛神)으로 나타나지 않고 은복효(隱伏爻)
동효(動爻)	•용신(用神)이 괘상(卦象)에서 움직이고 있는 효(爻)
변효(變爻)	•괘효(卦爻)가 동(動)하여 변경된 효(爻)

88 綜合 易理要約集

정효(靜爻)	● 용신(用神)이 역괘상(易卦象)에서 움직이지 않는다
원신(原神)	● 용신(用神)을 상생(相生)하여 주는 효(爻)
기신(忌神)	● 용신(用神)을 상극(相克)하여 주는 효(爻)
구신(仇神)	● 원신(原神)을 상극(相克)하여 주는 효(爻)
왕(旺)	● 월지(月支)와 용신(用神)이 비화(比和)하면 왕(旺)이고
상(相)	● 월지(月支)와 용신(用神)이 생부(生扶)하면 상(相)이 되며
휴(休)	● 용신(用神)이 월지(月支)를 생(生)해 주면 휴(休)가 되고
수(囚)	● 용신(用神)이 월지(月支)를 극(克)하면 수(囚)가 되며
사(死)	● 월지(月支)가 용신(用神)을 극(克)하면 사(死)가 된다
월파(月破)	● 월지(月支)가 용신(用神)을 충(沖)하면 월파(月破)가 되고
일충(日沖)	● 일지(日支)가 용신(用神)을 충(沖)하면 일충(日沖)이 되며
공망(空亡)	● 점(占)일진(日辰)을 육갑(六甲)의 갑순중(甲順中)에 빠진 괘효(卦爻)의 십이지(十二支)를 말한다

● 공망空亡

● 점일(占日)의 간지(干支) 즉 일진과 괘효의 십이지(十二支)를 대조하여 간지공망표(干支空亡表)에서 공망이 역괘중(易卦中)에 있으면 공망으로 표기하고 없으면 무방하다.

● 공망효는 월건(月建)의 왕상(旺相)과 일진(日辰)의 장생(長生) 제왕(帝旺)인 효(爻)는 공망이라도 공망이 안 된다.

● 일진日辰의 충효沖爻

● 충(沖)이 되는 효(爻)의 십이지(十二支)가 월건(月建)과 왕상(旺相)이 되면 암동(暗動)이고 휴수사(休囚死)가 되면 월파(月破)로 보게 된다. 암동이 되면 강(强)해지고 월파(月破)인 경우에는 약(弱)해진다.

●동효動爻와 변효變爻의 관계關係

• 동효(動爻)가 변효(變爻)로부터 받는 생극(生克) 관계로 생(生)을 받으면 회두생(回頭生)이라 하고 극(克)을 당하면 회두극(回頭克)이라 칭하는데, 회두생(回頭生)이면 강(强)하고 회두극(回頭克)이면 약(弱)하다.

• 동효(動爻)가 변효(變爻)로 되는 십이지(十二支) 관계로 순서차(順序次)로 변하는 것은 진신(進神)이고, 역서차(逆序次)로 변하면 퇴신(退神)이라 칭한다.

진신(進神) 순차(順次)	해자 수(亥子 水)	축진 토(丑辰 土)	인묘 목(寅卯 木)	진미 토(辰未 土)
	사오 화(巳午 火)	미술 토(未戌 土)	신유 금(申酉 金)	축술 토(丑戌 土)
	자오묘유(子午卯酉)가 동효(動爻)일 때는 진신(進神)이 없다			
퇴신(退神) 역차(逆次)	자해(子亥 水)	축술(丑戌 土)	묘인(卯寅 木)	진축(辰丑 土)
	오사(午巳 火)	미진(未辰 土)	유신(酉申 金)	술미(戌未 土)
	인신사해(寅申巳亥)가 동효(動爻)일 때는 퇴신(退神)이 없다			

●비신飛神과 복신伏神과의 관계關係

• 점(占) 목적으로 하는 용효(用爻)가 나타나지 않은 경우 복신(伏神)이라는 것을 쓰게 되는데, 복신에 대응(大鷹)하는 것으로 비신(飛神)이 있다. 즉, 비신(飛神)에 의지(依持)하여 엎드려 숨은 효(爻)를 복신이라 칭한다.

• 복신(伏神)은 월건과 일진이 왕상(旺相)이나 비신으로부터 생(生)을 받으면 강(强)하고, 월건과 일진으로부터 휴(休) 수(囚) 사(死)가 되거나 비신(飛神)으로부터 극(克)을 당하면 약(弱)한 복신이 된다.

예

天風姤卦
천풍구괘

文戌 ● 문술
兄申 ● 형신
官午 ● 관오
兄酉 ● 형유
孫亥 ─── 寅才
손해　　　인재
飛神　　　伏神
비신　　　복신
文丑 ● ● 문축

효(爻)와 월건(月建)과의 관계(關係)	왕(旺)상(相)	●왕(旺)·상(相) 관계를 이루면 강(强)이 되고				
	휴(休)수(囚)사(死)	●휴(休)·수(囚)·사(死)가 되면 약(弱)이 된다				
	법칙(法則)	월건(月建)일진(日辰)	인(寅)묘(卯)	사(巳)오(午)	신(申)유(酉)	해(亥)자(子)	축미(丑未)진술(辰戌)
		왕(旺)	인묘(寅卯)	사오(巳午)	신유(申酉)	해자(亥子)	축미(丑未)진술(辰戌)
		상(相)	사오(巳午)	축미(丑未)진술(辰戌)	해자(亥子)	인묘(寅卯)	신유(申酉)
		휴(休)	해자(亥子)	인묘(寅卯)	축미(丑未)진술(辰戌)	신유(申酉)	사오(巳午)
		수(囚)	신유(申酉)	해자(亥子)	사오(巳午)	축미(丑未)진술(辰戌)	인묘(寅卯)
		사(死)	축미(丑未)진술(辰戌)	신유(申酉)	인묘(寅卯)	사오(巳午)	해자(亥子)
	생(生)상(相)극(克)사(死)	●생(生)과 상(相)은 같으나 용어(用語)만 다르며 강(强)으로 판단하고 ●극(克)과 사(死)는 같으나 용어(用語)만 다르며 약(弱)으로 판단한다					
	파(破)	●월(月)의 충(沖)은 파(破)라 하며 약(弱)으로 판단하고, 일(日)과 충(沖)은 암동(暗動)으로 강(强)하게 판단한다 ●제서(諸書)에, 용신(用神)의 월파(月破)는 일진(日辰)이 생(生)이라도 불능생(不能生)하고 동(動)하거나 변효(變爻)도 불능(不能) 상극동효(相剋動爻)라 한다 ●야학왈(野鶴曰), 용신(用神)이 동(動)하여 월파(月破)당하면 출월적(出月則) 불파(不破)요 또한 일진(日辰)과 상합(相合)이 되면 불파(破)하나라					

●효爻와 일진日辰과의 관계關係

효(爻)와 일진(日辰)과의 관계(關係)	생(生)	생(生)·장생(長生)·제왕(帝旺)				
	장생(長生)	● 일진(日辰)과 생(生)·장생(長生)·제왕(帝旺) 등의 관계(關係)는 강(强)으로 판단하고				
	제왕(帝王)					
	극(克)	● 일진(日辰)과 극(克)·묘(墓)·절(絶) 등의 관계(關係)는 약(弱)으로 판단하며				
	묘(墓)					
	절(絶)					
	공망(空亡)	● 일진(日辰)과 공망(空亡)·충(沖) 등의 관계(關係)는 월건(月建)과의 관계에 따라 강약(强弱)이 정해진다				
	충(沖)					
	포태법(胞胎法)의 장생(長生) 제왕(帝旺) 묘(墓) 절(絶) 판단법	용신효지(用神爻支)	인묘(寅卯)	사오(巳午)	신유(申酉)	해자(亥子)	축진미술(丑辰未戌)
		장생일(長生日)	해(亥)	인(寅)	사(巳)	신(申)	신(申)
		제왕일(帝旺日)	묘(卯)	오(午)	유(酉)	자(子)	자(子)
		입묘일(入廟日)	미(未)	술(戌)	축(丑)	진(辰)	진(辰)
		절포일(絶胞日)	신(申)	해(亥)	인(寅)	사(巳)	사(巳)
		● 포태법(胞胎法)을 십이지(十二支)의 특수관계(特殊關係)로 점술(占術) 용어로는 십이장생(十二長生)이라고 한다 ● 한 가지 주의할 점은 효(爻)의 십이지(十二支)로부터 일진(日辰)의 십이지(十二支)를 본다는 점이다. 즉, 앞에서는 일진을 기준으로 효의 십이지를 대비(對比)하여 보았지만 여기서는 그 반대이다. 그래서 주의할 필요가 있다					

● 용신판단법用神判斷法 삼대원칙三大原則

• **첫째** : 용신(用神) 자체(自體)에 강약(强弱)의 조건들이 뚜렷이 판별(判別)되면 더 이상 다른 것을 살펴볼 필요가 없다.

• **둘째** : 용신(用神) 자체(自體)에 강약(强弱)의 조건들이 분별(分別)되지 않으면 타효(他爻)와 용신(用神)과의 관계를 보아 강약(强弱)을 결정한다.

• **셋째** : 용신(用神)이 역괘상(易卦象)에 비신(飛神)으로 나타나지 않고 복신(伏神)으로 나타날 경우는 복신(伏神)의 강약(强弱)을 살펴보는 방법을 쓴다.

용신(用神) 자체(自體)에 의한 판단법 (判斷法)	• 월건(月建) 일진(日辰)과의 관계가 왕(旺)·생(生)이면 최강(最强)
	• 월건(月建) 일진(日辰)과의 관계가 상(相)·비화(比和)면 강(强)
	• 월건(月建) 일진(日辰)과의 관계가 휴(休)·수(囚)·사(死)이면 약(弱)
	• 월건(月建) 일진(日辰)과의 관계가 휴(休)·수(囚)·사(死)인데다가 월파(月破) 혹은 극(克)을 당한 관계면 최약(最弱)

● 목적별 육효점 풀이

● 가택점家宅占

가택점이란	• 한 가정의 안위(安危)와 동태(動態)를 묻는 점이다
	• 점은 이효(二爻)와 오효(五爻)의 상태를 중점적으로 살펴야 한다
	• 이효(二爻)는 가정에 해당되고, 오효(五爻)는 가족인데, 주로 자손이다
각 효의 배당	• 초효(初爻)는 호주이고, 이효(二爻)는 주부이며, 삼효(三爻)는 형제로 가옥의 집안 사람이고, 사효(四爻)는 처가이며, 오효(五爻)는 자손이고, 육효(六爻)는 조상 또는 묘지로 가족 외부의 것으로 본다
점괘(占卦) 이효(二爻) 풀이	• 이효의 관귀(官鬼)는 집안에 우환이 있다는 증거다. 병점(病占)이 가장 잘 맞는다
	• 이효에 관귀(官鬼)가 임해도 천을귀인(天乙貴人)·청룡(青龍)·천희(天喜)·천록(天祿) 등의 길신(吉神)이 임하면 경사가 있는 것으로 해석한다
	• 이효에 관귀(官鬼)와 겁살(劫殺)을 띠면 집안에 관재·송사·질병 등 좋지 않은 가족이 생긴다. 이효에 주작(朱雀)이 띠면 구설·시비가 이른다
	• 이효에 등사(螣蛇)가 임해도 관재나 질병을 앓는 가족이 생긴다. 이효가 응(應)이면 남의 식구와 동거하거나, 남이 내 집에 들어와서 산다
	• 이효에 청룡(青龍)을 띠고 상괘(上卦)의 지지와 교중된 가운데 일월의 생왕(生旺)을 띠면 집 수리를 할 일이 생긴다. 부효(父爻)면 집 전체이며, 형효(形爻)면 문이요, 손효(孫爻)면 내실이고, 관귀효(官鬼爻)면 외부 혹은 대청을 수리하게 된다
	• 이효가 공망(空亡)이면 가정이 불안한데, 기르던 개나 고양이가 죽어 나가면 재난을 면한다. 이효에 청룡을 띠면 혼인 경사가 있고, 현무(玄武)를 띠면 도둑이 든다
	• 이효가 월충(月沖)이나 동효(動爻)의 극(克)을 받거나 세(世)의 극을 받아도 가정 내 우환이 생긴다. 이효가 일·월·동효의 생부(生扶)로 왕(旺)하면 집안이 흥한다
	• 이효가 동(動)하면 이사수라 한다. 발동하여 세(世)를 생(生)하면 1, 2년 내에 이사하게 되는데 진신(進神)이면 이사 후 더 좋아지고, 퇴신(退神)이면 전만 못하다
	• 이효가 동(動)하여 오효(五爻)를 극(克)하면 자손에게 불길한 일이 생긴다. 이효(二爻) 화(火)에 주작(朱雀)을 띠면 불조심을 해야 하고, 해자수(亥子水)에 관귀(官鬼)나 주작을 띠면 물 난리를 겪는다

	• 이효세(二爻世)가 일지와 같으면 남의 집에 세를 얻어 산다
	• 이효에 응(應)이 있고 그 응(應)이 재와 생합(生合)되면 남의 남자가 내 집에 들어 와 주인 노릇을 하게 된다
	• 이효에 청룡은 경사, 주작은 구설, 구진은 무해 무덕, 등사는 성가신일, 백호는 놀라는 일, 현무는 도적이 든다
	• 이효가 손(孫)이나 재(財)면 대길하고, 형(兄)이면 재물이 늘지 않고, 백호(白虎)를 띠고 동(動)하면 자손에게 불길하다
점괘(占卦) 초효(初爻) 풀이	• 동효(動爻)가 초효(初爻)를 극(克)하면 호주(戶主)가 불리하다. 동효(動爻)에 관귀(官鬼)가 임하고 부(父)가 백호(白虎)를 띠고 발동(發動)하면 어린 자녀에게 불길하다
점괘(占卦) 사효(四爻) 풀이	• 사효(四爻)에 화(火) 사오(巳午)가 관귀(官鬼)이고 백호·등사·주작을 띠면 이웃 가까운 곳에 화재가 발생한다
	• 사효(四爻)가 손(孫)이고 공망(空亡)이면 어린 자녀가 외가(外家)에 왕래하는 중 질병을 얻기 쉬우니 주의하라
점괘(占卦) 오효(五爻) 풀이	• 오효(五爻)는 자손이다. 그러므로 특히 오효(五爻)는 동(動)이나 일(日), 월(月)의 극(克)을 받지 말아야 한다(극을 받으면 자손에게 액(厄)이 이른다)
	• 오효(五爻)가 백호(白虎)를 만나도 자손에게 사고가 발생하거나 질병의 우려가 있다
	• 오효(五爻)에 손(孫)이 붙어 공망(空亡)이 되어도 자손의 급병(急病), 아니면 교통사고의 우려가 있다
	• 오효(五爻)가 신유(申酉) 금(金)에 손(孫)이고 백호(白虎)를 만나 공망(空亡)이 되면 교통사고 등으로 자손에게 큰 액(厄)이 이른다
	• 오효(五爻)가 이효동(二爻動)의 극(克)을 받아도 자손에게 불리하다
	• 오효(五爻)는 일(日)·월(月)·동(動)의 생부(生扶)를 요하고 청룡(靑龍)·건록(建祿)·천희(天喜)·천을귀인(天乙貴人) 등의 길신(吉神)이 임함을 기뻐한다
	• 오효(五爻) 손(孫)이 동(動)하여 회두극(回頭克)되어도 자손에게 불길하다
	• 오효(五爻)에 백호(白虎)가 임하고 공망(空亡)이 되면 해당되는 육친(六親)에게 액(厄)이 있다
	• 오효(五爻) 재(財)가 공망이면 처(妻)에게 액(厄)이 있고 여자면 남편에 액이 있다

점괘(占卦) 육효(六爻) 풀이	●육효(六爻)는 조상(祖上), 사당(祠堂), 부모(父母), 조상(祖上)의 묘지(墓地), 부리는 노복(奴僕)에 해당된다
	●육효(六爻)가 공망(空亡)이면 노복(奴僕)에게 액(厄)이 이른다. 또는 담장 울타리가 파괴된다. 그보다도 더한 것은 부모(父母), 조상(祖上)의 무덤 가운데 망가진 묘(墓)가 있어 수리할 일이 생긴다
	●육효(六爻)가 발동(發動)하면 부모(父母), 조상(祖上)의 묘(墓)를 이장(移葬)하게 되거나 묘역(墓域)을 손질하거나 비석(碑石)을 세우고 상돌(床乭)을 놓을 일이 생긴다. 아니면 조상을 위한 어떠한 일을 하게 된다
점괘(占卦) 내괘·외괘 풀이	●상생(相生)되어야 길(吉)하고 외괘(外卦)가 내괘(內卦)를 극(克)하면 무방하나 내괘가 외괘를 극하면 가족에게 불리하며, 가족이 가정을 싫어하여 밖으로 나돌거나 가출인(家出人)도 생긴다
점괘(占卦) 발동(發動) 에 대한 풀이	●관귀동(官鬼動)은 관재(官災)·질병(疾病)·사고(事故)·소송(訴訟)건인데, 길신(吉神)을 띠면 득관(得官) 영전(榮轉)한다. 백호(白虎)를 띠면 형제 액(厄)이 있다
	●재동(財動)이면 이익(利益)이 늘어난다
	●손동(孫動)이면 이익(利益)과 생(生) 자녀 경사요, 우환은 물러간다
	●부동(父動)이면 문서(文書)에 관한 일이 있고, 건축할 일이 생기고, 자손에게는 불리인데 길신(吉神)을 띠면 근심이 없다
	●형동(兄動)이면 매사 불리에 상문(喪門)·조객(弔客)을 띠면 집안에 초상이 난다
	●청룡(靑龍)이 동(動)하면 경사·오락·사치이다
	●주작(朱雀)이 동(動)하면 소식이 오고 구설수(口舌數)가 있다
	●구진(句陳)이 동(動)하면 토지가 매매된다
	●등사(螣蛇)가 동(動)하면 성가신 일과 괴이한 일이 생긴다
	●백호(白虎)가 동(動)하면 극(克)받은 가족에게 액(厄)이 있다
	●현무(玄武)가 동(動)하면 도적이 들고, 손재수(損財數)가 있다

●신수점身數占

신수점이란	●일년(一年) 신수(身數) 및 앞으로의 신상(身上) 문제, 즉 건강·안위(安危)·재수(財數) 등을 알아보기 위한 점이다
자기 신수 보기	●괘(卦)의 자신의 수(數)를 얻은 경우는 세(世)가 용신(用神)이므로 무엇보다도 세(世)가 길(吉)해야 한다
가족 신수 보기	●신수를 보기 위한 점에는 용신법(用神法)에 의한다. 즉, 부모점에는 부(父), 형제 자매의 점에는 형(兄), 자손의 점에는 손(孫), 아내의 점에는 재(財), 남편의 점에는 관(官)이 용신이 된다
	●세(世)는 무엇보다도 생왕(生旺)됨을 요하니 세(世)는 일(日)·월(月)·동(動)의 극(克)을 받거나 공망(空亡)되거나 흉신(凶神)을 띠지 말아야 한다
	●그러므로 세(世)가 일(日)·월(月)·동(動)의 생부(生扶)로 왕(旺)하면 건강하고 액이 이르지 아니하며 일(日)·월(月)·동(動)의 극(克)을 받으면 신수불리(身受不利)라 한다
	●세(世)가 월(月)과 충(沖)되면 일(日)과 비화(比和)라도 불리다. 월지(月支)와 왕(旺)이라도 불길이며, 동(動)의 극(克)을 받아도 길이라 하지 못한다
	●세(世)가 공망(空亡)이 되면 허탄(虛誕)한 일이 생기므로 불길하지만 그래도 일(日)·월(月)이 생부(生扶)하면 근심할 일은 못된다
	●세(世)가 발동(發動)하면 길(吉)인데, 일 년간 활동이 자유롭다. 세(世)가 발동이라도 일(日)·월(月)의 극(克)을 받거나 공망(空亡)이 되면 불리하다
	●세(世)가 발동(發動)할지라도 회두극(回頭克)이 되면 대흉(大凶)하다
신수 발동의 풀이	●부(父)가 동(動)하면 허가(許可)·인가(認可)닐 일이 있거나, 작품(作品)을 내거나, 매매(賣買)에는 대길(大吉)하다
	●형(兄)이 발동(發動)하면 건강에는 유익하나 재수에는 불리하니 경영난과 자금난을 겪는다
	●손(孫)이 동(動)하면 일신상(一身上)에 위험이 없고 건강하며 특히 재수가 좋다. 자손의 경사도 있고, 질병 중이라도 낫는다
	●재(財)가 동(動)하면 미혼남은 결혼운이 있다. 경영인은 사업이 발전되고, 수입이 원활하다

	•관귀(官鬼) 동(動)에 길신(吉神)을 띠면 취직과 승진이요, 부(父)도 왕(旺)하면 국가고시와 입학시험에 합격된다. 관귀(官鬼) 동(動)에 세(世)를 극(克)하면 질병, 사고가 두렵다
	•세왕(世旺)에 역마(驛馬)가 발동(發動)하면 해외여행 수요, 관귀(官鬼)와 역마가 같이 발동하여 세(世)를 극하면 교통사고를 당한다
	•상문(喪門)·조객(弔客)이 발동(發動)하여 세(世)를 극(克)하면 노인이나 중병환자는 사망한다
	•응(應)이 동(動)하여 세(世)를 극(克)하면 대인관계에 주도권이 없어 항시 손해를 당하고 남에게 저(低) 자세로 살아간다
	•부모지세(父母持世)는 학문에 유리하고, 관귀지세(官鬼持世)는 항시 중병 있는 사람(박수무당, 길신은 공무원), 재효지세(財爻持世)는 경영인은 재수 대길, 손효지세(孫爻持世)는 건강인·군인·경찰·의사, 형효지세(形爻持世)는 매사 불리한 사람이다
육수(六獸) 발동의 풀이	•청룡(靑龍)이 발동(發動)하여 세(世)와 합(合)이 되면 경사요, 도화(桃花)를 띠면 바람을 피운다
	•주작(朱雀)이 발동(發動)하여 길신(吉神)을 띠면 기쁜 소식, 흉신(凶神)을 띠면 구설이 따른다
	•구진(句陳)이 발동(發動)하면 토지거래로 세(世)와 합(合)되면 사들이고, 응(應)과 합(合)되면 파는 입장이다
	•등사(螣蛇)가 발동(發動)하면 놀라운 일, 성가신 일이 생긴다
	•백호(白虎)가 발동(發動)하면 질병·부상인데, 세(世)를 극(克)하면 사고 발생으로 크게 다친다
	•현무(玄武)가 발동(發動)하면 도둑이 들거나 날치기, 사기 등의 손재를 한다

●재수점財數占

재수점 판단법	• 재수점은 재(財)가 용신(用神)이므로 재(財)가 왕(旺)해야 한다
	• 손효(孫爻)는 재효(財爻)를 생(生)하는 원신(原神)이라 역시 왕(旺)해야 함으로 재효와 손효는 일진(日辰)과 월지(月支)가 생부(生扶)되어야 길하다고 한다
	• 형효(兄爻)는 재효(財爻)를 극(克)하는 자(者)이므로 왕(旺)함이 오히려 나쁘며 쇠약(衰弱)할수록 좋다
	• 재효(財爻)가 왕(旺)하면 금전 융통이 잘 되고 경영이 순조로워 이익이 증대되지만, 재효(財爻)가 미약하면 생활이 옹색하고 발전이 없다
좋을 때	• 재효(財爻)가 발동(發動)하거나 손효(孫爻)가 발동한 것
	• 재효(財爻)가 일진(日辰)과 월지(月支)가 생부(生扶)된 것
	• 손효(孫爻)가 일진(日辰)과 월지(月支)가 생부(生扶)된 것
	• 재효(孫爻)가 몰신(沒神)되지 않고 형효(形爻)가 미약(微弱)되어 있는 것
	• 형효(形爻)가 일진(日辰)과 월지(月支)에 휴수(休囚)되거나 공망이 될 때
	• 재효지세(財爻持世)에 세(世)가 왕(旺)하거나, 손효지세(孫爻持世)에 재효(財爻)와 손효(孫爻)가 일진(日辰)과 월지(月支)에 생부(生扶)될 때
나쁠 때	• 형효(形爻)가 발동(發動)하면 매사가 불성(不成)한다
	• 형효(形爻)가 교중(交重)되어 일진(日辰)과 비화(比和)될 때
	• 부효(父爻)가 동(動)하여 형효(兄爻)가 될 때
	• 재(財)가 동(動)하여 형(兄)이 되면 회두극(回頭克)이 되어 불길하다
	• 재(財)가 미약(微弱)한데 세(世)가 공망(空亡)이거나 재(財)나 손(孫)이 공망일 때
	• 형효(兄爻)가 변하여 세효(世爻)가 되거나 세효가 변하여 형효(兄爻)일 때
	• 재(財)나 손(孫)이 몰신(沒神)일 때
	• 현무지세(玄武持世) 또는 현무(玄武)가 발동(發動)할 때이며, 발동한 현무가 재(財)를 극(克)할 때도 나쁘다

언제 생기나	•재(財)가 쇠약(衰弱)하면 재(財)가 생부(生扶)되는 날을 기다려야 한다
	•재(財)가 공망(空亡)되어 불리하면 탈공(脫空)하는 날 후에 생긴다
	•재(財)가 육합(六合)을 만나면 합(合)을 충(沖)하는 날이다
	•재(財)가 충(忠)이 되어 있으면 육합(六合)이 되는 날이다
	•재(財)가 진술축미(辰戌丑未) 묘(墓)에 들면 그 묘(墓)를 충(沖)하는 날이다
	•재(財)가 은복(隱伏)되어 있으면 그 은복(隱伏)된 재(財)를 충(沖)하는 날을 기다 려 보라
	•재(財) 동(動)이라도 일진(日辰)의 절(絶)이 되면 불리하다. 생왕(生旺)되는 날에 희망이 있다
	•재동(財動)이라도 재(財)가 일진(日辰)과 월지(月支)에 충(沖)이 되어 있으면 육 합(六合)이 되는 날에 해결된다
금전융자	•재(財)가 미약(微弱)하지 않은 가운데 세(世)가 왕(旺)하고 그 세(世)가 관(官)과 생합(生合)되어야 한다.
	•재(財)가 왕(旺)이라도 세(世)와 관(官)이 상극(相剋)·상충(相沖)되면 어렵다
빌린 돈과 받을 돈	•우선 재(財)부터 왕(旺)한 가운데 세(世)와 응(應)이 생합(生合)을 이루어야 한다
	•그렇더라도 응(應)이 공망(空亡)되거나 태약(太弱)되어 있으면 줄 돈이 없어서 주 지 못한다
	•응(應)이 세(世)를 극(克)하면 상대는 줄 돈이 있어도 줄 마음이 없어서 안 주는 상태이며, 세(世)가 응(應)을 극(克)하면 상대는 마음이 내키지 않더라도 하는 수 없이 주게 된다
가옥 매매	•살고 있는 집을 내놓았을 경우 이효(二爻)가 동(動)하면 쉽게 나간다
	•내괘(內卦)인 초효(初爻)·이효(二爻)·삼효(三爻)가 동(動)하면 팔리는 집이요, 외괘(外卦)인 사효(四爻)·오효(五爻)·육효(六爻)가 동(動)하면 팔리기가 어렵다
	•이효(二爻)가 충(沖)하는 달에 팔릴 가능성이 높다. 이효가 휴수(休囚)되거나 공 망(空亡)되면 내 집을 원하는 자가 없어 팔기 어려우니 싼 값에 매매가 가능하다.
	•주인공이 거주하지 않은 건물이나 점포는 재(財)가 길(吉)한 가운데 세(世), 응 (應)이 미약(微弱)하지 않고 공망(空亡)되지 않으며 생합(生合)을 이루어야지 이 와 상대되면 팔기 어렵다

토지 매매	• 토지는 구진(勾陳)이나 토효(土爻)가 동(動)하면 팔린다
	• 토효(土爻)가 내괘(內卦)에 있으면 가까운 곳의 토지이고, 외괘(外卦)에 있으면 먼 곳에 있는 땅이다
	• 토효(土爻)가 동(動)하거나 일진(日辰)의 충효(沖爻)가 되면 팔린다
	• 토지 매매도 세(世)와 응(應)이 생합(生合)되고도 모두가 왕(旺)하며 공망(空亡)되지 않아야 거래가 성립된다. 세(世)나 응(應) 가운데 하나만 결점이 있어도 팔리지 않는다
	• 형(兄)이 지세(持世)하거나 동(動)하거나 부(父)가 월파(月破)되거나 공망(空亡)이라도 매매 계약은 성립되지 않는다
	• 토효(土爻)가 합(合)을 만나면 일충(日沖)·월충(月沖)이고 충되어 있으면 생합월(生合月)·생합일(生合日)에 팔리는데, 거래가 된다고 추리된 경우에 한해서이다

● 질병점疾病占

질병점이란	• 질병점에 환자 스스로 괘(卦)를 얻은 경우 세(世)는 자신이고(타인이 대신 괘(卦)를 얻은 경우는 괘를 얻는 자가 세(世)이고 환자는 응(應)이 됨), 관귀(官鬼)는 질병이고, 손(孫)은 약(藥)이요, 의원(醫員)이 된다
	• 세(世)와 손(孫)은 일(日)·월(月)·동(動)이 생부(生扶)되어 왕(旺)함을 요하고, 관귀(官鬼)는 일(日)·월(月)·동(動)이 휴수(休囚)되거나 동효(動爻)의 극(克)을 받거나 공망(空亡)이 되어야 좋다
질병이 낫는 것	• 관귀(官鬼)가 은복(隱伏)되지 않고 출현(出現)되어 손(孫)이 왕(旺)하거나 동(動)하면 손(孫)이나 세(世)가 생부(生扶)되는 날에 낫는다
	• 관귀(官鬼)가 극(克)을 받는 날이나 손(孫)과는 비화(比和)되는 날 낫는다
	• 관귀(官鬼)가 은복(隱伏)되지 않고 손효지세(孫爻持世)하여 세(世)가 일(日)·월(月)·동(動)의 생부(生扶)를 받으면 치료되는 병이다
	• 손효지세(孫爻持世)는 주인공인 환자가 면역성이 강(强)한 것으로 본다
	• 관귀(官鬼)가 일(日)·월(月)·동(動)의 생부(生扶)를 받으면 질병이 가장 악화된 상태라 관귀(官鬼)가 극(克)을 받거나, 세(世)·손(孫)이 왕(旺)해지는 날부터 차도가 있을 것이다

불길 (不吉)	●질병점에서 관귀(官鬼) 발동(發動)을 가장 두려워한다. 재(財)의 발동(發動)도 꺼려 한다. 재동(財動)이면 관귀(官鬼)가 생(生)을 받아 악화되기 때문이다
	●관귀(官鬼) 동(動)하여 진신(進神)이면 병이 점점 악화되어 가는 편이고, 퇴신(退神)이면 덜해지는 모습이지만 어쨌든 귀동(鬼動)은 좋지 않다
	●변효(變爻)가 회두극(回頭克)이 되면 그 횡포성〔귀(鬼)의 작용〕이 좀 누그러지게 된다. 관귀(官鬼)가 신효(身爻)에 붙어 있어도 병이 잘 떨어지지 않는다
	●손(孫)이 몰신(沒神)이면 낫기 어렵다. 현재까지 환자에게 적합한 약이나 치료방법을 알지 못하는 상태이다. 관귀지세(官鬼持世)를 가장 꺼린다
	●손(孫)이 일(日)·월(月)·동(動)의 극(克)을 받거나 일(日)·월(月)의 휴수(休囚)되면 치료가 늦어 오래 가는 병이다. 또 세(世)가 일(日)·월(月)·동(動)의 극(克)을 받아도 매우 불리하다
질병이 낫지 않음	●관귀(官鬼)가 은복(隱伏)되면 병의 원인을 몰라 치료방법을 모르는 형태이므로 낫기가 어렵거나 매우 느리다
	●질병점에는 병의 경중(輕重)을 막론하고 관귀지세(官鬼持世)가 가장 나쁘다. 질병이 몸에 밀착된 상태이므로 선천적인 체질병으로 평생을 앓게 되는 수도 있고 신들린 병으로도 본다
	●관귀지세(官鬼持世)가 고약한 것은 세(世)가 왕(旺)해지려면 귀(鬼)도 같이 왕(旺)해지고 귀(鬼)를 극(克)해 제거(除去)하려면 세(世)가 먼저 극(克)을 받아 몸이 상하기 때문이다
	●관귀지(官鬼持)는 평생 동안 지닌 지병(持病)이요, 또 새로 얻은 병이 관귀지세(官鬼持世)가 되면 앞으로 병을 고치기가 어렵다는 증거이다
	●귀(鬼)가 세(世)나 신효(身爻) 옆에 은복되어도 병의 원인을 몰라 고치기 어렵다
사망(死亡)	●세(世)가 일(日)·월(月)의 휴수(休囚)되거나 일(日)·월(月)·동(動)의 극(克)을 받으면 사망한다
	●세(世)가 공망(空亡)되어도 죽는다
	●손(孫)이 공망되거나 일(日)·월(月)의 휴수(休囚)가 되면 결국은 병사한다
	●관귀지세(官鬼持世)·재효자세(財爻持世)도 결국은 그 병으로 죽는다
	●귀(鬼)가 동(動)하여 세(世)를 극(克)하면 생명이 곧 끝난다

(노인이나 중병환자에 한함)	• 중병(重病)에 세(世)가 월파(月破)되어도 살지 못한다
	• 백호지세(白虎持世)나 백호(白虎)가 동(動)하여 세(世)를 극(克)해도 흉하다
	• 세(世)가 회두극(回頭克)되어도 죽는다
	• 세공망(世空亡)에 세재(世財)나 귀(鬼)가 동(動)해도 죽는다
	• 진술축미(辰戌丑未)에 관귀지세(官鬼持世)하여도 죽는다
	• 세(世)가 미약(微弱)하고 백호(白虎)와 귀(鬼)가 왕(旺)하거나 동(動)하면 죽는다
	• 귀화귀(鬼化鬼)·귀화재(鬼化財)·재화귀(財化鬼)도 죽는다
	• 상문(喪門)이나 조객(弔客)이 동(動)하여 극(克)·세(世)하거나, 상문과 조객이 세(世)에 붙어 동(動)하면 반드시 사망한다
죽는 날	• 귀(鬼)나 재(財)가 생부(生扶)되는 날
	• 세(世)가 극(克)을 받는 날
	• 신효(身爻)가 묘(墓)되거나 명효(命爻)가 절(絶)이 되는 날
어떤 병인가	• 신유금귀(申酉金鬼)면 골절, 즉 뼈마디가 쑤시며 아픈 병, 폐, 기관지, 가래, 기침, 천식 등 호흡기 질환이다
	• 인묘목귀(寅卯木鬼)면 간담(肝膽) 질환, 중풍, 한습(寒濕), 사지불화(四肢不和) 등이다
	• 사오화귀(巳午火鬼)면 심장병, 열병(熱病), 고혈압, 당뇨병, 복통, 소장(小腸) 질환 등이다
	• 진술축미토귀(辰戌丑未土鬼)면 위장병, 부종(浮腫), 피부병 등이다
	• 해자수귀(亥子水鬼)면 신장(腎臟) 질환, 방광 질환, 황문(黃門), 성병, 음부(陰部) 질환이다
탈(頉)로 생긴 병	• 관귀(官鬼)가 동(動)하면 반드시 동(動)한 티가 생긴 때문에 얻은 질환이다
	• 물론 평소 신체 내부에 이상이 없어 건강하던 사람이 갑자기 몸살이 나며 발병되는 경우에 그 원인이 무슨 탈, 무슨 부정인가를 알아보는 법이다
	• 대개 탈은 이사 탈, 집수리 탈, 물건 들어온 것, 여행 중에 얻은 병, 부정한 음식 탈, 묘를 잘못 쓰거나 건드린 탈, 인부정(人不淨) 등이다
	• 육효(六爻)의 귀(鬼)가 동(動)하면 조상의 탈, 묘(墓)탈이다

	• 신유귀(申酉鬼)가 동(動)하면 쇠붙이 탈로 서쪽에서 쇠붙이가 들어온 것 등이 원인이다
	• 사오귀(巳午鬼)가 동(動)하면 주방, 부엌 수리, 남쪽에서 얻은 병이다
	• 진술축미귀(辰戌丑未鬼)가 동(動)하면 동토(動土)탈, 묘(墓)탈이다
	• 인묘귀(寅卯鬼)가 동(動)하면 나무를 벤 탈, 목재가구를 들여 놓은 것 등으로 동쪽에서 얻은 병이다
	• 해자귀(亥子鬼)가 동(動)하면 강, 바다, 호수 등 물가에서 얻은 병으로 북쪽을 건드린 탈이다
	• 상문(喪門)·조객(弔客)이 발동(發動)하면 상부정(喪不定), 즉 상가(喪家)에 갔다가 생긴 병이다

● 심인점尋人占

심인점이란	• 심인(尋人)이란 가족이나 남을 막론하고 찾는 사람인데 도망친 사람, 범인(犯人)을 수색하는 데도 이 항목의 풀이에 준한다
용신(用神)	• 찾는 상대가 부모면 부(父), 자손이면 손(孫), 형제자매면 형(兄), 아내면 재(財), 여자 애인이면 재(財), 남편이면 관(官), 남자 애인이면 관(官), 단순한 남이면 응(應), 도둑이면 현무(玄武) 또는 천적(天賊), 범인이면 관귀(官鬼)이다
있는 곳	• 용신이 외괘(外卦)에 있으면 먼 곳에, 내괘(內卦)에 있으면 가까운 곳에 있다 • 용신이 있는 괘(卦) 방향쪽으로 있다는 것으로 추리한다. 즉 건괘(乾卦)-서북방, 감괘(坎卦)-북쪽방, 간괘(艮卦)-동북방, 진괘(震卦)-동쪽방, 손괘(巽卦)-동남방, 이괘(離卦)-남쪽방, 곤괘(坤卦)-서남방, 태괘(兌卦)-서쪽방이다
	• 용신(用神)이 동괘(動卦)에 있으면 찾는 상대가 본괘방(本卦方)에 있다가 변괘방(變卦方)으로 옮겨간 것이다. 또 용(用)의 오행으로 추리한다 • 인묘용(寅卯用)-도시, 사오용(巳午用)-공장지대, 발전소, 주유소, 신유용(申酉用)-절, 공장지대, 철물이 많은 곳, 진술축미용(辰戌丑未用)-농촌, 해자용(亥子用)-강, 바다, 호수 근처
	• 육수용(六獸用)으로 추리하면 청룡(青龍)은 잔치집, 오락실, 유흥가, 부귀한 사람의 집이며, 주작(朱雀)은 무당집, 역술가집, 방송국, 신문사이고, 구진(句陳)은 농

	촌이나 산골집이며, 등사(螣蛇)는 평야지대, 뱀장사의 집 근처이고, 백호(白虎)를 띠면 철공장지대, 무기고, 도살장, 정육점, 병원, 군부대 부근이며, 현무용(玄武用)이면 도적의 집이나 북쪽 방향에 있다
	•신유용(申酉用)에 주작을 띠면 시끄러운 공장지대나 군부대 근처에 있다
	•신유용(申酉用)이거나 백호용(白虎用)이 양인을 띠고 있으면 도살장, 정육점 근처에 있는 것으로 본다
	•백호용(白虎用)에 상문(喪門)·조객(弔客)이 임하면 초상집이요, 현무용(玄武用)에 겁살(劫殺)·천적(天賊)이 임하면 도둑의 집에 숨어 있다
	•현무용(玄武用)에 도화(桃花)나 홍염살(紅艷殺)이 있으면 창녀나 기생집에 있다
	•해자용(亥子用)이 현무(玄武)를 띠고 있으면 어업가의 집 또는 어물상 근처이고, 천희(天喜)를 띠면 호인집 같은 경삿집에 있다
용(用)이 은복된 경우	•형효(兄爻)에 은복(隱伏)되면 친구집이요, 부효(父爻)에 은복되면 친척집, 재효(財爻)에 은복되면 여자집 또는 경영인의 집에 숨어 있다
	•용(用)이 귀(鬼)이고 진술축미(辰戌丑未)에 있으면 산 속에 숨어 있고, 용(用)이 일(日)의 사(死)·절(絶)·묘(墓) 효에 은복이면 무덤, 공동묘지 근처에 숨어 있다
스스로 집을 나갔거나 실종된 경우	•용(用)이 일(日)·월(月)·동(動)의 생부(生扶)로 왕하고 길신(吉神)을 띠면 무사히 잘 있는 것이다
	•만일 공망되거나 사(死)·절(絶)·묘(墓)가 되거나 일(日)·월(月)·동(動)의 극(克)을 받아 흉신(凶神)을 띠면 그가 매우 좋지 않은 상태이다
찾는 경우	•용(用)이 은복(隱伏)되지 않아야 하고 육합(六合)되지 않아야 찾을 희망이 있다
	•용(用)과 세(世)가 생합(生合)되면 스스로 돌아오거나 찾는다. 용(用)이 은복(隱伏)되면 못 찾는데, 은복된 용의 옆에 있는 오행(五行)의 극(克)을 받으면 찾는다
	•육충괘(六沖卦)는 찾기 쉽고, 육합괘(六合卦)는 어렵다. 외괘(外卦)가 내괘(內卦)를 생(生)하면 집이 그리워서 스스로 온다
	•왕(旺)한 세(世)가 미약한 용(用)을 극(克)하면 찾는다. 용화용(用化用)도 찾는다
	•가족 가출은 오효(五爻)가 동(動)하여 진신(進神)이면 오래 기다려야 하고, 퇴신(退神)이면 머지않아 온다. 왕(旺)한 세(世)가 용(用)과 생합(生合)되면 정보를 듣고, 도망자는 세가 용보다 왕(旺)해야 하고, 세가 용의 극(克)을 받지 않아야 한다

찾지 못하는 경우	• 용(用)이 발동(發動) 할 때
	• 세(世)가 용(用)보다 미약(微弱)할 때
	• 세(世)가 공망(空亡)일 때
	• 용(用)이 세(世)를 극(克)할 때
	• 동(動)이 용(用)을 생(生)하고 세(世)를 극(克)할 때
	• 용(用)이 동(動)하여 진신(進神)인 가운데 동(動)이 세(世)를 극(克)할 때
	• 용(用)은 일(日)·월(月)·동(動)이 생부(生扶)인 반면 세(世)는 일(日)·월(月)의 휴수(休囚)일 때
	• 용(用)이 은복(隱伏)일 때
	• 용(用)이 역마(驛馬)를 띠고 있을 때
	• 용(用)이 공망(空亡)일 때
	• 용(用)이 진술축미(辰戌丑未) 일 때〔그러나 일진(日辰)이 충(沖)되면 찾는다〕
	• 도망인이 아니고 가족인 경우는 용(用)이 미약(微弱)해야 스스로 온다
	• 용(用)이 일(日)과 합(合)이 있으면 충일(沖日)날 찾고, 충(沖)이 되어 있으면 합일 (合日)에 온다
	• 용(用)이 세(世)와 생합(生合)이면 그가 스스로 오는데, 용(用)이 왕(旺)이면 휴수 (休囚)되는 날 온다

● 시험점試驗占

시험점이란		• 시험의 목적은 세 가지로 진학을 위한 입학시험, 취직을 위한 입사시험, 자격증 취득을 위한 국가고시 등이다 • 입학시험은 세(世)와 부(父)의 동태만 보면 되고, 입사시험과 국가고시는 세(世) 와 부(父)와 관(官) 세 가지가 왕(旺)하고 서로 유정(有情)해야 한다
		• 세(世)가 일(日)·월(月)·동(動)의 생부(生扶)로 왕(旺)한 가운데 부(父)가 쇠약 (衰弱)하지 않으면 합격한다(세(世)나 부(父) 가운데 하나가 일(日)·월(月)에 휴수(休 囚)되거나 공망(空亡)되거나 월파(月破)된다면 합격이 어렵다)

입학 시험	유리	• 왕(旺)한 세(世)와 부(父)의 경우라도 세(世)와 부(父)는 생합(生合)되어야지 상극(相剋)되면 불리하다. 세(世)의 발동(發動) 또는 부(父)가 발동(發動)이 태세(太歲)와 부(父)가 생세(生世)와 세효지세(世爻持世), 세화부(世化父), 부화세(父化世) 등은 모두 유리하다
	불리	• 재(財) 동(動)일 때 재효지세(財爻持世) 때, 세(世)가 공망(空亡)일 때, 부(父)가 몰신(沒神)에 재(財)가 은복(隱伏)될 때, 세(世)와 부(父)가 일(日)·월(月)·동(動) 세 가지 가운데 두 가지의 극(克)을 받은 세(世)가 동(動)이라도 회두극(回頭克)을 당한 것 등이다 • 경쟁성이 있는 시험은 형효지세(兄爻持世)에 형(兄)이 발동(發動)하고 형(兄)이 일(日)과 비화(比和)되어 교중(交重)되면 매우 불리하다
입사 시험 국가 고시	유리	• 세(世)가 일(日)·월(月)·태세(太歲)와 생합(生合)된 가운데 부(父)가 일(日)·월(月)의 생부(生扶)면 수석으로 합격한다 • 세(世)·부(父)·관(官)이 모두 왕(旺)할 때 • 관(官)이 세(世)를 생(生)할 때 • 세(世)·관(官)·부(父)가 생합(生合)일 때 • 세(世)나 관(官)이 발동(發動)할 때 • 부(父)가 발동(發動)할 때 • 태세(太歲) 관(官)이 생세(生世)할 때 • 세(世) 왕(旺)에 관(官)이 월(月)의 생(生)을 받을 때 • 부지세(父持世), 관지세(官持世), 세화관(世化官), 세화부(世化父), 육합괘(六合卦) 등은 모두 유리하다
	불리	• 세(世)·부(父)·관(官) 세 가지 가운데 그 하나라도 공망(空亡)되면 불리하다 • 부(父)가 은복(隱伏)되거나 관(官)이 은복되어도 불리하다 • 재동(財動)·손동(孫動)·형동(兄動) 등은 모두 합격이 어렵다 • 세동(世動)이면 길(吉)이나 회두극(回頭克)되거나 관화손(關化孫), 부화재(父化財) 등은 합격이 안 된다 • 재효지세(財爻持世), 손효지세(孫爻持世)도 좋지 않다
	유리	• 세(世)와 관(官)이 일진(日辰) 월건(月建)의 극(克)을 받지 않은 가운데 세(世)와 관(官)이 상극(相剋)되지 않아야 하며, 세(世)와 관(官)이 공망(空亡)되지 않아야 희망이 있다

취직 승진	유리	• 세(世)와 관(官)이 일(日)·월(月)에 생부(生扶)되고 동효(動爻)의 극(克)을 받지 않으며 관(官)과 세(世)가 월지(月支)와 상충(相沖)되지 않으면 취직이 되고, 재직자는 승진·승급(昇級)이 된다 • 관(官)이 동(動)하여 세(世)와 합(合)되고 관(官)과 세(世)가 왕(旺)하면 취직·승진된다 • 세(世)가 발동(發動)하여 관(官)과 생합(生合)을 이루고 동(動)한 세(世)가 회두극(回頭克)이 되지 않으면 취직·승진에 매우 유리하다 • 태세(太歲)가 세(世)를 생(生)해도 유리하고, 관화재(官化財)·재화관(財化官) 등은 모두 취직·승진에 유리하다
	불리	• 세(世)와 관(官) 중에 하나만 공망(空亡)되어도 바라지 말라 • 형(兄)이 발동(發動)되면 라이벌이 많아 뺏기게 되고, 손(孫)이 동(動)하면 관(官)이 극(克)을 받으므로 불리하며, 형효지세(兄爻持世)·손효지세(孫爻持世)도 유리할 것이 없다 • 세(世)와 관(官) 중에 하나가 일(日)·월(月)·동(動)의 극(克)을 받거나 공망(空亡)되면 취직이나 승진이 어렵다. 세(世)가 동(動)하면 길(吉)하나 회두극(回頭克)되면 소용없고, 관(官)이 동(動)하여 길(吉)하나 역시 회두극이 되면 될 뻔하다가 안 된다 • 관(官)이 몰신(沒神)되면 취직할 자리가 없고, 승진운도 나쁘다. 세(世)나 관(官)이 월파(月破)되어도 바라지 말라. 형(兄)이 교중(交重)되어도 좋지 않다. 육합괘(六合卦)는 유리하고, 육충괘(六沖卦)는 불리하다. 세(世)와 관(官)이 일월(日月)의 휴수(休囚)이거나 동(動)의 극(克)을 받아도 불리하다

● 소송訴訟은 민사점·관재官災는 형사점

소송은 민사점의 세응 용신에 관계	• 세(世)는 점을 치는 주인공이고, 응(應)은 소송이 붙은 상대방이며, 관(官)은 검사와 판사로 본다. 세(世)를 생(生)하여 주는 효(爻)는 주인공의 변호사요, 응(應)을 생(生)하는 효(爻)는 상대방의 변호사이다
	• 소송에 걸린 주인공이 고소인이 아닌 피고소인이라면 손(孫)이 변호사요, 원고(고소인)의 변호사는 재효(財爻)를 본다

	• 세(世) 응(應) 상극에 응극세(應克世)면 주인공이 상대방에게 시달림을 받고, 세극응(世克應)이면 상대방이 시달림을 받는 형태일 뿐 소송에서 지고 이기는 것은 세응상극(世應相克)과 상관이 없다
소송의 유리, 불리 관계	• 점을 치는 수인공이 원고면 관귀지세(官鬼持世)가 유리하고, 피고면 관귀지세(官鬼持世)가 불리하다
	• 응(應)에 관귀(官鬼)가 붙은 경우 상대가 피고면 상대방이 불리하고, 주인공이 피고라면 이쪽이 불리하다. 관(官)에 겁살(劫殺)을 띠면 양쪽 다 유리할 것이 없다
	• 세(世) 동(動)이면 유리하지만 회두극(回頭克)이면 주인공에게 불리한 판결이 내려지고, 응(應)이 회두극이 되면 상대방에게 불리하다. 그러나 응(應)에게 회두극이 되지 않으면 상대는 좋은 명분을 내세우게 되므로 원고나 피고를 막론하고 주인공에게 불리하다
	• 세(世)는 일(日)·월(月)·동(動)의 생부(生扶)로 왕(旺)해야 승산이 있고, 응(應)은 동(動)의 극(克)을 받거나 일(日)·월(月)에 휴수(休囚)되어야 상대방이 패배하니 주인공은 유리하다
	• 응(應)이 일(日)·월(月)·동(動)과 생부(生扶)하고 합(合)이 되면 상대방을 도와주는 실력자가 있어 주인공이 불리하니 이기기 어렵다
	• 원고의 입장일 때 귀(鬼)와 세(世)와 응(應)이 모두 공망(空亡)이면 고소가 취하된다. 또는 상대방이 원고일 경우 세(世)가 왕(旺)하고 관귀(官鬼)가 공망(空亡)이면 그동안 낸 고소장이 취하되거나 주인공이 이기는 싸움이다
	• 관귀(官鬼)가 공망(空亡)이거나 관귀(官鬼)가 몹시 미약(微弱)하면 원고 입장에서는 불리요, 피고 입장에서는 유리하다. 관귀(官鬼)도 공망이요, 세(世)도 공망이면 소송이 취하 또는 화해되기 쉽다
	• 세(世)와 응(應) 사이에 있는 간효(間爻)는 증인이다. 간효가 세(世)와 응(應) 가운데 어느 것을 생부(生扶)하고 극(克)하는가에 따라 누구에게 유리하고 불리한 증언을 하는가를 알 수 있다. 간효가 공망이거나 몹시 쇠약하면 그 증언은 신빙성이 없다
	• 세(世)와 응(應)이 비화(比和)되면 사건을 한없이 끌고 나가는 데, 양쪽 다 이해관계 없이 끌고 나간다. 상대방(공망된 쪽)이 화해를 요청하면 들어주는 것이 좋다. 태세(太歲)와 관귀(官鬼)의 오행(五行)이 같으면 대법원까지 간다

소송에 이기는 괘	• 관(官)이 응(應)을 극(克)함
	• 세(世)는 왕(旺)한데 응(應)이 쇠약(衰弱)함
	• 세(世)는 일(日)·월(月)·동(動)의 생부(生扶)된 반면 응(應)은 공망(空亡)이거나 일(日)·월(月)에 휴수(休囚)되거나 동효(動爻)의 극(克)을 받은 경우 등이다
	• 소송에 이기려면 반드시 세(世)가 응(應)보다 왕(旺)해야 하고, 관(官)이 응(應)을 극(克)해야 한다
	• 관(官)은 세(世)를 생(生)할지라도 응(應)은 생(生)해 주지 않아야 하며, 세(世)는 일(日)·월(月)·동(動)의 극(克)을 받거나 공망(空亡)되지 않아야 한다
소송에 지는 경우	• 관(官)이 세(世)만 극(克)하거나 세(世)가 공망(空亡)되거나 일(日)·월(月)에 휴 수(休囚)되든지, 동(動)의 극(克)을 받고 있는데 반해서 응(應)은 공망되지 않은데 다 일(日)·월(月)·동(動)의 생부(生扶)로 왕성(旺盛)해 있는 경우다
관재(官災) 형사점의 용신	• 관재(官災)란 주인공이 현재 피의자가 되었거나 피의자로 몰리고 있어 피고소인 이 된 것을 말한다
	• 관재점에 세(世)는 자신이고, 관(官)은 경찰과 검사로 보며, 일(日)과 태세(太歲) 는 재판관으로 본다
구속(拘束) 수감(收監)	• 관귀(官鬼)가 왕(旺)하고 세(世)가 미약(微弱)하면 장기든 단기든 실형을 면할 수 없다. 또 관귀(官鬼)가 동(動)해도 실형(實刑)이다
	• 재동(財動)하고 재효(財爻)가 왕(旺)하거나 손이 일(日)·월(月)·동효(動爻)의 극 (克)을 받고 세(世)가 쇠약하면 구속된다
	• 세(世)가 진술축미(辰戌丑未)이고 관귀지세(官鬼持世)면 구속이요, 또 세(世)가 공망(空亡)되거나 일(日)·월(月)의 휴수(休囚)가 되든지, 관귀(官鬼)가 동(動)하 여 진술축미(辰戌丑未)로 변하면 구속·수감된다
	• 백호지세(白虎持世)에 관귀(官鬼)가 왕(旺)하거나 관귀(官鬼)가 세(世)를 극(克) 해도 수감된다
	• 백호(白虎)와 관귀(官鬼)가 같은 효(爻)에 있거나 관귀(官鬼)가 구진(句陳)과 같 이 있어 왕(旺)해도 구속된다
	• 관귀(官鬼)의 왕쇠(旺衰)로 형(刑)의 경중(輕重)을 추측한다
	• 흉신(凶神)이 상하(上下)에서 세(世)를 공협(拱挾)해도 구속이다

	• 관귀(官鬼)가 사(巳)·오(午)·화(火)인 경우 백호(白虎) 동(動)이면 중형이요, 관귀(官鬼)가 금(金)인 경우는 체형(體刑)이고, 목(木)이면 조금 살다가 나오고, 수(水)면 집행유예이다
석방	• 태세(太歲)는 국가로 본다. 태세(太歲)가 관귀(官鬼)를 극(克)해 주면 중한 죄형이 가볍게 관결되고, 중죄가 아닌 경우는 식방된다
	• 월지(月支)가 세(世)를 생합(生合)하면 고위(高位)에 있는 사람의 도움으로 석방된다
	• 태세(太歲)와 세(世)가 생합(生合)하면 국가에서 사면령이 내려 석방된다
	• 일(日)과 세(世)가 생합(生合)되면 금방은 안 되어도 장차 석방된다
	• 부(父)가 세(世)를 생합(生合)되거든 항소하라. 항소의 효력으로 풀려나온다
	• 세(世)가 일(日)·월(月)·태세(太歲)의 극(克)을 받지 않은 괘(卦)에 손(孫)이 동(動)하거나 왕(旺)하면 변호사의 힘을 입어 석방된다
	• 월지(月支)가 관귀(官鬼)를 충극(沖克)하면 가벼운 죄로 용서를 받는다
	• 진술축미지세(辰戌丑未持世)면 갇혀 있는 모습이나 일(日)이나 월(月)이 묘(墓)를 충(沖)하면 나오는 형상이다

● 혼인점婚姻占·궁합점宮合占

혼인점의 용신(用神)	• 남자는 재(財)가 색시감이고 여자는 관귀(官鬼)를 신랑감으로 보며, 응(應)은 남녀 모두 상대방의 가정 형세와 부모 및 주혼자로 본다
	• 세(世)와 응(應)을 비교하여 왕(旺)한 쪽이 형세(形勢)가 나은 것으로 추리할 수 있다
	• 세(世)와 응(應) 옆에 붙은 길흉(吉凶) 신살(神殺)로도 가정의 분위기를 짐작한다
가정간의 찬성과 반대	• 세(世) 응(應)의 생(生)·극(克)·비화(比和)로 보면 된다. 세(世) 응(應)이 비화(比和)면 서로 손익이 없는 모습이라 찬성하는 혼인이다
	• 세(世) 응(應)이 상극(相克)이거나 충(沖)·파(破)되면 남녀 당사자는 서로 좋아하더라도 가정(부모)의 반대가 거세어 이루기가 어렵다

가정간의 찬성과 반대	● 세(世)나 응(應)이 동(動)하여 상대를 극(克)하거나 타(他)와 육합(六合)되면 상대 방 가정은 마음이 변하여 안 되는 혼인이다
	● 그러나 동(動)한 세(世)가 응(應)을 생합(生合)하면 이쪽에서 적극성을 띠고, 응(應)이 동(動)하여 세(世)를 생합(生合)하면 상대방에서 적극적으로 원하는 혼인 이라 하겠다
	● 세(世)와 응(應)이 상극(相克)이면 일단은 안 되는 혼사다. 그러나 세(世)와 응(應) 이 상극될지라도 삼합(三合)을 이루거나 육합(六合)을 이루면 마지못해 찬성하는 바 성불성(成不成)은 극(克)하는 쪽에서 쥐고 있다
	● 세(世)나 응(應) 어느 한쪽이 공망(空亡)되거든 이 혼사는 포기하는 것이 좋다
남녀 당사자간의 관계	● 세(世)와 재(財)(남자), 세(世)와 관(官)(여자)이 생합(生合)을 이루면 서로 좋아하 여 결혼을 원하나 세(世)와 재(財), 세(世)와 관(官)이 상극(相克)되면 극(克)하는 쪽에서 상대를 싫어하는 상이므로 혼인 성립이 안 된다
	● 세(世)나 재(財), 세(世)나 관(官) 중에 동(動)하여 세(世)·재(財)·관(官)을 극(克) 하거든 일찍 단념하라. 그러나 세(世)나 재(財), 세(世)나 관(官)이 동(動)하여 상 대를 생합(生合)하면 동(動)한 쪽에서 적극성을 띠어 혼인이 빨리 이루어진다
	● 세(世)나 재(財), 세(世)나 관(官) 중에 그 하나가 공망(空亡)이라도 안 된다
	● 남자 입장에서 재(財)가 태약하거나 형(刑)·충(沖)·공망(空亡)·절지(絶地)에 있 으면 좋은 색시감이 못되고, 여자 입장에서 관(官)이 형·충·공망·절이 되거나 일(日)·월(月)·동(動)의 극(克)을 받아 쇠약하면 좋은 신랑감이 못된다
	● 세(世)와 재(財), 세(世)와 관(官)이 상극(相克)되면 서로 싫어하는 상이다. 상극 되더라도 삼합(三合)·육합(六合)되면 희망이 있다. 성불성(成不成)은 극(克)하는 쪽에 달려 있다
	● 남자점에 재(財)가 은복(隱伏), 공망(空亡)되거나 여자점에 관(官)이 은복, 공망되 면 결혼운이 없다. 또 남녀를 막론하고 형(兄)이 동(動)하면 강력한 라이벌이 있어 기대하기 어렵다. 재화형(財化兄), 형화재(兄化財), 관화형(官化兄), 형화관(兄化 官) 등도 안 된다

자녀 관계	• 자녀 유무(有無)는 손(孫)의 상태를 본다
	• 재(財)와 손(孫)이 일(日)·월(月)·동(動)의 생부(生扶)로 왕(旺)하면 반드시 자녀 를 둔다
	• 재(財)와 손(孫)이 태세(太歲)의 태양(太陽)·태음(太陰)·용덕(用德)·복덕성(福 德星)을 띠면 자식을 둔다
	• 재(財)와 손(孫)이 태세(太歲)의 상문(喪門)·조객(弔客)·병부성(病符星)을 띠면 일찍 참상을 겪는다
	• 재(財)와 손(孫)이 태세(太歲)의 백호(白虎)·사부(死敷)를 띠면 낙태 또는 유산을 한다

● 이사점移徙占 ·소식점消息占 ·청탁점請託占

이사점의 목적	• 이사를 쉽게 갈 수 있는가! • 현재 거주지에 살고 있는 것이 좋은가! • 이사해서 사는 것이 좋겠는가! • 어느 것이 좋은가를 판단하는 것이다
첫째 목적	• 이효(二爻)가 동(動)하면 빠른 시일 안에 이사가 가능하고, 초효(初爻)나 삼효(三 爻)가 동(動)하면 빠르지 않지만 머지않아 갈 수 있는 것으로 판단하면 된다. 외괘 (外卦)가 동(動)하면 오랜 시일을 기다려야 한다
둘째 목적	• 이효(二爻)에 길신(吉神)이 임하고 일(日)·월(月)·동(動)이 생부(生扶)되면 옮기 지 않고 사는 것이 유리하다. 그러나 이효(二爻)가 공망(空亡)되거나 겁살(劫 殺)·현무(玄武)·등사(螣蛇) 등이 붙거나, 귀(鬼)가 임하여 흉살(凶殺)을 띠거나, 이효(二爻)가 일(日)·월(月)·동(動)의 극(克)을 받아 심히 미약(微弱)하면 옮겨 사는 것이 좋다
셋째 목적	• 이효(二爻)가 공망(空亡)되지 않고 왕상(旺相)이면 마음놓고 이사하라. 현무(玄 武)가 임하거나, 공망되거나, 관귀지세(官鬼持世)에 흉신(凶神)을 만나거나, 재 (財)가 은복(隱伏) 공망되거나, 외괘(外卦)가 내괘(內卦)의 극(克)을 받으면 이사 뒤에 불길하다

소식이 오는 경우	• 부(父)가 발동하여 주작(朱雀)을 띠면 빨리 소식이 온다. 부(父)가 공망(空亡)이면 공망이 나가는 날을 기다려라. 부(父)가 미약(微弱)하면 생합(生合)이나 생부(生扶)되는 날을 기다려라
소식이 오지 않는 경우	• 세(世)가 공망(空亡), 용(用)이 공망, 응(應)이 공망, 부(父)가 공망 및 몰신(沒神)이 된 것, 부(父)나 용(用)이 묘(墓)와 절(絶)에 든 것, 재지세(財持世)·재동(財動)·부(父)가 일(日)·월(月)·동(動)의 극(克)을 받는 것 등이다
청탁이 이루어지는 경우	• 세(世)가 쇠약하지 않은 상태에서 용(用)도 왕(旺)하여 세(世)와 용(用)이 상극(相克)되지 않으면 상대는 주인공의 청탁을 들어준다. 세(世)가 용(用)을 극(克)하고 용(用)이 왕(旺)하면 주인공의 위세에 눌려 마지못해 들어주는 경우도 있다
청탁이 거절당하는 경우	• 용(用)이 미약(微弱)한 것, 용(用)이 공망(空亡)된 것, 세(世)가 공망된 것, 세(世)가 심히 쇠약(衰弱)한 것, 용(用)이 세(世)를 극(克)하는 것, 형(兄)이 발동(發動)된 것, 세(世)와 용(用)이 상충(相沖)되는 것 등이 청탁을 거절당하는 경우이다

◉ 육십사괘六十四卦의 길흉吉凶

1 건위천乾爲天

목적별	해 설
운수(運數)	• 현재 운수는 좋으나 기회를 놓치지 않고 서둘러 모든 일에 착수하라. 특히 직장 관계에 있어 승진 또는 시험에 힘쓰면 뜻을 이룬다
소원(所願)	• 윗사람이나 선배에게 부탁하면 이루어진다
건강(健康)	• 보통 사람은 건강한 편이나 병이 오래된 환자의 경우는 낫지 않는다
재물(財物)	• 구하면 얻는다. 사업 관계는 현재 상태를 더 확장하면 실패한다
여행(旅行)	• 목적한 바를 무난히 성취하나 몸을 다칠 염려가 있다
대인(待人)	• 오지 않으나 진(辰)일 이나 술(戌)일에 소식이 온다
심인(尋人)	• 아주 먼 곳에 있어 오지 않는다. 그리고 찾지 못한다
실물(失物)	• 찾기 어려우나 서북간(西北間)에서 찾아보라
혼인(婚姻)	• 남자는 불리하나 여자는 무난히 이루어진다
소송(訴訟)	• 서로 잘 합의된다
매매(賣買)	• 뜻과 같이 옳은 값을 받는다
직장(職場)	• 곧 얻는다
이사(移徙)	• 옮기지 않은 것이 좋다
출산(出産)	• 딸을 낳는다

② 천풍구 天風姤

목적별	해 설
운수(運數)	●운수가 현재 쇠운의 상태로 사업의 규모를 줄여야 하고, 혼인이나 계약 따위는 하지 않은 것이 좋다
소원(所願)	●방해가 많아서 될 듯하면서도 결국은 이루지 못한다
건강(健康)	●가벼운 증세라도 방심하지 말고 치료에 힘써라
재물(財物)	●적은 돈은 들어오나 낭비가 많다
여행(旅行)	●단, 가까운 곳은 무방하나 주색가에 출입하면 망신당한다
대인(待人)	●이편에서 오게끔 주선해야 한다. 불연이면 오지 않는다
심인(尋人)	●아주 먼 곳에 있어 오지 않는다. 그리고 찾지 못한다
실물(失物)	●여자가 가지고 서북간으로 갔으나 찾지 못한다
혼인(婚姻)	●상대방이 거짓이 많다. 단념하라
소송(訴訟)	●일으키지 마라. 오히려 손해만 본다
매매(賣買)	●남에게 위임하면 가능하다
직장(職場)	●직장도 안 되고 시험도 안 된다
이사(移徙)	●불길하니 집을 옮기지 말라
출산(出産)	●산모가 고통을 받는다. 아들이다

3 천산둔天山遯

목적별	해 설
운수(運數)	•좋지 않다. 이 괘가 나오는 사람은 사업의 확장이나 자본의 증가에는 크게 불길하니 그 규모를 줄이는 것만이 최선이다
소원(所願)	•이루기 어렵다
건강(健康)	•만일 노인이 병을 얻었다면 위독하나 사망하지는 않는다
재물(財物)	•생기는 것보다 쓰는 것이 많다
여행(旅行)	•가지 않는 것이 좋다. 목적 달성을 하지 못한다
대인(待人)	•장애가 있어 오지 못하니 기다리지 말라
심인(尋人)	•상대가 거처를 자주 옮기므로 찾기 어렵다
실물(失物)	•타인이 가지고 간 것인데 급히 서북방이나 남방에 찾으면 나온다
혼인(婚姻)	•어렵게 이루어진다
소송(訴訟)	•판결이 매우 오래 걸린다. 이익도 없고 해도 없다
매매(賣買)	•시일이 걸린다
직장(職場)	•얻지 못한다
이사(移徙)	•무방하다
출산(出産)	•아들을 낳는데, 다만 유산에 주의하라

목적별	해　설
운수(運數)	•현재로서는 아무 일도 안 된다. 모든 것을 뒤로 미뤄라
소원(所願)	•현재의 상태로서는 이루지 못한다
건강(健康)	•치료할 수 있다. 급히 약을 써라
재물(財物)	•돈을 벌기는 고사하고 빚도 얻어 쓰기 힘들다
여행(旅行)	•먼 곳은 가지 않는 것이 좋다
대인(待人)	•장애가 있어 오지 않는다
심인(尋人)	•서남방에 숨어 있으나 찾기 어렵다
실물(失物)	•찾지 말라. 나오지 않는다
혼인(婚姻)	•현재 말하고 있는 곳은 인연이 아니니 단념하라
소송(訴訟)	•좋지 않다. 이쪽에서 소송을 건 경우에는 기각당한다
매매(賣買)	•제값은 받지 못하나 팔린다
직장(職場)	•단념하고 다음 기회를 기다려라
이사(移徙)	•좋지 않으니 옮기지 말라
출산(出産)	•안심할 수 없으니 병원에 가라. 그리고 딸이다

목적별	해 설
운수(運數)	•덕을 쌓은 군자(君子)는 길하고, 소인(小人)은 불길하다
소원(所願)	•이루어진다. 특히 윗사람을 위하는 일이면 더욱 좋다
건강(健康)	•건강하다. 혹 뜻밖에 부상을 입을 수 있다
재물(財物)	•궁한 사람에게 뜻밖에 재물이 생긴다
여행(旅行)	•길하다. 맡은 임무를 다 마치고 돌아온다
대인(待人)	•온다. 그리고 소식을 들을 수 있다
심인(尋人)	•서남방으로 갔다가 동남방으로 향했다
실물(失物)	•제 3자에게 넘어가서 임의 파손되었다
혼인(婚姻)	•상대방의 의사에 달렸다
소송(訴訟)	•적당한 이유이면 유리하다
매매(賣買)	•유익하게 처분된다
직장(職場)	•정성을 다하여 노력하면 뜻대로 된다
이사(移徙)	•해도 좋고 안 해도 좋다
출산(出産)	•순산이며 생남이다

목적별	해 설
운수(運數)	●쇠운이다. 이익을 생각하기에 앞서 손실을 먼저 막아라
소원(所願)	●현재로서는 단념하는 수밖에 없다
건강(健康)	●환자는 오래 간다. 노인병은 회생하지 못한다
재물(財物)	●약간은 얻으나 예정한 액수에서 뜻밖의 손실이 있다
여행(旅行)	●이롭지 못하다. 단념하라
대인(待人)	●시일이 오래 걸려야 온다
심인(尋人)	●동북간방으로 갔으나 찾지 못한다
실물(失物)	●찾지 말라. 시간과 노력만 허비할 뿐이다
혼인(婚姻)	●초혼은 성사되지 않으나 재혼은 성사된다
소송(訴訟)	●불리하다. 소송 중이면 취하하거나 화해하라
매매(賣買)	●억지로 팔면 손해가 많다
직장(職場)	●취직하기 어렵다. 재직자는 현재의 위치가 어렵다
이사(移徙)	●해도 없고 이익도 없다
출산(出産)	●순산이며, 아들이다

7 화지진火地晉

목적별	해　설
운수(運數)	•대길하다. 웅대한 포부를 가지고 목적을 향하여 전진하라. 다만 지나친 오만이나 해이한 마음은 기회를 놓치는 결과가 된다
소원(所願)	•성취한다. 서남방 사람이 귀인이 된다
건강(健康)	•가벼운 병에 걸린다. 노인은 중태이다
재물(財物)	•처음에는 지출이 많으나 나중에는 많은 재물을 얻는다
여행(旅行)	•윗사람과 동행하면 대길하다
대인(待人)	•좋은 소식을 가지고 온다
심인(尋人)	•깊이 숨어 있다. 찾기 어려우니 스스로 오기를 기다려라
실물(失物)	•서남간 방향으로 도적이 가지고 있으니 찾기 어렵다
혼인(婚姻)	•좋은 인연으로 성사된다
소송(訴訟)	•정당한 이유에 의한 소송은 승리한다
매매(賣買)	•여의하다. 값도 많이 받을 수 있다
직장(職場)	•위치를 옮길 수 있으며 영전된다. 그리고 취직된다
이사(移徙)	•길하다
출산(出産)	•순산이며, 딸이다

목적별	해 설
운수(運數)	● 명예에 관계되는 일이라면 더욱 좋다. 사업면에서도 크게 발전한다
소원(所願)	● 분수에 맞는 일이라면 이루어진다
건강(健康)	● 고열성의 질환을 조심하라. 오래된 병은 중태에 빠진다
재물(財物)	● 적은 액수의 융통은 순조로우나 대체로 지출이 많다
여행(旅行)	● 봄과 여름이 이외로 길하다
대인(待人)	● 이편에서 주선하면 속히 온다
심인(尋人)	● 서북방에 있으나 돌아오지 않는다
실물(失物)	● 급히 찾음이 좋다. 늦으면 찾지 못한다
혼인(婚姻)	● 늦으나 이루어진다
소송(訴訟)	● 당신에게 유리하다
매매(賣買)	● 빠른 시일에는 매매가 불가능하다
직장(職場)	● 부지런히 노력하라. 뜻대로 된다
이사(移徙)	● 옮겨도 좋다
출산(出産)	● 순산이며 딸을 낳을 가능성이 많다

목적별	해 설
운수(運數)	•파란을 의미하는 쇠운이다. 동하지 말고 분수를 지켜라
소원(所願)	•생각도 말라. 이루어지지 않는다
건강(健康)	•병 중인 사람은 수술을 받아야 한다
재물(財物)	•벌어들이는 돈은 적고 쓸 곳은 많다
여행(旅行)	•실물수가 있으니 출행하지 말라
대인(待人)	•방해가 있어 오지 않는다
심인(尋人)	•찾지 못한다. 해외로 멀리 간 듯하다
실물(失物)	•동쪽이나 북쪽으로 찾아보라. 그러나 매우 어렵다
혼인(婚姻)	•인연이 아니다. 성립되지 않는다
소송(訴訟)	•크게 불길하니 그만두라
매매(賣買)	•시세를 제대로 받을 수 없으며 팔리지도 않는다
직장(職場)	•소원이 이루어지지 않는다. 길운이 올 때까지 기다려라
이사(移徙)	•손해가 적지 않으니 옮기지 말라
출산(出産)	•난산이며, 딸이다

목적별	해 설
운수(運數)	●절도를 지키고 지출을 절약해야 하는 때이다
소원(所願)	●의외로 장애가 있어 이루지 못한다
건강(健康)	●성병, 위장병 등에 주의하라
재물(財物)	●수입이 고르지 않다. 지출을 절약하는 것만이 최선이다
여행(旅行)	●집을 나서지 말라. 객지에서 뜻밖의 난관을 만난다
대인(待人)	●매우 늦다. 소식도 늦게 온다
심인(尋人)	●본인이 스스로 찾아온다
실물(失物)	●급히는 나오지 않으나 오랜 뒤에는 찾을 수 있다
혼인(婚姻)	●방해는 없으나 시일이 오래 걸린다
소송(訴訟)	●시일이 지루하다
매매(賣買)	●팔린다. 약간에 이익도 있다
직장(職場)	●무직자인 경우 직장이 알선된다
이사(移徙)	●옮기지 말라. 불리하다
출산(出産)	●약간 난산의 기미가 있으나 무사하다. 아들이다

목적별	해 설
운수(運數)	• 현재는 매우빈약하다. 그러나 크게 성공할 수 있는 저력이 숨어 있으니 결심대로 노력하면 대길할 운이 기다리고 있다
소원(所願)	• 오래 묵은 소원은 성취한다
건강(健康)	• 현재 신경쇠약의 증세로 병 중인 사람은 위태하다
재물(財物)	• 금전의 고난이 있다. 여성이나 윗사람에게 융통해 보라
여행(旅行)	• 수액과 여난이 있으니 그만두는 것이 좋다
대인(待人)	• 기다리지 말라. 오지 않는다
심인(尋人)	• 영원히 찾지 못한다
실물(失物)	• 물 속에 던져진 것 같다. 찾지 못한다
혼인(婚姻)	• 늦기는 하나 이루어진다
소송(訴訟)	• 무해무익하다. 타인에게 위임하여 진행토록 하라
매매(賣買)	• 이익이 없다. 다음 기회를 기다려라
직장(職場)	• 간신히 자리를 지키고 있는 정도이지 취직도 안 된다
이사(移徙)	• 옮기지 말라
출산(出産)	• 난산인 듯하나 무사하다. 아들이다

목적별	해 설
운수(運數)	• 길흉이 상반이다. 현재보다는 더 이상 발전은 못한다
소원(所願)	• 곧 성취된다. 그러나 오래 가지 못한다
건강(健康)	• 가벼운 증세라도 소홀이 다루면 중태에 빠질 우려가 있다
재물(財物)	• 현재의 것으로 만족하라. 더 이상의 욕심은 과욕이다
여행(旅行)	• 색정에 빠져 곤경을 당할 우려가 있다
대인(待人)	• 곧 온다. 이성간이면 좋은 소식을 전해 줄 것이다
심인(尋人)	• 그 사람이 스스로 돌아온다
실물(失物)	• 찾지 못한다. 강제로 수색하면 괜한 사람과 의만 끊어진다
혼인(婚姻)	• 이루어진다. 혼인 후에 권태증이 빨리 올 것이다
소송(訴訟)	• 이롭지 못하다. 남에게 위임해 보라
매매(賣買)	• 속히 팔린다. 나중에 후회가 있다
직장(職場)	• 점점 인기가 떨어져 가고 있다
이사(移徙)	• 이익도 없고 손해도 없다
출산(出産)	• 순산이며, 딸을 낳는다

목적별	해 설
운수(運數)	•순풍에 돛단배와 같이 매우 순조롭다. 모든 일을 박력 있고 결단성 있게 밀고 나가면 무난하게 뜻을 이룰 수 있다
소원(所願)	•처음은 이루지 못할 것 같으나 뒤에는 좋은 성과를 얻는다
건강(健康)	•중병환자는 사망하고 경환자는 치료된다. 이사 및 병원을 바꿔라
재물(財物)	•예상한 액수의 7, 8할을 얻는다. 그러나 낭비가 심하다
여행(旅行)	•서쪽, 남쪽 방향이 길하나 계획의 변경이 있을 것이다
대인(待人)	•상대방의 마음이 변하여 오지 않는다. 여자면 희망이 있다
심인(尋人)	•찾는다. 상대가 스스로 돌아온다
실물(失物)	•남의 손에 들어간 뒤 또 다른 사람에게 옮겨져 찾기 힘들다
혼인(婚姻)	•상대가 마음이 변해 있다. 오래 끌던 혼사는 성사된다
소송(訴訟)	•불리했던 것은 유리하고 유리했던 것은 불리해진다
매매(賣買)	•순조롭고 이익도 얻는다
직장(職場)	•뜻대로 된다. 직업을 바꾸는 것도 좋다
이사(移徙)	•가능하면 옮기는 것이 길하다
출산(出産)	•딸을 낳는다

14 뇌화풍雷火豊

목적별	해 설
운수(運數)	●차츰 그 범위를 줄이는 것이 좋다. 운수가 쇠퇴해 가고 있으므로 앞으로 다가올 재난에 대비하여 미리 착실한 준비가 필요하다
소원(所願)	●아직 때가 아니다. 먼 시일을 기다려라
건강(健康)	●좋지 않다. 병원이나 의사를 바꾸어 치료해 보라
재물(財物)	●약간의 재물은 들어오나 낭비한다
여행(旅行)	●해외의 여행은 길하나 그 외는 불리하다
대인(待人)	●급히 오는 것은 기대하지 말라. 늦게 온다
심인(尋人)	●동남방으로 갔으나 찾기 어렵다
실물(失物)	●남쪽 높은 곳에 있다. 남의 수중에 들어가기 전에 찾아라
혼인(婚姻)	●서둘지 말라. 늦어도 성사된다
소송(訴訟)	●불리하다
매매(賣買)	●손해가 크니 보류해 두라
직장(職場)	●다만, 직장을 구하는 경우는 길하다
이사(移徙)	●옮기지 말라
출산(出産)	●약간의 난산 기미가 있다. 아들이다

목적별	해 설
운수(運數)	• 운이 쇠퇴해 가고 있다. 잠시 동안 쉬고 있어라
소원(所願)	• 시기가 이미 늦었다. 좀 더 기다려라
건강(健康)	• 쇠약해지기 쉬우니 주의하라
재물(財物)	• 금전의 융통이 원활하지 못하다. 남은 돈을 아껴써라
여행(旅行)	• 외지에서 뜻밖의 고난을 당하게 되니 취소하라
대인(待人)	• 장애가 있어 오지 않는다
심인(尋人)	• 서남방으로 가서 깊은 곳에 숨어 있다
실물(失物)	• 깊은 곳에 숨어 있으므로 찾기 어렵다
혼인(婚姻)	• 인연이 아니니 이루어지지 않는다
소송(訴訟)	• 그만두라. 시일이 오래 끌며 이익도 없다
매매(賣買)	• 지금은 시세가 맞지 않는다
직장(職場)	• 불리하다. 현 위치를 지키는 데 신경을 써라
이사(移徙)	• 옮기지 말라
출산(出産)	• 난산의 징조가 보인다. 딸이다

목적별	해 설
운수(運數)	•운세가 너무 강하다. 그러나 위험도 따르고 있으니 조심해야 한다
소원(所願)	•급히는 어려우나 좀 시일이 지나면 이루어진다
건강(健康)	•대수롭지 않은 일이라도 방심하면 오래 끌기 쉽다
재물(財物)	•적은 돈이 생긴다. 낭비가 많은 때이니 절약하라
여행(旅行)	•여행지에서 여자로 인한 곤욕이 있다. 주의하라
대인(待人)	•상대가 잊고 있으니 이쪽에서 연락을 하라
심인(尋人)	•서남방으로 갔다. 연고자의 집에 있을 것이다
실물(失物)	•서남간 개울가에 있다. 찾으면 나온다
혼인(婚姻)	•방해자가 있어 성사되지 않는다
소송(訴訟)	•관재수가 있다. 그만두라
매매(賣買)	•급히 서둘지 말라. 손해를 면하지 못한다
직장(職場)	•경쟁자가 있어 힘이 든다
이사(移徙)	•옮기지 마라
출산(出産)	•순산이며, 초산인 경우는 아들이다

목적별	해　설
운수(運數)	• 어려움이 많으며 당분간 쉬고 있어라
소원(所願)	• 이루지 못한다. 될 듯하면서도 잘 안되는 상태이다
건강(健康)	• 이미 중병에 있는 사람은 낫기 어렵다
재물(財物)	• 돈의 융통이 잘 안 된다. 여러 번 교섭해 보라. 적은 돈이면 얻을 수 있다
여행(旅行)	• 불길하다. 떠나지 않는 것이 좋다
대인(待人)	• 사람도 오지 않고 소식도 없다
심인(尋人)	• 동행이 있어 산 중에 숨어 있다
실물(失物)	• 서쪽이나 남쪽 높은 곳에 있으나 찾기 어렵다
혼인(婚姻)	• 지금 말하고 있는 곳은 성사되지 않는다
소송(訴訟)	• 남에게 위임하는 것이 유익하다
매매(賣買)	• 급히 서두르면 값을 잃는다. 기다려라
직장(職場)	• 만족한 곳은 아니나 취직은 된다
이사(移徙)	• 불길하다. 옮기지 말라
출산(出産)	• 난산의 기미가 있으나 큰 탈은 없다. 딸이다

18 산화비 山火賁

목적별	해 설
운수(運數)	●명예에 관한 것은 모두 좋다. 단, 사기에 주의하라
소원(所願)	●분수에 맞는 일이면 이루어진다
건강(健康)	●오래된 병이나 노인병은 위험하다
재물(財物)	●소문만 크고 생기는 실속은 적다
여행(旅行)	●대체로 무난하나 항공 여행은 주의하라
대인(待人)	●오래 기다려야 한다
심인(尋人)	●남방 가까운 곳에 있다
실물(失物)	●금전상의 가치가 큰 것이면 찾지 못한다
혼인(婚姻)	●이루지 못한다. 허위가 없으면 성취한다
소송(訴訟)	●상대방은 거짓 진술을 많이 한다. 이 점을 주의하라
매매(賣買)	●아직 처분하지 마라
직장(職場)	●직위에 오른다. 구직자도 길하다
이사(移徙)	●관계없다. 임의로 하라
출산(出産)	●순산이며, 딸을 낳는다

목적별	해 설
운수(運數)	• 선곤란 후에는 대길하는 점차 발전하는 운이다
소원(所願)	• 이루어진다. 사욕을 버리고 정당한 것만을 취하라
건강(健康)	• 환자의 경우는 오래 간다
재물(財物)	• 매우 길하다. 금전의 유통이 여의하다
여행(旅行)	• 여행 중 사고가 생길 염려가 있다. 단념하라
대인(待人)	• 늦어진다. 소식도 매우 늦게 온다
심인(尋人)	• 동북 방향의 산 속에 숨어 있다
실물(失物)	• 찾지 못한다. 도적의 소행이다
혼인(婚姻)	• 좋은 인연과 이루어진다
소송(訴訟)	• 급히 서두르면 이익이 있다
매매(賣買)	• 순조롭게 되고 값도 높은 시세를 받는다
직장(職場)	• 재직자는 승진하고 실업자는 취직된다
이사(移徙)	• 길하다
출산(出産)	• 순산이며, 딸을 낳는다

20 산택손山澤損

목적별	해 설
운수(運數)	•결혼에 가장 좋은 운이다. 만일 시간의 여유가 있으면 헛되이 보내지 말고 남을 위해서라도 노력하라. 반드시 그 결과가 좋다
소원(所願)	•매우 늦다. 그러나 반은 이루어진다
건강(健康)	•수술 등의 치료에는 매우 좋다
재물(財物)	•실물수가 있다. 손해본 것 같으나 결과는 유익하다
여행(旅行)	•순조롭지 못하다
대인(待人)	•여러 번 연락을 취하라. 늦더라도 온다
심인(尋人)	•가까운 곳에 있다. 여인에게 찾도록 하라
실물(失物)	•집 안에서 잘 찾아보라. 가까운 곳의 물건 사이에 끼어 있다
혼인(婚姻)	•좋은 인연을 만난다. 대길하다
소송(訴訟)	•비용이 많이 든다. 그러나 판결은 유리하다
매매(賣買)	•서둘러 매매하라. 얼마 뒤에 시세가 떨어진다
직장(職場)	•장소를 옮기는 징조가 보인다. 구직에 돈이 약간 필요하다
이사(移徙)	•해도 무방하다
출산(出産)	•순산이며, 딸이다

목적별	해 설
운수(運數)	• 말과 행동을 조심하고 매사를 양보하면 평탄하다
소원(所願)	• 운이 불리하니 지금은 이루지 못한다
건강(健康)	• 환자의 경우는 중태이다. 그리고 교통사고 등에 주의하라
재물(財物)	• 수입보다는 지출이 많다
여행(旅行)	• 멀고 가까운 곳을 막론하고 불길하다
대인(待人)	• 기다리는 사람은 오지 않고 소식도 없다
심인(尋人)	• 신불 근처에 숨어 있다. 여자에게 물어보라
실물(失物)	• 여자에게 물어보고 급히 서두르면 찾을 수 있다
혼인(婚姻)	• 성사되지 않는다. 만약 재혼이면 이루어진다
소송(訴訟)	• 억지로 일으키면 불리하니 화해하라
매매(賣買)	• 남의 의견에 따르면 매매된다
직장(職場)	• 직장을 구하는 일이나 시험 등은 다음 기회를 기다려라
이사(移徙)	• 불길하니 옮기지 마라
출산(出産)	• 별로 염려할 것은 없다. 딸이다

목적별	해 설
운수(運數)	• 경거망동하지 말고 장상의 의견에 따르면 무난하다
소원(所願)	• 이루기 어려우나 분수에 맞는 일은 가능하다
건강(健康)	• 병자는 위태롭고 건강한 자는 무관하다. 성병에 주의하라
재물(財物)	• 그림의 떡이다. 분수를 모르면 도리어 손재한다
여행(旅行)	• 질병을 얻기 쉬우니 집에 있는 것이 좋다
대인(待人)	• 시일이 늦어지나 반드시 돌아온다
심인(尋人)	• 서북방 같으나 돌아오지 않는다
실물(失物)	• 여자에게 문의하라. 급히 찾으면 나온다
혼인(婚姻)	• 이루어지기 어렵다
소송(訴訟)	• 불리하니 취소하고 소송 중이면 화해하라
매매(賣買)	• 별로 이익은 없으나 가능하다
직장(職場)	• 윗사람에게 부탁하면 뜻을 이룬다
이사(移徙)	• 이롭지 못하니 옮기지 마라
출산(出産)	• 딸을 낳고, 순산한다

목적별	해 설
운수(運數)	• 원하는 일이면 된다. 특히 당신의 재능을 인정받을 수 있는 기회가 왔다. 특허신청, 아이디어 및 학위논문 제출 등에 매우 길하다
소원(所願)	• 성실하게 노력하면 반드시 이루어진다
건강(健康)	• 적은 일로 건강을 해칠 염려가 있다. 방심 말고 예방하라
재물(財物)	• 뜻대로 생긴다. 그러나 반 이상이 나간다
여행(旅行)	• 길하며 횡재도 할 수 있다. 혹은 해외여행도 할 수 있다
대인(待人)	• 이쪽에서 청하면 속히 온다
심인(尋人)	• 멀리 가지 않았다. 속히 찾아라
실물(失物)	• 다른 물건과 휩싸여 있다. 동남쪽 서방으로 찾아라
혼인(婚姻)	• 손 윗사람에게 맡기면 순조롭게 이루어진다
소송(訴訟)	• 유리하다. 상대방과 화해하는 것도 당신에게는 길하다
매매(賣買)	• 급히 서두르지 마라. 이익이 있다
직장(職場)	• 길하다. 당신의 뜻대로 된다
이사(移徙)	• 임의대로 하라. 가도 좋고 안 가도 좋다
출산(出産)	• 순산이며, 아들이다

목적별	해 설
운수(運數)	• 서둘지 말고 침착하게 한 걸음씩 나아가라. 좋은 운이다
소원(所願)	• 점차로 이루어지기 시작한다
건강(健康)	• 병이 있으면 속히 치료하라. 방심하면 일어나지 못한다
재물(財物)	• 심심치 않게 들어온다. 낭비 말고 저축하면 길하다
여행(旅行)	• 대길하다. 항공여행의 징조가 있다
대인(待人)	• 늦더라도 좋은 소식과 같이 온다
심인(尋人)	• 찾지 못하고 돌아오지도 않는다
실물(失物)	• 동북간으로 가보라. 늦으면 찾지 못한다
혼인(婚姻)	• 좋은 인연으로 성립된다
소송(訴訟)	• 타인에게 위임하라. 한 번의 소송으로 끝나지 않는다
매매(賣買)	• 유리하다. 곧 이루어진다
직장(職場)	• 취직된다. 그리고 승진의 기미가 보인다
이사(移徙)	• 길하다. 생각대로 하라
출산(出産)	• 순산이며, 첫 아기면 아들이다

25 진위뢰震爲雷

목적별	해 설
운수(運數)	• 대개는 겉으로만 좋고 실속이 없다. 그러나 좋은 협력자를 만나면 놀랄만 한 발전이 있다
소원(所願)	• 부진한 편이나 차츰 이루어진다.
건강(健康)	• 환자인 경우는 장구하나 치료된다
재물(財物)	• 재수가 좋은 편이나 절반은 손실한다
여행(旅行)	• 여행 중에 뜻밖의 놀라운 일이 생긴다
대인(待人)	• 곧 온다. 특히 오래된 소식이 온다
심인(尋人)	• 힘써 찾으면 있는 곳을 알 수 있다
실물(失物)	• 기다려라. 남이 찾아다 준다
혼인(婚姻)	• 재혼은 성사되고 초혼은 경쟁자가 있어 이루어지기 어렵다
소송(訴訟)	• 이익이 없으니 소송 중이면 화해하라
매매(賣買)	• 뜻과 같이 된다
직장(職場)	• 경쟁자가 있으니 힘써 노력해야 한다
이사(移徙)	• 옮기지 마라
출산(出産)	• 약간 어려움을 겪는다. 아들이다

목적별	해 설
운수(運數)	• 종전부터 준비하고 계획하여 오던 사업 등에는 큰 성과를 얻는다
소원(所願)	• 성취한다
건강(健康)	• 급히 생긴 병은 불리하고 오래된 병은 차츰 낫는다
재물(財物)	• 수입에 비하여 소비가 많다. 절약하라
여행(旅行)	• 무난하다. 동반이 있으면 더욱 좋다
대인(待人)	• 조금 더 기다려야 한다
심인(尋人)	• 동방으로 가다가 서쪽 방향으로 향하였다
실물(失物)	• 나오지 않는다. 찾지 마라
혼인(婚姻)	• 약간의 말썽이 있으나 결과적으로는 성사된다
소송(訴訟)	• 화해하는 것이 좋다
매매(賣買)	• 남에게 위임하면 순조롭다
직장(職場)	• 재직 중이면 영전하고 실업자는 만족한 곳에 취직한다
이사(移徙)	• 해도 좋고 안 해도 좋다
출산(出産)	• 순산이며, 딸이다

목적별	해 설
운수(運數)	•모든 어려운 문제가 풀리고 점차 번창해 가는 길운이다
소원(所願)	•오래 묵은 소원일지라도 모두 이루어진다
건강(健康)	•환자는 곧 낫는다. 오래 묵은 병은 생명이 위험하다
재물(財物)	•큰 이익이 들어온다. 오래된 빚을 갚을 수 있다
여행(旅行)	•좋은 일이 생길 것이니 길하다. 해외로 나갈 기회도 있다
대인(待人)	•연락을 취하라. 기쁜 소식을 가지고 온다
심인(尋人)	•찾기는 어려우니 스스로 돌아오기를 기다려라
실물(失物)	•우물이나 연못 근처에 가서 찾아보라. 찾을 수 있다
혼인(婚姻)	•속히 결정하라. 오래 끌면 성사가 안 된다
소송(訴訟)	•화해하는 것이 좋다
매매(賣買)	•손해가 있으니 억지로 팔려하지 마라
직장(職場)	•성실하게 구하면 얻을 수 있다
이사(移徙)	•옮겨도 좋고 현재 있는 곳에 머물러 있는 것도 좋다
출산(出産)	•순산이며, 아들이다

목적별	해 설
운수(運數)	• 평범한 운이므로 더 이상 발전도 없고 후회도 없다. 그러므로 확장하거나 변동하지 말아야 한다. 보이지 않는 발전이 있다
소원(所願)	• 조그만 소원은 이루어진다. 급히 서둘지 마라
건강(健康)	• 환자의 경우 지루하나 치료된다
재물(財物)	• 수중에 돈이 끊어지지 않는다
여행(旅行)	• 가까운 곳은 길하고 먼 곳은 불리하다
대인(待人)	• 중도에서 머무르고 있다. 늦더라도 온다
심인(尋人)	• 여자를 시켜 찾게 하라. 동남간방에 있다
실물(失物)	• 도적의 소행은 아니나 찾기 어렵다
혼인(婚姻)	• 피차간에 적극성이 없어 지루하다
소송(訴訟)	• 지루할 것이니 그만두는 편이 좋다
매매(賣買)	• 늦다 급히 서두르면 그만큼 손해가 있다
직장(職場)	• 취직에는 시일이 오래 걸린다
이사(移徙)	• 옮기지 마라
출산(出産)	• 순산이며, 딸이다

목적별	해 설
운수(運數)	•어린 싹이 자라듯이 차츰 전진해 나간다. 승급, 승진하는 일 등에 가장 좋은 기회이다
소원(所願)	•분수에 맞는 일이면 모두 이루어진다
건강(健康)	•환자는 조금씩 차도를 보인다
재물(財物)	•수입이 좋다. 그러나 횡재는 생각지도 마라
여행(旅行)	•길하다. 해외여행도 할 수 있는 기회이다
대인(待人)	•4, 5일 뒤에 온다
심인(尋人)	•그 사람이 스스로 온다. 기다려라
실물(失物)	•급히 찾지 마라. 나오지 않는다
혼인(婚姻)	•좋은 인연이니 이루어진다
소송(訴訟)	•그만두라. 작은 일이 확대되어 관재구설이 생긴다
매매(賣買)	•약간의 손해는 있으나 순조롭게 매매된다
직장(職場)	•승급, 승진한다. 실업자는 취직된다
이사(移徙)	•이롭지 못하니 그만두라
출산(出産)	•순산이며, 딸이다

목적별	해 설
운수(運數)	• 누구와 합심이 잘 안 되고 있다. 양보심과 협동심을 기르도록 노력하라
소원(所願)	• 적은 소원이라면 이루어진다
건강(健康)	• 병의 상태가 고르지 못하다
재물(財物)	• 수입과 지출이 원활하다. 그리고 융자도 할 수 있다
여행(旅行)	• 불리하니 단념하는 것이 좋다
대인(待人)	• 그곳의 사정이 있다. 기다려라
심인(尋人)	• 찾을 수 있다. 노력하라
실물(失物)	• 집 안에 묻혀 있으니 자세히 찾아보라
혼인(婚姻)	• 거의 다 되어 가는 것 같으나 결국 이루지 못한다
소송(訴訟)	• 불리하니 중지하라
매매(賣買)	• 곧 된다. 이익도 있다
직장(職場)	• 안타까운 실정이다. 낙심하지 말고 꾸준히 노력해 보라
이사(移徙)	• 옮기지 마라. 손실이 있다
출산(出産)	• 순산이며, 초산이면 딸이다

목적별	해 설
운수(運數)	•우선적으로 현재의 곤경 속에서 벗어날 방법을 모색해야 한다
소원(所願)	•분수에 맞지 않은 일이면 성취하지 못한다
건강(健康)	•오래된 병은 위험하다
재물(財物)	•심한 자금난에 빠져 있다
여행(旅行)	•불길하다. 뜻밖의 사고가 생기니 집을 나서지 마라
대인(待人)	•오지 않는다. 소식도 없다
심인(尋人)	•남쪽에 있으나 빠른 시일에는 찾지 못한다
실물(失物)	•찾지 못하니 단념하라
혼인(婚姻)	•이루어지지 않는다. 재혼이나 연령 차이가 많은 혼인은 성사된다
소송(訴訟)	•관재수가 있고 불리하다
매매(賣買)	•불가능하다.
직장(職場)	•방해가 있어 안 된다. 그러나 직장을 옮기는 것은 무방하다
이사(移徙)	•옮기지 마라
출산(出産)	•난산이며, 딸을 낳는다

목적별	해 설
운수(運數)	•처음은 평평하다가 차츰 좋은 운으로 들어간다
소원(所願)	•무리한 소원이 아니면 거의 이루어진다
건강(健康)	•약간 시일이 오래 걸리나 결국은 치료된다
재물(財物)	•수입도 많고 지출도 많은데 자금은 순조롭게 회전된다
여행(旅行)	•대체로 여정이 순탄한 편이다
대인(待人)	•두 사람이 동반해서 온다. 그리고 기다리는 소식도 온다
심인(尋人)	•동북간에 있다. 돌아올 마음이 움직이고 있는 중이다
실물(失物)	•물 속에 있음으로 찾지 못하고 헛수고만 한다
혼인(婚姻)	•이루어진다
소송(訴訟)	•이쪽이 유리하다
매매(賣買)	•가능하나 이익이 없다
직장(職場)	•길하다. 노력하면 얻는다
이사(移徙)	•대길하다. 이 기회를 놓치지 마라
출산(出産)	•순산이며, 딸을 낳는다

목적별	해 설
운수(運數)	• 믿는 선배의 의견에 따라 성심을 다하면 대길하다
소원(所願)	• 윗사람에게 부탁하라. 이루어진다
건강(健康)	• 노인은 위험하고 청소년은 쾌차해진다
재물(財物)	• 약간은 들어온다. 낭비에 조심하라
여행(旅行)	• 뜻과 같이 되지는 않으나 무방하다
대인(待人)	• 7, 8일 뒤에 온다
심인(尋人)	• 나타나지 않는다. 기다리지 마라
실물(失物)	• 여성에게 물어보라. 그러나 찾기 어렵다
혼인(婚姻)	• 중간에 장애가 있어 이루어지기 어렵다
소송(訴訟)	• 여자로 인한 사건이면 그만두라
매매(賣買)	• 남에게 위임하라. 약간의 손해는 있으나 무난하다
직장(職場)	• 다른 곳으로 옮기는 것이 좋다. 취직은 윗사람에게 부탁해 보라
이사(移徙)	• 여러 사람의 의견을 쫓아 결정하라
출산(出産)	• 순산이다. 초산이면 딸이다

목적별	해 설
운수(運數)	•가정이 불안정한 상태이므로 분수에 맞도록 노력하면 재미를 본다
소원(所願)	•조금만 기다리면 이루어진다
건강(健康)	•매우 건강한 상태이다
재물(財物)	•적은 금액은 자주 들어온다
여행(旅行)	•여행 중에 횡재수도 있을 가능성이 있다
대인(待人)	•방해자가 있어 오지 않는다
심인(尋人)	•서북간으로 도주하였다
실물(失物)	•찾지 못한다
혼인(婚姻)	•두세 번 교섭한 뒤에 이루어진다
소송(訴訟)	•그만두라. 기각되기 쉽다
매매(賣買)	•이익은 없으나 팔린다
직장(職場)	•잠시만 기다려라. 좋은 직업을 얻을 기회가 왔다
이사(移徙)	•어느 방위로 가거나 모두 길하다
출산(出産)	•유산될 염려가 있다. 첫 아기인 경우는 딸이다

목적별	해　설
운수(運數)	• 평온무사하다. 조그만한 일이나 가내공업 같은 일에 길하다. 이 괘는 그 발전이 늦으나 차츰 진보하고 있는 운세이다
소원(所願)	• 귀인의 도움을 얻어 성취한다
건강(健康)	• 지병은 장구하다
재물(財物)	• 수입은 있으나 불필요한 지출이 많다
여행(旅行)	• 길하다. 가족 동반의 여행이 좋다
대인(待人)	• 기다리는 사람도 오고 소식도 있다
심인(尋人)	• 동남방 먼 곳에 있다. 가족이면 온다
실물(失物)	• 집 안에 있다. 발견이 늦어진다
혼인(婚姻)	• 대길하니 성취된다
소송(訴訟)	• 승소한다
매매(賣買)	• 조금 보류해 두라. 물건을 원하는 이가 자연 나타난다
직장(職場)	• 현재 자리가 안정되었다. 취직도 가능하다
이사(移徙)	• 가족의 의견을 따르도록 하라. 해도 좋고 안 해도 좋다
출산(出産)	• 순산이며, 딸이다

목적별	해 설
운수(運數)	•흩어진 가족이 모이는 괘이며 손이 이익으로 변하는 운이다. 이 괘는 수금 같은 흩어진 것을 모아들이는 일에 길하다
소원(所願)	•귀인의 도움으로 성취된다
건강(健康)	•질병을 앓고 있던 사람에게는 병이 중해진다
재물(財物)	•수입은 많고 지출이 적다
여행(旅行)	•매우 분주한 여행이 되겠으나 길하다
대인(待人)	•곧 온다. 그리고 소식도 있다
심인(尋人)	•산골짜기에 숨어 있다. 급히는 찾지 마라
실물(失物)	•도적이 훔쳐 갔으나 곧 찾는다
혼인(婚姻)	•성사된다. 그러나 재혼인 경우는 좋지 않다
소송(訴訟)	•불리하니 화해하라
매매(賣買)	•보류해 두면 뒤에 값이 오른다
직장(職場)	•어렵다. 다음 기회를 기다려라
이사(移徙)	•무방하니 마음대로 하라
출산(出産)	•순산이며 딸을 낳는다

목적별	해　설
운수(運數)	● 현재는 침체되어 매우 불안하다. 그러나 운수가 나쁜 것은 아니고 앞으로는 차츰 좋은 운이 다가오는 상태이니 기다려야 한다
소원(所願)	● 늦게 이루어진다. 그러나 실속보다는 소문이 크게 난다
건강(健康)	● 중환자나 오래된 병은 사망한다
재물(財物)	● 구하면 얻으나 만족하지 못하다
여행(旅行)	● 영리를 위한 것과 항공여행은 하지 않는 것이 좋다
대인(待人)	● 기다리지 마라. 오지 않는다
심인(尋人)	● 서북방으로 향하였으나 찾기 어렵다
실물(失物)	● 물건을 쌓아둔 곳에서 찾아보라
혼인(婚姻)	● 재혼은 성사되고 초혼은 방해가 있다. 두 번째 말하던 곳이면 된다
소송(訴訟)	● 관재수가 있고 불리하니 소송 중이면 화해하라
매매(賣買)	● 제값은 받을 수 없으나 팔린다
직장(職場)	● 간신히 취직이 된다. 입학시험은 어렵다
이사(移徙)	● 옮기지 마라. 불리하다
출산(出産)	● 순산이며, 아들을 낳는다

목적별	해 설
운수(運數)	• 경영하는 일마다 방해가 있으나 이를 제거해 나가면 큰 성과를 얻는다
소원(所願)	• 방해가 있기 마련이다. 그러나 이를 제거하면 성취한다
건강(健康)	• 대체로 건강한데, 구병은 조심하라
재물(財物)	• 별로 이해관계가 없다
여행(旅行)	• 당일 왕복은 무관하나 기타는 구설이 있다
대인(待人)	• 소식만 있고 오지 않는다
심인(尋人)	• 남쪽으로 가 보라. 깊은 곳에 숨어 있다
실물(失物)	• 물건 사이에 끼어 잘 보이지 않는다
혼인(婚姻)	• 라이벌이 있어서 이루어지기 어렵다
소송(訴訟)	• 엉뚱한 일이 생긴다
매매(賣買)	• 여의치 않다
직장(職場)	• 경쟁자가 많으므로 최선의 노력이 필요하다
이사(移徙)	• 옮기지 마라
출산(出産)	• 난산이며, 아들을 낳는다

목적별	해 설
운수(運數)	●현재는 궁하더라도 머지않아 입과 배를 채울만한 운이 이른다
소원(所願)	●기대와는 차이가 있으나 이루어진다
건강(健康)	●오래된 병 또는 노인의 병은 위험하다
재물(財物)	●소문만 크고 생기는 실속은 적다
여행(旅行)	●대체로 무난하나 항공여행은 주의하라
대인(待人)	●오래 기다려야 한다
심인(尋人)	●남방에 있으나 속히 찾지는 못한다
실물(失物)	●벽장 또는 다락이나 상자 속을 찾아보라
혼인(婚姻)	●성사된다
소송(訴訟)	●도리어 관재구설이 침범한다
매매(賣買)	●좀 더 기다려라. 지금은 팔지 못한다
직장(職場)	●취직된다. 직장에 있는 사람은 말조심을 하라
이사(移徙)	●온 가족과 뜻을 같이 하라
출산(出産)	●순산이며, 아들이다

목적별	해 설
운수(運數)	• 운수가 쇠약하다. 움직이면 움직일수록 손해만 크다
소원(所願)	• 성취하기 어렵다
건강(健康)	• 좋지 않다. 병자는 치료가 더디다
재물(財物)	• 수입보다 지출이 많다
여행(旅行)	• 부득이한 경우가 아니면 취소하라
대인(待人)	• 기다리지 마라. 오지 않는다
심인(尋人)	• 동북방으로 향하였으나 찾지 못한다
실물(失物)	• 동북간에 있으나 파손되었다
혼인(婚姻)	• 이루어지기 어렵다
소송(訴訟)	• 불리하니 그만두라
매매(賣買)	• 파는 것이 길하고 사들이는 것은 흉하다
직장(職場)	• 자리가 불안하다. 구직도 여의치 못하다
이사(移徙)	• 옮기지 마라.
출산(出産)	• 유산할 위험이 있으니 주의하라

목적별	해 설
운수(運數)	•봉사적인 사업에 대길하다. 자신의 재능과 제혜를 지나치게 믿고 오만성을 가지면 실패한다. 그러나 대체로 창달하는 운세이다
소원(所願)	•문예 방면의 일이면 모두 성취한다
건강(健康)	•좋지 않다. 정신적으로 오는 증세를 주의하라
재물(財物)	•약간의 손해가 있다
여행(旅行)	•불길하다. 다음 기회로 미뤄라
대인(待人)	•빠른 시일 내에 소식도 오고 기다리는 사람도 온다
심인(尋人)	•동북간 방에 있으나 찾지 못한다
실물(失物)	•찾기 어려우니 단념하라
혼인(婚姻)	•될 듯하면서도 성사되지 않는다
소송(訴訟)	•속히 서두르면 유리하다
매매(賣買)	•급히 서두루지 마라. 시세를 잃는다
직장(職場)	•현재의 위치가 불안하다. 그리고 취직은 어렵다
이사(移徙)	•해도 좋다
출산(出産)	•딸이며, 순산한다. 혹은 쌍둥이다

목적별	해 설
운수(運數)	•마음을 가라앉히는 것이 급선무이다. 그리고 차분하게 어려움을 해결하는 방법을 모색하라. 친구나 윗사람에게 도움을 청하는 것도 좋다
소원(所願)	•사소한 소원은 이루어진다
건강(健康)	•좋지 않다. 오래된 병은 중태이나 죽지는 않는다
재물(財物)	•약간의 돈이 생긴다. 그러나 곧 낭비하고 만다
여행(旅行)	•해외여행은 길하나 그 밖의 여행은 심신의 고초가 많다
대인(待人)	•늦는다 그러나 온다
심인(尋人)	•찾지 못한다. 아주 먼 곳에 숨어 있다
실물(失物)	•높은 곳에 얹혀 있거나 남쪽 은밀한 곳에 있다
혼인(婚姻)	•이루어지지 않는다
소송(訴訟)	•여자로 인한 사건이면 취소하라
매매(賣買)	•보류해 둬라. 팔리지 않는다
직장(職場)	•다른 곳으로 옮기는 것이 좋다
이사(移徙)	•마음은 간절하더라도 그만둬라
출산(出産)	•순산이며 초산이면 딸이다

⓸⓷ 화풍정 火風鼎

목적별	해 설
운수(運數)	•기반이 튼튼하다. 그러나 세 가지 여건 중에 하나만 빠져도 무너지고 마는 것이니 매사를 튼튼히 처리해 나가야 한다
소원(所願)	•이루어진다. 세 사람이 협력하는 일이면 가장 좋다
건강(健康)	•곧 낫는다. 다만 열병에 조심하라
재물(財物)	•금전의 융통은 가능하나 쓸데없는 곳에 소비가 많다
여행(旅行)	•세 사람이 동행하면 아주 길하다
대인(待人)	•좋은 소식을 가지고 온다
심인(尋人)	•남방에 있으나 오지 않는다
실물(失物)	•당장은 찾지 못하나 오래된 뒤에 스스로 나온다
혼인(婚姻)	•이루어진다. 상대편에서 호의를 가지고 있다
소송(訴訟)	•우선은 승리하나 뒤에 또 말썽이 생긴다
매매(賣買)	•예상했던 금액과 차이가 많게 매매된다
직장(職場)	•다른 곳으로 옮기는 것이 좋다. 취직도 가능하다
이사(移徙)	•옮기면 더욱 좋다
출산(出産)	•첫 아기이면 아들이고, 두 번째는 딸이다

44 화수미제 火水未濟

목적별	해 설
운수(運數)	• 현재는 난관이 있으나 시일이 갈수록 운이 좋아진다
소원(所願)	• 이루어진다. 남에게 부탁하는 일이면 시원하게 고백하라
건강(健康)	• 점점 쾌차해지기 시작한다
재물(財物)	• 아직은 수입보다 지출이 많다
여행(旅行)	• 불리하니 그만두라
대인(待人)	• 좀 더 기다려보라. 늦게야 소식이 있다
심인(尋人)	• 두 사람이 동행이다. 북쪽으로 도망쳤다
실물(失物)	• 찾지 못한다
혼인(婚姻)	• 방해자가 있다. 기다렸다가 뒤에 이야기해 보라
소송(訴訟)	• 시일이 오래 걸린다
매매(賣買)	• 값을 약간 잃으나 매매된다
직장(職場)	• 단념하고 다음 기회에 힘쓰라
이사(移徙)	• 옮기지 않는 것이 좋다
출산(出産)	• 순산이며, 딸이다

목적별	해 설
운수(運數)	• 선배에게 도움을 청하라. 무슨 일이나 처음 시작하는 것은 장래성이 있다
소원(所願)	• 분수에 맞는 일이라면 성립된다
건강(健康)	• 건강한 편이나 중병인 사람은 오래 간다
재물(財物)	• 금전 융통이 순조롭지 못하다
여행(旅行)	• 실물수와 신병을 만나기 쉬우니 그만두는 것이 좋다
대인(待人)	• 상대방의 뜻은 정해져 있으나 좀 늦어진다
심인(尋人)	• 아직 멀리가지 않았으니 속히 찾으면 된다
실물(失物)	• 어린이가 주어다 버렸다. 못 찾는다
혼인(婚姻)	• 이루지 못한다. 중간에 마음이 변한다
소송(訴訟)	• 남의 의견을 쫓아라. 화해하는 것이 좋다
매매(賣買)	• 손해보고 처분하지만 결과는 좋다
직장(職場)	• 급히 서두르면 불리하니 침착하게 기다리면 길하다
이사(移徙)	• 이사하면 오히려 손해가 있다
출산(出産)	• 난산인 듯하다. 아들이다

목적별	해　설
운수(運數)	● 지금까지의 고난이 사라지고 순풍에 돛을 달고 항해하는 기상이니 당신의 역량을 마음껏 발휘할 때가 왔다
소원(所願)	● 귀인의 도움을 받아 늦으나마 이루어진다
건강(健康)	● 지병은 차도가 늦다. 병원이나 의사를 바꿔보라
재물(財物)	● 금전의 손실이 많다
여행(旅行)	● 순조롭지 못하다. 예정일자보다 늦어진다
대인(待人)	● 사람은 오지 않으나 소식은 온다
심인(尋人)	● 찾기 어렵다. 오래 된 뒤에 있는 곳을 알 수 있다
실물(失物)	● 깊숙이 묻혀 있으므로 찾기 어렵다
혼인(婚姻)	● 이루어진다. 세심한 주의를 하지 않으면 방해가 있다
소송(訴訟)	● 타인에게 위임하라
매매(賣買)	● 순조롭게 잘 된다. 물물교환이 있겠다
직장(職場)	● 현재는 어려우나 참고 기다리면 좋은 때가 온다
이사(移徙)	● 불리하다. 예전의 자리를 지키고 있어라
출산(出産)	● 유산될 위험이 있으니 조심하라. 아들이다

47 천수송天水訟

목적별	해 설
운수(運數)	•쇠운에 처해 있으며 특히 남과 의사 충돌과 시비 및 소송이 일어날 징조가 있으니 주의해야 한다
소원(所願)	•아직 시기가 이르다. 그리고 방해자가 있어 이루지 못한다
건강(健康)	•변비에 조심하고 사소한 병도 방심 마라. 오래 끌기 쉽다
재물(財物)	•약간의 돈이 들어오나 사용처가 많아 결국은 손해를 본다
여행(旅行)	•불리하다. 여행 중에 주색으로 봉변을 당하기 쉽다
대인(待人)	•이쪽에서 먼저 연락을 하라. 그렇지 않으면 오지 않는다
심인(尋人)	•서북방으로 갔으나 있는 곳이 분명치 못하여 찾기 어렵다
실물(失物)	•찾기 어렵다. 억지로 수색하다가 남의 원한만 사게 된다
혼인(婚姻)	•현재 말하는 곳은 성사되기 어려우니 다른 곳을 구하라
소송(訴訟)	•취소하라. 괜히 잘못 건드리면 오히려 골칫거리만 생긴다
매매(賣買)	•시세를 잃지 않고 매매된다
직장(職場)	•직장을 구하기 어려우니 시기를 기다려라
이사(移徙)	•해도 좋다
출산(出産)	•약간 난산의 기미가 있으나 큰 탈은 없다. 아들이다

목적별	해 설
운수(運數)	•동료 또는 친구나 윗사람의 도움을 받아 발전한다. 그리고 독립사업보다는 동업 같은 공동사업이 대길한 괘이다
소원(所願)	•이루어진다
건강(健康)	•좋지 않다. 오래 묵은 병에는 위험하다
재물(財物)	•다른 사람과 동업하면 이익이 많다
여행(旅行)	•동행하면 길하다. 그러나 여자와 동행하면 구설수가 있다
대인(待人)	•동반자가 있어 반드시 온다
심인(尋人)	•다른 사람이 권유해서 같이 온다
실물(失物)	•남쪽 방향으로 찾아보라
혼인(婚姻)	•상대자가 다른 곳에 미련이 있으나 결국은 이루어진다
소송(訴訟)	•이곳에 유리하게 이긴다
매매(賣買)	•너무 욕심을 부리지 마라. 잘 되는 일을 실패한다
직장(職場)	•친구에게 부탁하면 좋다
이사(移徙)	•이사해도 무방하다
출산(出産)	•순산이며, 아들이다. 그러나 진사유일이면 딸이다

목적별	해　설
운수(運數)	• 윗사람을 성실하게 섬김으로 인하여 신임과 귀여움을 받아 좋은 혜택이 자신에게 돌아오는 운이다
소원(所願)	• 손윗사람에게 의논하면 좋은 결과가 이루어진다
건강(健康)	• 앓고 있는 사람은 치료가 어렵다
재물(財物)	• 노련한 만큼 수입이 보장된다.
여행(旅行)	• 단체여행은 길하나 그 외에는 불리하다
대인(待人)	• 곧 온다. 며칠 후면 소식도 온다
심인(尋人)	• 가까운 곳에 있다
실물(失物)	• 서남방에 있으나 급히 찾지 못한다
혼인(婚姻)	• 서둘지 말고 기다리면 자연 성사된다
소송(訴訟)	• 불리하다. 소장을 제출하였거든 취하하라
매매(賣買)	• 뜻대로 되지 않는다
직장(職場)	• 시일이 걸린다. 그렇다고 해서 교섭 중인 곳을 바꾸지 마라
이사(移徙)	• 이사운이 있으니 길하다
출산(出産)	• 순산이며, 딸을 낳는다

목적별	해 설
운수(運數)	•노력한 보람이 있다. 차츰 어려움에서 행운으로 접어든다
소원(所願)	•모든 일이 순조롭게 이루어진다
건강(健康)	•환자는 치료가 오래 걸린다. 그러나 중병은 회복된다
재물(財物)	•뜻과 같이 얻을 수 있다
여행(旅行)	•중도에서 다시 돌아오게 된다
대인(待人)	•곧 온다. 빠르면 당일에 온다
심인(尋人)	•찾을 수 있다. 그리고 스스로 돌아온다
실물(失物)	•주인의 손에 다시 돌아온다
혼인(婚姻)	•재혼이면 된다. 초혼이면 두 번째 말하는 곳이 성사된다
소송(訴訟)	•당신에게 유리하게 판결된다
매매(賣買)	•여의하다. 그러나 다시 취소될 염려가 있다
직장(職場)	•실업자는 다시 직장이 생긴다
이사(移徙)	•불리하니 옮기지 마라
출산(出産)	•순산이며, 아들이다

목적별	해 설
운수(運數)	• 성운이니 적극적으로 활동하면 거의 성취한다
소원(所願)	• 대길하니 이루어진다
건강(健康)	• 환자인 경우 치료된다. 치료 후에도 주의가 필요하다
재물(財物)	• 옹색한 편이며 금전융통도 순조롭지 않다
여행(旅行)	• 가까운 곳은 길하나, 먼 거리는 불리하다
대인(待人)	• 곧 온다
심인(尋人)	• 거처를 자주 옮기므로 찾기 어렵다
실물(失物)	• 제 3자의 손에 넘어갔기 때문에 알고도 찾지 못한다
혼인(婚姻)	• 윗사람의 뜻에 따르면 이루어진다
소송(訴訟)	• 불리하니 단념하라
매매(賣買)	• 유리하게 곧 처분된다
직장(職場)	• 경쟁자가 있는 곳이면 어렵다
이사(移徙)	• 해도 무방하다
출산(出産)	• 산후가 좋지 않다. 딸이다

목적별	해 설
운수(運數)	•근심 걱정이 사라지고 순풍에 배를 띄운 것 같이 매사에 순조롭다
소원(所願)	•장애가 있으나 이루어진다
건강(健康)	•대체로 건강하다. 이미 병을 앓고 있는 자는 위태롭다
재물(財物)	•수입이 좋고 금전융통도 순조롭다
여행(旅行)	•길하다
대인(待人)	•소식이 있다. 이쪽에서 연락만 하면 곧 온다
심인(尋人)	•서쪽에서 잘 찾으면 가능하다
실물(失物)	•곧 찾는다. 파손되기 전에 손을 써라
혼인(婚姻)	•좋은 인연이니 이루어진다
소송(訴訟)	•별로 이득이 없다
매매(賣買)	•잘 된다. 정당한 가격을 받을 수 있다
직장(職場)	•승진할 기미가 있다. 실업자는 취직이 된다
이사(移徙)	•이사운이 아니니 그만두라
출산(出産)	•순산이며, 아들이다

목적별	해 설
운수(運數)	• 스포츠 같은 승부에는 강한 운이며 사업 경쟁면에도 좋다
소원(所願)	• 아주 조그만한 일이면 성취된다
건강(健康)	• 건강한 상태이나 급병이나 부상 등에 주의하라
재물(財物)	• 수입은 원만하나 지출이 많다
여행(旅行)	• 불리하니 그만두는 것이 좋다
대인(待人)	• 동행으로 온다. 기다리는 소식도 있다
심인(尋人)	• 먼 곳으로 가서 찾지 못한다
실물(失物)	• 찾기 어렵다
혼인(婚姻)	• 시기가 아니다. 이루어지지 않는다
소송(訴訟)	• 불리하니 그만두라
매매(賣買)	• 이루어진다. 시세를 따르도록 하라
직장(職場)	• 구직자는 길하나 재직 중인 자는 조심하라
이사(移徙)	• 대체로 불리하다
출산(出産)	• 순산이며, 딸을 낳는다

목적별	해 설
운수(運數)	• 비교적 좋은 상태이나 분수에 맞도록 해야 된다
소원(所願)	• 방해가 있어 중도에서 좌절당하는데 여자의 도움이 있으며 길하다
건강(健康)	• 환자의 경우는 오래 가니 방심치 밀고 치료에 힘써라
재물(財物)	• 노력한 결과 만큼의 성과는 거둘 수 있다
여행(旅行)	• 손재수가 있거나 뜻밖의 놀랄 일을 만난다
대인(待人)	• 상대방이 여자라면 오고 남자는 오지 않는다
심인(尋人)	• 오랜 시일이 걸린 뒤에 산골짜기에서 찾는다
실물(失物)	• 서쪽 방향에 있으니 자세히 찾으면 나온다
혼인(婚姻)	• 만족할 상대자는 아니나 성사된다
소송(訴訟)	• 타인에게 부탁하면 승소가 된다
매매(賣買)	• 잘 되지 않는다
직장(職場)	• 어렵다. 가까스로 된다 해도 변변치 못하다
이사(移徙)	• 옮겨도 좋고 그대로 있어도 무방하다
출산(出産)	• 순산한다. 그리고 첫 아기인 경우는 딸이다

목적별	해 설
운수(運數)	• 초조해하지 말고 여유 있는 마음으로 힘을 기르면서 때를 기다리면 머지 않아 원조자와 협력자가 나타날 것이다
소원(所願)	• 속히 이루지 못한다. 그러나 천천히 달성해 나가면 길하다
건강(健康)	• 환자인 경우는 오래 간다. 그러나 생명에는 관계 없다
재물(財物)	• 약간의 금전은 수시로 들어온다
여행(旅行)	• 여행 중에 실물수가 있으니 조심하라
대인(待人)	• 비록 늦더라도 반드시 온다
심인(尋人)	• 바닷가 부근에 있으며 돌아올 마음이 동하였다
실물(失物)	• 찾지 못하니 단념하라
혼인(婚姻)	• 아직 시기가 이르다. 다음 기회를 노려라
소송(訴訟)	• 지루하게 시일이 걸린다
매매(賣買)	• 당장은 안 된다. 방치해 두라
직장(職場)	• 한 달만 기다려라
이사(移徙)	• 이사운이 아니니 옮기지 마라
출산(出産)	• 난산의 기미가 있다. 초산인 경우는 딸이다

목적별	해 설
운수(運數)	●당신이 노력한 만큼의 인정을 받는다. 여러 사람의 힘을 빌어 하는 일이면 대체로 순조롭게 진행된다
소원(所願)	●이루어진다. 안심하라
건강(健康)	●병 중에 있는 경우는 차도가 늦다
재물(財物)	●조그마한 재물은 무난히 얻어진다
여행(旅行)	●동행이 있으면 길하다
대인(待人)	●돌아오지 않으나 곧 소식이 온다
심인(尋人)	●서남방으로 갔으나 돌아올 뜻이 없다
실물(失物)	●북방 물가에 가 보라
혼인(婚姻)	●좋은 인연이다. 늦기 전에 서둘러라
소송(訴訟)	●불리하나 화해하면 길하다
매매(賣買)	●잘 팔리며 이익도 있다
직장(職場)	●좋은 직장이 알선된다
이사(移徙)	●매우 길하다
출산(出産)	●순산이며, 아들이다

57 태위택兌爲澤

목적별	해 설
운수(運數)	•현재는 곤란하고 고생스러우나 점차 운이 순조롭게 풀려 나간다
소원(所願)	•당장은 어려운 것 같으나 여자의 협조를 얻으면 성취된다
건강(健康)	•건강한 상태이나 식중독 따위를 조심해야 한다
재물(財物)	•조급히 서둘지 마라. 좀 시일이 지나면 얻을 수 있다
여행(旅行)	•순조롭게 목적을 달성한다
대인(待人)	•곧 온다. 빠르면 다일에 소식이 있다
심인(尋人)	•서쪽으로 가라. 시일은 걸리나 찾을 수 있다
실물(失物)	•도적의 소행이 아니니 찾을 수 있다. 여자에게 물어보라
혼인(婚姻)	•약간의 어려움이 있으나 결국 성사된다. 재혼은 안 된다
소송(訴訟)	•타인에게 위임하면 길하다
매매(賣買)	•시일이 오래 걸린다
직장(職場)	•근심하지 마라. 취직이 된다
이사(移徙)	•오직 북쪽으로 가는 것만이 좋다
출산(出産)	•순산이며, 딸을 낳는다

목적별	해 설
운수(運數)	• 아무리 노력해도 효과가 없다. 마치 모래로 강물을 막는 격으로 한껏 수고로움과 시간만 허비할 뿐이니 분수를 지키고 기회를 기다려라
소원(所願)	• 이루어지지 않는다
건강(健康)	• 치료하면 낫는다
재물(財物)	• 얻기 어렵다. 투기사업이나 도박 같은 것에 손대지 마라
여행(旅行)	• 집을 나서면 당장 질병과 손재수를 당한다
대인(待人)	• 사람은 오지 않으나 소식은 있다
심인(尋人)	• 멀지 않은 시일에 스스로 돌아온다
실물(失物)	• 도적의 소행이 아니다. 그러나 찾지 못한다
혼인(婚姻)	• 인연이므로 예상 외로 성사된다
소송(訴訟)	• 일으키지 마라. 그리고 소송 중이면 화해하라
매매(賣買)	• 되지 않는다
직장(職場)	• 헛수고만 한다
이사(移徙)	• 불길하다. 옮기지 마라
출산(出産)	• 난산 혹은 유산되기 쉽다. 주의하라

목적별	해설
운수(運數)	•남의 협조를 얻어 만사가 순탄하다
소원(所願)	•귀인의 도움이 있어 이루어진다
건강(健康)	•대체로 건강한 상태이나 이미 중병이면 위험하다
재물(財物)	•윗사람의 의견을 받아들이면 큰 이익을 얻는다
여행(旅行)	•길하다
대인(待人)	•온다. 그리고 기다리는 소식도 온다
심인(尋人)	•찾을 수있다. 여자를 시켜 찾아보라
실물(失物)	•어린이나 여자에게 찾아보라. 찾는다
혼인(婚姻)	•좋은 인연이니 이루어진다
소송(訴訟)	•이익이 없다
매매(賣買)	•이익은 없으나 가능하다
직장(職場)	•때가 이르다. 성심으로 노력하면 머지않아 적합한 곳이 생긴다
이사(移徙)	•옮겨도 좋다
출산(出産)	•순산이며, 딸을 낳는다

목적별	해 설
운수(運數)	● 손윗사람이나 선배 또는 동료의 도움으로 뜻밖의 성공을 한다. 여러 사람이 합심해서 협동하면 크게 성공한다
소원(所願)	● 대개 성취되는데, 노인이나 여자가 끼면 중도에 실패한다
건강(健康)	● 건강하다. 현재 환자의 경우라면 치료에 힘쓰면 완치된다
재물(財物)	● 예상보다 많은 재물이 생긴다. 투기사업도 무방하다
여행(旅行)	● 별로 신통한 일은 없으나 나쁘지는 않다
대인(待人)	● 기다리는 사람도 오고 소식도 있다
심인(尋人)	● 찾을 수 있으나 스스로는 돌아오지 않는다
실물(失物)	● 남의 수중에 있고, 서남간으로 갔으나 찾을 수 있다
혼인(婚姻)	● 빨리 서두르면 이루어진다. 연애결혼은 이루지 못한다
소송(訴訟)	● 윗사람에게 부탁하라. 자기 고집은 불리하다
매매(賣買)	● 어렵다. 억지로 처분하면 손해가 크다
직장(職場)	● 윗사람에게 신임을 얻으면 성취된다
이사(移徙)	● 옮기지 마라. 운이 아니다
출산(出産)	● 순산이며, 딸이다

목적별	해 설
운수(運數)	• 매우 쇠약하다. 무슨 일에서나 발전이 없고 노력하면 노력한 만큼의 손해가 있으니 매사를 체념하고 때를 기다려라
소원(所願)	• 운수가 불길하니 이루지 못한다
건강(健康)	• 현재 앓고 있는 중이면 치료의 효과가 없다
재물(財物)	• 지출을 삼가라. 수입은 없고 낭비뿐이다
여행(旅行)	• 중도에 부상을 입을 염려가 있다
대인(待人)	• 사방의 사정이 허락지 못하므로 오지 않는다
심인(尋人)	• 멀리 가지 못하였다. 기다리면 스스로 찾아온다
실물(失物)	• 나오지 않는다. 도적의 소행인 것 같다
혼인(婚姻)	• 방해가 있어 성립되지 않는다
소송(訴訟)	• 지루하다. 비용도 찾기 어렵다
매매(賣買)	• 정당한 시세를 받을 수 없다
직장(職場)	• 있는 자리가 길지 못하고 취직도 뜻대로 안 된다
이사(移徙)	• 불리하니 옮기지 마라
출산(出産)	• 아기가 약하다. 아들이다

목적별	해 설
운수(運數)	•모든 일에 겸양하고 물러설 때다. 잠시 쉬었다가 다음 기회를 기다려라
소원(所願)	•남의 협력을 얻으면 이루어진다
건강(健康)	•성병 혹은 허리 아래의 장애에 주의하라
재물(財物)	•지금부터 좋아진다. 돈 부탁은 노인에게 하면 길하다
여행(旅行)	•길하다. 일정이 길면 불리하다
대인(待人)	•약간 늦으나 반드시 온다
심인(尋人)	•서남방 산 속에 숨어 있다
실물(失物)	•동북간 방향에서 찾아라. 찾을 수 있다
혼인(婚姻)	•손윗사람에게 청탁하면 좋은 인연을 만날 수 있다
소송(訴訟)	•남에게 위임하여 진행하라. 길하다
매매(賣買)	•유익하게 곧 팔린다
직장(職場)	•당신의 재능을 인정받을 때가 왔다
이사(移徙)	•온가족과 상의하라. 좋고 나쁠 것이 없다
출산(出産)	•순산이다. 달을 넘기면 아들이다

63 뇌산소과雷山小過

목적별	해　설
운수(運數)	• 자기 분수에 맞는 일을 경영하면 사소한 성과를 거둔다
소원(所願)	• 이루어지기 어렵다
건강(健康)	• 근심할 필요는 없으나 오래된 병이면 치료에 힘쓰라
재물(財物)	• 시절이 좋지 않다. 될 수 있는 한 지출을 줄이는 것이 최선이다
여행(旅行)	• 집을 나서지 마라. 건강에 해롭다
대인(待人)	• 기다리지 마라. 오지 않는다. 그리고 소식도 없다
심인(尋人)	• 찾지 못한다. 있는 곳을 알기 어렵다
실물(失物)	• 도적의 소행이니 찾지 못한다
혼인(婚姻)	• 중매인의 거짓이 있다. 성사되지 않는다
소송(訴訟)	• 생각도 하지 마라. 도리어 관재수가 당신에게 미친다
매매(賣買)	• 여의치 않다. 현재 시세가 많이 떨어졌다
직장(職場)	• 뜻대로 되지 않으며, 재직 중인 사람도 불안한 상태이다
이사(移徙)	• 옮기지 마라. 이사하면 흉하다
출산(出産)	• 난산의 기미가 있으나 염려할 것은 없다. 딸이다

목적별	해 설
운수(運數)	•시작은 좋으나 결과가 나쁘다. 모든 일에 적극성을 띠지 말고 수동적으로 행동하는 것이 좋다
소원(所願)	•모든 일이 뜻대로 안 되어 이루지 못한다
건강(健康)	•환자의 경우는 오래 간다. 재발에 주의하라
재물(財物)	•지출에 비하여 수입이 적다. 적자운영이다
여행(旅行)	•상업을 목적으로 하는 것 이외에는 좋지않다. 색난을 조심하라
대인(待人)	•한번 청하여 보라. 응답이 있다
심인(尋人)	•깊이 숨어 있어 찾지 못한다
실물(失物)	•찾지 못한다
혼인(婚姻)	•지금 말하고 있는 곳은 좋지 않다
소송(訴訟)	•취하하는 것이 좋다. 구설수가 있다
매매(賣買)	•당분간 보류하라. 여의치 않다
직장(職場)	•경쟁자가 있어 어렵다
이사(移徙)	•옮기지 마라. 불리하다
출산(出産)	•순산이며, 아들이다

제3부

犬 豚 鼠
酉 牛
戌 喉 虎
未 兔
馬 巳 龍

육효궁합

어떻게 자신의 운명을 해석할 것인가?
어떻게 자신의 미래를 설계할 것인가?

육효궁합 보는 법

綜合 易理要約集

종합 역리요약집

● 육효궁합六爻宮合 비결秘訣

● 작괘법作卦法

주역(周易) 팔괘(八卦)	생년(生年) 지지(地支)	고과살(孤寡殺) 원진살(元嗔殺)　태세(太歲)　연운(年運)		
건(乾)	술(戌) 개띠 해(亥) 돼지띠	**고과살(孤寡殺)** 신자진년생(申子辰年生) : 고미생(孤未生) 과사생(寡巳生) 해묘미년생(亥卯未年生) : 고자생(孤子生) 과신생(寡申生) 인오술년생(寅午戌年生) : 고축생(孤丑生) 과해생(寡亥生) 사유축년생(巳酉丑年生) : 고진생(孤辰生) 과인생(寡寅生)		
감(坎)	자(子) 쥐띠			
간(艮)	축(丑) 소띠 인(寅) 범띠	**원진살(元嗔殺)** 자미생(子未生) 축오생(丑午生) 인유생(寅酉生) 묘신생(卯申生) 진술생(辰戌生) 사해생(巳亥生)		
진(震)	묘(卯) 토끼띠	**태세(太歲)** 연운(年運)을 본다 **1** 태세(太歲) **2** 태양(太陽) **3** 상문(喪門) **4** 태음(太陰) **5** 관부(官符) **6** 사부(死符) **7** 세파(歲破) **8** 용덕(龍德) **9** 백호(白虎) **10** 용덕(福德) **11** 조객(弔客) **12** 병부(病符)		
손(巽)	진(辰) 용띠 사(巳) 뱀띠			
리(離)	오(午) 말띠	**길성(吉星)** 태양(太陽) 태음(太陰) 용덕(龍德) 복덕(福德)		
곤(坤)	미(未) 양띠 신(申) 원숭이띠	**흉성(凶星)** 상문(喪門) 자식불육, 난과삼년 백호(白虎) 다유산 조객(弔客) 자식중년참상 사부(死符)낙태		
태(兌)	유(酉) 닭띠	**반흉반길(半凶半吉)** 태세(太歲) 관부(官符) 세파(歲破) 병부(病符)		
작괘법(作卦法)				

작괘법(作卦法)

작괘(作卦) : 남명상괘(男命上卦) 여명하괘(女命下卦)

동효(動爻) : 결혼년(結婚年) 남녀연령수(男女年齡數) 합산 6으로 제한 나머지 수

육수(六獸) : 결혼당년(結婚當年) 태세(太歲)

유년운(流年運) : 결혼당년(結婚當年) 연월일시(年月日時) 적용(適用)

(男 개·돼지띠 女 개·돼지띠)

괘상(卦象)	원문(原文)	해설(解說)
중천건 괘 (重天乾 卦) (중괘운) 文戌 ● 문술　世 　　　세 兄申 ● 형신 官午 ● 관오 文辰 ● 문진　應 　　　응 才寅 ● 재인 孫子 ● 손자 **亥生戌寡** 축생술과 **戌生亥孤** 술생해고	世應比和配相宜 세 응 비 화 배 상 의 父母持世養育稀 부 모 특 세 양 육 희	세와 응이 좋아하니 배필로 적당하나 조상 음덕을 못 입어 양육하기 드물도다
	櫻桃當靑未見紅 앵 도 당 청 미 견 홍 狂風折散榮一枝 광 풍 절 산 영 일 지	앵도나무가 푸르렀으나 꽃을 보기 전에 세찬 광풍에 겨우 꽃 한 가지 남았도다
	戌年成婚喪門殺 술 년 성 혼 상 문 살 辰年白虎多家屋 진 년 백 호 다 가 옥	술년에 혼인할 때는 상문살이 있고 진년에는 백호살이 있어 피하여야 한다
	申酉亥子年月日 신 유 해 자 년 월 일 子孫旺相保全家 자 손 왕 상 보 전 가	신유해자 지지의 년 월 일에 성혼하면 자손 왕성으로 가계를 이을 수 있더라
	夫性情篤色黃赤 부 성 정 독 색 황 적 面有牆壁肥且倭 면 유 장 벽 비 차 왜	지아비는 인정이 많고 얼굴은 황적색으로 맑고 둥글며 살진 듯하면서 왜소하더라
	鼻大口方眉目秀 비 대 구 방 미 목 수 背圓腰闊性淳厚 배 원 요 활 성 순 후	코와 입이 바르게 크며 미목도 수려하고 훤출한 체격에 성격은 순후하도다
	旺相帶貴大聰明 왕 상 대 귀 대 총 명 神佛恭敬信仰徒 신 불 공 경 신 앙 도	얼굴 모양은 매우 총명하게 생겼으며 종교를 가진 신앙심이 많은 자이다
	太過愚鈍修養缺 태 과 우 둔 수 양 결 義理不明忌學文 의 리 불 명 기 학 문	우둔한 것 같고 수양이 덜 된 것 같으며 의리도 없고 공부도 안 한 사람 같더라
	時宜孤介獨自尊 시 의 고 개 독 자 존 不得衆情沈毒者 불 득 중 정 심 독 자	때로는 자존심이 강하여 고독한 사람 같고 뭇사람에 끼이지 못하는 심독자이다
	女貌靑黃性淳厚 여 모 청 황 성 순 후 背圓腰闊眉眉秀 배 원 요 활 미 목 수	여자의 얼굴은 청황색에 성격은 순후하고 훤출한 체격에 이목이 수려하도다
	體形肥倭敬神佛 체 형 비 왜 경 신 불 度量寬博處事經 도 량 관 박 처 사 경	살진 듯하면서 왜소하고 신앙심 많으며 도량은 넓고 관대하나 일 처리는 가볍다
	不及面偏聲重濁 불 급 면 편 성 중 탁 鼻低顔色似憂悲 비 저 안 색 사 우 비	얼굴이 바르지 못하고 목소리가 탁하며 코는 낮고 얼굴에 수심이 있는 것 같도다

●건남감녀乾男坎女

괘상(卦象)	원문(原文)	해설(解說)
천수송 괘 (天水訟 卦) (중괘운) 孫戌 ● 손술 才申 ● 재신 兄午 ● 형오 世 세 兄午 ●● 亥官 형오 해관 孫辰 ● 손진 文寅 ●● 문인 應 응 子生戌寡 자생술과	應生世芳婦花順 응생세화부화순 子孫交重五六兒 자손교중오육아	지아비를 존경하는 아름답고 순한 아내로 자식 5, 6명을 가질 수 있는 인연이디라
	辰戌丑未年運吉 진술축미년운길 前庭寶樹九十枝 전정보수구십지	길운인 진술축미 년월일시에 결혼한다면 9, 10여 명의 많은 자식을 둘 수 있더라
	兄弟持身子孫昌 형제지신자손창 官鬼隱伏多出家 관귀은복다출가	형제가 많으므로 자손들은 번창하게 되나 직업운이 은복되어 많이 떠돌아 다닌다
	男性躁急色赤白 남성조급색적백 起居端正恭敬禮 기거단정공경례	남자는 성질이 조급하며 살색은 적백색에 품행이 단정하고 예의를 존경하는 자이라
	上尖下豊印堂窄 상첨하풍인당착 眉眞鼻厚頭部小 미진비후두부소	위는 좁고 아래는 풍만하고 인당이 좁으며 진한 눈썹에 풍만한 코나 머리는 적다
	旺相帶貴大聰明 왕상대귀대총명 意速聲焦事敏捷 의속성초사민첩	얼굴 모양은 매우 총명하게 생겼으며 판단이 빠르고 빠른 음성에 민첩하도다
	生處旺相居別房 생처왕상거별방 水火未濟分飛散 수화미제분비산	좋은 곳에 태어났으나 별방에 거하니 수화미제격으로 서로의 뜻이 잘 맞지 않는다
	女形青白體格長 여형청백체격장 美髮口尖人中長 미발구첨인중장	여자의 모양은 살갖이 청백색에 키가 크며 아름다운 모발에 입이 나오고 인중이 길다
	頭長肌乾眉不正 두장기건미부정 骨細肉狡手足纖 골세육교수족섬	긴머리에 건조한 피부와 짝진 눈썹이나 골육이 아담한 체구에 손발이 섬세하다
	言語有情行不隱 언어유정행불은 性急如風易回轉 성급여풍역회전	언어는 유정하나 행동은 다소 불안정하고 급한 성격에 바람같이 역회전이 쉽도다
	休囚庚小偏屈長 휴수유소편굴장 死絶項長柔細聲 사절항장유세성	잘못된 것이 없으나 항시 굽히며 살고 사절(포태법)되어 목소리를 크게 못 내도다
	鴛鴦兩雙不宜言 원앙양쌍불의언 初産女麻晩貴子 초산여마만귀자	원앙 두 쌍을 둘 운이나 말같이 되지 못하여 초산에는 실패하다 늦게 귀자를 두게 된다

● 건남간녀 乾男艮女

(男 개·돼지띠 女 소·범띠)

괘상(卦象)	원문(原文)	해설(解說)
천산둔 괘 (天山遯 卦) (하괘운) 文戌 ● 문술 兄申 ● 형신　應 　　응 官午 ● 관오 兄申 ● 형신 官午 ●● 寅才 관오　 인재 世 세 文辰 ●● 子孫 문진　 자손 亥生寅孤 해 생 인 고 丑生戌寡 축 생 술 과	春去秋來氣浩浩 춘거 추래 기호호 浮園中結果樹梢 부원 중결 과 수 초	봄이 가고 가을이 오니 기운이 넘쳐나나 물에 잠긴 정원에 과일열매 보기 어렵도다
	調休言凡事先定 조 휴언 범사 선정 子半堂前送白頭 자 반 당 전 송 백 두	매사를 계획 전에 모든 일을 먼저 정하나 조앙신의 시기로 자식을 두기 어렵도다
	世克應芳恐俱男 세 극 응 방 공 구 남 身中見鬼壻遭埋 신 중 견 귀 서 조 매	세극 응하니 아내가 남편을 두려워함으로 신중 견귀로 남편을 매몰하는 운을 만나다
	無財無子總不堪 무 재 무 자 총 불 감 陰陽租怕家不齊 음 양 조 파 가 불 재	무재무자하여 모든 것에 견디기 어려우니 조상신의 시기로 가정을 이루기 어렵도다
	男性躁急禮恭敬 남 성 조 급 예 공 경 起居端正色赤火 기 거 단 정 색 적 화	남성은 조급하며 공경하게 예의를 갖추며 기거가 단정하고 얼굴색은 붉은 편이다
	上尖下風印堂窄 상 첨 하 풍 인 당 착 眉眞鼻孔露小頭 미 진 비 공 로 소 두	위는 좁고 아래는 풍만하며 인당이 좁으며 눈썹이 짙고 들창코에 머리가 적도다
	旺相帶貴大聰明 왕 상 대 귀 대 총 명 意速聲焦事敏捷 의 속 성 초 사 민 첩	왕상운으로 총명하며 귀하게 될 수 있으며 판단이 빠르고 빠른 음성에 민첩하도다
	女主中庸印堂寬 여 주 중 용 인 당 관 上闊下狹白雪仙 상 활 하 협 백 설 선	여주인공은 보통의 체격에 인당이 넓으며 위는 넓고 아래는 좁은 백설 선녀 같도다
	眉高眼深頂平平 미 고 안 심 정 평 평 骨肉相應鼻曲回 골 육 상 응 비 곡 회	눈썹은 높고 눈은 깊고 이마는 평평하며 뼈와 살이 잘 어울리나 코가 굽어졌도다
	休囚庚小偏屈長 휴 수 경 소 편 굴 장 頭長肌乾不正眉 두 장 기 건 부 정 미	휴(泄) 수(克)가 많아 항시 굽히며 살고 긴머리에 짝진 눈썹과 건조한 피부이다
	精神爽快東斷性 정 신 상 쾌 과 단 성 旺相財輕羞恥少 왕 상 재 경 수 치 소	정신적으로 상쾌한 성격에 과단성이 있고 재물을 가볍게 하고 수치심이 적도다
	太過勇氣無計劃 태 과 용 기 무 계 획 不仁不義好貧事 불 인 불 의 호 빈 사	용기는 지나치게 많으나 계획성이 없고 불인불의면서 일 벌리는 것을 좋아한다

(男 개·돼지띠 女 토끼띠)

괘상(卦象)	원문(原文)	해설(解說)
천뢰무망 괘 (天雷无妄 卦) (중괘운) 才戌 ● 재술 官申 ● 관신 孫午 ● 손오 世 才辰 ● ● 재진 兄寅 ● ● 형인 文子 ● 문자 應	閑花朵朵傍身飛 한 화 타 타 방 신 비 一陣狂風一介歸 일 진 광 풍 일 개 귀	남녀가 서로 몸을 날려 사랑을 하였는데 일진광풍에 한 개민 남고 모두 돌아간다
	女强男柔家不和 여 강 남 유 가 불 화 福德持身産成家 복 덕 지 신 산 성 가	여강남유하니 집안이 화합하지 못하는데 복덕지신하여 출산으로 집을 이루어 간다
	寅卯巳午婚大吉 인 묘 사 오 혼 대 길 辰戌年運殺喪虎 진 술 년 운 살 상 호	인묘년과 사오년에 혼인하면 크게 좋으며 진술년에 성혼하면 상문과 백호살 있도다
	男性躁急色白赤 남 성 조 급 색 백 적 上尖下豊頭部小 상 첨 하 풍 두 부 소	남성은 매우 조급하고 얼굴은 흰색에 붉고 위는 넓고 아래는 풍만하며 두부가 적다
	起居端正禮恭敬 기 거 단 정 예 공 경 眉眞印窄鼻孔露 미 진 인 착 비 공 로	기거가 단정하고 예의를 잘 지키는 자이며 진한 눈썹에 인당이 좁으며 들창코이다
	旺相大貴大聰明 왕 상 대 귀 대 총 명 死絶妬毒性忘窄 사 절 투 독 성 망 착	왕상운으로 총명하고 귀하게 될 수 있으며 사절운으로 질투심과 허망함이 다소 있다
	生處旺相分斷散 생 처 왕 상 분 단 산 心好華麗事明快 심 호 화 려 사 명 쾌	난 곳에 왕상을 받으면 흩어지고 헤어지며 호화한 것을 좋아하고 명쾌히 일을 하다
	女貌濃白面圓平 여 모 농 백 면 원 평 眉大鼻曲速行步 미 대 비 곡 속 행 보	여자 용모는 진하게 희고 둥글며 평평하고 눈썹이 크며 굽은 코에 발걸음이 빠르다
	言語有情計謨長 언 어 유 정 계 모 장 心性寬大多聰慧 심 성 관 대 다 총 혜	정감 있는 언어로 계략과 모사에 능숙하며 심성이 관대하고 총명하고 지혜가 많도다
	生旺色黑受黃色 생 왕 색 흑 수 황 색 死絶內毒懇淫狡 사 절 내 독 간 음 교	생왕운에는 음기를 받아 정력이 강해지고 음기 해소로 막다른 길에 간음할 수 있다
	搖頭擺腰性小急 요 두 파 요 성 소 급 兼復驕奢心妬嫉 겸 복 교 사 심 투 질	다소 급한 마음으로 머리와 허리를 비꼬며 교만과 사치를 겸하여 질투심도 있도다
	內柔外鈍恒多滯 내 유 외 둔 항 다 체 信義有念忍遇癡 신 의 유 념 인 우 치	내유외둔하여 항상 많이 막히고 있음으로 신의 유렴으로 어리석음을 만나도 참는다

● 건남손녀乾男巽女

(男 개·돼지띠 女 용·뱀띠)

괘상(卦象)	원문(原文)	해설(解說)
천풍구 괘 (天風姤 卦) (중괘운) 文戌 ● 문술 兄申 ● 형신 官午 ● 관오 　應 　　응 兄酉 ● 형유 孫亥 ● 寅才 손해 　인재 文丑 ●● 문축 　世 　　세 亥辰元嗔殺 해 진 원 진 살 巳戌元嗔殺 사 술 원 진 살	應生世新婦和順 응 생 세 신 부 화 순 姤爲陰强家不齋 구 위 음 강 가 부 재	응이 세를 생하니 신부는 화순하겠으나 구(姤) 음괘를 만나 집을 제계하지 못하더라
	先償雙喜一兩親 선 상 쌍 희 일 양 친 三春不停養育稀 삼 춘 불 정 양 육 희	먼저 결혼으로 양부모의 즐거움이 두 배이나 3년의 봄이 지나도 양육하지 못하더라
	壬申癸亥成親吉 임 신 계 해 성 친 길 卯酉年運家絶火 묘 유 년 운 가 절 화	임신년이나 계해년에 혼인하면 길하고 묘유년 운에 결혼하면 집안 대를 잇지 못하도다
	身外金錢被有成 신 외 금 전 피 유 성 若逢水土四方堆 약 봉 수 토 사 방 퇴	몸 밖에 있는 금전을 몸 안으로 끌어들여 만약 수토를 만나면 사방에 쌓이게 되다
	女性躁急禮恭敬 여 성 조 급 예 공 경 起居端正色赤火 기 거 단 정 색 적 화	여성은 성질이 조급하나 예의를 잘 지키며 기거가 단정하며 얼굴색은 붉은 편이다
	眉眞鼻豊印堂窄 미 진 비 풍 인 당 착 上尖下闊鼻露孔 상 첨 하 활 비 로 공	진한 눈썹과 풍요한 코에 인당이 좁으며 상첨하활에 콧구멍이 드러남이 심하다더
	或靑或赤變不定 혹 청 혹 적 변 부 정 精神閃躁急言語 정 신 섬 조 급 언 어	이랬다 저랬다 잘하는 성격의 소유자로 정신도 빠르며 말하는 것도 조급하더라
	旺相大貴大聰明 왕 상 대 귀 대 총 명 死絶姤毒性妄詐 사 절 구 독 성 망 사	왕상운으로 총명하며 귀하게 될 수 있으며 사절운으로 질투심과 허망함이 다소 있다
	男形敦厚肥且矮 남 형 돈 후 비 차 왜 鼻大口方眉目秀 비 대 구 방 미 목 수	남형돈후하며 살은 적으나 왜소한 편이며 큰 코에 네모난 입에 이목이 수려하더라
	面有墙壁色黃白 면 유 장 벽 색 황 백 背毋腰闊性淳厚 배 무 요 활 성 순 후	얼굴은 평평하며 누런 바탕에 흰색이고 배무요활하며 성질은 매우 순박하더라
	時宜孤介獨自尊 시 의 고 개 독 자 존 不得衆情沈毒隹 부 득 중 정 심 독 이	때로는 고독을 느끼나 자존심으로 지나며 부득중정이면 해로운 근심에 잠기더라
	神佛恭敬信仰心 신 불 공 경 신 앙 심 義理不明學問忌 의 리 불 명 학 문 기	신불을 공경하는 신앙심을 가지고 있으며 의리가 불명하며 학문을 좋아하지 않더라

● 건남이녀 乾男離女

(男 개·돼지띠 女 말띠)

괘상(卦象)	원문(原文)	해설(解說)
천화동인 괘 (天火同人 卦) (중괘운) 孫戌 ● 손술 應 응 才申 ● 재신 兄午 ● 형오 官亥 世 관해 세 孫丑 ●● 손축 文卯 문묘	一雙元侶失基人 일 쌍 원 려 실 기 인 移桃接李二枝送 이 도 접 이 이 지 송	둥지에서 배우자를 잃게 되어서 다시 새혼을 하여 자식 둘을 얻게 되도나
	男柔女强多口爭 남 유 여 강 다 구 쟁 身中見鬼失先亡 신 중 견 귀 실 선 망	남유여강하니 입으로 말다툼이 많은데 돌아가신 아버지 귀신이 자주 꿈에 보인다
	寅申巳亥年不吉 인 신 사 해 년 불 길 辰戌丑未大吉昌 진 술 축 미 대 길 창	인신사해년에 결혼을 하면 불길하고 진술축미년에 결혼하면 대 길창하도다
	己得還失中又聚 기 득 환 실 중 우 취 晚景生涯衣食豐 만 경 생 애 의 식 풍	이미 얻은 재산은 잃는 중에 다시 모이고 한 생애에서 말년까지 의식이 풍족하더라
	男性人有濃白色 남 성 인 유 농 백 색 生旺帶黑受制黃 생 왕 대 흑 수 제 황	남성의 피부 색깔은 아주 진한 흰색이며 생왕대운을 받아 흑색에 누렇게도 되더라
	頂平身細行步速 정 평 신 세 행 보 속 眉大鼻曲面圓平 미 대 비 곡 면 원 평	이마가 평평하고 가는 체격에 걸음은 빠르며 큰 눈썹과 굽은 코에 얼굴은 평평하더라
	言語有情心性寬 언 어 유 정 심 성 관 智慧敏捷性聰明 지 혜 민 첩 성 총 명	언어에 정감이 있고 심성이 너그러우며 총명한 성품으로 지혜가 민첩하더라
	太過妄動反省缺 태 과 망 동 반 성 결 旺相機略計謨長 왕 상 기 략 계 모 창	지나치게 망동하나 반성함이 결여되었고 뛰어난 기략이 있고 꾀가 뛰어나도다
	女形敦厚肥且矮 여 형 돈 후 비 차 왜 鼻大口方眉目秀 비 대 구 방 미 목 수	여자 형체는 돈후하며 통통하고 왜소한 편이며 큰 코에 모난 입에 미목은 수려하더라
	面有墻壁色黃白 면 유 장 벽 색 황 백 背圓腰闊性淳厚 배 원 요 활 성 순 후	얼굴은 평평하며 누런 바탕에 흰색이고 등과 허리는 둥글며 넓고 성격은 순후하더라
	神佛恭敬信仰心 신 불 공 경 신 앙 심 義理不明學問忌 의 리 불 명 학 문 기	신불을 공경하는 신앙심을 가지고 있으며 의리가 불명하며 학문을 좋아하지 않더라
	時宜孤介獨自尊 시 의 고 개 독 자 존 不得衆情沈毒罹 부 득 중 정 심 독 이	때로는 고독을 느끼나 자존심으로 지내며 부득이 대중의 정이 그리우면 근심에 잠기더라

(男 개·돼지띠 女 양·원숭이띠)

괘상(卦象)	원문(原文)	해설(解說)
천지비 괘 (天地否 卦) (하괘운) 文戌 문술 ●　應 　　　응 兄申 ● 형신 官午 ● 관오 才卯 ●●　世 재묘　　세 官巳 ●● 관사 文未 ●● 子孫 문미　　자손	元央一雙又重期 원앙일쌍우중기 晚得賢子立身賢 만득현자입신현	중앙에서 한 쌍이 다시 만나 인연을 맺었으나 늦게 얻은 자식에 출세만 기원하도다
	世克應芳婦柔順 세극응방부유순 福德隱伏飛克運 복덕은복비극운	세극응하니 아름다운 아내는 유순한데 자식궁이 은복되어 운을 이기지 못하더라
	子年月日若成婚 자년월일약성혼 或有獨子保家傳 혹유독자보가전	만약에 자년 자월 자일에 결혼을 하다면 혹시 독자를 얻어 집안 대를 전할 것이다
	財聚還散終得尋 재취환산종득심 木邊人指見千金 목변인지견천금	얻은 재물이 흩어지나 끝에 다시 찾으며 나무 곁 사람을 가르키니 천금이 보이더라
	男形曲直五常仁 남형곡직오상인 色青身長性柔順 색청신장성유순	남자는 오상의 굴곡이 갖추어진 어진 자로 큰 키에 청색 얼굴로 유순한 성격이더라
	眉目不正柔細聲 미목부정유세성 頭長喉結行不隱 두장후결행불은	미목이 불정하고 소리가 부드럽고 가늘며 긴머리에 목젖이 나오고 숨어서 일 못한다
	口高齒疎行步速 구고치소행보속 性急如風易回轉 성급여풍역회전	입은 나오고 이는 성글며 걸음이 빠르고 성질이 급해 바람 같고 역회전도 쉽도다
	生旺測隱自益願 생왕측은자익원 慳吝鄙嗇肌燥乾 간인비색기조건	삶의 측은함을 자신이 스스로 만들며 궁상스러운 몰골에 건조한 피부이더라
	女形敦厚肥且矮 여형돈후비차왜 鼻大口方眉目秀 비대구방미목수	여자 형체는 돈후하며 통통하면서 왜소한 편이며 큰 코에 모난 입에 미목이 수려하더라
	面有墻壁色黃青 면유장벽색황청 背圓腰闊性淳厚 배원요활성순후	얼굴은 평평하며 누런 바탕에 청색이고 등과 허리는 둥글며 넓고 성격은 순후하더라
	度量寬博處事經 도량관박처사경 死絶顏色似優秀 사절안색사우수	도량은 넓고 관대하나 일 처리는 가벼우며 죽어가는 얼굴같이 수심이 가득 차 있다
	神佛恭敬信仰心 신불공경신앙심 義理不明學問忌 의리불명학문기	신불을 공경하는 신앙심을 가지고 있으며 의리가 불명하며 학문을 좋아하지 않더라

● 건남태녀乾男兌女

괘상(卦象)	원문(原文)	해설(解說)
천택리 괘 (天澤履 卦) (중괘운) 兄戌 ● 형술 孫申 ● 子才 손신　世 　　세 文午 ● 문오 兄丑 ● ● 형축 官卯 ● 관묘　應 　　응 文巳 ● 문사 酉生亥狐 유 생 해 고	芳花再看一孕紅 방화재간일잉홍 男强女順世克應 남강여순세극응	아름다운 여자를 얻으니 한 자식을 두며 세극응하니 남자는 강하고 여자는 순하나
	辰戌丑未四五子 진술축미사오자 子年白虎午年喪 자년백호오년상	사묘년에 성혼하면 4, 5명의 자식을 두고 자년에는 백호살, 오년에는 상문살이 있다
	男主中庸人堂寬 남주중용인당관 上闊下狹耳常紅 상활하협이상홍	남자는 훤칠한 체격에 인당이 넓겠으며 얼굴은 상활하협하고 귀는 항상 붉더라
	形容端正白似雪 형용단정백사설 聲音消響好容光 성음소향호용광	단정한 용모에 피부색은 눈같이 희며 음성은 맑으며 환하고 좋은 얼굴 빛이더라
	强烈雄大動尚義 강렬웅대동상의 精神爽快果斷性 정신상쾌과단성	항상 의로운 행동으로 강렬웅대하게 살며 상쾌한 정신으로 과단성 있게 행동을 한다
	眉高眼深頂平平 미 고 안 심 정 평 평 鼻曲骨肉回相應 비곡골육회상응	눈썹은 높고 눈은 깊으며 이마는 평평하고 메부리코에 뼈와 살이 잘 조화되어 있다
	太過勇氣無計劃 태 과 용 기 무 계 획 不仁不義好貧尙 불인불의호빈상	용기는 지나치게 많으나 계획성이 없고 불인불의면서 일 벌리는 것을 좋아한다
	不及吝嗇内有毒 불 급 인 색 내 유 독 體小淫樂好殺生 체소음락호살생	인색하지 못하고 안으로는 독함이 있으며 몸은 적으나 음탕하며 살생을 좋아한다
	女貌色青五常人 여 모 색 청 오 상 인 眉目不正柔細聲 미 목 부 정 유 세 성	여자의 모습은 청색에 늘신하게 생겼으며 미목이 부정하고 소리가 부드럽고 가늘며
	頭長喉結行不隱 두 장 후 결 행 불 은 美髮口尖人中長 미 발 구 첨 인 중 장	긴머리에 목젖이 나오고 숨어서 일 못하고 예쁜 모발에 입이 뾰죽하고 인중이 길다
	口高齒疎行步速 구 고 치 소 행 보 속 言語巧技性如風 언 어 교 기 성 여 풍	입은 나오고 이는 성글며 걸음이 빠르고 말에 기교가 있고 성격은 바람과 같더라
	慳吝鄙嗇肌燥乾 간 인 비 색 기 조 건 惻隱自益逢生旺 측 은 자 익 봉 생 왕	궁상스러운 몰골에 매우 건조한 피부이며 생왕운을 만나니 측은함을 스스로 더한다

● 감남감녀坎男坎女

(男 쥐띠 女 쥐띠)

괘상(卦象)	원문(原文)	해설(解說)
수산건 괘 (水山蹇 卦) (중괘운) 孫子 ●● 손자 文戌 ● 문술 兄申 ●● 世 형신　　세 兄申 ● 형신 官午 ●● 卯才 관오　　묘재 文辰 ●● 應 문진　　응 寅生孤殺 인 생 고 살	夫和婦順家過昌 부 화 부 순 가 과 창 水山蹇爲最多凶 수 산 건 위 최 다 흉	부화부순하니 집이 지나치게 융창하나 수산건괘를 만나니 가장 많이 흉하도다
	辰戌丑未養育稀 진 술 축 미 양 육 희 寅孤戌寡匹配喪 인 고 술 과 필 배 상	진술축미년에 성혼하면 자식 두기 어려우며 범띠와 개띠는 고과살로 나쁠 수가 있다
	子年成婚一子孝 자 년 성 혼 일 자 효 不然老去外姓逢 불 연 노 거 외 성 봉	자년에 혼인하면 한 자식이 효도를 하며 그렇지 않으면 늙어서 밖에서 양자를 한다
	男主中庸人堂寬 남 주 중 용 인 당 관 上闊下狹耳常紅 상 활 하 협 이 상 홍	남자는 훤칠한 체격에 인당이 넓겠으며 얼굴은 상활하협하고 귀는 항상 붉더라
	形容端正白似雪 형 용 단 정 백 사 설 聲音疏響好容光 성 음 소 향 호 용 광	단정한 용모에 피부색은 눈과 같이 희며 음성은 맑으며 환한 좋은 얼굴 빛이더라
	眉高眼深頂平平 미 고 안 심 정 평 평 鼻曲骨肉回相應 비 곡 골 육 회 상 응	눈썹은 높고 눈은 깊고 이마는 평평하며 메부리코에 뼈와 살이 잘 조화되어 있다
	强烈雄大動尚義 강 렬 웅 대 동 상 의 精神爽快快斷性 정 신 쾌 활 과 단 성	항상 의로운 행동으로 강렬웅대하게 살며 상쾌한 정신으로 과단성 있게 행동을 한다
	太過勇氣無計劃 태 과 용 기 무 계 획 不仁不義好貧尚 불 인 불 의 호 빈 상	용기는 지나치게 많으나 계획성이 없고 어질고 의롭지도 못하면서 청빈을 좋아한다
	女形敦厚肥且矮 여 형 돈 후 비 차 왜 鼻大口方眉目秀 비 대 구 방 미 목 수	여자 형체는 돈후하며 통통하면서 왜소한 편이며 큰 코에 모난 입에 미목이 수려하더라
	面有墻壁色黃青 면 유 장 벽 색 황 청 背圓腰闊性淳厚 배 원 요 활 성 순 후	얼굴은 평평하며 누런 바탕에 청색이고 등과 허리는 둥글며 넓고 성격은 순후하더라
	神佛恭敬信仰心 신 불 공 경 신 앙 심 學問未修義不明 학 문 미 수 의 불 명	신불을 공경하는 신앙심을 가지고 있으며 글을 못 배워서 의리도 분명하지 못하다
	時宜孤介獨自尊 시 의 고 개 독 자 존 度量寬博處事輕 도 량 관 박 처 사 경	때로는 고독을 느끼나 자존심으로 지내며 도량은 넓고 관대하나 일 처리는 가볍다

● 감남간녀 坎男艮女

(男 쥐띠 女 소·범띠)

괘상(卦象)	원문(原文)	해설(解說)
중수감 괘 (重水坎 卦) (중괘운) 兄子 ●● 世 형자 세 官戌 ● 관술 文申 ●● 문신 才午 ●● 應 재오 응 官辰 ● 관진 孫寅 ●● 손인	莫嗟枯木再開枝 막 차 고 목 재 개 지 男强女柔世克應 남 강 여 유 세 극 응	한탄하지 말라. 고목에 다시 가지가 난다 세극응하니 남자는 강하고 여자는 유하다
	寅卯年月成親合 인 묘 년 월 성 친 합 三四寶樹保前庭 삼 사 보 수 보 전 정	인년이나 묘년의 인월, 묘월에 성혼한다면 3, 4명의 자식을 둘 수가 있을 것이다
	子年成婚見危厄 자 년 성 혼 견 위 액 午年結合多血兒 오 년 결 합 다 혈 아	자년에 결혼한다면 재앙을 보게 되겠으며 오년에 결혼한다면 유산을 많이 하게 된다
	男性人有濃白色 남 성 인 유 농 백 색 生旺黑色受制黃 생 왕 흑 색 수 제 황	남성의 피부 색깔은 아주 진한 흰색이며 생왕대운을 받아 흑색에 누렇게도 되더라
	頂平身細行步速 정 평 신 세 행 보 속 眉大鼻曲面圓平 미 대 비 곡 면 원 평	이마는 평평하고 가는 체격에 걸음이 빠르며 진한 눈썹과 굽은 코에 얼굴은 평평하더라
	言語有情心性寬 언 어 유 정 심 성 관 智慧敏捷性聰明 지 혜 민 첩 성 총 명	언어에 정감이 있고 심성이 너그러우며 총명한 성품으로 지혜가 민첩하더라
	太過妄動反省缺 태 과 망 동 반 성 결 旺相機略計謀長 왕 상 기 략 계 모 장	태과망동하나 반성함이 결여되었고 뛰어난 기략이 있고 꾀가 뛰어나도다
	女性躁急禮恭敬 여 성 조 급 예 공 경 起居端正色赤火 기 거 단 정 색 적 화	여성은 성질이 조급하나 예의를 잘 지키며 기거가 단정하며 얼굴색은 붉은 편이다
	眉眞鼻豊印堂窄 미 진 비 풍 인 당 착 上尖下闊鼻露核 상 첨 하 활 비 로 해	진한 눈썹과 풍요한 코에 인당이 좁으며 상첨하활에 콧구멍이 드러남이 심하더라
	意速聲焦敏捷事 의 속 성 초 인 첩 사 旺相大貴大聰明 왕 상 대 귀 대 총 명	뜻이 빠르고 그을린 음성에 행동이 민첩하며 왕상운이면 총명하여 귀하게 될 수 있도다
	死絶妬毒性妄窄 사 절 투 독 성 망 착 醜拙形容腹不長 추 졸 형 용 복 불 장	허망한 성욕에 불리하면 독하게 질투하고 형태와 용모가 볼품이 없으며 허리도 짧다
	或青或赤變不定 혹 청 혹 적 변 부 정 精神閃躁急言語 정 신 섬 조 급 언 어	이랬다 저랬다 잘하는 성격의 소유자로 정신도 빠르며 말하는 것도 조급하더라

● 감남진녀坎男震女

괘상(卦象)	원문(原文)	해설(解說)
수뢰둔 괘 (水雷屯 卦) (중괘운) 兄子 ● ● 형자 官戌 ● 관술 應 응 文申 ● ● 문신 官辰 ● ● 午才 관진 　　　오재 孫寅 ● ● 손인 世 세 兄子 ● 형자	花紅燕闖雁空飛 화홍연료안공비 兩兒堂後一子前 양아당후일자전	제비와 오리가 날아와서 인연을 맺으니 앞에 일 자를 두고 후에 두 아이를 두다
	財爻陰伏婦非泰 재효음복부비태 世克應芳家不全 세극응방가부전	처효가 음복되니 부인이 숨어 있는 격이나 세극응하니 편안한 집을 보전하기 어렵다
	寅卯之年成親合 인묘지년성친합 三四連枝保樹春 삼사연지보수춘	인년이나 묘년에 결혼하여 합한다면 3, 4명의 자식을 봄나무같이 보전한다
	子午年運損兒子 자오년운손아자 申酉之歲克兒孫 신유지세극아손	자오년에 결혼하면 자식에 손실이 있으며 신유년에 결혼하면 자손을 둘 수가 없다
	男形瘦長五常仁 남형수장오상인 色青帶黃性柔順 색청대황성유순	남자는 파리하며 크고 훤출하게 생겼으며 청색 바탕에 황색을 띤 유순한 성격이다
	眉目不正柔細聲 미목부정유세성 頭長喉結行不隱 두장구결행불은	미목이 불정하며 소리가 부드럽고 가늘며 긴머리에 목젖이 나오고 숨어서 일 못한다
	口尖齒疎行步速 구첨치소행보속 性急如風易回轉 성급여풍역회전	입은 나오고 이는 성글며 걸음이 빠르고 성질이 바람같이 급하고 역회전이 쉽도다
	骨細肉絞手足纖 골세육교수족섬 言語巧技體如鍊 언어교기체여련	근육형 체질에 수족은 섬세하게 생겼으며 말의 기교가 몸에 배어 단련되어 있도다
	女形敦厚肥且矮 여형돈후비차왜 鼻大口方眉目秀 비대구방미목수	여자 형체는 돈후하며 통통하면서 왜소한 편이며 큰 코에 모난 입에 미목이 뛰어나더라
	面有墻壁色黃青 면유장벽색황청 背圓腰闊性淳厚 배원요활성순후	얼굴은 평평하며 누런 바탕에 청색이고 등과 허리는 둥글며 넓고 성격은 순후하더라
	時宜孤介獨自尊 시의고개독자존 度量寬博處事經 도량관박처사경	때로는 고독을 느끼나 자존심으로 지내며 도량은 넓고 관대하나 일 처리는 가볍다
	神佛恭敬信仰心 신불공경신앙심 義理不明學問忌 의리불명학문기	신불을 공경하는 신앙심을 가지고 있으며 의리가 불명하고 글 배우는 것을 꺼리다

(男 쥐띠 女 용·뱀띠)

괘상(卦象)	원문(原文)	해설(解說)
수풍정 괘 (水風井 卦) (하괘운) 文子 ●● 문자 才戌 ● 재술　世 　　세 官申 ●● 午孫 관신　　오손 官酉 ● 관유 文亥 ● 寅兄 문해　인형 　　應 　　응 才丑 ●● 재축	望斷奇花未見柔 망단기화미견유 偏映隨意更子稀 편영수의갱자희	기화를 늦게까지 기다려도 보지 못하고 뜻을 따라 노력을 해도 자식 얻기 어렵다
	財鬼兩量匹配違 재귀양량필배위 世克應芳家不和 세극응방가불화	처재와 관귀가 각 둘이라 배필이 아니며 세극응하니 아름다운 집에 불화가 많더라
	午年五月成親合 오년오월성친합 謹得獨子保全家 근득독자보전가	오년 오월에 서로 합하여 결혼한다면 겨우 아들 하나 얻어 집을 보전할 수 있다
	福鬼隱伏香火絶 복귀은복향화절 百世光陰走天涯 백세광음주천애	관 아래 복덕이 은복되니 대가 끊기고 한평생을 천애 속에서 고생하며 지낸다
	男形敦厚肥且矮 남형돈후비차왜 鼻大口方眉目秀 비대구방미목수	남자 형체는 돈후하며 통통하면서 왜소한 편이며 큰 코에 모난 입에 미목이 뛰어나더라
	面有墻壁色黃白 면유장벽색황백 背圓腰闊性淳厚 배원요활성순후	얼굴은 평평하며 누런 바탕에 흰색이고 등과 허리는 둥글며 넓고 성격은 순후하더라
	度量寬博處事經 도량관박처사경 時宜自尊獨有持 사의자존독유지	도량은 넓고 관대하나 가볍게 일 처리하며 때로는 자존심으로 홀로 유지하고 있다
	神佛恭敬信仰心 신불공경신앙심 義理不明學問忌 의리불명학문기	신불을 공경하는 신앙심을 가지고 있으며 의리가 불명하고 글 배우는 것을 꺼리다
	女性人有濃白色 여성인유농백색 生旺黑色受制黃 생왕흑색수제황	여성의 피부 색깔은 아주 진한 흰색이며 생을 살아가면서 흑색에 누렇게도 되더라
	搖頭擺腰性小急 요두파요성소급 是非不拘氣不定 시비불구기부정	머리와 허리를 잘 흔들며 성질이 조급하며 시비에 불구하고 또렷하게 해결도 못한다
	言語有情心性寬 언어유정심성관 智慧聰明計謀長 지혜총명계모장	언어에 정감이 있고 심성이 너그러우며 지혜롭고 총명하며 계획과 모사에 능하다
	頂平身細行步速 정평신세행보속 眉大鼻曲面圓平 미대비곡면원평	이마는 평평하고 가는 체격에 걸음은 빠르며 미대비곡에 둥글고 넓적한 얼굴이더라

● 감남이녀 坎男離女

(男 쥐띠 女 말띠)

괘상(卦象)	원문(原文)	해설(解說)
수화기제 괘 (水火旣濟 卦) (중괘운) 兄子 ●● 형자 應 　　　 응 官戌 ● 관술 文申 ●● 문신 兄亥 ● 午才 형해　 오재 　　　 世 　　　 세 官丑 ●● 관축 孫卯 ● 손묘	所從鼓琵中歲踈 소종고비중세소 若不生難殯歌送 약불생난섬가송	북과 비파의 흥에 따라 반평생을 보내며 만약 죽음의 노래를 보낼 어려움이 없다
	水火未生五子中 수화미생오자중 莫詅桄桄一男終 막령신신일남종	수화미생이 결혼하면 다섯 자녀를 두겠으나 자랑함이 없이 다 잃고 종신은 일남이다
	飛來克財妻心傷 비래극재처심상 寅卯年運子孫昌 인묘년운자손창	비신이 은복된 처재를 극하니 처심이 상이나 인묘년에 결혼하면 자손이 번창할 수 있다
	丑年成婚喪門殺 축년성혼상문살 未年結親多血光 미년결친다혈광	축년에 결혼하면 상문살이 들어 있으며 미년에 결혼하면 많은 자식을 낙태한다
	男性人有黃白色 남성인유황백색 生旺帶黑受制黃 생왕대흑수제황	남성의 피부는 누런 바탕에 흰색이었으나 생왕운을 받아 흑색을 띤 누런색이더라
	頂平身細行步速 정평신세행보속 眉大鼻曲面圓平 미대비곡면원평	다소 날렵한 체격에 걸음거리가 빠르며 미대비곡에 둥글고 넓적한 얼굴이더라
	太過妄動反省缺 태과망동반성결 旺相機略計謨長 왕상기략계모장	지나치게 망동하나 반성함이 결여되었고 뛰어난 기략이 있고 꾀가 뛰어나도다
	搖頭擺腰性小急 요두파요성소급 是非不拘氣不定 시비불구기부정	머리와 허리를 잘 흔들며 성질이 조급하며 시비에 불구하고 또렷하게 해결도 못한다
	女貌端正大火色 여모단정대화색 旺相大貴大聰明 왕상대귀대총명	여모는 단정하고 얼굴에 붉은색이 많고 왕상운이 많아 대귀하고 크게 총명하다
	眉眞鼻豊穿印堂 미진비풍천인당 上尖下闊鼻孔露 상첨하활비공로	진한 눈썹과 풍요한 코에 인당이 좁으며 위는 좁고 아래는 넓으며 들창코이다
	言語有情心性寬 언어유정심성관 世處旺相居別房 세처왕상거별방	언어에 정감이 있고 심성이 너그러우며 세응이 왕상이니 부부간에 분별이 있다
	死絶妬毒性妄詐 사절투독성망사 不及膽小性曖昧 불급담소성애매	허망한 성욕에 불리하면 독하게 질투하고 정력이 미치지 못하여 성 생활이 애매하다

● 감남곤녀 坎男坤女

(男 쥐띠 女 양·원숭이띠)

괘상(卦象)	원문(原文)	해설(解說)
수지비 괘 (水地比 卦) (중괘운) 才子 ●● 應 재자 兄戌 ● 형술 孫申 ●● 손신 官卯 ●● 世 관묘 세 文巳 ●● 문사 兄未 ●● 형미 子未元嗔殺 자 미 원 진 살	應生世新婦和順 응 생 세 신 부 화 순 身中見鬼丈夫先 신 중 견 귀 장 부 선	응생세하니 신부는 부드럽고 순하나 돌아가신 조상신들이 꿈에 보인다
	花繁中反結子稀 화 번 중 반 결 자 희 行運生氣仔細看 행 운 생 기 자 세 간	꽃 피는 중반 이전에 자식 가지기 힘들고 생기운이 오면 가지는 것을 자세히 본다
	申酉運年子孫昌 신 유 운 년 자 손 창 庭前寶樹四時春 정 전 보 수 사 시 춘	신유년에 결혼하면 자손이 번창하여 뜰앞에 보배 같은 넷 자식이 놀고 있도다
	午年成婚喪門殺 오 년 성 혼 상 문 살 子年白虎多血産 자 년 백 호 다 혈 산	오년에 결혼하면 상문살로 자식 실패가 많고 자년에 결혼하면 백호살로 유산이 많다
	男形曲直五常仁 남 형 곡 직 오 상 인 色青身長性柔順 색 청 신 장 성 유 순	남자는 굴곡이 있게 훤칠하게 잘생겼으며 청색 바탕에 신장이 크며 유순한 성격이다
	眉目不正柔細聲 미 목 부 정 유 세 성 頭長喉結行不隱 두 장 후 결 행 불 은	미목이 불정하고 소리가 부드럽고 가늘며 머리가 길고 인후가 나오고 숨어서 못한다
	口尖齒疎行步速 구 첨 치 소 행 보 속 性急如風易回轉 성 급 여 풍 역 회 전	입은 나오고 이는 성글며 걸음이 빠르고 성질이 급해 바람 같고 역회전도 쉽게 한다
	生旺惻隱自益願 생 왕 측 은 자 익 원 言語巧技體如鍊 언 어 교 기 체 여 련	살아감에 측은함을 자신이 만들고 있으며 언어의 기교가 몸에 배어 단련되어 있다
	女貌人有濃白色 여 모 인 유 농 백 색 生旺帶黑受制黃 생 왕 대 흑 수 제 황	여성의 피부 색깔은 아주 진한 흰색이며 살아가면서 흑색 바탕에 누렇게도 변한다
	頂平身細行步速 정 평 신 세 행 보 속 眉大鼻曲面圓平 미 대 비 곡 면 원 평	이마가 평평하고 가는 체격에 걸음이 빠르며 미대비곡에 둥글고 넓적한 얼굴이더라
	言語有情心性寬 언 어 유 정 심 성 관 智慧聰明敏捷性 지 혜 총 명 민 첩 성	언어에 정감이 있고 심성이 너그러우며 지혜롭고 총명하며 매사에 민첩하다
	死絶淫狡内毒艱 사 절 음 교 내 독 간 旺相機略計謀長 왕 상 기 략 계 모 장	막다른 길에는 독한 마음으로 간음도 하며 뛰어난 기략이 있고 꾀가 뛰어나도다

● 감남태녀 坎男兌女

괘상(卦象)	원문(原文)	해설(解說)
수택절 괘 (水澤節 卦) (중괘운) 兄子 ●● 형자 官戌 ● 관술 文申 ●● 應 문신 응 官丑 ●● 관축 孫卯 ● 손묘 才巳 ● 世 재사 세	元央燕侶對面堂 원앙연려대면당 借問再得一孕紅 차문재득일잉홍	제비가 짝을 찾아 둥지에서 인연을 얻으니 뒤에 귀여운 자식을 얻는 소문을 듣는다
	官鬼交重相克應 관귀교중상극응 女人會許兩家情 여인회허양가정	두관효를 세효가 생하면서 세극응을 하니 여인의 회허로 두 가정이 정을 나누더라
	百鍊才器玉作換 백련재기옥작환 千磨難得一介榮 천마난득일개영	많은 재기로 자식 생산을 하도록 노력하여 많은 어려운 끝에 하나의 영광을 얻는다
	丑未喪門白虎殺 축미상문백호살 寅卯年運大吉昌 인묘년운대길창	축년은 상문살이요 미년에는 백호살이며 인묘년에 성혼하면 운이 대길 번창한다
	男性躁急禮恭敬 남성조급예공경 起居端正色赤火 기거단정색적화	남성은 성질이 조급하나 예의를 잘 지키며 기거가 단정하며 얼굴색은 붉은 편이다
	上尖下闊鼻孔露 상첨하활비공로 眉眞鼻豊穿印堂 미진비풍천인당	위는 좁고 아래는 넓으며 들창코이고 진한 눈썹과 풍요한 코에 인당이 좁도다
	死絶顔色似優秀 사절안색사우수 度量寬博處事經 도량관박처사경	안색에 항시 슬픔과 근심이 있는 것 같고 도량은 넓고 관대하나 일 처리가 미진하다
	意速聲焦事敏捷 의속성초사민첩 旺相大貴大聰明 왕상대귀대총명	탁한 목소리로 말이 빠르며 일은 민첩하며 왕상운이 많아 대귀하고 크게 총명하다
	女貌端正白似雪 여모단정백사설 聲音淸昌好容光 성음청창호용광	여자의 단정한 용모는 눈사람 같으며 맑고 좋은 음성에 얼굴에는 화기가 돈다
	眉高眼深頂平平 미고안심정평평 鼻曲骨肉回相應 비곡골육회상응	눈썹은 높고 눈은 깊고 이마는 평평하며 메부리코에 뼈와 살이 잘 조화되어 있다
	太過勇氣無計劃 태과용기무계획 不仁不義好貧尙 불인불의호빈상	용기는 지나치게 많으나 계획성이 없고 불인불의하면서 가난한 것을 좋아한다
	不及吝嗇內有毒 불급인색내유독 體小淫樂好殺生 체소음락호살생	인색하지 못하고 안으로는 독함이 있으며 몸은 작으나 음탕하며 살생을 좋아한다

● 감남건녀 坎男乾女

괘상(卦象)	원문(原文)	해설(解說)
수천수 괘 (水天需 卦) (상괘운) 才子 ●● 재자 兄戌 ● 형술 孫申 ●● 世 손신 세 兄辰 ● 형진 官寅 ● 巳文 관인 사문 才子 ● 應 재자 응 戌生寡殺 술 생 과 살	福德持身生應位 복덕지신생응위 夫婦和樂子孫昌 부부화락자손창	복덕이 세에 위치하여 응을 생하여 주니 부부가 화락하고 자손이 크게 번창하도다
	申酉年運七八兒 신유년운칠팔아 子午成親小兒郎 자오성친소아랑	신유년에 성혼하면 7, 8명의 자식을 둔다 자오년에 결혼하면 적은 자식을 둘 것이다
	一年多産恐初失 일년다산공초실 莫道老來一子榮 막도노래일자영	계속해 다산하나 첫 아이를 잃을 수이며 세월이 지나가서 노래에는 한 자식을 둔다
	男主中庸人堂寬 남주중용인당관 上闊下狹耳常紅 상활하협이상홍	남자는 훤칠한 체격에 인당이 넓겠으며 얼굴은 상활하협하고 귀는 항상 붉더라
	形容端正白似雪 형용단정백사설 聲音淸響好容光 성음청향호용광	단정하고 깨끗한 용모는 눈사람 같으며 맑고 좋은 음성에 얼굴에는 화기가 돈다
	眉高眼深頂平平 미고안심정평평 鼻曲骨肉回相應 비곡골육회상응	눈썹은 높고 눈은 깊고 이마는 평평하며 메부리코에 뼈와 살이 잘 조화되어 있다
	强毅有決動尚義 강의유결동상의 精神爽快性斷性 정신상쾌과단성	강건한 결단력으로 정의로운 행동을 하며 상쾌한 정신으로 과단성 있게 처리한다
	太過勇氣無計劃 태과용기무계획 不仁不義好貧尙 불인불의호빈상	용기는 지나치게 많으나 계획성이 없고 불인불의하면서 가난한 것을 좋아한다
	女性人有濃白色 여성인유농백색 生旺帶黑受制黃 생왕대흑수제황	여성의 피부 색깔은 아주 진한 흰색이며 살아가면서 흑색 바탕에 누렇게도 변한다
	頂平身細行步速 정평신세행보속 眉大鼻曲面圓平 미대곡직면원평	이마가 평평하고 가는 체격에 걸음이 빠르며 큰 눈썹과 굽은 코에 얼굴은 평평하더라
	言語有情心性寬 언어유정심성관 智慧敏活多聰明 지혜민활다총명	언어에 정감이 있고 심성이 너그러우며 매우 지혜롭고 총명하며 매사에 민첩하다
	太過妄動反省缺 태과망동반성결 死絶淫狡內毒艱 사절음교내독간	지나치게 망동하나 반성함이 결여되었고 막다른 길에는 독한 마음으로 간음도 한다

(男 개·돼지띠 女 개·돼지띠)

괘상(卦象)	원문(原文)	해설(解說)
중산간 괘 (重山艮 卦) (중괘운) 官寅 ● 관인　世 　　　세 才子 ● ● 재자 兄戌 ● ● 형술 孫申 ● 손신　應 　　　응 文午 ● ● 문오 兄辰 ● ● 형진 丑生寅孤 축생인고 寅生丑寡 인생축과	靈當元央一点空 영당원앙일점공 休言再見一枝紅 휴언재견일지홍	으뜸이 되는 중앙 영당에 자식이 비었더니 자손을 볼 수 있나 했더니 한 자식을 두었다
	世應沖克家不和 세응충극가불화 身中見鬼夫先亡 신중견귀부선망	세가 응을 충극하니 가정에 불화가 있고 세의 몸에 부선망 귀신이 자주 출현한다
	申酉年運婚大吉 신유년운혼대길 四五兒子保家庭 사오아자보가정	신유년에 결혼을 하면 크게 길하여 4, 5명의 자식을 두어 가정을 이어간다
	子午之年喪白虎 자오지년상백호 慘喪流産小兒郎 참상유산소아랑	자년에는 상문살이고 오년에는 백호살로 유아를 참상이나 유산으로 잃어버린다
	男形曲直五常仁 남형곡직오상인 色青身長性柔順 색청신장성유순	남자는 굴곡이 있게 훤칠하게 잘생겼으며 청색 바탕에 신장이 크며 유순한 성격이다
	眉目不正柔細聲 미목부정유세성 頭長喉結行不隱 두장후결행불은	미목이 불정하고 소리는 부드럽고 가늘며 긴머리에 인후가 나오고 숨은 행동을 못한다
	口尖齒疎行步速 구첨치소행보속 性急如風易回轉 성급여풍역회전	입은 나오고 이는 성글며 걸음이 빠르고 성질이 급해 바람 같고 역회전도 하기 쉽다
	骨細肉絞手足纖 골세육교수족섬 言語巧技體如鍊 언어교기체여련	근육형 체질에 수족은 섬세하게 생겼으며 말의 기교가 몸에 배어 단련되어 있도다
	女容端正白似雪 여용단정백사설 上闊下狹耳常紅 상활하협이상홍	여자의 단정한 용모는 흰 눈사람 같으며 얼굴은 상활하협하고 귀는 항상 붉더라
	眉高眼深頂平平 비고안심정평평 聲音清響好容光 성음청향호용광	눈썹은 높고 눈은 깊고 이마는 평평하며 맑고 좋은 음성에 얼굴에는 화기가 돈다
	太過勇氣無計劃 태과용기무계획 不仁不義好貧尚 불인불의호빈상	용기는 지나치게 많으나 계획성이 없고 불인불의하면서 가난한 것을 좋아한다
	不及吝嗇内有毒 불급인색내유독 體小淫樂好殺生 체소음락호살생	인색하지 못하고 안으로 독함이 있으며 몸은 작으나 음탕하며 살생을 좋아한다

(男 소·범띠 女 토끼띠)

괘상(卦象)	원문(原文)	해설(解說)
산뢰이 괘 (山雷頤 卦) (하괘운) 兄寅 ● 형인 文子 ●● 巳孫 문자　　사손 才戌 ●● 재술　世 　　세 才辰 ●● 재진 兄寅 ●● 형인 文子 ● 문자　應 　　응 卯生丑寡 묘 생 축 과	世底有才妻心喪 세 저 유 재 처 심 상 無子無官總不當 무 자 무 관 총 부 당	세 밑에 재하니 처의 마음이 편치 못하고 무자식에 무직업으로 모두 마땅치 못하다
	欄中花艶亂風散 난 중 화 염 란 풍 산 櫻桃兩三一果紅 앵 도 양 삼 일 과 홍	난간에 핀 꽃이 고우나 광풍에 흩어지니 앵도 두 그루 세 가지에 과일 하나가 붉다
	巳午年運結親合 사 오 년 운 결 친 합 僅得一家保傳香 근 득 일 가 보 전 향	사오년 운에 결합하여 결혼을 하면 겨우 하나의 자식을 얻어 집을 보전한다
	卯酉年運喪白虎 묘 유 년 운 상 백 호 風雨還驚散一雙 풍 우 환 경 산 일 쌍	묘유년 운에 성혼하면 상문살과 백호살로 비바람에 놀라 한 쌍의 자식을 잃더라
	男形敦厚肥且矮 남 형 돈 후 비 차 왜 鼻大口方眉目秀 비 대 구 방 미 목 수	남자 형체는 돈후하며 통통하면서 왜소한 편이며 큰 코에 모난 입에 미목이 수려하더라
	面有墻壁色黃白 면 유 장 벽 색 황 백 背圓腰闊性淳厚 배 원 요 활 성 순 후	얼굴은 밋밋하며 누런 바탕에 흰색이고 등과 허리는 둥글며 넓고 성격은 순후하더라
	時宜孤介獨自尊 시 의 고 개 독 자 존 不得衆情沈毒罹 부 득 중 정 심 독 이	때로는 고독을 느끼나 자존심으로 지내며 대중의 정을 못 얻으면 근심에 잠기더라
	神佛恭敬信仰心 신 불 공 경 신 앙 심 義理不明學問忌 의 리 불 명 학 문 기	신불을 공경하는 신앙심을 가지고 있으며 의리가 불명하고 글 배우는 것을 꺼린다
	女主端正濃白色 주 부 단 정 농 백 색 生旺帶黑受制黃 생 왕 대 흑 수 제 황	여성은 단정하며 얼굴은 진한 흰색이며 살아가면서 흑색 바탕에 누렇게도 변한다
	頂平身細行步速 정 평 신 세 행 보 속 眉大鼻曲面圓平 미 대 비 곡 면 원 평	이마가 평평하고 가는 체격에 걸음이 빠르며 큰 눈썹과 굽은 코에 얼굴은 둥글더라
	言語有情心性寬 언 어 유 정 심 성 관 智慧敏活多聰明 지 혜 민 활 다 총 명	언어에 정감이 있고 심성이 너그러우며 매우 지혜롭고 총명하며 매사에 민첩하다
	不及膽小性曖昧 불 급 담 소 성 애 매 死絶淫狡内毒艱 사 절 음 교 내 독 간	정력이 미치지 못하여 성 생활이 애매하며 막다른 길에는 독한 마음으로 간음도 한다

● 간남손녀艮男巽女

괘상(卦象)	원문(原文)	해설(解說)
산풍고 괘 (山風蠱 卦) (하괘운) 兄寅 ● 형인 應 응 文子 ●● 巳孫 문자 　 사손 才戌 ●● 재술 官酉 ● 관유 世 세 文亥 ● 문해 才丑 ●● 재축 辰生丑寡 진 생 축 과	花色芳枝亂如麻 화색방지난여마 元央無情白沙飛 원앙무정백사비	꽃 같은 고운 가지는 삼나무같이 흔들리고 둥지에서 정이 없으니 흰 모래 같은 삶이다
	福德隱伏香火絶 복덕은복향화절 櫻桃結子後園在 앵도절자후원재	복덕이 은복되니 자식 두기가 어려우나 젊은 시절 자식을 잉태하여 후원에 두다
	巳午年月結合親 사오년월결합친 僅得獨子保傳家 근득독자보전가	사년 사오월과 오년 사오월에 결혼하면 경우 외아들을 얻어 집안을 보전하도다
	卯酉喪門白虎殺 묘유상문백호살 參喪流産多見背 참상유산다견배	묘유년에 결혼하면 상문과 백호살이 있어 어린아이 참상과 유산이 많이 일어난다
	男主端正人堂寬 남주단정인당관 上闊下狹耳常紅 상활하협이상홍	남자는 아주 단정하며 인당이 넓겠으며 얼굴은 상활하협고 귀는 항상 붉더라
	眉高眼深頂平平 미고안심정평평 聲音淸響好容光 성음청향호용광	눈썹은 높고 눈은 깊고 이마는 평평하며 맑고 좋은 음성에 얼굴에는 화기가 돈다
	强烈雄大動尚義 강렬웅대동상의 精神爽快果斷性 정신쾌활과단성	강렬하고 웅대하며 매사에 의로 행동하며 상쾌한 정신으로 모든 일에 과단성이 있다
	太過勇氣無計劃 태과용기무계획 不仁不義好貧尚 불인불의호빈상	용기는 지나치게 많으나 계획성이 없고 불인불의하면서 가난한 것을 좋아한다
	女形曲直五常仁 여형곡직오상인 色青身長性柔順 색청신장성유순	여자는 굴곡이 있게 훤칠하게 잘생겼으며 청색 바탕에 신장이 크며 유순한 성격이다
	眉目不正柔細聲 미목부정유세성 頭長喉結行不隱 두장후결행불은	미목이 불정하고 소리가 부드럽고 가늘며 긴머리에 인후가 나오고 숨은 행동을 못한다
	美髮口尖人中長 미발구첨인중장 性急如風易回轉 성급여풍역회전	예쁜 모발에 입이 뾰족하고 인중이 길며 성질이 바람같이 급하고 역회전이 쉽도다
	口高齒疎行步速 구고치소행보속 生旺惻隱自益願 생왕측은자익원	입은 나오고 이는 성글며 걸음이 빠르고 생활고의 측은함을 스스로 원해서 만든다

●간남이녀 艮男離女

(男 소·범띠 女 말띠)

괘상(卦象)	원문(原文)	해설(解說)
산화비 괘 (山火賁 卦) (하괘운) 官寅 ● 관인 才子 ● ● 재자 兄戌 ● ● 형술　應 　　　　응 才亥 ● 申孫 재해　신손 兄丑 ● ● 午文 형축　　오문 官卯 ● 관묘　世 　　　세 丑午元嗔 축오원 진	元央初有伴合雙 원 앙 초 유 반 합 쌍 絃絶鳴琴亂耳邊 현 절 명 금 난 이 변	서로 합하여 둥지에서 짝을 이루었으니 줄 끊어진 거문고에 소리가 나지 않는다
	前堂紅日錦如錦 전 당 홍 일 금 여 금 得子生死失後緣 득 자 생 사 실 후 연	집안에 둔 자식을 비단같이 고이 기르나 얻은 자식 생사는 잃은 후에 알게 된다
	申酉年月成親合 신 유 년 월 성 친 합 或得獨子保傳家 혹 득 독 자 보 전 가	신년 신유월과 유년 신유월에 결혼하면 혹시 외아들을 얻어 집안을 보전하도다
	子午年運最克害 자 오 년 운 최 극 해 運尋細察仔祥觀 운 심 세 찰 자 상 관	자오년 운에 결혼이 가장 해로운 해이며 상세히 보고 자세히 살펴 하는 것이 좋다
	男形蒼蒼何可錄 남 형 창 창 하 가 록 言語巧技體如鍊 언 어 교 기 체 여 련	남자는 형체는 원만하고 늠름한 풍채로 말하는 기술은 이미 몸에 단련되었다
	眉目不正人中長 미 목 부 정 인 중 장 頭長候結行不隱 두 장 후 결 행 불 은	눈썹과 눈이 바르지 못하고 인중이 길며 긴머리에 인후가 나오고 숨은 행동을 못한다
	骨育細纖行步速 골 육 세 섬 행 보 속 性急如風易回轉 성 급 여 풍 역 회 전	골육은 가늘고 적어도 걸음은 빠르며 성질이 급해 바람 같고 역회전이 쉽도다
	體貌庚長更修小 체 모 유 장 갱 수 소 生旺測隱自益願 생 왕 측 은 자 익 원	신체는 마르고 길며 또한 수양이 적으며 삶에 측은함을 자신이 스스로 만든다
	女形敦厚肥且矮 여 형 돈 후 비 차 왜 鼻大口方眉目秀 비 대 구 방 미 목 수	여자 형체는 돈후하며 통통하면서 왜소한 편이며 큰 코에 모난 입에 미목이 수려하더라
	面有墙壁色黃青 면 유 장 벽 색 황 청 背圓腰闊性淳厚 배 원 요 활 성 순 후	얼굴은 밋밋하며 누런 바탕에 청색이고 등과 허리는 둥글며 넓고 성격은 순후하더라
	度量寬博處事經 도 량 관 박 처 사 경 死絶顏色似優秀 사 절 안 색 사 우 수	도량은 넓고 관대하나 일 처리는 가벼우며 안색에 항시 슬픔과 근심이 있는 것 같다
	時宜孤介獨自尊 시 의 고 개 독 자 존 不及事物不合致 불 급 사 물 불 합 치	때로는 고독을 느끼나 자존심으로 지내며 사물이 미치지 못하니 합치는 것도 못한다

(男 소·범띠 女 양·원숭이띠)

괘상(卦象)	원문(原文)	해설(解說)
산지박 괘 (山地剝 卦) (중괘운) 才寅 ● 재인 孫子 ●● 申兄 손자 世 신형 　　세 文戌 ●● 문술 才卯 ●● 재묘 官巳 ●● 관사 應 　　응 文未 ●● 문미	梅樹纔開又値風 매 수 재 개 우 치 풍 小花何處落園紅 소 화 하 처 낙 원 홍	매화잎이 겨우 피는데 또 바람을 만나니 피지 못한 꽃은 동산의 어느 곳에서 진다
	福德持身養育盛 복 덕 지 신 양 육 성 世克應芳家不平 세 극 응 방 가 불 평	자식이 세의 몸에 채우니 잘 양육이 되며 세극응하니 꽃다운 집이 평탄하지 못하다
	亥子年吉結親合 해 자 년 길 결 친 합 二三兒子舞前庭 이 삼 아 자 무 전 정	해자년에 결혼하면 크게 길하므로 2, 3명의 아이가 앞뜰에서 춤을 춘다
	戌年喪門乳兒背 술 년 상 문 유 아 배 辰年白虎多血光 진 년 백 호 다 혈 광	술년에 상문살로 어린애를 잃고 진년에 백호살로 낙태가 많다
	男性人有濃白色 남 성 인 유 농 백 색 眉大鼻曲面平平 미 대 비 곡 면 평 평	남성의 피부 색깔은 아주 진한 흰색이며 진한 눈썹과 굽은 코에 얼굴은 평평하더라
	言語有情心性寬 언 어 유 정 심 성 관 智慧手巧多聰明 지 혜 수 교 다 총 명	언어에 정감이 있고 심성이 너그러우며 지혜롭고 아주 총명하며 손재주가 있다
	搖頭擺腰性小急 요 두 파 요 성 소 급 是非不拘氣不定 시 비 불 구 기 부 정	머리와 허리를 잘 흔들며 성질이 조급하며 시비에 불구하고 또렸하게 해결도 못한다
	太過妄動反省缺 태 과 망 동 반 성 결 旺相機略計謀長 왕 상 기 략 계 모 장	지나치게 망동하나 반성함이 결여되었고 삶에 있어 기지와 지략이 있고 꾀가 많다
	女性躁急變不正 여 성 조 급 변 부 정 起居端正色赤青 기 거 단 정 색 적 청	여성은 조급하며 바른 것은 변치 못하고 기거가 단정하며 얼굴색은 붉고 푸르다
	火出旺相分飛散 화 출 왕 상 분 비 산 生處相旺居別房 생 처 상 왕 거 별 방	화가 좋은 운을 얻으면 날아 분산되며 태어난 곳과 왕상되면 서로 다른 방에 산다
	死絶妬毒性妄詐 사 절 투 독 성 망 사 貌拙形容腹不長 모 졸 형 용 복 부 장	허망한 성욕에 불리하면 독하게 질투하고 모양과 형용이 옹졸하며 크지 않는다
	意速聲焦敏捷事 의 속 성 초 민 첩 사 旺相帶貴大聰明 왕 상 대 귀 대 총 명	판단이 빠르고 그을린 음성에 민첩하며 왕상운으로 총명하며 귀하게 될 수 있다

● 간남태녀 艮男兌女

괘상(卦象)	원문(原文)	해설(解說)
산택손 괘 (山澤損 卦) (하괘운) 官寅 ● 관인 應 　　 응 才子 ● ● 재자 兄戌 ● ● 형술 兄丑 ● ● 申孫 형축 신손 　　 世 　　 세 官卯 ● 관묘 文巳 ● 문사	兩兩元央花柳枝 양양원앙화유지 好花先折又生悲 호화선절우생비	두 개 둥지의 버드나무 가지에 꽃이 피니 좋은 꽃이 먼저 꺾이니 또한 슬픔이 생긴다
	滿園果亂或先凋 만원과란혹선조 終歲雙子味可調 종세쌍자미가조	꽉 찬 정원에 과난으로 선과가 떨어지니 만년에 두 아들이 종신할 수 있을 것이다
	應克世芳家不和 응극세방가불화 官鬼交重兩家期 관귀교중양가기	응극세하니 신부로 인해 집이 시끄러우며 신랑은 둘 중에 나중 사람을 택할 것이다
	申酉之年婚大吉 신유지년혼대길 子午運怕家絶火 자오운가가절화	신년이나 유년에 결혼하면 크게 좋으며 자오년에 결혼하면 집안 절손이 두렵더라
	男形敦厚肥且矮 남형돈후비차왜 鼻大口方眉目秀 비대구방미목수	남자 형체는 돈후하며 통통하면서 왜소한 편이며 큰 코에 모난 입에 미목이 수려하더라
	面有墻壁色黃青 면유장벽색황청 背圓腰闊性淳厚 배원요활성순후	얼굴은 밋밋하며 누런 바탕에 청색이고 등과 허리는 둥글며 넓고 성격은 순후하더라
	時宜孤介獨自尊 시의고개독자존 不得衆情沈毒罹 부득중정심독이	때로는 고독을 느끼나 자존심으로 지내며 대중의 정이 그리우면 근심에 잠기더라
	太過愚鈍修養缺 태과우둔수양결 不及事物不合致 불급사물불합치	크게 우둔해서 닦고 기르는 게 결여되어 사물에 미치지 못하여 합치지도 못한다
	女形曲直五常仁 여형곡직오상인 色青白濃性柔順 색청백농성유순	여자는 굴곡이 있게 휜칠하게 잘생겼으며 살색은 진한 청백색으로 성격은 유순하다
	眉目不正人中長 미목부정인중장 頭長喉結行不隱 두장후결행불은	미목이 바르지 못하고 인중이 조금 길며 긴머리에 인후가 나오고 숨은 행동을 못한다
	美髮齒疎行步速 미발치소행보속 性急如風易回轉 성급여풍역회전	고운 모발에 이는 성글며 걸음이 빠르고 성질이 바람같이 급하며 역회전이 쉽도다
	骨肉纖細手足美 골육섬세수족미 言語巧技體如鍊 언어교기체여련	가늘고 섬세한 체격에 손발이 아름다우며 말의 기교가 몸에 배어 단련되어 있도다

● 간남건녀 艮男乾女

괘상(卦象)	원문(原文)	해설(解說)
산천대축 괘 (山天大畜 卦) (중괘운) 兄辰 ● 형진 才子 ●● 재자　　應 　　　응 兄戌 ●● 형술 兄辰 ● 申孫 형진　신손 官寅 ● 午文 관인 世 오문 　　 세 才子 ● 재자 丑生戌寡 축 생 술 과 亥生寅孤 해 생 인 고	元侶雙雙隊隊飛 원 려 쌍 쌍 대 대 비 好花艶處伴身眠 호 화 염 처 반 신 교	둥지에서 짝을 지어 쌍쌍이 날아 다니다가 좋은 곳에서 짝을 맺어 사랑에 꽃이 핀다
	枝葉間盛花下子 지 엽 간 성 화 하 자 終年君子一二隨 종 년 군 자 일 이 수	가지와 잎 사이에 꽃 피어 아들을 얻으니 만년에 종신 자식 1, 2명이 따르게 된다
	福德隱伏飛來生 복 덕 은 복 비 래 생 僅得保家傳香火 근 득 보 가 전 향 화	자식궁이 은복되어 비신이 와서 생해 주니 겨우 집을 보전할 수 있는 자식을 두도다
	申酉年運婚大吉 신 유 년 운 혼 대 길 應生世身女貪夫 응 생 세 신 여 탐 부	신과 유년에 결혼하면 아주 길한 운이 오며 응생세하니 부인이 내조를 잘하도다
	男形蒼蒼瘦小長 남 형 창 창 유 소 장 頭長喉結行不隱 두 장 후 결 행 불 은	남자 모습은 창창하며 마르고 조금 크며 긴머리에 인후가 나오고 숨은 행동을 못한다
	口尖齒疎人中長 구 첨 치 소 인 중 장 言語巧技體如鍊 언 어 교 기 체 여 련	입이 나오고 성근 이에 인중이 길며 말의 기교가 몸에 배어 단련되어 있도다
	眉目不正柔細聲 미 목 부 정 유 세 성 性急如風易回轉 성 급 여 풍 역 회 전	미목이 부정하고 음성은 부드럽고 가늘며 성질이 바람같이 급하고 역회전이 쉽도다
	慳吝鄙嗇肌燥乾 간 인 비 색 기 조 건 生旺惻隱自益願 생 왕 측 은 자 익 원	궁상스러운 몰골에 피부가 매우 건조하며 삶에 측은함을 자신이 스스로가 만든다
	女性人有濃白色 여 성 인 유 농 백 색 生旺帶黑受制黃 생 왕 대 흑 수 제 황	여성의 피부 색깔은 매우 진한 흰색이며 살아가면서 흑색 바탕에 누렇게도 변한다
	頂平身細行步速 정 평 신 세 행 보 속 眉大鼻曲面圓平 미 대 비 곡 면 원 평	다소 날렵한 체격에 걸음거리가 빠르며 진한 눈썹과 굽은 코에 얼굴은 둥글더라
	言語有情心性寬 언 어 유 정 심 성 관 智慧敏活多聰明 지 혜 민 활 다 총 명	언어에 정감이 있고 심성이 너그러우며 지혜롭고 민활하며 많이 총명하다
	太過妄動反省缺 태 과 망 동 반 성 결 死絶淫狡內毒艱 사 절 음 교 내 독 간	지나치게 망동하나 반성함이 없으며 막다른 길에는 독한 마음으로 간음도 한다

(男 소·범띠 女 쥐띠)

괘상(卦象)	원문(原文)	해설(解說)
산수몽 괘 (山水蒙 卦) (중괘운) 文寅 ● 문인 官子 ●● 관자 孫戌 ●● 酉才 손술 世 유재 세 兄午 ●● 형오 孫辰 ● 손진 文寅 ●● 應 문인 응 子生寅孤 자생인고	花月照來改換時 화월조래개환시 此身終娶笑西施 차신종취소서시	신부를 바꾸어서 때맞추어 바꾸는 때여서 마침내 장가를 가니 시쪽에서 웃는다
	春風媚景一時興 춘풍미경일시흥 有子老來還介似 유자노래환개사	젊은 좋은 시절은 한때의 즐거움이며 하나 있는 자식을 늙어서 먼저 보낸다
	辰戌丑未婚大吉 진술축미혼대길 庭前寶樹保家傳 정전보수보가전	진술축미년에 결혼하면 크게 길하여 앞뜰의 귀한 자식은 집을 잘 보전한다
	寅申巳亥年不吉 인신사해년불길 縱見災害兒卽小 종견재해아즉소	인신사해년에 결혼하면 불길하며 자식들의 나쁜 것을 보게 될 것이다
	男形敦厚肥且矮 남형돈후비차왜 鼻大口方眉目秀 비대구방미목수	남자 형체는 돈후하며 통통하면서 왜소한 편이며 큰 코에 모난 입에 미목이 수려하더라
	面有墻壁色黃白 면유장벽색황백 背圓腰闊性淳厚 배원요활성순후	얼굴은 밋밋하며 누런 바탕에 흰색이고 등과 허리는 둥글며 넓고 성격은 순후하더라
	度量寬博處事經 도량관박처사경 死絕顏色似優秀 사절안색사우수	도량은 넓고 관대하나 일 처리는 가벼우며 안색에 항시 슬픔과 근심이 있는 것 같다
	神佛恭敬信仰心 신불공경신앙심 義理不明學未修 의리불명학미수	신불을 공경하는 신앙심을 가지고 있으며 의리가 불명하고 글을 배우지 못하였다
	女貌蒼蒼身小長 여모창창신소장 頭長喉結行不隱 두장후결행불은	여자 모습은 창창하고 체격은 조금 적으며 긴머리에 인후가 나오고 숨은 행동을 못한다
	美髮口尖人中長 미발구첨인중장 性急如風易回轉 성급여풍역회전	예쁜 모발에 입이 뾰족하고 인중이 길고 성질이 바람같이 급하고 역회전이 쉽다
	骨細肉絞手足纖 골세육교수족섬 言語巧技體如鍊 언어교기체여련	골육이 미세한 체격에 손발이 섬세하며 말의 기교가 몸에 배어 단련되어 있도다
	慳吝鄙嗇肌燥乾 간인비색기조건 生旺惻隱自益願 생왕측은자익원	궁상스러운 몰골에 매우 건조한 피부이며 삶에 측은함을 자신이 스스로가 만든다

괘상(卦象)	원문(原文)	해설(解說)
중뢰진 괘 (重雷震 卦) (중괘운) 才戌 ●● 世 재술 세 官申 ●● 관신 孫午 ● 손오 才辰 ●● 應 재진 응 兄寅 ●● 형인 文子 ● 문자	燕子雙雙隊隊隨 연자쌍쌍대대수 忽飛風吹後園垂 홀비풍취후원수	제비 새끼가 쌍쌍이 무리를 지어 날으나 날다가 몰아치는 바람에 후원에 떨어진다
	子命前緣數張排 자명전연삭장배 家在一枝李家開 가재일지이가개	자식들의 명은 조상의 음덕으로 펼쳐지며 집을 잇는 것은 자식 훈계로 집이 열린다
	巳午之年成親合 사오지년성친합 兩兩兒子相傳保 양양아자상전보	사년이나 오년에 서로 합쳐 결혼한다면 네 명의 아들이 집안을 보전한다
	辰年喪門背連傷 진년상문배연상 戌年白虎血光多 술년백호혈광다	진년 결혼은 상문살로 유아를 연속 잃고 술년 결혼은 백호살로 많은 낙태를 한다
	男形敦厚肥且矮 남형돈후비차왜 鼻大口方眉目秀 비대구방미목수	남자 형체는 돈후하며 통통하면서 왜소한 편이며 큰 코에 모난 입에 미목이 수려하더라
	面有墻壁色黃白 면유장벽색황백 背圓腰闊性淳厚 배원요활성순후	얼굴은 밋밋하며 누런 바탕에 흰색이고 등과 허리는 둥글며 넓고 성격은 순후하더라
	强烈雄大動尙義 강렬웅대동상의 精神爽快果斷性 정신쾌활과단성	강렬 웅대하며 매사에 의로 행동하고 상쾌한 정신으로 일에 과단성이 있다
	時宜孤介獨自尊 시의고개독자존 不得衆情沈毒懼 부득중정심독이	때로는 고독을 느끼나 자존심으로 지내며 대중의 정이 그리우면 근심에 잠기더라
	女性淳厚肥且瘻 여성순후비차위 顔色靑黃眉目秀 안색청황미목수	여성은 순후하며 살이 찌고 조금 절며 안색은 청색에 누르며 미목이 수려하다
	旺相度量寬博信 왕상도량관박신 神佛崇敬信仰心 신불숭경신앙심	삶에 있어 도량이 관박하고 믿음이 있고 신불을 숭상하고 공경하며 신앙심 있다
	不及顔色似憂悲 불급안색사우비 鼻低面偏沈毒懼 비저면편심독이	근심과 슬픔을 벗지 못하는 얼굴색이며 낮은 코에 삐뚤어진 얼굴을 근심한다
	太過愚鈍修養決 태과우둔수양결 義理不明學修未 의리불명학수미	수양이 없어서 어리석고 둔함이 태과하며 의리도 바르지 않고 글을 배우지 못하다

●진남손녀 震男巽女

(男 토끼띠 女 용·뱀띠)

괘상(卦象)	원문(原文)	해설(解說)
뇌풍항 괘 (雷風恒 卦) (중괘운) 才戌 ‥ 재술 應 응 官申 ‥ 관신 孫午 • 손오 官酉 • 世 관유 세 文亥 • 寅兄 문해 인형 才丑 ‥ 재축 巳生卯孤 사 생 묘 고	燕侶元央重會時 연 려 원 앙 중 회 시 莫言分散再尋枝 막 언 분 산 재 심 지	짝을 찾는 제비가 둥지에서 때를 기다리며 날 없이 흩어져 나시 깊은 인연을 찾느나
	兩兩雙子滿眼前 양 양 쌍 자 만 안 전 狂風吹到送中子 광 풍 취 도 송 중 자	네 명의 자식이 눈에 가득하나 광풍이 몰아쳐 중간 자식을 먼저 보내다
	巳午年運大吉昌 사 오 년 운 대 길 창 庭前寶樹三四枝 정 전 보 수 삼 사 지	사오년에 결혼하면 대길 번창하여 뜰앞에 보배로운 자식 3, 4명을 둔다
	辰戌年運小兒郞 진 술 년 운 소 아 랑 申年結合見慘背 신 년 결 합 견 참 배	진술년 운에 결혼하면 자식이 적게 되겠고 신년에 결혼하면 자식의 참사를 보게 된다
	男主中庸人堂寬 남 주 중 용 인 당 관 上闊下狹耳常紅 상 활 하 협 이 상 홍	남자는 훤칠한 체격에 인당이 넓겠으며 얼굴은 상활하협하고 귀는 항상 붉더라
	形容端正白似雪 형 용 단 정 백 사 설 精神爽快好容光 정 신 쾌 활 호 용 광	용모는 단정하고 얼굴은 흰 눈사람 같으며 상쾌한 정신에 얼굴이 빛이 나더라
	眉高眼深頂平平 미 고 안 심 정 평 평 鼻曲骨肉回相應 비 곡 골 육 회 상 응	눈썹은 높고 눈은 깊고 이마는 평평하며 메부리코에 뼈와 살이 잘 조화되어 있다
	太過勇氣無計劃 태 과 용 기 무 계 획 不仁不義好貧尙 불 인 불 의 호 빈 상	용기는 지나치게 많으나 계획성이 없고 불인불의하면서 가난한 것을 좋아한다
	女性淳厚肥且矮 여 성 순 후 비 차 왜 鼻大口方眉目秀 비 대 구 방 미 목 수	여성은 순후하며 통통하나 키가 작고 큰 코에 모난 입에 미목이 수려하더라
	面有圓滿色黃白 면 유 원 만 색 황 백 背圓腰闊性溫厚 배 원 요 활 성 온 후	얼굴은 원만하며 누런 바탕에 흰색이고 등과 허리는 둥글며 넓고 성격은 온순하더라
	神佛信仰敬慕心 신 불 신 앙 경 모 심 義理不明學未修 의 리 불 명 학 미 수	신불은 신앙심을 가지고 공경하고 있으나 의리가 불명하고 글을 배우지 못하였다
	時宜孤介自尊心 시 의 고 개 자 존 심 不得衆情沈毒懷 부 득 중 정 심 독 이	때로는 지나친 자존심 때문에 고독해지며 대중의 정이 그리우면 근심에 잠기더라

● 진남이녀 震男離女

(男 토끼띠 女 말띠)

괘상(卦象)	원문(原文)	해설(解說)
뇌화풍 괘 (雷火豊 卦) (상괘운) 官戌 •• 관술 文申 •• 문신 世 세 才午 • 재오 兄亥 • 형해 官丑 •• 관축 應 응 孫卯 • 손묘	鶯花元侶同孕棲 앵화원려동잉서 艶處芳樹一處去 염처방수일처거	꽃 같은 꾀꼬리가 짝이 되어 잉태하니 좋은 곳에서 자식을 낳아 한 곳에 산다
	芳花百孕一枝生 방화백잉일지생 莫嘆殘枝二子貴 막탄잔지이자귀	젊어서 많이 잉태하나 하나의 자식만 나니 한탄 말라. 남은 가지에 두 아들이 있다
	寅卯之年成親合 인묘지년성친합 三四兄弟孝子持 삼사형제효자지	인년이나 묘년에 합하여 결혼을 한다면 3, 4명의 효도하는 자식 형제를 가진다
	丑未年運小兒郎 축미년운소아랑 巳年成結喪明背 사년성결상명배	축미년 운에 결혼하면 자식이 적게 되겠고 사년에 결혼하면 자식을 먼저 잃게 된다
	男主中庸人堂寬 남주중용인당관 上闊下狹耳常紅 상활하협이상홍	남자는 훤칠한 체격에 인당이 넓겠으며 얼굴은 상활하협하고 귀는 항상 붉더라
	形容端正色黃白 형용단정색황백 精神爽快果斷性 정신상활과단성	용모가 단정하고 얼굴색은 황색에 희고 상쾌한 정신에 항시 과단성 있게 일한다
	眉高眼深頂平平 미고안심정평평 鼻曲骨肉回相應 비곡골육회상응	눈썹은 높고 눈은 깊고 이마는 평평하며 메부리코에 뼈와 살이 잘 조화되어 있다
	太過勇氣無計劃 태과용기무계획 不仁不義好貧尚 불인불의호빈상	용기는 지나치게 많으나 계획성이 없고 불인불의하면서 가난한 것을 좋아한다
	女性淳厚肥且矮 여성순후비차왜 鼻大口方眉目秀 비대구방미목수	여성은 순후하며 통통하나 키가 작고 큰 코에 모난 입에 미목이 수려하더라
	面有圓滿色黃赤 면유원만색황적 背豊腰闊性淳厚 배풍요활성순후	얼굴은 원만하며 누런 바탕에 붉은색이고 배풍요활하며 성격은 순후하더라
	神佛信仰敬慕心 신불신앙경모심 義理不明學未修 의리불명학미수	신앙심을 가지고 신불을 공경하고 있으며 의리가 불명하고 글을 배우지 못하였다
	時宜孤介獨自尊 시의고개독자존 不得衆情沈毒雁 부득중정심독이	때로는 지나친 자존심 때문에 고독해지며 대중의 정이 그리우면 근심에 잠기더라

● 진남곤녀震男坤女

(男 토끼띠 女 양·원숭이띠)

괘상(卦象)	원문(原文)	해설(解說)
뇌지예 괘 (雷地豫 卦) (중괘운) 才戌 ● ● 재술 官申 ● ● 관신 孫午 ●　應 손오　　응 兄卯 ● ● 형묘 孫巳 ● ● 손사 才未 ● ●　子文 재미　　　자문 　　世 　　세 卯申元嗔殺 묘신원진살	鶯兒燕子相願處 앵 아 연 자 상 원 처 元侶離還斷續絃 원 려 이 환 단 속 현	꾀꼬리와 제비 새끼가 같은 곳에서 사나 원짝과 헤어지니 악기 줄이 끊어진 것 같다
	蜂蝶堂前春色宜 봉 접 당 전 춘 색 의 寶樹兩三赤願然 보 수 양 삼 적 원 연	봉접이 집에 있으니 마땅히 봄빛이 들어 원하는 대로 보배로운 자식 2, 3명을 둔다
	夫和婦順家道昌 부 화 부 순 가 도 창 世底有財婦道先 세 저 유 재 부 도 선	부화부순하니 집안이 화목하고 융창하며 남편은 돈 잘 벌고 부인은 내조를 잘한다
	巳午成親多兒子 사 오 성 친 다 아 자 卯戌合婚災害還 묘 술 합 혼 재 해 환	사오년에 결혼하면 자식을 많이 두겠으나 묘술년에 결혼하면 재해가 많이 올 것이다
	男主敦厚肥且矮 남 주 돈 후 비 차 왜 鼻大口方眉目秀 비 대 구 방 미 목 수	남자는 돈후하며 통통하나 키가 작고 큰 코에 모난 입에 미목이 수려하더라
	面有圓滿色黃白 면 유 원 만 색 황 백 度量寬博處事經 도 량 관 박 처 사 경	얼굴은 원만하며 누런 바탕에 흰색이고 도량은 넓고 관대하나 일 처리는 가볍다
	神佛崇敬信仰心 신 불 숭 경 신 앙 심 義理不明學未修 의 리 불 명 학 미 수	신불을 공경하는 신앙심을 가지고 있으며 의리가 불명하고 글을 배우지 못하였다
	時宜孤介獨自尊 시 의 고 개 독 자 존 不得衆情沈毒懼 부 득 중 정 심 독 이	때로는 지나친 자존심 때문에 고독해지며 대중의 정이 그리우면 근심에 잠기더라
	女性躁急禮儀敬 여 성 조 급 예 의 경 起居端正色赤黃 기 거 단 정 색 적 황	여성은 성격이 조급하나 예의를 공경하며 기거가 단정하며 살색은 붉으면서 누르다
	意速聲焦敏捷事 의 속 성 초 민 첩 사 旺相帶貴大聰明 왕 상 대 귀 대 총 명	그을은 음성에 말이 빠르고 매사 민첩하며 왕상운에는 총명하고 귀하게 될 수 있다
	上尖下豊鼻孔露 상 첨 하 풍 비 공 로 眉眞鼻豊穿印堂 미 진 비 풍 천 인 당	위는 좁고 아래는 풍만하며 들창코이고 진한 눈썹과 풍요한 코에 인당이 좁도다
	精神閃躁急言語 정 신 섭 조 급 언 어 或靑或赤變不定 혹 청 혹 적 변 부 정	정신도 조급하며 말하는 것도 빠르며 이랬다 저랬다하는 성격의 소유자이다

육효궁합보는 법 제3부 **209**

● 진남태녀 震男兌女

(男 토끼띠 女 닭띠)

괘상(卦象)	원문(原文)	해설(解說)
뇌택귀매 괘 (雷澤歸妹 卦) (하괘운) 文戌 ●● 문술 應 응 兄申 ●● 형신 官午 ● 亥孫 관오 해손 文丑 ●● 문축 世 세 才卯 ● 재묘 官巳 ● 관사	春花秋結各自紅 춘 화 추 결 각 자 홍 借問何事晩景豊 차 문 하 사 만 경 풍	춘화추결하는 것은 각자 스스로 붉으며 어떤 일을 무르면 늦은 풍경이 풍요롭다
	父母持世養育稀 부 모 지 세 양 육 희 福德隱伏絶火香 복 덕 은 복 절 화 향	조상 음덕을 못입어 양육하기 어려우며 복덕이 은복되니 자식 두기가 어렵도다
	亥子之年結親合 해 자 지 년 결 친 합 僅得獨子保家在 근 득 독 자 보 가 재	해년이나 자년에 결합하여 결혼을 하면 겨우 하나의 자식을 얻어 집을 보전한다
	酉年喪門兒子背 유 년 상 문 아 자 배 白虎卯歲多血光 백 호 묘 세 다 혈 광	유년에 결혼하면 상문살로 어린자식 잃고 묘년에 성혼은 백호살로 유산을 많이 한다
	男女性昌心和合 남 녀 성 창 심 화 합 男有鼻大口角方 남 유 비 대 구 각 방	남녀간에 마음이 맞아 성 관계도 원만하고 남자는 코가 크고 입은 사각형으로 바르다
	背圓腰闊性淳厚 배 원 요 활 성 순 후 度量寬博處事經 도 량 관 박 처 사 경	등과 허리는 둥글며 넓고 성격은 순후하더라 도량은 넓고 관대하나 일 처리는 가볍다
	時宜孤介獨自尊 시 의 고 개 독 자 존 不得衆情沈毒雁 부 득 중 정 심 독 이	때로는 지나친 자존심 때문에 고독해지며 대중의 정이 그리우면 근심에 잠기더라
	太過愚鈍修養缺 태 과 우 둔 수 양 결 崇問未修理不明 숭 문 미 수 리 불 명	크게 우둔해서 닦고 기르는 게 결여되어 배우고 듣지 못하여 이치에 밝지 못하다
	女性淳厚肥且矮 여 성 순 후 비 차 왜 眉目不正色靑黃 미 목 부 정 색 청 황	여성은 순후하며 통통하나 키가 작고 미목이 부정하며 살색은 청황색이다
	不及事物不合致 불 급 사 물 불 합 치 神佛恭敬熟心仰 신 불 공 경 숙 심 앙	사물에 미치지 못하여 합치지도 못하며 신불을 공경하는 마음이 아주 익숙하다
	口尖齒疎行步速 구 첨 치 소 행 보 속 情弱奔勞力無功 정 약 분 노 력 무 공	입은 뾰족하고 이는 성글며 걸음은 빠르고 정에 약하여 많은 노력을 하나 공이 없다
	死絶顔色似憂悲 사 절 안 색 사 우 비 内心小毒信不行 내 심 소 독 신 불 행	안색에 항시 슬픔과 근심이 있는 것 같고 마음속으로 적은 독이 있어 믿지 못한다

🟢 진남건녀 震男乾女

괘상(卦象)	원문(原文)	해설(解說)
뇌천대장 괘 (雷天大壯 卦) (중괘운) 兄戌 •• 형술 孫申 •• 손신 文午 • 世 문오 세 兄辰 • 형진 官寅 • 관인 才子 • 應 재자 응	鶯兒雙喜枝上鳴 앵아쌍희지상명 胡蝶飛飛似無情 호접비비사무정	꾀꼬리 새끼가 짝지어 가지에서 즐기는데 나비같이 훨훨 날아가니 무정한 것 같다
	男柔女强家不和 남유여강가불화 父母之世小兒郞 부모지세소아랑	남유여강하니 집안이 다소 시끄러우며 조상의 음해로 아들 자식이 다소 적겠다
	申酉給合四五子 신유결합사오자 子午不吉多血光 자오불길다혈광	신유년에 결혼하면 4, 5명의 자식을 두며 자오년 결혼도 불길하여 유산을 많이 한다
	細看運尋行成立 세간운심행성립 眼前三戱寶家庭 안전삼희보가정	운을 자세히 살펴보니 좋은 일이 생겨서 안전에 세 자식이 가정의 보배이도다
	男性躁急禮恭敬 남성조급예공경 起居端正色靑紅 기거단정색청홍	남성은 조급하나 예의를 잘 지키며 기거가 단정하고 얼굴색은 청홍색이다
	意速聲焦敏捷事 의속성초민첩사 旺相帶貴大聰明 왕상대귀대총명	탁한 음성에 말이 빠르며 일에 민첩하고 왕상운에는 총명하여 귀하게 될 수 있다
	上尖下闊鼻孔露 상첨하활비공로 眉眞鼻豊穿印堂 미진비풍천인당	위는 좁고 아래는 넓으며 들창코이고 진한 눈썹과 풍요한 코에 인당이 좁도다
	死絶妬毒性妄詐 사절투독성망사 醜拙形容腹不長 추졸형용복부장	허망한 성욕에 불리하면 독하게 질투하고 못생긴 용모에 옹졸하며 배가 길지 않다
	女性人有濃白色 여성인유농백색 生旺帶黑受制黃 생왕대흑수제황	여성의 피부 색깔은 매우 진한 흰색이며 잘 살면서 흑색 띠에 황색 바탕이더라
	頂平身細行步速 정평신세행보속 眉大鼻曲面圓平 미대비곡면원평	다소 날렵한 체격에 걸음거리가 빠르며 진한 눈썹과 굽은 코에 얼굴은 둥글더라
	言語有情心性寬 언어유정심성관 慧藝敏活多總明 혜예민활다총명	언어에 정감이 있고 마음이 너그러우며 예술에 지혜가 있고 민활하며 총명하다
	不及膽小性曖昧 불급담소성애매 死絶妬毒性妄詐 사절투독성망사	정력이 미치지 못하여 성 생활이 애매하며 허망한 성에 불리하면 독하게 질투한다

● 진남감녀 震男坎女

(男 토끼띠 女 쥐띠)

괘상(卦象)	원문(原文)	해설(解說)
뇌수해 괘 (雷水解 卦) (중괘운) 才戌 ● ● 재술 官申 ● ● 관신　　應 　　　　응 孫午 ● 손오 孫午 ● ● 손오 才辰 ● 재진　世 　　　세 兄寅 ● ●　子文 형인　　　자문	香梅好歎遠所居 향 매 호 탄 요 소 거 晩景三果自豐餘 만 경 삼 과 자 풍 여	매화 향기를 좋아하고 거소를 두루 다니니 만년에 세 자식을 두니 풍요로움이 있다
	世應相生家道昌 세 응 상 생 가 도 창 身有抱財婦先掃 신 유 포 재 부 선 소	부화부순하니 집안이 번창하며 남편은 재물을 들이고 아내는 먼저 쓴다
	巳午年運婚大吉 사 오 년 운 혼 대 길 前庭舞樹雨三枝 전 정 무 수 양 삼 지	사년이나 오년에 결혼하면 아주 길하여 뜰앞에 여섯 명의 자식들이 춤을 추도다
	辰戌之歲年不合 진 술 지 세 년 불 합 白虎喪門家道悲 백 호 상 문 가 도 비	진년과 술년되는 해에는 결혼을 못하니 백호상문살로 유아 손실이 있도다
	男形敦厚肥且癈 남 형 돈 후 비 차 위 鼻大口方眉目秀 비 대 구 방 미 목 수	남자는 돈후하고 통통하나 절름거리고 큰 코에 모난 입에 미목이 수려하더라
	面有圓滿色黃白 면 유 원 만 색 황 백 背豐腰闊性淳厚 배 풍 요 활 성 순 후	얼굴은 원만하며 누런 바탕에 흰색이고 등과 허리는 둥글며 넓고 성격은 순후하더라
	度量寬博處事經 도 량 관 박 처 사 경 義理不明學修未 의 리 불 명 학 수 미	도량은 넓고 관대하나 일 처리는 가벼우며 의리도 바르지 않고 글을 배우지 못하다
	神佛崇敬信仰心 신 불 숭 경 신 앙 심 不及事物不合致 불 급 사 물 불 합 치	신불을 숭경하는 신앙심을 가지고 있으며 사물에 미치지 못하여 합치지도 못한다
	女主中庸人堂寬 여 주 중 용 인 당 관 上闊下狹耳紅常 상 활 하 협 이 홍 상	여자는 훤칠한 체격에 인당이 넓겠으며 얼굴은 상활하협고 귀는 항상 붉더라
	形容端正色黃白 형 용 단 정 색 황 백 聲音淸響好容光 성 음 청 향 호 용 광	용모가 단정하고 얼굴색은 황색에 희고 목소리가 맑게 울리며 얼굴색이 빛난다
	眉高眼深頂平平 미 고 안 심 정 평 평 精神爽快果斷性 정 신 쾌 과 단 성	눈썹은 높고 눈은 깊고 이마는 평평하며 상쾌한 정신에 항시 과단성 있게 일한다
	不及吝嗇內有毒 불 급 인 색 내 유 독 體小淫樂好殺生 체 소 음 락 호 살 생	인색하지 못하고 안으로는 독함이 있으며 몸은 작으나 음탕하며 살생을 좋아한다

● 진남간녀 震男艮女

(男 토끼띠 女 소·범띠)

괘상(卦象)	원문(原文)	해설(解說)
뇌산소과 괘 (雷山小過 卦) (하괘운) 文戌 ●● 문술 兄申 ●● 형신 官午 ● 亥孫 관오 世 해손 　　세 兄申 ●● 형신 官午 ●● 卯才 관오 　　묘재 文辰 ●● 문진 應 　　응	明月疎梅柳綠開 명월소매유록개 自身外得一枝梅 자신외득일지매	달빛이 밝게 버드나무와 매화나무를 비치니 남편이 밖에서 자식 하나를 얻어오도다
	身中見鬼夫遭埋 신중견귀부조매 世應相生夫婦和 세응상생부부화	남편 몸에 귀신이 보여 먼저 묻히게 되며 세가 응을 생하여 주니 부부간에 화평하다
	才福隱伏總不堪 재복은복총불감 亥子成婚一子保 무모록세양육희	처와 자가 은복되어 모두가 연결 안 되며 해자년에 결혼하면 하나의 자식을 둔다
	辰戌丑未年不吉 진술축미년불길 家道漸衰絶家香 가도점쇠절가향	진술축미년에 결혼하면 아주 불길하니 집안이 점점 쇠퇴하여 향기가 없어진다
	男性燥急事敏速 남성조급사민속 起居端正眉目秀 기거단정미목수	남성은 성질이 조급하고 매사에 민첩하며 기거가 단정하고 눈썹과 눈이 수려하다
	旺相帶貴大聰明 왕상대귀대총명 上尖下闊鼻孔露 상첨하활비공로	왕상운에는 총명하며 귀하게 될 수 있고 위는 좁고 아래는 넓으며 들창코이다
	眉眞鼻豊印堂穿 미진비풍인당천 精神閃躁急言語 정신섬조급언어	진한 눈썹과 풍요한 코에 인당이 좁으며 정신이 빛이 나고 말하는 것이 조급하다
	死絶形小腹不長 사절형소복부장 醜拙妬毒性妄詐 추졸투독성망사	죽는 것 같이 몸이 작고 배도 길지 않고 성정을 속이고 추하게 심한 질투를 한다
	女性淳厚肥且矮 여성순후비차왜 背圓腰闊性淳厚 배원요활성순후	여성은 순후하며 통통하나 키가 작고 등과 허리는 둥글며 넓고 성격은 순후하더라
	鼻大口方眉目淸 비대구방미목청 義理不明學未修 의리불명학미수	코가 크고 입이 바르며 눈썹과 눈이 맑고 의리도 밝지 못하고 글도 배우지 못하다
	神佛恭敬信仰心 신불공경신앙심 不及事物不合致 불급사물불합치	신불을 공경하는 신앙심을 가지고 있으며 사물에 미치지 못하여 합치지도 못한다
	時且孤介獨自尊 시차고개독자존 不得衆情沈毒雁 부득중정심독이	때로는 지나친 자존심 때문에 고독해지며 대중의 정이 그리우면 근심에 잠기더라

● 손남손녀 巽男巽女

(男 용·뱀띠 女 용·뱀띠)

괘상(卦象)	원문(原文)	해설(解說)
중풍손 괘 (重風巽 卦) (중괘운) 兄卯 ● 형묘 世 세 孫巳 ● 손사 才未 ●● 재미 官酉 관유 應 응 文亥 ● 문해 才丑 ●● 재축	元侶似夢道中移 원려사몽도중이 少得晩歲數梅枝 소득만세수매지	원래 짝을 꿈같이 만나 살다 헤어지니 늦은 나이에 두 여인의 여러 자식을 둔다
	花果多茂結子童 화과다무결자동 莫言霜葉一枝和 막언상엽일지화	꽃과 과일이 무성하니 어린자식이 생기며 병든 한 자식으로 화평하다 말하지 말라
	應克世芳家不和 응극세방가불화 兄弟持身産育多 형제지신산육다	응이 세를 극하니 집이 화평하지 못하나 남편이 형제운을 만나 많은 출산을 한다
	巳午成親家昌盛 사오성친가창성 卯酉年運多失敗 묘유운다실패	사년이나 오년에 결혼하면 집이 창성하고 묘년이나 유년에 결혼하면 많이 실패한다
	男形曲直五常仁 남형곡직오상인 色青身長性柔順 색청신장성유순	남자는 오상의 굴곡이 갖추어진 어진 자로 큰 키에 청색 얼굴로 유순한 성격이더라
	眉目不正柔細聲 미목부정유세성 頭長喉結行不隱 두장후결행불은	미목이 부정하고 음성은 부드럽고 가늘며 긴머리에 인후가 나오고 숨은 행동을 못한다
	骨細肉絞手足纖 골세육교수족섬 言語巧技體如鍊 언어교기체여련	골육이 미세한 체격에 손발이 섬세하며 말의 기교가 몸에 배어 단련되어 있도다
	口尖齒疎行步速 구첨치소행보속 性急如風易回轉 성급여풍이역회전	입은 뾰족하고 이는 성글며 걸음은 빠르며 성질이 바람같이 급하고 역회전이 쉽도다
	女主中庸人堂寬 여주중용인당관 上闊下狹耳常紅 상활하협이상홍	여자는 훤칠한 체격에 인당이 넓겠으며 얼굴은 상활하협하고 귀는 항상 붉더라
	眉高眼深頂平平 미고안심정평평 鼻曲骨肉回相應 비곡골육회상응	눈썹은 높고 눈은 깊고 이마는 평평하며 메부리코에 뼈와 살이 잘 조화되어 있다
	形容端正白似雪 형용단정백사설 聲音清響好容光 성음청향호용광	용모가 단정하고 얼굴색은 흰 눈과 같으며 목소리가 맑게 울리며 얼굴색이 빛난다
	不及吝嗇內有毒 불급인색내유독 體小淫樂好殺生 체소음락호살생	인색하지 못하고 안으로는 독함이 있으며 몸은 작으나 음탕하며 살생을 좋아한다

● 손남이녀巽男離女

괘상(卦象)	원문(原文)	해설(解說)
풍화가인 괘 (風火家人 卦) (중괘운) 兄卯 ● 형묘 孫巳 ● 손사　　應 　　　　응 才未 ●● 재미 文亥 ● 酉官 문해　　유관 才丑 ●● 재축　　世 　　　　세 兄卯 ● 형묘 午生辰寡 오 생 진 과	元央聚散有如無 원 앙 취 산 유 여 무 艶處當合兩家誤 염 처 당 합 양 가 오	원앙이 취산하니 있고 없음이 무관하며 좋은 인연에 못 합치니 양가의 잘못이다
	應生世身婦和順 응 생 세 신 부 화 순 世底有財婦先掃 세 저 유 재 부 선 소	응생세신하니 부인이 집을 화순하게 하며 부인은 마당을 쓸고 남편은 돈을 벌어 들인다
	卯酉之年多失背 묘 유 지 년 다 실 배 巳午成親兩三兒 사 오 성 친 양 삼 아	묘년과 유년의 결혼은 많은 자식을 잃고 사년이나 오년에는 두세 명의 자식을 둔다
	多成還敗復無傷 다 성 환 패 복 무 상 莫歎財祿足羊牛 막 탄 재 록 족 양 우	재산을 벌고 잃는 것은 다 상처가 아물며 재록은 양우족과 같으니 한탄하지 마라
	男形敦厚肥且痿 남 형 돈 후 비 차 위 鼻大口方眉目秀 비 대 구 방 미 목 수	남자는 돈후하며 통통하고 왜소하며 큰 코에 모난 입에 미목이 수려하더라
	面有圓滿色黃白 면 유 원 만 색 황 백 背豊腰闊性淳厚 배 풍 요 활 성 순 후	얼굴은 원만하며 황색에 빛이 나고 배풍요활하며 성격은 순후하더라
	時且孤介獨自尊 시 의 고 개 독 자 존 不得衆情沈毒雁 부 득 중 정 심 독 이	때로는 지나친 자존심 때문에 고독해지며 대중의 정이 그리우면 근심에 잠기더라
	度量寬博處事經 도 량 관 박 처 사 경 死絶顔色似憂悲 사 절 안 색 사 우 비	도량은 넓고 관대하나 일 처리는 가벼우며 안색에 항시 슬픔과 근심이 있는 것 같다
	女性燥急禮儀敬 여 모 조 급 예 의 경 起居端正色赤黃 기 거 단 정 색 적 황	여성은 성격이 조급하나 예의를 공경하며 기거가 단정하며 살색은 붉으면서 누렇다
	上尖下闊鼻露孔 상 첨 하 활 비 로 공 眉眞鼻豊印堂穿 미 진 비 풍 인 당 천	위는 좁고 아래는 넓으며 들창코이고 진한 눈썹과 풍요한 코에 인당이 좁다
	精神閃踩急言語 정 신 섭 조 급 언 어 或赤或黃色不正 흑 적 흑 황 색 부 정	정신이 번쩍이고 말하는 것이 조급하며 이랬다 저랬다 갈피를 잡지 못하고 있다
	死絶妬毒性妄祚 사 절 투 독 성 망 조 醜拙形容腹不長 추 졸 형 용 복 부 장	허망한 성에 불리하면 독하게 질투하고 용모가 옹졸하며 배가 길지 않다

(男 용·뱀띠 女 양·원숭이띠)

괘상(卦象)	원문(原文)	해설(解說)
풍지관 괘 (風地觀 卦) (중하괘운) 才卯 ● 재묘 官巳 ● 申兄 관사　신형 文未 ●● 문미　世 　　세 才卯 ●● 재묘 官巳 ●● 관사 文未 ●● 子孫 문미　應　자손 　　응 未生辰寡 미 생 진 과 巳生申孤 사 생 신 고	一對元央院内巢 일 대 원 앙 원 내 소 眼前多喜惚無情 안 전 다 희 흘 무 정	한 쌍이 집안에서 보금자리를 만드니 앞에서는 모두 즐겁게 보이나 정이 없다
	見福隱伏香火絶 견 복 은 복 향 화 절 花發更鮮一子榮 화 발 갱 선 일 자 영	자식궁이 숨어 있으니 절손이 되겠으나 다시 고운 꽃이 피어 한 자식을 얻는다
	夫婦心合無外意 부 부 심 합 무 외 의 度量寬博處事輕 도 량 관 박 처 사 경	서로간에 뜻이 없이 부부가 잘 화합되며 도량이 관대하나 일 처리는 경솔하다
	亥子成婚結親合 해 자 성 혼 결 친 합 僅得獨子保家庭 근 득 독 자 보 가 정	해년이나 자년에 서로 화합해서 결혼하면 삼가 독자를 얻어 가정을 이어 보전한다
	男形敦厚身建康 남 형 돈 후 신 건 강 鼻大口方眉目淸 비 대 구 방 미 목 청	남자는 형태는 돈후하며 몸도 건강하며 코가 크고 입이 바르며 눈썹과 눈이 맑다
	面有圓滿色黃白 면 유 원 만 색 황 백 度量寬博處事經 도 량 관 박 처 사 경	얼굴은 원만하며 누런 바탕에 흰색이고 도량은 넓고 관대하나 일 처리는 가볍다
	時且孤介獨自尊 시 의 고 개 독 자 존 太過愚鈍修養缺 태 과 우 둔 수 양 결	때로는 지나친 자존심 때문에 고독해지며 크게 우둔해서 수양하는 게 결여되었다
	死絶顏色似憂悲 사 절 안 색 사 우 비 學問未秀理不明 학 문 미 수 리 불 명	안색에 항시 슬픔과 근심이 있는 것 같고 글을 못 배워서 계산이 분명하지 못하다
	女貌青黃眉目秀 여 모 청 황 미 목 수 背圓腰闊性淳厚 배 원 요 활 성 순 후	여자의 얼굴은 청황색에 미목이 수려하며 등과 허리는 둥글며 넓고 성격은 순후하더라
	平素信用事忠實 평 소 신 용 사 충 실 秘密自量保爲主 비 밀 자 량 보 위 주	평소에 신용이 있고 모든 일에 충실하며 자기 일은 숨겨두고 오직 주인을 위한다
	多力無功情奔勞 다 력 무 공 정 분 노 理致不合事多滯 이 치 불 합 사 다 체	노력에 대한 공은 없으나 정으로 일하며 이치에 맞지 않으면 일을 많이 미룬다
	不及不隱思慮折 불 급 불 은 사 려 절 意志薄弱沈毒罹 의 지 박 약 심 독 이	비밀로 하지 못하면 생각을 끊어야 하나 의지가 박약하여 심한 근심에서 빠져 있다

괘상(卦象)	원문(原文)	해설(解說)
풍택중부 괘 (風澤中孚 卦) (하괘운) 官卯 • 관묘 文巳 • 문사 兄未 • • 형미 世 세 兄丑 • • 申孫 형축 신손 官卯 • 관묘 文巳 • 문사 應 응	元侶花枝別有香 원 려 화 지 별 유 향 榮苦莫說離合忙 영 고 막 설 이 합 망	원래 한 쌍이 유별나게 사랑을 하였는데 생활고로 떠났다가 재회하는 것을 바란다
	中孚有信似無之 중 부 유 신 사 무 지 命理終年借外性 명 리 종 년 차 외 성	간궁 중부괘는 귀혼괘로 의탁할 곳 없으나 명이 다할 때 양자나 첩의 자식을 얻는다
	婦唱夫順心和合 부 창 부 순 심 화 합 財福隱伏家儜仃 재 복 은 복 가 과 정	아내에게 남편이 순응하니 마음은 편하나 재복이 은복되어 집안의 자랑거리가 없다
	申酉之年結親合 신 유 지 년 결 친 합 晚得二子終孝奉 만 득 이 자 종 효 봉	신년이나 유년에 서로 결합하여 결혼하면 늦게 두 자식을 얻어 끝내 효도를 받는다
	男形敦厚肥且矮 남 형 돈 후 비 차 왜 鼻大口方眉目秀 비 대 구 방 미 목 수	남자는 돈후하며 통통하나 키가 작고 큰 코에 모난 입에 미목이 수려하더라
	面有墻壁色青黃 면 유 장 벽 색 청 황 背豊腰闊性淳厚 배 풍 요 활 성 순 후	얼굴은 밋밋하며 푸른 바탕에 황색이고 배풍요활하며 성격은 물 내려가듯 후하다
	度量寬博處事經 도 량 관 박 처 사 경 死絶顔色似憂悲 사 절 안 색 사 우 비	도량은 넓고 관대하나 일 처리는 가벼우며 안색에 항시 슬픔과 근심이 있는 것 같다
	時且孤介獨自尊 시 의 고 개 독 자 존 不得衆情沈毒厄 부 득 중 정 심 독 이	때로는 지나친 자존심 때문에 고독해지며 대중의 정이 그리우면 근심에 잠기더라
	女性燥急禮儀家 여 성 조 급 예 의 가 起居端正色青紅 기 거 단 정 색 청 홍	여성은 성격이 급하나 집에 예의가 있고 기거가 단정하며 살색은 푸르면서 붉다
	意速聲焦敏捷事 의 속 성 초 민 첩 사 旺相帶貴大聰明 왕 상 대 귀 대 총 명	탁한 음성에 말이 빠르며 일에 민첩하고 왕상운에는 총명하며 귀하게 될 수 있다
	上尖下闊印堂窄 상 첨 하 활 인 당 착 眉眞鼻豊諸事能 미 진 비 풍 제 사 능	위는 좁고 아래는 넓으며 인당이 좁고 눈썹은 진하고 코는 크며 일에 능숙하다
	死絶妬毒性妄詐 사 절 투 독 성 망 사 或青或赤色不定 혹 청 혹 적 색 부 정	허망한 성에 불리하면 독하게 질투하며 색정에 만족 못하면 변덕이 아주 심하다

● 손남건녀 巽男乾女

(男 용·뱀띠 女 개·돼지띠)

괘상(卦象)	원문(原文)	해설(解說)
풍천소축 괘 (風天小畜 卦) (중괘운) 兄卯 ● 형묘 孫巳 ● 손사 才未 ●● 재미　　應 　　　　응 才辰 ● 酉官 재진　　유관 兄寅 ● 형인 文子 ● 문자　　世 　　　　세 辰亥元嗔殺 진 해 원 진 살 巳戌元嗔殺 사 술 원 진 살	蓼涯堂前燕侶隨 요 애 당 전 연 려 수 好時再娶桂殘枝 호 시 재 취 계 잔 지	산골짝에 있던 제비가 새로 짝을 이루니 계수나무 가지에서 좋은 때에 재취하다
	官鬼隱伏丈夫衰 관 귀 은 복 장 부 쇠 婦强男柔口爭多 부 강 남 유 구 쟁 다	남편궁이 은복되니 집안 가장이 쇠약하고 아내는 강하고 가장은 유하니 언쟁이 많다
	巳午運之婚大吉 사 오 운 지 혼 대 길 先果風落雨孕梅 선 과 풍 락 양 잉 매	사년이나 오년운에 결혼하면 크게 좋으며 먼저 잉태한 자식은 잃고 두 자식을 얻는다
	未年弔客痛喪明 미 년 조 객 통 상 명 卯酉喪門殺白虎 묘 유 상 문 살 백 호	미년에 결혼하면 조객살로 자식 상을 보고 묘유년 성혼은 상문백호살로 낙태가 많다
	男性人有濃白色 남 성 인 유 농 백 색 生旺黑帶受制黃 생 왕 흑 대 수 제 황	남자의 얼굴색은 진한 흰색으로 되었으나 세파에 시달려 검은 바탕에 누런 살색이다
	頂平身細行步速 정 평 신 세 행 보 속 眉大鼻曲面圓平 미 대 비 곡 면 원 평	이마는 평평하고 걸음걸이는 빠르며 눈은 크고 굽은 코에 얼굴은 둥글납작하다
	搖頭擺腰性小急 요 두 과 요 성 소 급 是非不拘氣不定 시 비 불 구 기 부 정	머리와 허리를 흔들며 성격은 조금 급하고 항상 기가 바르지 못하다고 말을 듣는다
	太過妄動反省缺 태 과 망 동 반 성 결 旺相機略計謀長 왕 상 기 략 계 모 장	지나치게 망녕된 행동을 하나 반성이 없고 왕할 때는 기지와 계략의 꾀가 많이 있다
	女形敦厚肥且矮 여 형 돈 후 비 차 왜 背圓腰闊性淳厚 배 원 요 활 성 순 후	여성은 돈후하며 통통하나 키가 적으며 등과 허리는 둥글며 넓고 성격은 순후하더라
	度量寬博處事經 도 량 관 박 처 사 경 死絶憂愁似憂悲 사 절 우 수 사 우 비	도량은 관대하고 넓으나 일 처리가 가볍고 죽어가는 이 같이 근심과 슬픔이 가득하다
	神佛恭敬信仰心 신 불 공 경 신 앙 심 義理不明學未修 의 리 불 명 학 미 수	신불을 공경하는 신앙심이 많으며 배움을 가지지 못하여 의리가 불명하다
	太過愚鈍未修養 태 과 우 둔 미 수 양 不及事物不合致 불 급 사 물 불 합 치	수양을 하지 못하여 지나치게 우둔하며 물건을 쥐어주지 않으면 합하지 못한다

●손남감녀 巽男坎女

(男 용·뱀띠 女 쥐띠)

괘상(卦象)	원문(原文)	해설(解說)
풍수환 괘 (風水渙 卦) (상괘운) 文卯 • 문묘 兄巳 • 형사 世 　　세 孫未 •• 酉才 손미　　 유재 兄午 •• 亥官 형오　　 해관 孫辰 • 손진 應 　　응 文寅 •• 문인	花孕重重子父宜 화 잉 중 중 자 부 의 中間還失一二枝 중 간 환 실 일 이 지	좋아서 잦은 잉태로 자식을 두게 되었으나 중간에 1, 2명은 먼저 곁을 떠나게 된다
	夫和婦順家道昌 부 화 부 순 가 도 창 財官隱伏筋力無 재 관 은 복 근 력 무	부화부순한 가정으로 집은 번창하겠으나 재관이 은복되어 근력이 따르지 않는다
	辰戌丑未九十春 진 술 축 미 구 십 춘 福德交重多孫勢 복 덕 교 중 다 손 세	진술축미년에 결혼하면 자식 9, 10명으로 복덕이 교중되어 자손을 많이 둔다
	寅申巳亥年不吉 인 신 사 해 년 불 길 中間還失上下飛 중 간 환 실 상 하 비	인신사해년에 결혼하면 아주 좋지 못하니 아래 윗 자식을 출산 중간에 먼저 잃는다
	男形青紅色不定 남 형 청 홍 색 부 정 上尖下闊鼻露竅 상 첨 하 활 비 로 규	남자 얼굴색은 청홍색이 또렷하지 못하며 몸 위는 좁고 아래가 넓으며 들창코이다
	旺相帶貴大聰明 왕 상 대 귀 대 총 명 意速事敏聲音焦 의 속 사 민 성 음 초	왕상운에는 총명하며 귀하게 될 수 있으며 뜻과 일에 빠르고 민첩하며 탁한 음성이다
	眉眞鼻豊印堂窄 미 진 비 풍 인 당 착 火出旺相分別居 화 출 왕 상 분 별 거	진한 눈썹에 풍만한 코나 인당이 좁으며 세효가 응효를 생하니 사는 데 분별이 있다
	精神閃躁急言語 정 신 섬 조 급 언 어 死絶妬毒性妄祚 사 절 투 독 성 망 조	정신이 번쩍이고 말을 매우 조급하게 하며 허망한 성에 불리하면 독하게 질투를 한다
	女形敦厚肥且矮 여 형 돈 후 비 차 왜 鼻大口方眉目秀 비 대 구 방 미 목 수	여성은 돈후하며 통통하나 키가 적으며 큰 코에 모난 입에 미목이 수려하더라
	面有滿月色黃白 면 유 만 월 색 황 백 背圓腰闊性淳厚 배 원 요 활 성 순 후	얼굴은 만월 같고 색은 누런 바탕에 희며 등과 허리는 둥글며 넓고 성격은 순후하더라
	神佛恭敬信仰心 신 불 공 경 신 앙 심 義理不明學未修 의 리 불 명 학 미 수	신불을 공경하는 신앙심이 많으며 배움을 가지지 못하여 의리가 불명하다
	時且孤介獨自尊 시 의 고 개 독 자 존 不得衆情沈毒罹 부 득 중 정 침 독 이	때로는 지나친 자존심 때문에 고독해지며 대중의 정이 그리우면 근심에 잠기더라

● 손남간녀 巽男艮女

(男 용·뱀띠 女 소·범띠)

괘상(卦象)	원문(原文)	해설(解說)
풍산점 괘 (風山漸 卦) (중괘운) 官卯 ● 관묘 應 응 文巳 子才 문사 자재 兄未 ●● 형오 孫申 손신 世 세 文午 ●● 문오 兄辰 ●● 형진 辰生丑寡 진 생 축 과	元侶花枝風雪濃 원 려 화 지 풍 설 농 狂風吹散夫婦刑 광 풍 취 산 부 부 형	부부가 사는 둥지를 풍설로 정을 흩어놓으니 광풍으로 흩어놓는 것이 부부의 형벌이다
	福德持身旺子孫 복 덕 지 신 왕 자 손 庭前實樹兩三盛 전 정 보 수 양 삼 성	복덕궁이 세효에 있어 왕성한 자식을 두니 뜰앞에 양 3명의 자식을 둘 수 있더라
	申酉之年成親合 신 유 지 년 성 친 합 四五花枝孕香 사 오 화 지 잉 잉 향	신년이나 유년에 양가 화합하여 결혼하면 4, 5명의 자식을 두게 되니 향기롭도다
	子年年運最不吉 자 년 년 운 최 불 길 乳時慘背痛喪明 유 시 참 배 통 상 명	년운이 가장 불길한 자년에 결혼을 하다면 유아시에 참혹한 자식의 죽음을 볼 것이다
	男主中庸印堂寬 남 주 중 용 인 당 관 上闊下狹耳常紅 상 활 하 협 이 상 홍	남자는 훤칠한 체격에 인당이 넓겠으며 얼굴은 상활하하협고 귀는 항상 붉더라
	形容端正似玉人 형 용 단 정 사 옥 인 聲音清響好容光 성 음 청 향 호 용 광	용모가 단정하고 옥과 같이 맑은 사람이며 목소리가 우렁차며 얼굴에 빛이 난다
	眉高眼深頂平平 미 고 안 심 정 평 평 鼻曲骨肉回相應 비 곡 골 육 회 상 응	눈썹이 높고 눈이 깊으며 이마가 평평하며 굽은 코에 뼈와 살이 잘 상응된 체격이다
	强烈雄大動尚義 강 렬 웅 대 동 상 의 精神爽快果斷性 정 신 상 쾌 과 단 성	강렬웅대하며 항시 정의롭게 살면서 정신이 상쾌하며 매사를 과단성 있게 한다
	女形曲直五常仁 여 형 곡 직 오 상 인 色青白帶性柔順 색 청 백 대 성 유 순	여자는 오상의 굴곡이 갖추어진 어진 자로 흰 띠를 두른 청색 얼굴로 유순한 성격이다
	眉目不正柔細聲 미 목 부 정 유 세 성 頭長喉結行不隱 두 장 후 결 행 불 은	미목이 부정하나 음성은 부드럽고 가늘며 긴머리에 인후가 나오고 숨은 행동을 못한다
	美髮口尖人中長 미 발 구 첨 인 중 장 性急如風易回轉 성 급 여 풍 역 회 전	예쁜 모발에 입이 뾰족하고 인중이 길며 성질이 바람같이 급하고 역회전이 쉽도다
	骨細肉絞手足纖 골 세 육 교 수 족 섬 言語巧技體如鍊 언 어 교 기 체 여 련	골육이 미세한 체격에 손발이 섬세하며 말의 기교가 몸에 배어 단련되어 있도다

● 손남진녀 巽男震女

괘상(卦象)	원문(原文)	해설(解說)
뇌풍익 괘 (雷風益 卦) (중괘운) 兄卯 ● 형묘 應 응 孫巳 ● 손사 才未 ● ● 재미 才辰 ● ● 酉官 재진 世 유관 세 兄寅 ● ● 형인 文子 문자	夫妻二三娶元央 부처 이 삼 취 원 앙 艶處相好一枝香 염 처 상 호 일 지 향	부부는 원래 두세 번 결혼할 운이 있으나 서로 좋아히는 한 곳에서 인연을 맺는다
	數孕冬梅摠不戲 수 잉 동 매 총 불 희 條有多小二枝紅 조 유 다 소 이 지 홍	많은 자식을 잉태하나 거의 다 잃어버리고 자손의 다소는 운명으로 두 아들을 두도다
	巳午年運最多吉 사 오 년 운 최 다 길 卯酉年運慘喪當 묘 유 년 운 참 상 당	결혼은 사오년이 가장 좋은 해이고 묘유년 운에는 자식 참상을 당한다
	應克世芳家不滿 응 극 세 방 가 불 만 身帶有才婦先亡 신 대 유 재 부 선 망	응극세하니 좋은 시절 집에 불화가 많고 세효에 재가 있어 아내가 먼저 돌아간다
	男形敦厚肥且矮 남 형 돈 후 비 차 왜 鼻大口方眉目秀 비 대 구 방 미 목 수	남성은 돈후하며 통통하나 키가 적으며 큰 코에 모난 입에 미목이 수려하더라
	面有墻壁色靑黃 면 유 장 벽 색 청 황 背豊腰闊性淳厚 배 풍 요 활 성 순 후	얼굴은 밋밋하며 면색은 청황색이고 배풍요활하며 성격은 물 내려가듯 후하다
	度量寬博處事經 도 량 관 박 처 사 경 義理不明學未修 의 리 불 명 학 미 수	도량은 넓고 관대하나 일 처리는 가벼우며 배움을 가지지 못하여 의리가 불명하다
	時且孤介獨自尊 시 의 고 개 독 자 존 不得衆情沈毒罹 부 득 중 정 심 목 이	때로는 지나친 자존심 때문에 고독해지며 대중의 정이 그리우면 근심에 잠기더라
卯生巳孤 묘 생 사 과	女形曲直五常仁 여 형 곡 직 오 상 인 色靑白帶性柔順 색 청 백 대 성 유 순	여자는 오상의 굴곡이 갖추어진 어진 자로 얼굴은 청백색이며 유순한 성격이다
	眉目不正柔細聲 미 목 부 정 유 세 성 頭長喉結行不隱 두 장 후 결 행 불 은	미목이 부정하나 음성은 부드럽고 가늘며 두장후결하고 매사를 앞에서 하지 못한다
	美髮口尖人中長 미 발 구 첨 인 중 장 性急如風易回轉 성 급 여 풍 역 회 전	예쁜 모발에 입이 뾰족하고 인중이 길며 성질이 바람같이 급하고 역회전이 쉽도다
	骨細肉絞手足纖 골 세 육 교 수 족 섬 言語巧技體如鍊 언 어 교 기 체 여 련	골육이 미세한 체격에 손발이 섬세하며 말의 기교가 몸에 배어 단련되어 있도다

(男 말띠 女 말띠)

괘상(卦象)	원문(原文)	해설(解說)
중이이 괘 (重離離 卦) (중괘운) 兄巳 ● 형사 世 세 孫未 ● ● 손미 才酉 ● 재유 官亥 ● 관해 應 응 孫丑 ● ● 손축 文卯 ● 문묘	重重元侶色重新 중중원려색중신 成歡還失覓新人 성환환실멱신인	많은 짝을 거느려서 색만 거듭 새로워지나 즐기다 모두 잃어 버리고 새 사람을 찾는다
	櫻桃紅工紅花態嬌 앵도홍공화태교 中間多失二枝傳 중간다실이지전	축미가 상충하니 많은 자식들을 출산하나 중간에 많이 잃어 버리고 두 아들만 둔다
	辰戌丑未子孫多 진술축미자손다 巳亥喪虎敗多兒 사해상호패다아	진술축미년에 성혼하면 자손을 많이 두나 사해년은 상문백호살로 여러 아이를 잃는다
	兄弟持身多産育 형제지신다산육 婦强男柔不圓滿 부강남유불원만	형제 세효로 많은 자식을 낳아 기르겠으나 아내는 강하고 남편은 유해서 불원만하다
	男性燥急事敏速 남성조급사민속 起居端正色白紅 기거단정색백홍	남성은 성질이 조급하고 매사에 민첩하며 기거가 단정하고 색은 흰색에 붉그레하다
	上尖下闊鼻露孔 상첨하활비로공 眉眞鼻豊印堂穿 미진비풍인당착	몸 위는 좁고 아래는 넓으며 들창코이고 진한 눈썹과 풍요로운 코에 인당이 좁다
	精神閃躁急言語 정신섭조급언어 旺相帶貴大聰明 왕상대귀대총명	정신이 번쩍이고 말하는 것이 다소 급하고 왕상운에는 총명하며 귀하게 될 수도 있다
	死絶妬毒性妄詐 사절투독성망조 生處旺相居別房 생처왕상거별방	허망한 성에 불리하면 심하게 질투를 하며 난 곳이 왕을 입으니 다른 방에 기거한다
	女性人有濃白色 여성인유농백색 眉大口方面圓平 미대구방면원평	여자의 얼굴색은 진한 흰색으로 되었으나 큰 눈썹과 바른 입에 도리납짝한 얼굴이다
	言語有情心性寬 언어유정심성관 智慧敏活多聰明 지혜민활다총명	말하는 것이 정이 있고 심성이 너그러우며 지혜가 민활하고 크게 총명하다
	搖頭擺腰性小急 요두파요성소급 是非不拘氣不定 시비불구기부정	적은 급한 일에도 온몸을 흔드는 성격으로 시비를 바로잡지 않으면 기를 안정 못한다
	太過妄動反省缺 태과망동반성결 死絶淫狡内毒狼 사절음교내독랑	크게 잘못된 행동을 하여도 반성을 못하며 결국에는 이리와 같이 독하게 음탕해진다

● 이남곤녀 離男坤女

(男 말띠 女 양·원숭이띠)

괘상(卦象)	원문(原文)	해설(解說)
화지진 괘 (火地晉 卦) (중괘운) 官巳 ● 관사 文未 ● 문미 兄酉 ● 世 형유 세 才卯 ● 재묘 官巳 ● 관사 文未 ● 子孫 문미 자손 應 응 午生申孤 오 생 신 고	花孕重重又見開 화 잉 중 중 우 견 개 看時如畵又重來 간 시 여 화 우 중 래	젊을 때 거듭 잉태로 많은 자식들을 출산하니 그림 보는 때와 같이 또 거듭 오게 된다
	夫和婦順喜相成 부 화 부 순 희 상 성 飛來克伏養育稀 비 래 극 복 양 육 희	부화부순하니 즐거움이 가득하나 비신이 복신을 극하니 자식 양육이 어렵다
	子年子月成親合 자 년 자 월 성 친 합 晩歲一子足榮華 만 세 일 자 족 영 화	자년 자월 자일에 서로 합쳐 결혼한다면 늦은 나이에 한 아들를 두어 영화롭게 산다
	辰戌丑未年不吉 진 술 축 미 년 불 길 謝了百年絶香火 사 료 백 년 절 향 화	불길한 진술축미 사고년에 결혼을 한다면 백년 동안 이어온 제사 향로불이 끊어진다
	男主端正似玉人 남 주 단 정 사 옥 인 上闊下狹耳常紅 상 활 하 협 이 상 홍	남자는 단정하고 옥과 같이 맑은 사람이며 얼굴은 상활하협하고 귀는 항상 붉더라
	眉高眼深頂平平 미 고 안 심 정 평 평 精神爽快果斷性 정 신 상 쾌 과 단 성	눈썹은 높고 눈은 깊고 이마는 평평하며 정신이 상쾌하여 매사를 과단성 있게 한다
	强烈雄大動尚義 강 렬 웅 대 동 상 의 聲音淸爽好容光 성 음 청 쾌 호 용 광	강렬하고 웅대하며 항시 정의롭게 살면서 목소리가 우렁차며 맑은 얼굴에 빛이 난다
	太過勇氣無計劃 태 과 용 기 무 계 획 不仁不義好貧尙 불 인 불 의 호 빈 상	용기는 지나치게 많으나 계획성이 없고 불인불의하면서 가난한 것을 좋아한다
	女主敦厚肥且矮 여 주 돈 후 비 차 왜 鼻大口方眉目秀 비 대 구 방 미 목 수	여자는 돈후하며 통통하나 키가 적으며 큰 코에 모난 입에 미목이 수려하더라
	面有滿月色靑黃 면 유 만 월 색 청 황 背闊腰圓性淳厚 배 활 요 원 성 순 후	얼굴은 만월 같고 푸른 바탕에 누런색이고 배활요원하며 성격은 물 흐르듯 순후하다
	時且孤介獨自尊 시 의 고 개 독 자 존 不得衆情沈毒罹 부 득 중 정 침 독 이	때로는 지나친 자존심 때문에 고독해지며 대중의 정이 그리우면 근심에 잠기더라
	神佛恭敬信仰心 신 불 공 경 신 앙 심 義理不明學未修 의 리 불 명 학 미 수	신불을 공경하는 신앙심이 아주 많으며 배움을 가지지 못하여 의리가 불명하다

● 이남태녀離男兌女

(男 말띠 女 닭띠)

괘상(卦象)	원문(原文)	해설(解說)
화택규 괘 (火澤睽 卦) (중괘운) 文巳 ● 문사 兄未 ●● 子才 형미　　자재 孫酉 ● 손유　世 　　　세 兄丑 ●● 형축 官卯 ● 관묘 文巳 ● 문사　應 　　　응	元侶花開孕孕香 원려화개잉잉향 中年相別損紅粧 중년상별손홍장	한 쌍이 거듭 잉태로 꽃이 피어 향기롭더니 중년에 서로 이별하니 좋은 시절을 잃더라
	櫻挑初歲未能開 앵도초세미능개 先果風落雨孕紅 선과풍락양잉홍	부부가 초년에는 자식을 가지지 못하다가 먼저 자식은 잃어버리고 두 아들을 얻는다
	申酉年運吉親合 신유년운길친합 庭前寶樹四五長 정전보수사오장	신년이나 유년에 서로 결합하여 결혼하면 뜰앞에 보배로운 자식 4,5명을 둘 수 있다
	丑未之年婚不吉 축미지년혼불길 家庭不和子孫亡 가정불화자손망	축미지년에 결혼한다면 아주 불길하여 자손이 죽는 등 가정에 불화가 있게 된다
	女性燥急事敏速 여성조급사민속 起居端正色白紅 기거단정색백홍	여성은 성질이 조급하고 매사에 민첩하며 기거가 단정하고 면색은 백홍색이다
	上尖下闊印堂窄 상첨하활인당착 旺相帶貴大聰明 왕상대귀대총명	몸 위는 좁고 아래는 넓으며 인당이 좁고 왕상운에는 총명하며 귀하게 될 수도 있다
	火出旺相分飛散 화출왕상분비산 生處旺相居別房 생처왕상거별방	응효가 세효를 극하니 모두 날아 흩어져서 난 데서 각각 따로이 살고 있다
	精神閃躁急言語 정신섬조급언어 死絶形拙服不長 사절형졸복부장	정신이 번쩍이고 말하는 것이 다소 급하며 모양을 옹졸하게 하고 나온 배를 내민다
	男主端正似玉人 남주단정사옥인 聲音淸響好容光 성음청향호용광	남자는 단정하고 옥과 같이 맑은 사람이며 목소리가 맑고 우렁차며 얼굴에 빛이 난다
	眉高眼深頂平平 미고안심정평평 鼻曲骨肉回相應 비곡골육회상응	눈썹은 높고 눈은 깊고 이마는 평평하며 굽은 코에 뼈와 살이 잘 상응된 체격이다
	强烈雄大動尚義 강렬웅대동상의 精神爽快斷性 정신쾌활과단성	강렬하고 웅대하며 항시 정의롭게 살면서 정신이 상쾌하여 매사를 과단성 있게 한다
	太過勇氣無計劃 태과용기무계획 不仁不義好貧尙 불인불의호빈상	용기는 지나치게 많으나 계획성이 없고 불인불의하면서도 가난한 것을 좋아한다

괘상(卦象)	원문(原文)	해설(解說)
화천대유 괘 (火天大有 卦) (상괘운) 官巳 ● 관사 應 응 文未 ● 문미 兄酉 ● 형유 文辰 世 문진 세 才寅 ● 재인 孫子 손자	夫唱婦隨家道昌 부창부수가도창 花開花落一枝紅 화개화락일지홍	부창부수로 가도가 번창하며 꽃이 피고 꽃이 지니 한 자손이 크게 된다
	門戸光耀四海傳 문호광요사해전 馬戸金銀自滿當 마호금은자만당	문호가 빛이 나서 사해에 전하며 마호와 금은보화가 집안에 가득 쌓인다
	亥子年運婚大吉 해자년운혼대길 前庭寶樹自然盛 전정보수자연성	해년이나 자년에 결혼하는 것이 대길하고 집안의 아름다운 자식들은 성하게 자란다
	辰戌之歲結婚合 진술지세결혼합 喪門白虎過亂風 상문백호과난풍	진년 술년이 되는 해에 결혼하여 합하면 상문백호살이 들어 풍파를 겪는다
	男主敦厚肥且矮 남주돈후비차왜 鼻大口方眉目秀 비대구방미목수	남자는 돈후하며 통통하나 키가 작으며 큰 코에 모난 입에 미목이 수려하더라
	面有墻壁色黃赤 면유장벽색황적 背豊腰闊性淳厚 배풍요활성순후	얼굴은 밋밋하며 누런 바탕에 적색이고 배풍요활하며 성격은 물 내려가듯 후하다
	時宜孤介獨自尊 시의고개독자존 不得衆情沈毒罹 부득중정심독이	때로는 지나친 자존심 때문에 고독해지며 대중의 정이 그리우면 근심에 잠기더라
	神佛恭敬信仰心 신불공경신앙심 義理不明學未修 의리불명학미수	신불을 공경하는 신앙심이 아주 많으며 배움을 가지지 못하여 의리가 불명하다
	女情燥急事敏速 여정조급사민속 起居端正色靑紅 기거단정색청홍	여성은 성질이 조급하고 매사에 민첩하며 기거가 단정하고 색은 청색에 붉그레하다
	上尖下闊鼻露孔 상첨하활비로공 眉眞鼻豊印堂穿 미진비풍인당천	몸 위는 좁고 아래는 넓으며 들창코이고 진한 눈썹과 풍요로운 코에 인당이 좁다
	精神閃躁急言語 정신섭조급언어 或靑或赤色不定 혹청혹적색부정	정신이 번쩍이고 말하는 것이 급하며 이랬다 저랬다하는 변덕이 아주 많도다
	死絶妬毒性妄詐 사절투독성망사 旺相帶貴大聰明 왕상대귀대총명	허망한 성에 불리하면 심하게 질투하며 아주 총명하며 귀하게 되어 살게 된다

(**男** 말띠 **女** 쥐띠)

괘상(卦象)	원문(原文)	해설(解說)
화수미제 괘 (火水未濟 卦) (상괘운) 兄巳 ● 형사 應 응 孫未 ●● 손미 才酉 ● 재유 兄午 ●● 亥官 형오 해관 世 세 孫辰 ● 손진 文寅 ●● 문인	洞房元侶花似錦 동방원려화사금 得力終貪一孕紅 득력종탐일잉홍	근거리에 비단과 꽃 같은 한 쌍의 짝이 있어 힘을 얻어 마침내 좋아하니 한 자식을 둔다
	火水來命兒孫滿 화수래명아손만 中年恨失三兩行 중년한실삼양행	수화미제괘를 얻어 자손을 많이 두겠으나 중년에 잃어버리고 양 3명의 자식을 두겠다
	官鬼隱伏丈夫衰 관귀은복장부쇠 辰戌丑未子孫昌 진술축미자손창	관귀가 은복되어 남편이 쇠약하나 진술축미년에 결혼하면 자손이 번창한다
	寅申巳亥休恨失 인신사해휴한실 成敗區區漸進向 성패구구점진향	인신사해년에 성혼은 자손을 많이 잃으며 성패가 구구하나 점차 좋은 방향으로 간다
	男主火色帶黃白 남주화색대황백 眉大鼻曲面平平 미대비곡면평평	남자는 화기를 띠고 누런 바탕에 흰색이고 눈썹이 크고 굽은 코에 얼굴은 평평하다
	搖頭擺腰行步速 요두파요행보속 智慧敏活大聰明 지혜민활대총명	머리와 허리를 흔들며 걸음이 빠르며 지혜가 민활하고 크게 총명하다
	上尖下闊鼻露孔 상첨하활비로공 眉眞鼻豊印堂穿 미진비풍인당천	몸 위는 좁고 아래는 넓으며 들창코이고 진한 눈썹과 풍요로운 코에 인당이 좁다
	火出旺相飛散 화출왕상비산 生處旺相居別房 생처왕상거별방	화생토하니 살기 위해 모두 날아 흩어지고 생처에서 모두가 각각 따로이 살고 있다
	女形紅白色不定 여형홍백색부정 起居端正腹不長 기거단정복부장	여자의 얼굴은 홍백색이나 정함이 없으며 기거는 단정하고 허리는 길지 않도다
	眉高眼深頂平平 미고안심정평평 聲音淸響好容光 성음청향호용광	눈썹은 높고 눈은 깊고 이마는 평평하며 목소리가 맑고 우렁차며 얼굴에 빛이 난다
	不及吝嗇內有毒 불급인색내유독 體小淫樂好殺生 체소음락호살생	인색하지 못하고 안으로는 독함이 있으며 체격은 작으나 음탕하며 살생을 좋아한다
	死絶妬忌性妄詐 사절투기성망사 不仁不義好貪向 불인불의호탐향	허망한 성에 불리하게 되면 투기를 하며 어짐과 의리를 모르고 탐하기를 좋아한다

●이남간녀 離男艮女

(男 말띠 女 소·범띠)

괘상(卦象)	원문(原文)	해설(解說)
화산려 괘 (火山旅 卦) (중괘운) 兄巳 ● 형사 孫未 ●● 손미 才酉 ● 재유　應 　　　응 才申 ● 亥官 재신　해관 兄午 ●● 재오 孫辰 ●● 卯文 손진　묘문 世 세	元侶雙雙花不緣 원 려 쌍 쌍 화 불 연 狂風吹散繡新絃 광 풍 취 산 수 신 현	원래의 짝은 많으나 인연을 맺지 못하고 광풍에 흩어지고 새 인연으로 짝을 짓는다
	堂前花叢錦加錦 당 전 화 총 금 가 금 福德持身多子孫 복 덕 지 신 다 자 손	집안에 많은 자식을 비단 모은 것 같으니 복덕이 지세하니 많은 자식을 둔다
	婦和夫順衣食足 부 화 부 순 의 식 족 辰戌丑未滿眼前 진 술 축 미 만 안 전	부화부순하며 의식이 풍족하니 진술축미년 성혼하면 자손이 눈 안에 찬다
	莫說多男立前庭 막 설 다 남 입 전 정 先果風落寅巳年 선 과 풍 락 인 사 년	많은 아들을 뜰앞에 세우려면 말하지 말고 인사년 성혼하면 앞의 자손을 잃어버린다
	男主敦厚肥且矮 남 주 돈 후 비 차 왜 鼻大口方眉目秀 비 대 구 방 미 목 수	남자는 돈후하며 통통하나 키가 작으며 큰 코에 모난 입에 미목이 수려하더라
	面有墻壁色黃白 면 유 장 벽 색 황 백 背豊腰闊性淳厚 배 풍 요 활 성 순 후	얼굴은 밋밋하며 황색 바탕에 흰색이며 배풍요활하며 성격은 물 내려가듯 후하다
	度量寬博處事經 도 량 관 박 처 사 경 死絶顔色似憂悲 사 절 안 색 사 우 비	도량은 넓고 관대하나 일 처리는 가벼우며 죽어가는 안색에 수심이 가득한 것 같더라
	時宜孤介獨自尊 시 의 고 개 독 자 존 不得衆情沈毒雁 부 득 중 정 심 독 이	때로는 지나친 자존심 때문에 고독해지며 대중의 정이 그리우면 근심에 잠기더라
	女形中庸印堂寬 여 형 중 용 인 당 관 上闊下狹耳常紅 상 활 하 협 이 상 홍	여자 형상은 훤칠한 체격에 인당이 넓으며 얼굴형은 상활하협하고 귀는 항상 붉더라
	眉高眼深頂平平 미 고 안 심 정 평 평 鼻曲骨肉回相應 비 곡 골 육 회 상 응	눈썹은 높고 눈은 깊고 이마는 평평하며 굽은 코에 뼈와 살이 잘 상응된 체격이다
	形容端正白似雪 형 용 단 정 백 사 설 聲音淸響好容光 성 음 청 향 호 용 광	용모가 단정하고 흰 눈사람같이 희며 목소리가 맑고 우렁차며 얼굴에 빛이 난다
	不及吝嗇內有毒 불 급 인 색 내 유 독 體小淫樂好殺生 체 소 음 락 호 살 생	인색하지 못하고 안으로는 독함이 있으며 체격은 작으나 음탕하며 살생을 좋아한다

●이남진녀 離男震女

(男 말띠 女 토끼띠)

괘상(卦象)	원문(原文)	해설(解說)
화뢰서합 괘 (火雷噬嗑 卦) (중하괘운) 孫巳 ● 손사 才未 ●● 재미　世 　　　세 官酉 ● 관유 才辰 ●● 재진 兄寅 ●● 형인　應 　　　응 文子 ● 문자	元央同室保難全 원 앙 동 실 보 난 전 花孕艶處一枝攀 화 잉 염 처 일 지 반	둥지의 같은 방에 있어도 보전이 어려우나 아름다운 자식을 잉태하여 자식만 가진다
	芳花結子中歲寄 방 화 결 자 중 세 기 借問心中貴子傳 차 문 심 중 귀 자 전	중년 나이에 어렵게 아들을 얻어 속마음으로 귀한 자식을 두게 된다
	巳午年運兩三兒 사 오 년 운 양 삼 아 卯酉成婚子不隱 묘 유 성 혼 자 불 은	사오년에 결혼하면 여섯 아이를 두겠으나 묘유년에 결혼하면 자식이 오지 않는다
	婦克夫弱多口爭 부 극 부 약 다 구 쟁 身中有才婦去先 신 중 유 재 부 거 선	처가 지아비를 극하니 많은 언쟁이 있으며 응효에 재가 있으니 아내가 먼저 가게 된다
	男性敦厚色黃白 남 성 돈 후 색 황 백 鼻大口方眉目秀 비 대 구 방 미 목 수	남자는 성격은 돈후하며 색은 황백색이고 큰 코에 모난 입에 미목이 수려하더라
	面有墻壁赤圓形 면 유 장 벽 적 원 형 背豊腰闊性淳厚 배 풍 요 활 성 순 후	얼굴은 평평하며 화색이 나는 둥근형이고 배풍요활하며 성격은 물 내려가듯 후하다
	時宜孤介獨自尊 시 의 고 개 독 자 존 不得衆情沈毒雁 부 득 중 정 심 독 이	때로는 지나친 자존심 때문에 고독해지며 대중의 정이 그리우면 근심에 잠기더라
	太過愚鈍修養缺 태 과 우 둔 수 양 결 不及事物不合致 불 급 사 물 불 합 치	지나치게 우둔하며 수양이 결여되어 있고 물건을 쥐어주지 않으면 합치지 못한다
	女形曲直五常仁 여 형 곡 직 오 상 인 色靑白帶性柔順 색 청 백 대 성 유 순	여자는 오상의 굴곡이 갖추어진 어진 자로 청백색의 살결에 유순한 성격의 소유자이다
	眉目不正柔細聲 미 목 부 정 유 세 성 頭長喉結行不隱 두 장 후 결 행 불 은	미목이 부정하고 음성은 부드럽고 가늘며 긴머리에 인후가 나오고 숨은 행동을 못한다
	美髮口尖人中長 미 발 구 첨 인 중 장 性急如風易回轉 성 급 여 풍 역 회 전	예쁜 모발에 입이 뾰족하고 인중이 길고 성질이 바람같이 급하고 역회전이 쉽도다
	口高齒疎行步速 구 고 치 소 행 보 속 生旺惻隱自益願 생 왕 측 은 자 익 원	입은 나오고 이는 성글며 걸음이 빠르고 생활고의 측은함을 스스로 원해서 만든다

(男·말띠 女 용·뱀띠)

괘상(卦象)	원문(原文)	해설(解說)
화풍정 괘 (火風鼎 卦) (중래운) 兄巳 ● 형사 孫未 ●● 손미 應 응 才酉 ● 재유 才酉 ● 재유 官亥 ● 관해 世 세 孫丑 ●● 卯文 손축 묘문 辰寡殺 진 과 살	元央相好終獨榮 원 앙 상 호 종 독 영 女强男柔内キ長 여 강 남 유 내 주 장	둥지에서 서로 좋아하다 결국은 혼자되고 아내는 강하고 남편은 유하니 내주장이다
	燕子堂前上下舞 연 자 당 전 상 하 무 中間還失多子送 중 간 환 실 다 자 송	자식들이 앞마당에서 아래 위로 춤을 추다 중간에 다시 잃으니 많은 자식들을 보낸다
	辰戌丑未九十春 진 술 축 미 구 십 춘 寅申巳亥還損傷 인 신 사 해 환 손 상	진술축미년에 결혼하면 9, 10명을 두나 인신사해년에는 자식에 손상이 많아지더라
	身中見鬼堉遭埋 신 중 견 귀 서 조 매 才生未立冬中逢 재 생 미 립 다 중 봉	세효에 관귀가 있어 남편을 먼저 보내겠고 재효가 새효를 생하니 중간에 다시 만난다
	男性人有帶白色 남 성 인 유 대 백 색 生旺黑帶受制黃 생 왕 흑 대 수 제 황	남자의 얼굴은 흰색으로 띠를 두른 것 같고 세파에 시달려 검은 바탕에 누런 살색이다
	頂平身細行步速 정 평 신 세 행 보 속 眉大鼻曲面圓平 미 대 비 곡 면 원 평	이마는 평평하고 걸음걸이는 빠르며 큰 눈에 굽은 코와 둥글납작한 얼굴이다
	言語有情心性寬 언 어 유 정 심 성 관 智慧敏活大聰明 지 혜 민 활 대 총 명	말하는 것이 정이 있고 심성이 넓으며 지혜가 민활하고 크게 총명하다
	太過妄動反省缺 태 과 망 동 반 성 결 旺相機略計謀長 왕 상 기 략 계 모 장	망녕된 행동을 하나 반성이 없고 왕할 때는 기지와 계략의 꾀가 많이 있다
	女形敦厚肥且矮 여 형 돈 후 비 차 왜 鼻大口方眉目秀 비 대 구 방 미 목 수	여자는 돈후하며 통통하나 키가 작고 큰 코에 모난 입에 미목이 수려하더라
	面有望月色黃白 면 유 망 월 색 황 백 背闊腰圓性淳厚 배 활 요 원 성 순 후	얼굴은 망월 같고 황색 바탕에 흰색이고 배활요원하며 성격은 물 흐르듯 순후하다
	神佛恭敬信仰心 신 불 공 경 신 앙 심 義理不明學未修 의 리 불 명 학 미 수	신불을 공경하는 신앙심이 많으며 배우지 못하여 의리가 불명하다
	太過愚鈍修養缺 태 과 우 둔 수 양 결 不及事物不合致 불 급 사 물 불 합 치	지나치게 우둔하며 수양이 결여되었고 물건을 쥐어주지 않으면 합치지 못한다

● 곤남곤녀 坤男坤女

(男 양·원숭이띠 女 양·원숭이띠)

괘상(卦象)	원문(原文)	해설(解說)
중지곤 괘 (重地坤 卦) (중괘운) 孫酉 ●● 손유 世 　　세 才亥 ●● 재해 兄丑 ●● 형축 官卯 ●● 관묘 應 　　응 文巳 ●● 문사 兄未 ●● 형미 未生申孤 미 생 신 고	歲世芳草處處生 세세방초처처생 夫妻相剋兩女盟 부부상극양여맹	여러 해 동안 아름다운 꽃이 곳곳에 생겨나 세극응하니 남편이 두 여자와 맹세를 한다
	燕子鷺兒結子鮮 연자로아결자선 三四中未終得送 삼사중미종득송	두 여자의 자식이 어렵게 태어나겠으나 서너 명 중에 마지막의 자식을 먼저 보낸다
	申酉花發九十春 신유화발구십춘 丑未成婚子孫亡 축미성혼자손망	신유년에 결혼하면 9, 10명의 자손이 있고 축미년에 성혼한다면 자손을 둘 수 없더라
	成敗相伴求財難 성패상반구재난 中年還得末主旺 중년환득말주왕	성패가 상반되니 돈벌이에 고생이 많으나 중년에 득이 돌아와서 말년에는 재왕하다
	男性中庸印堂寬 남성중용인당관 上闊下狹耳常紅 상활하협이상홍	남자 형상은 훤칠한 체격에 인당이 넓으며 얼굴형은 상활하협하고 귀는 항상 붉더라
	形容端正白似靑 형용단정백사청 聲音淸響好容光 성음청향호용광	용모가 단정하고 희면서 푸른색 사람이며 목소리가 맑고 우렁차며 얼굴에 빛이 난다
	口高齒疎行步速 구고치소행보속 言語技巧果斷性 언어기교과단성	입은 나오고 이는 성글며 걸음이 빠르고 말에는 기교가 있고 매사에 과단성이 있다
	不及吝嗇內有毒 불급인색내유독 體小淫樂好殺生 체소음락호살생	인색하지 못하고 안으로는 독함이 있으며 체격은 작으나 음탕하며 살생을 좋아한다
	女形頭長柔細聲 여형두장유세성 身帶靑白性柔順 신대청백성유순	여자의 체형은 긴머리에 목소리가 가늘고 살색은 희고 푸른색으로 성격은 유순하다
	眉目不正人中長 미목부정인중장 性急如風易回轉 성급여풍역회전	미목이 바르지 못하고 인중이 조금 길며 성질이 바람같이 급하고 역회전이 쉽도다
	骨細肉絞手足纖 골세육교수족섬 言語巧技體如鍊 언어기교체여련	골육이 미세한 체격에 손발이 섬세하며 말의 기교가 몸에 배어 단련되어 있도다
	死絶貌形何可錄 사절모형하가록 慳吝嗇魯肌燥乾 간인비색기조건	끝으로 얼굴 모양은 어떻게 기록할 건가 아끼고 인색하여 마르고 건조한 피부이다

● 곤남태녀 坤男兌女

(男 양·원숭이띠 女 닭띠)

괘상(卦象)	원문(原文)	해설(解說)
지택림 괘 (地澤臨 卦) (상괘운) 孫酉 ●● 손유 才亥 ●● 재해　　應 　　　　응 兄丑 ●● 형축 兄丑 ●● 형축 官卯 ● 관묘　世 　　　세 文巳 ● 문사 **酉生未寡** 유 생 미 과	元侶花枝艶更紅 원 려 화 지 염 갱 홍 中間損失晚好叢 중 간 손 실 만 호 총	원래 짝이 다시 아름다운 자식을 가졌으나 중간 손실은 있으나 만년에는 즐기이 신다
	内身陽完丈夫持 내 신 양 완 장 부 지 外應財陰總妻堂 외 응 재 음 총 처 당	세효에 관하니 남편이 집안 일을 꾸려가고 응효에 재하니 부인이 살림을 이끌어간다
	申酉花樹八九枝 신 유 화 수 팔 구 지 丑未年運多敗喪 축 미 년 운 다 패 상	신유년에 결혼하면 8, 9명의 자손이 있고 축미년에 성혼하면 많은 유산으로 잃는다
	夫唱婦順兒子滿 부 창 부 순 아 자 만 長子在家中末榮 장 자 재 가 중 말 영	부창부순하니 집안에 자손이 가득 차 있고 큰아들이 집을 지키니 중, 말년이 영화롭다
	男形曲直五常仁 남 형 곡 직 오 상 인 色青身長性柔順 색 청 신 장 성 유 순	남자는 오상의 굴곡이 갖추어진 어진 자로 청색 얼굴에 키가 크며 유순한 성격이다
	眉目不正柔細聲 미 목 부 정 유 세 성 頭長喉結行不隱 두 장 후 결 행 불 은	미목이 부정하고 음성은 부드럽고 가늘며 긴머리에 인후가 나오고 숨은 행동을 못한다
	骨細肉絞手足纖 골 세 육 교 수 족 섬 言語巧技體如鍊 언 어 교 기 체 여 련	골육이 미세한 체격에 손발이 섬세하며 말의 기교가 몸에 배어 단련되어 있도다
	口高齒疎行步速 구 고 치 소 행 보 속 性急如風易回轉 성 급 여 풍 역 회 전	입은 나오고 이는 성글며 걸음이 빠르고 성질이 바람같이 급하고 역회전이 쉽도다
	女性人有濃白色 여 성 인 유 농 백 색 生旺黑帶受制黃 생 왕 흑 대 수 제 황	여성의 얼굴 모양은 진하고 맑은 흰색으로 세파에 시달려 검은 바탕에 누런 살색이다
	頂平身細行步速 정 평 신 세 행 보 속 眉大鼻曲面圓平 미 대 비 곡 면 원 평	이마는 평평하고 가는 몸에 걸음이 빠르며 눈은 크고 굽은 코에 얼굴은 둥글납작하다
	言語有情心性寬 언 어 유 정 심 성 관 智慧敏活大聰明 지 혜 민 활 대 총 명	말하는 것이 정이 있고 심성이 너그러우며 지혜가 민활하고 크게 총명하다
	不及膽小性曖昧 불 급 담 소 성 애 매 死絶淫狡内毒狼 사 절 음 교 내 독 랑	정력이 미치지 못하여 성 생활이 애매하면 끝내 이리같이 독한 마음으로 음교를 한다

● 곤남건녀 坤男乾女

(男 양·원숭이띠 女 개·돼지띠)

괘상(卦象)	원문(原文)	해설(解說)
지천태 괘 (地天泰 卦) (상괘운) 孫酉 ●● 손유 　　應 　　응 才亥 ●● 재해 兄丑 ●● 형축 兄辰 ● 형진　　世 　　　세 官寅 ●　巳文 관인　사문 才子 ● 재자 戌生未寡 술 생 미 과 申生亥孤 신 생 해 고	鶯花雙雙處處開 앵화쌍쌍처처개 狂風吹到四枝梅 광풍취도사지매	아름다운 여인이 여러 곳에서 잉태하였으나 악운이 들어서 겨우 네 자식을 가질 운이다
	夫唱婦順好春色 부창부순호춘색 燕子鶯兒堂前舞 연자앵아당전무	두 여인이 부창부순하여 꽃밭에서 놀더니 여러 여인의 자식들이 집안에서 춤을 춘다
	申酉年運婚大吉 신유년운혼대길 前庭寶樹八九枝 전정보수팔구지	신년 유년이 가장 좋은 해로 결혼을 한다면 집안에 자식들 8, 9명을 기질 수가 있다
	丑未之年家風破 축미지년가풍파 喪門白虎子孫背 상문백호자손배	축미년에 성혼하면 가정에 풍파가 생기니 상문과 백호살로 자손을 먼저 등지게 된다
	男形敦厚肥且矮 남형돈후비차왜 鼻大口方眉目秀 비대구방미목수	남자는 돈후하며 통통하나 키가 작고 큰 코에 모난 입에 미목이 수려하더라
	面有墻壁色靑黃 면유장벽색청황 背豊腰闊性淳厚 배풍요활성순후	얼굴은 밋밋하며 푸른 바탕에 누런색이고 배풍요활하며 성격은 물 내려가듯 후하다
	時宜孤介獨自尊 시의고개독자존 不得衆情沈毒雁 부득중정심독이	때로는 지나친 자존심 때문에 고독해지며 대중의 정이 그리우면 근심에 잠기더라
	太過愚鈍修養缺 태과우둔수양결 不及事物不合致 불급사물불합치	지나치게 우둔하며 수양이 결여되어 있고 물건을 쥐어주지 않으면 같게 못 맞춘다
	女主中庸印堂寬 여주중용인당관 上闊下狹耳常紅 상활하협이상홍	여자 형상은 늘신한 체격에 인당이 넓으며 얼굴형은 상활하협하고 귀는 항상 붉더라
	形容端正白似雪 형용단정백사설 聲音淸響好容光 성음청향호용광	용모가 단정하고 희면서 마치 눈사람 같고 목소리가 우렁차며 맑은 얼굴에 빛이 난다
	眉高眼深頂平平 미고안심정평평 鼻曲骨肉回相應 비곡골육회상응	눈썹은 높고 눈은 깊고 이마는 평평하며 굽은 코에 뼈와 살이 잘 상응된 체격이다
	不及吝嗇內有毒 불급인색내유독 體小淫樂好殺生 체소음락호살생	인색하지 못하고 안으로는 독함이 있으며 체격은 작으나 음탕하며 살생을 좋아한다

●곤남감녀坤男坎女

(男 양·원숭이띠 女 쥐띠)

괘상(卦象)	원문(原文)	해설(解說)
지수사 괘 (地水師 卦) (중괘운) 文酉 •• 문유 　　　應 　　　응 兄亥 •• 형해 官丑 •• 관축 才午 •• 재오 　　　世 　　　세 官辰 • 관진 孫寅 •• 손인 未子元嗔殺 미 자 원 진 살	花孕重重處處開 화 잉 중 중 처 처 개 風波玉樓獨守地 풍 파 옥 루 독 수 지	부인이 여러 곳에서 거듭 잉태를 하였으나 많은 실패로 외로운 한 사식이 집을 시킨나
	仙桃結子有如無 선 도 결 자 유 여 무 莫嘆身事一子孤 막 탄 신 사 일 자 고	어렵게 잉태하였으나 없는 것 같이 있으니 신세를 한탄하지 말라. 한 아들을 두게 된다
	寅卯之年成親合 인 묘 지 년 성 친 합 庭前寶樹三四枝 정 전 보 수 삼 사 지	인년이나 묘년에 서로 합쳐 결혼을 한다면 집안에 보배로운 아들 3, 4명을 둘 수 있다
	子午不吉多血光 자 오 물 길 다 혈 광 辰年成婚長成背 진 년 성 혼 장 성 배	자오년에 결혼하면 많은 자식을 유산하며 진년에 성혼하면 성장한 자식을 앞세운다
	男性燥急禮恭敬 남 성 조 급 예 공 정 起居端正色赤黃 기 거 단 정 색 적 황	남자의 성격은 조급하나 예의범절이 있고 기거가 단정하며 얼굴색은 적황색이다
	上尖下闊鼻露孔 상 첨 하 활 비 로 공 眉眞鼻豊穿印堂 미 진 비 풍 천 인 당	몸 위는 좁고 아래는 넓으며 들창코이고 진한 눈썹과 풍요로운 코에 인당이 좁도다
	意速聲焦事敏捷 의 속 성 초 사 민 첩 旺相帶貴大聰明 왕 상 대 귀 대 총 명	탁한 음성에 말이 빠르며 일에 민첩하고 왕상운에는 총명하며 귀하게 될 수 있다
	火出旺相飛散 화 출 왕 상 분 비 산 生處旺相居別房 생 처 왕 상 거 별 방	응효가 세효를 극하니 모두 날아 흩어지고 화생토하니 난 데서 각각 따로이 살고 있다
	女形端正白紅色 여 형 단 정 백 홍 색 上闊下狹頂平平 상 활 하 협 정 평 평	여자는 단정하며 얼굴은 흰 바탕에 붉으며 얼굴형은 상활하협하고 이마는 평평하다
	眉高眼深印堂寬 미 고 안 심 인 당 관 聲音淸響好容光 성 음 청 향 호 용 광	눈썹은 높고 눈은 깊으며 인당은 넓으며 목소리는 맑고 우렁차며 얼굴에 빛이 난다
	太過勇氣無計劃 태 과 용 기 무 계 획 不仁不義好尙貧 불 인 불 의 호 상 빈	용기는 지나치게 많으나 계획성이 없고 불인불의하면서 가난한 것을 좋아한다
	不及吝嗇內有毒 불 급 인 색 내 유 독 體小淫樂好容光 체 소 음 락 호 용 광	인색하지 못하고 안으로는 독함이 있으며 몸은 작으나 음락을 하면 좋아한다

● 곤남간녀坤男艮女

(男 양·원숭이띠 女 소·범띠)

괘상(卦象)	원문(原文)	해설(解說)
지산겸 괘 (地山謙 卦) (중괘운) 兄酉 ●● 형유 孫亥 ●● 손해　世 　　세 文丑 ●● 문축 兄申 ● 형신 官午 ●●　卯才 관오　　묘재 　　應 　　응 文辰 ●● 문진	芳花春色孕孕多 방화춘색잉잉다 結果多中二子榮 결과다중이자영	청춘남녀가 춘색을 띠며 많은 잉태를 하나 결과는 자식을 출산하나 두 아들만 키운다
	妻才隱伏飛來生 처재은복비래생 移時蟠桃栽月宮 이시반도재월궁	처인 재궁이 은복되었다가 다시 살아나면 첩을 두어 이중 살림살이를 할 수도 있다
	亥子年運婚大吉 해자년운혼대길 萬事如意子孫昌 만사여의자손창	해년이나 자년에 결혼하면 아주 대길하니 만사가 여의하고 자손들이 번창하게 된다
	卯酉成婚多見敗 묘유성혼다견패 自然敗家子孫亡 자연패가자손망	묘년이나 유년에 결혼하면 실패가 많으니 자손이 죽는 등 자연히 패가가 되게 된다
	男性人有色白紅 남성인유색백홍 眉大鼻曲面圓平 미대비곡면원평	남자의 외형은 흰 바탕에 붉은 빛이 나며 눈은 크고 굽은 코에 얼굴은 둥글납작하다
	搖頭擺腰性小急 요두파요성소급 是非不拘氣不定 시비불구기부정	머리와 허리를 흔들며 성격이 조금 급하며 항상 기가 바르지 못하다고 말을 듣는다
	言語有情心性寬 언어유정심성관 智慧敏活大聰明 지혜민활대총명	말하는 것이 정이 있고 심성이 너그러우며 지혜가 민활하고 크게 총명하다
	太過妄動反省缺 태과망동반성결 旺相機略計謀長 왕상기략계모장	지나치게 망녕된 행동을 하나 반성이 없고 왕할 때는 기지와 계략의 꾀가 많이 있다
	女性燥急禮恭敬 여성조급예공경 起居端正色青紅 기거단정색청홍	여자의 성격은 조급하나 예의범절이 있고 기거가 단정하며 얼굴색은 청홍색이다
	上尖下闊印堂穿 상첨하활인당천 眉眞鼻豐露鼻孔 미진비풍로비공	몸 위는 좁고 아래는 넓으며 인당이 좁고 진한 눈썹과 풍요로운 코에 들창코이다
	精神閃躁言語急 정신섬조언어급 或青或赤色不定 혹청혹적색부정	정신이 번쩍이고 말하는 것이 급하며 이랬다 저랬다하는 변덕이 많도다
	死絕妬毒性妄詐 사절투독성망사 生處旺相居別房 생처왕상거별방	허망한 성에 불리하면 심하게 질투를 하며 복덕궁이 둘로 되어서 다른 방에 기거한다

● 곤남진녀 坤男震女

(男 양·원숭이띠 女 토끼띠)

괘상(卦象)	원문(原文)	해설(解說)
지뢰복 괘 (地雷復 卦) (중괘운) 孫酉 ▪▪ 손유 才亥 ▪▪ 재해 兄丑 ▪▪ 형축　應 　　　응 兄辰 ▪▪ 형진 官寅 ▪▪ 관인 才子 ▪ 재자　世 　　　세 申卯元嗔殺 신묘원진살	元央初歲定和諧 원앙초세정화해 莫歎終貪 一枝梅 막탄종탐 일지매	둥지에서 처음 만나 화목하게 서로 합치더니 마지막에는 한 자식만 얻은 것을 한탄한다
	復遊合宜分外求 복유합의분외구 多小二子可從遊 다소이자가종유	밖에서 다른 자식을 나아서 같이 합하여 다소간에 자식 둘을 둔 것으로 만족한다
	申酉之年結親合 신유지년결친합 花發果多四五介 화발과다사오개	신년이나 유년에 서로 합쳐서 결혼을 하면 화발과다하여 슬하 4, 5명의 자식을 둔다
	丑未年運婚不吉 축미년운혼불길 流産慘喪多見背 유산참상다견배	축년이나 미년에 결혼하면 아주 불길하니 유산이나 참상 등으로 자식들이 먼저 간다
	男性人有濃白色 남성인유농백색 生旺黑帶受制黃 생왕흑대수제황	남성의 얼굴 모양은 진하고 맑은 흰색으로 세파에 시달려 검은 바탕에 누런 살색이다
	頂平身細行步速 정평신세행보속 眉大鼻曲面圓平 미대비곡면원평	이마는 평평하고 가는 몸에 걸음이 빠르며 눈은 크고 굽은 코에 얼굴은 둥글납작하다
	言語有情心性寬 언어유정심성관 智慧敏活大聰明 지혜민활대총명	말하는 것이 정이 있고 심성이 너그러우며 지혜가 민활하고 크게 총명하다
	搖頭擺腰性小急 요두파요성소급 是非不拘氣不定 시비불구기부정	머리와 허리를 흔들며 성격이 조금 급하며 항상 기가 바르지 못하다고 말을 듣는다
	女形敦厚肥且矮 여형돈후비차왜 鼻大口方眉目秀 비대구방미목수	남자는 돈후하며 통통하나 왜소하고 큰 코에 모난 입에 미목이 수려하더라
	面有滿月色黃白 면유만월색황백 背圓腰闊性淳厚 배원요활성순후	얼굴은 만월 같고 누런 바탕에 흰색이고 배원요활하며 성격은 물 내려가듯 후하다
	神佛恭敬信仰心 신불공경신앙심 義理不明學未修 의리불명학미수	신불을 공경하는 신앙심이 많으며 배움을 가지지 못하여 의리가 불명하다
	時且孤介自尊心 시의고개자존심 不得衆情沈毒罹 부득중정심독이	때로는 지나친 자존심 때문에 고독해지며 대중의 정이 그리우면 근심에 잠기더라

● 곤남손녀坤男巽女

괘상(卦象)	원문(原文)	해설(解說)
지풍승 괘 (地風升 卦) (하괘운) 官酉 •• 관유 文亥 •• 문해 才丑 •• 午孫 재축 世 오손 세 官酉 • 관유 文亥 • 寅兄 문해 인형 才丑 •• 재축 應 응 巳生申孤 사생신고 未生辰寡 미생진과	桂花再得聚元央 계 화 재 득 취 원 앙 花謝無實自無祥 화 사 무 실 자 무 상	계수나무 꽃을 다시 얻어 결혼을 하였는데 자식을 못 얻으니 자연히 즐거움이 없다
	先開花落未必隨 선 개 화 락 미 필 수 莫恨無賢保枝終 막 한 무 현 보 지 종	선개화락하고 다른 자식이 뒤를 못 이으니 끝내 자식을 보존하지 못함을 한탄한다
	午年午月成親合 오 년 오 월 성 친 합 二子終孝家道昌 이 자 종 효 가 도 창	오년 오월에 서로 합하여 결혼을 한다면 두 아들이 끝까지 효도하며 집이 번창한다
	辰戌亥子年不吉 진 술 해 자 년 불 길 家道慘衰絶家香 가 도 참 쇠 절 가 향	진술해자년 운에 결혼하면 불길한 운으로 가도가 참쇠하여 집의 대를 잇지 못한다
	男形敦厚印堂寬 남 형 돈 후 인 당 관 鼻大口方眉目秀 비 대 구 방 미 목 수	남자는 돈후하며 인당이 관대하게 넓고 코가 크고 입이 바르며 미목이 수려하다
	面有墻壁色黃白 면 유 장 벽 색 황 백 背圓腰闊性淳厚 배 원 요 활 성 순 후	얼굴은 밋밋하며 황색 바탕에 흰색이고 등과 허리는 둥글며 넓고 성격은 순후하더라
	强烈雄大動尚義 강 렬 웅 대 동 상 의 精神爽快不合致 정 신 상 쾌 불 합 치	강렬웅대하며 매사에 의로 행동하며 상쾌한 정신이나 합치는 일은 못 이룬다
	神佛崇敬信仰心 신 불 숭 경 신 앙 심 義理不明學未修 의 리 불 명 학 미 수	신불을 공경하는 신앙심을 가지고 있으며 의리가 불명하고 글을 배우지 못하였다
	女形肥矮色黃青 여 형 비 왜 색 황 청 面有望月腰闊厚 면 유 망 월 요 활 후	여자는 살찐 작은 키에 얼굴은 황청색이며 낯은 보름달같이 환하며 허리는 넓고 후하다
	度量寬博處事經 도 량 관 박 처 사 경 死絶顔色似優秀 사 절 안 색 사 우 수	도량은 넓고 관대하나 일 처리는 가벼우며 죽어가는 얼굴같이 수심이 가득 차 있다
	時宜孤介獨自尊 시 의 고 개 독 자 존 不得衆情沈毒罹 부 득 중 정 심 독 이	때로는 지나친 자존심 때문에 고독해지며 대중의 정이 그리우면 근심에 잠기더라
	太過愚鈍修養缺 태 과 우 둔 수 양 결 不及事物不合致 불 급 사 물 불 합 치	크게 우둔해서 닦고 기르는 게 결여되어 사물에 미치지 못하여 합치지도 못한다

●곤남이녀 坤男離女

(男 양·원숭이띠 女 말띠)

괘상(卦象)	원문(原文)	해설(解說)
지화명이 괘 (地火明夷 卦) (중괘운) 文酉 ●● 문유 兄亥 ●● 형해 官丑 ●● 世 관축 세 兄亥 ● 午才 형해 오재 官丑 ●● 관축 孫卯 ● 應 손묘 응 **午生申孤** 오 생 신 고	後園奇花縱榮衰 후원기화문영쇠 莫嘆多滯一枝開 막탄다체일지개	후원의 기화가 잠시 영화롭다 쇠하게 되니 한 자식을 가지니 많이 없다고 한탄 밀라
	應克世芳家不和 응극세방가불화 外面幸福室内虛 외면행복실내허	응극세로 아름다운 집에 불화가 많으니 겉으로는 행복해 보이나 속은 비어 있다
	卯酉年運婚大吉 묘유년운혼대길 仙果初開二三枝 선과초개이삼지	묘년이나 유년에 결혼하면 아주 대길하니 첫 아들을 개시로 2, 3명의 아들을 둔다
	丑未之年成親合 축미지년성친합 晚花飄零結子稀 만화표령결자희	축년이나 미년에 합쳐서 결혼을 한다면 늦게 잉태하나 유산으로 자식 두기 어렵다
	男形敦厚肥且矮 남형돈후비차왜 鼻大口方眉目秀 비대구방미목수	남자는 돈후하며 통통하나 왜소하고 큰 코에 모난 입에 미목이 수려하더라
	面有墙壁色黃青 면유장벽색황청 背圓腰闊性淳厚 배원요활성순후	얼굴은 평평하며 누런 바탕에 청색이고 등과 허리는 둥글며 넓고 성격은 순후하더라
	度量寬博處事經 도량관박처사경 死絶顏色似優秀 사절안색사우수	도량은 넓고 관대하나 일 처리는 가벼우며 죽어가는 얼굴같이 수심이 가득 차 있다
	神佛崇敬信仰心 신불숭경신앙심 義理不明學未修 의리불명학미수	신불을 공경하는 신앙심을 가지고 있으며 의리가 불명하고 글을 배우지 못하였다
	女形曲直五常仁 여형곡직오상인 色青身長性柔順 색청신장선유순	여자는 오상의 굴곡이 갖추어진 어진 자로 청색 얼굴에 키가 크며 유순한 성격이다
	眉目不正柔細聲 미목부정유세성 頭長喉結行不隱 두장후결행불은	미목이 부정하고 음성은 부드럽고 가늘며 긴머리에 인후가 나오고 숨은 행동을 못한다
	骨肉纖細手足長 골육섬세수족장 言語巧技體如鍊 언어교기체여련	골육이 섬세한 체격이 손발이 긴 편이며 말의 기교가 몸에 배어 단련되어 있도다
	美髮口尖人中長 미발구첨인중장 性急如風易回轉 성급여풍역회전	예쁜 모발에 입이 뾰족하고 인중이 길며 성질이 바람같이 급하고 역회전이 쉽도다

●태남태녀 兌男兌女

괘상(卦象)	원문(原文)	해설(解說)
중택태 괘 (重澤兌 卦) (중상괘운) 文未 문미 ▪▪ 世 　　　세 兄酉 형유 ▪ 孫亥 손해 ▪ 文丑 문축 ▪▪ 應 　　　응 才卯 재묘 ▪ 官巳 관사 ▪	祖業元厚不成雙 조업원후불성쌍 莫嘆多刑晚紅粧 막탄다형만홍장	조업이 원래 두터우나 두 살림을 못하니 많은 벌을 준다 한탄 마라. 늦자식을 둔다
	春風吹到花未發 춘풍취도화미발 櫻桃雨三一枝榮 앵도양삼일지영	봄바람이 불어와도 꽃이 피지 못하더니 여러 번 잉태하여 한 자식에 영화를 본다
	相沖會合家道盛 상충회합가도성 錦衣玉食和芳暢 금의옥식화방창	육충괘로 화합되어 가도가 번성하니 금의옥식에 집안의 화목함을 알린다
	卯酉喪虎年不吉 묘유상호년불길 亥子年運子孫昌 해자년운자손창	묘유년의 결혼은 상문백호살로 불길하고 해자년 운에 결혼한다면 자손이 번창한다
	男形敦厚色紅黃 남형돈후색홍황 鼻大口方眉目秀 비대구방미목수	남자는 돈후하며 얼굴색은 홍황색이며 큰 코에 모난 입에 미목이 수려하더라
	意速聲焦事敏捷 의속성초사민첩 背圓腰闊性淳厚 배원요활성순후	탁한 음성에 말이 빠르며 일에 민첩하고 등과 허리는 둥글며 넓고 성격은 순후하더라
	神佛崇敬信仰心 신불숭경신앙심 義理不明學未修 의리불명학미수	신불을 공경하는 신앙심을 가지고 있으며 의리가 불명하고 글을 배우지 못하였다
	時宜孤介獨自尊 시의고개독자존 不得衆情沈毒懀 부득중정심독이	때로는 지나친 자존심 때문에 고독해지며 대중의 정이 그리우면 근심에 잠기더라
	女形身細色青黃 여형신세색청황 眉目不正柔細聲 미목부정유세성	여자는 가냘픈 체격에 얼굴은 청황색이며 미목이 부정하고 소리는 가늘고 부드럽다
	言語巧技體如鍊 언어교기체여련 度量寬博處事經 도량관박처사경	말의 기교가 몸에 배어 단련되어 있으며 도량은 넓고 관대하나 일 처리는 가볍다
	頭長喉結行不隱 두장후결행불은 美髮口尖人中長 미발구첨인중장	긴머리에 인후가 나오고 숨은 행동을 못하며 예쁜 모발에 입이 뾰족하고 인중이 길다
	死絶顏色似憂悲 사절안색사우비 太過愚鈍未修養 태과우둔미수양	죽어가는 얼굴같이 수심이 가득 차 있으며 크게 우둔해서 닦고 기르는 게 미숙하다

●태남건녀 兌男乾女

(男 닭띠 女 개·돼지띠)

괘상(卦象)	원문(原文)	해설(解說)
택천쾌 괘 (澤天夬 卦) (중괘운) 兄未 ●● 형미 孫酉 ● 世 손유 세 才亥 ● 재해 兄辰 ●● 형진 官寅 ● 應 관인 응 才子 ● 재자 亥生孤殺 해 생 고 살	燕侶皈沙鑑内空 연 려 귀 사 남 내 공 櫻花又見一孕紅 앵 화 우 견 일 잉 홍	연인들이 결혼하여 남루한 집에 돌아와서 또한 자식 하나를 잉태한 것을 보게 된다
	桃李根基二家過 도 리 근 기 이 가 과 好合墻外一枝紅 호 합 장 외 일 지 홍	처첩을 거느리는 이중 생활로 얻은 결과로 담 밖에서 얻은 자식을 서로 좋게 합친다
	申酉之年結親合 신 유 지 년 결 친 합 四五連枝家道昌 사 오 연 지 가 도 창	신년이나 유년에 서로 결혼한다면 4, 5명의 자손을 두어 집안이 번창한다
	巳午年運婚不吉 사 오 년 운 혼 불 길 休言命塞損兒郎 휴 언 명 색 손 아 랑	사년이나 오년에 결혼하면 아주 불길하니 말 없이 불길한 운으로 남자아이를 잃는다
	男主端正似玉人 남 주 단 정 사 옥 인 上闊下狹耳常紅 상 활 하 협 이 상 홍	남자는 단정하고 옥과 같이 맑은 사람이며 몸의 위는 넓고 아래는 좁으며 귀는 붉다
	眉高眼深頂平平 미 고 안 심 정 평 평 鼻曲骨肉回相應 비 곡 골 육 회 상 응	눈썹은 높고 눈은 깊으며 이마는 평평하며 굽은 코에 뼈와 살이 잘 상응된 체격이다
	太過勇氣無計劃 태 과 용 기 무 계 획 不仁不義好尚貧 불 인 불 의 호 상 빈	용기는 지나치게 많으나 계획성이 없고 불인불의하면서 가난한 것을 좋아한다
	强烈雄大動尚義 강 렬 웅 대 동 상 의 精神爽快果斷性 정 신 상 쾌 과 단 성	강렬웅대하며 매사에 의로 행동하며 상쾌한 정신에 과단성을 가지고 일한다
	女性人有青白色 여 성 인 유 청 백 색 眉目不正行不穩 미 목 부 정 행 불 은	여성의 얼굴 모양은 푸르고 맑은 흰색으로 이목이 부정하며 일을 숨어서 못한다
	美髮口尖人中長 미 발 구 첨 인 중 장 性急如風易回轉 성 급 여 풍 역 회 전	예쁜 모발에 입이 뾰족하고 인중이 길며 성질이 바람같이 급하고 역회전이 쉽도다
	口高齒疎行步速 구 고 치 소 행 보 속 言語巧技體如鍊 언 어 교 기 체 여 련	입은 나오고 이는 성글며 걸음이 빠르고 말의 기교가 몸에 배어 단련되어 있도다
	死絕淫樂内毒狼 사 절 음 락 내 독 랑 生旺惻隱自益願 생 왕 측 은 자 익 원	끝내 이리같이 내독으로 음탕하게 즐기며 자기 스스로 측은한 생활을 원하여 만든다

●태남감녀 兌男坎女

남자 닭띠 女 쥐띠)

괘상(卦象)	원문(原文)	해설(解說)
택수곤 괘 (澤水困 卦) (중상괘운) 文未 ▪▪ 문미 兄酉 ▪ 형유 孫亥 ▪ 應 손해 응 官午 ▪▪ 관오 文辰 ▪ 문진 才寅 ▪▪ 世 재인 세	元央速飛在粧臺 원 앙 속 비 재 장 대 燕侶好營保壽枝 연 려 호 영 보 수 지	둥지에서 빠르게 안방에 들어와서 있으니 제비 짝을 받아 들여 집을 보전케 한다
	夫唱婦隨家道昌 부 창 부 수 가 도 창 身帶妻才婦先歸 신 대 처 재 부 선 귀	부창부순하니 화목하여 집안이 융창하며 몸이 재궁에 있으니 부인이 선망한다
	亥子年運婚大吉 해 자 년 운 혼 대 길 卯酉成婚兒子背 묘 유 성 혼 아 자 배	해년이나 자년에 결혼하면 아주 대길하고 묘유년에 결혼하면 아이를 먼저 보낸다
	澤上有水刑自宮 택 상 유 수 형 자 궁 眼前有子女兒多 안 전 유 자 녀 아 다	태괘상에 수복덕을 가지니 자궁에 형벌로 안전에 아들 딸들이 많이 있을 것이다
	男形曲直五常仁 남 형 곡 직 오 상 인 色帶靑紅性柔順 색 대 청 홍 성 유 순	남자는 오상의 굴곡이 갖추어진 어진 자로 얼굴색은 청홍색으로 성격은 아주 순하다
	眉目不正柔細聲 미 목 부 정 유 세 성 頭長喉結行不穩 두 장 후 결 행 불 은	미목이 부정하고 소리는 가늘게 부드럽고 머리와 목이 길며 행동은 편안하지 못하다
	意速聲焦事敏捷 의 속 성 초 사 민 첩 言語巧技體如鍊 언 어 교 기 체 여 련	탁한 음성에 말이 빠르며 일에 민첩하고 말의 기교가 몸에 배어 단련되어 있도다
	骨肉細絞手足纖 골 육 세 교 수 족 섬 性急如風易回轉 성 급 여 풍 역 회 전	골육이 섬세한 체격에 손발이 적은 편이며 성질이 바람같이 급하고 역회전이 쉽도다
	女性人有濃白色 여 성 인 유 농 백 색 生旺黑帶受制黃 생 왕 흑 대 수 체 황	여성의 얼굴 모양은 진한 흰색으로 살아가면서 검고 누런 살색이다
	頂平身細行步速 정 평 신 세 행 보 속 眉大鼻曲面圓平 미 대 구 곡 면 원 평	이마는 평평하고 가는 몸에 걸음이 빠르며 눈은 크고 굽은 코에 얼굴은 둥글납작하다
	言語有情心性寬 언 어 유 정 심 성 관 智慧敏活大聰明 지 혜 민 활 대 총 명	말하는 것이 정이 있고 심성이 너그러우며 지혜가 민활하고 크게 총명하다
	搖頭擺腰性小急 요 두 파 요 성 소 급 死絶淫樂內毒狼 사 절 음 락 내 독 랑	머리와 허리를 흔들며 성격이 조금 급하며 이리같이 내독을 품고 끝내 음탕하게 즐긴다

● 태남간녀 兌男艮女

(男 닭띠 女 소·범띠)

괘상(卦象)	원문(原文)	해설(解說)
택산함 괘 (澤山咸 卦) (중상괘운) 文未 ●● 문미 應 응 兄酉 ● 형유 孫亥 ● 손해 兄申 형신 世 세 官午 ●● 卯才 관오 묘재 文辰 ●● 문진 寅生寡 인 생 과	夫和婦順家道昌 부화부순가도창 兄弟之世産育盛 형제지세산육성	부창부순하니 화목하여 집안이 융창하며 형제인 신금이 지세하니 산육이 성하다
	妻才隱伏主婦衰 처재은복주부쇠 命中煩惱兩子送 명중번뇌양자송	처인 묘재가 은복되어 주부가 쇠하며 먼저 두 아들을 보내는 것이 명중 번뇌이다
	亥子年運婚大吉 해자년운혼대길 前庭寶樹三四持 전정보수삼사지	해년이나 자년에 결혼하면 아주 대길하여 집안에 자손 3, 4명을 둘 수 있다
	卯酉之歲婚不合 묘유지세혼불합 白虎喪門殺最凶 백호상문살최흉	묘유년에 혼인하는 것이 합당치 못하니 가장 나쁜 백호와 상문살이 있어 대흉하다
	男主端正似玉人 남주단정사옥인 上闊下狹印堂寬 상활하협인당관	남자는 단정하고 옥과 같이 맑은 사람이며 몸 위는 넓고 아래는 좁으며 인당이 넓다
	眉高眼深頂平平 미고안심정평평 鼻曲骨肉回相應 비곡골육회상응	눈썹은 높고 눈은 깊으며 이마는 평평하며 굽은 코에 뼈와 살이 잘 상응된 체격이다
	太過勇氣無計劃 태과용기무계획 不仁不義好貧尚 불인불의호빈상	용기는 지나치게 많으나 계획성이 없고 불인불의하면서 가난한 것을 좋아한다
	不及吝嗇內有毒 불급인색내유독 體心淫樂好殺生 체심음락호살생	인색하지 못하고 안으로는 독함이 있으며 몸과 마음이 음란하고 살생을 즐겨한다
	女形敦厚肥且矮 여형돈후비차왜 鼻大口方眉目秀 비대구방미목수	여자는 돈후하며 통통하나 왜소하고 큰 코에 모난 입에 미목이 수려하더라
	面有望月色黃白 면유망월색황백 背圓腰闊性淳厚 배원요활성순후	낯은 보름달같이 환하며 색은 황백색이며 등과 허리는 둥글며 넓고 성격은 순후하더라
	時宜孤介獨自尊 시의고개독자존 不得衆情沈毒雁 부득중정심독이	때로는 지나친 자존심 때문에 고독해지며 대중의 정이 그리우면 근심에 잠기더라
	太過愚鈍修養缺 태과우둔수양결 不及事物不合致 불급사물불합치	지나치게 우둔하며 수양이 결여되어 있고 물건을 쥐어주지 않으면 합치지 못한다

(男 닭띠 女 토끼띠)

괘상(卦象)	원문(原文)	해설(解說)
택뢰수 괘 (澤雷隨 卦) (하괘운) 才未 ●● 재미 應 응 官酉 ● 관유 文亥 ● 午孫 문해 오손 才辰 ●● 재진 世 세 兄寅 ●● 형인 文子 ● 문자	元央喜氣好營窩 원앙희기호영와 中間分別再相和 중간분별재상화	둥지에서 즐거이 새집에 들어가니 좋아하나 중간에 해어졌다 다시 만나 화해를 한다
	莫嘆鴦兒先産失 막탄앵아선산실 眼前燕子連舞遲 안전연자연무지	먼저 태어난 아이를 잃은 것을 한탄 말라 눈앞에 연달아 춤을 출 자식은 늦을 것이다
	午年午月成親合 오년오월성친합 僅得獨子保傳家 근득독자보전가	오년 오월에 합하여 결혼을 한다면 겨우 외동 아들을 얻어 집을 보전한다
	辰戌之年最多凶 진술지년최다흉 飛來克伏絶香火 비래극복절향화	진술년이 가장 흉한 해로 결혼하게 되면 비신이 복신을 극하여 손이 끊어진다
	男主敦厚肥且矮 남주돈후비차왜 鼻大口方眉目秀 비대구방미목수	남자는 돈후하며 통통하나 왜소하고 큰 코에 모난 입에 미목이 수려하더라
	形容端正似玉人 형용단정사옥인 度量崇博性淳厚 도량숭박성순후	용모가 단정하고 옥과 같은 사람이며 도량이 넓고 관대하며 성격이 순후하다
	神佛崇信仰心 신불숭경신앙심 義理不明學未修 의리불명학미수	신불을 공경하는 신앙심을 가지고 있으나 의리가 불명하고 글을 배우지 못하였다
	時宜孤介似自尊 시의고개독자존 不得衆情沈毒雁 부득중정심독안	때로는 지나친 자존심 때문에 고독해지며 대중의 정이 그리우면 근심에 잠기더라
	女形肥敦色黃白 여형비돈색황백 背圓腰活性柔順 배원요활성유순	여자는 돈후하며 통통하고 얼굴은 황백색이며 등과 허리는 둥글며 넓고 성격은 유순하더라
	面有望月寬博信 면유망월관박신 事物多滯性愚鈍 사물다체성우둔	얼굴은 보름달 같고 관박하며 믿음이 있으나 매사에 막힘이 많고 성격에 우둔함이 있다
	不及顔色似憂悲 불급안색사우비 鼻低面偏獨自尊 비저면편독자존	항시 근심과 슬픔이 있는 것 같은 얼굴에 얼굴보다 코가 적으며 유독 자신을 높인다
	太過秘密自强保 태과비밀자강보 平素信用每忠信 평소신용매충신	많은 비밀로 자신을 강하게 지켜 나가며 평소의 신용을 항시 충실한 믿음으로 한다

● 태남손녀 兌男巽女

괘상(卦象)	원문(原文)	해설(解說)
택풍대과 괘 (澤風大過 卦) (하괘운) 才未 •• 재미 官酉 • 관유 文亥 • 午孫 문해 世 오손 세 官酉 • 應 관유 응 文亥 • 寅兄 문해 인형 才丑 •• 재축	蓼崖沙中燕子回 요애사중연자회 戡恨再聚一枝梅 감한재취일지매	벼랑의 모래밭 여귀풀에 제비가 돌아와서 한을 물리치고 재취를 하여 한 자식을 둔다
	元央不睦生離別 원앙불목생이별 桃李開花結果稀 도리개화결과회	둥지에서 화목하지 못하여 서로 이별을 하고 재취를 하였으나 결과(자식)는 희박하다
	燕子鶯兒後相隨 연자앵아후상수 由得外姓送君歸 유득외성송군귀	친자나 서자는 후에 뒤늦게서야 따라오니 타성으로 얻어온 양아들은 되돌려보낸다
	午年成婚一子保 오년성혼일자보 辰戌之年絶香火 진술지년절향화	오년에 결혼을 한다면 한 자식을 보전하나 진술년에 결혼하면 집안의 대가 끊어진다
	男性人有濃白色 남성인유농백색 生旺黑帶受制黃 생왕흑대수제황	남성의 얼굴 모양은 진하고 맑은 흰색으로 세파에 시달려 검은 바탕에 누런 살색이다
	頂平身細行步速 정평신세행보속 眉大鼻曲面圓平 미대비곡면원평	이마는 평평하고 걸음걸이는 빠르며 눈은 크고 굽은 코에 얼굴은 둥글납작하다
	言語有情心性寬 언어유정심성관 智慧敏活大聰明 지혜민활대총명	말하는 것이 정이 있고 심성이 너그러우며 지혜가 민활하고 크게 총명하다
	太過妄動反省缺 태과망동반성결 旺相機略計謀長 왕상기략계모장	지나치게 망녕된 행동을 하나 반성이 없고 왕할 때는 기지와 계략의 꾀가 많이 있다
	女形敦厚肥且矮 여성돈후비차왜 鼻大口方眉目秀 비개구방미목수	여자는 돈후하며 통통하나 왜소하고 큰 코에 모난 입에 미목이 수려하더라
	面有圓滿色黃白 면유원만색황백 背圓腰闊性淳厚 배원요활성순후	얼굴은 원만하며 누런 바탕에 흰색이고 등과 허리는 둥글며 넓고 성격은 순후하더라
	神佛崇敬信仰心 신불숭경신앙심 義理不明學未修 의리불명학미수	신불을 공경하는 신앙심을 가지고 있으며 의리가 불명하고 글을 배우지 못하였다
	時宜孤介獨自尊 시의고개독자존 不得衆情沈毒雁 부득증정심독이	때로는 지나친 자존심 때문에 고독해지며 대중의 정이 그리우면 근심에 잠기더라

● 태남이녀 兌男離女

(男 닭띠 女 말띠)

괘상(卦象)	원문(原文)	해설(解說)
택화혁 괘 (澤火革 卦) (중괘운) 官未 •• 관미 文酉 • 문유 兄亥 世 형해 세 兄亥 • 午才 형해 오재 官丑 •• 관축 孫卯 • 應 손묘 응	元侶重重人又多 원려 중중 인 우 다 秋深分會兩三家 추 심 분 회 양 삼 가	원래의 짝이 중중하니 사람도 또한 많은데 가을이 깊어 가니 두세 집으로 나눠 모인다
	果園多寶留留在 과 원 다 보 유 유 재 晩歲存許二三枝 만 세 존 허 이 삼 지	집안에 많은 자손이 있었으나 만년에는 두 세 명의 자식이 남는다
	寅卯年運大吉昌 인 묘 년 운 대 길 창 前庭寶樹四五持 전 정 보 수 사 오 지	인년·묘년에 결혼하면 대길 번창하여 집안에 자손 4, 5명을 둘 수 있다
	丑未之年成親結 축 미 지 년 성 친 결 白虎喪門多見背 백 호 상 문 다 견 배	축년이나 미년에 혼인을 한다면 백호상문살로 많은 자식을 먼저 보낸다
	男性人有色黃白 남 성 인 유 색 황 백 生旺黑帶受制黃 생 왕 흑 대 수 제 황	남성의 얼굴 모양은 누런 바탕에 흰색이나 세파에 시달려 검은 바탕에 누런 살색이다
	頂平身細行步速 정 평 신 세 행 보 속 眉大鼻曲面圓平 미 대 비 곡 면 원 평	이마는 평평하고 걸음걸이는 빠르며 눈은 크고 굽은 코에 얼굴은 둥글납작하다
	言語有情心性寬 언 어 유 정 심 성 관 智慧敏活大聰明 지 혜 민 활 대 총 명	말하는 것이 정이 있고 심성이 너그러우며 지혜가 민활하고 크게 총명하다
	太過妄動反省缺 태 과 망 동 반 성 결 旺相機略計謀長 왕 상 기 략 계 모 장	지나치게 망녕된 행동을 하나 반성이 없고 왕할 때는 기지와 계략의 꾀가 많이 있다
	女形曲直五常仁 여 형 곡 직 오 상 인 色帶青紅性柔順 색 대 청 홍 성 유 순	여자는 오상의 굴곡이 갖추어진 어진 자로 얼굴색은 청홍색으로 성격은 아주 순하다
	眉目不正柔細聲 미 목 부 정 유 세 성 頭長美髮行不穩 두 장 미 발 행 불 온	미목이 부정하고 소리는 가늘게 부드럽고 긴머리에 미발이나 행동이 편안치 못하다
	骨肉細絞手足纖 골 육 세 교 수 족 섬 言語巧技體如鍊 언 어 교 기 체 여 련	골육이 미세하고 손발이 섬세한 편이며 말의 기교가 몸에 배어 단련되어 있도다
	口尖齒疎行步速 구 첨 치 소 행 보 속 性急如風易回轉 성 급 여 풍 역 회 전	입은 나오고 이는 성글며 걸음이 빠르고 성질이 바람같이 급하고 역회전이 쉽도다

(男 닭띠 女 양·원숭이띠)

괘상(卦象)	원문(原文)	해설(解說)
택지췌 괘 (澤地萃 卦) (중괘운) 文未 ●● 문미 兄酉 ● 형유　應 　　응 孫亥 ● 손해 才卯 ●● 재묘 官巳 ●● 관사　世 　　세 文未 ●● 문미 未生寡 미 생 과	花好鴛兄燕子飛 화호앵아연자비 身中見鬼壻遭埋 신중견귀서조매	두 첩에 각각 서자가 있으나 세효에 사관귀가 있어 남편을 먼저 보낸다
	洞庭春色在根柯 동정춘색재근가 花孕鴛啼送兩兒 화잉앵제송양아	첩의 집에 춘색이 가득 있어 두 자식을 낳아 울며 보낸다
	亥子之年婚大吉 해자지년혼대길 休言眼下兩克家 휴언안하양극가	해년이나 자년에 결혼하면 대길하나 눈앞에 두 집이 싸우는 것은 말하지 말라
	卯酉年運元不吉 묘유년운원불길 慘喪血光多見背 참상혈광다견배	묘유년 운은 원래 불길하여 결혼을 한다면 참상과 유산으로 자손을 먼저 보낸다
	男性燥急禮恭敬 남성조급예공경 起居端正色靑紅 기거단정색청홍	남자의 성격은 조급하나 예의범절이 있고 기거가 단정하며 얼굴의 색은 청홍색이다
	意速聲焦事敏捷 의속성초사민첩 旺相帶貴大聰明 왕상대귀대총명	탁한 음성에 말이 빠르며 매사에 민첩하고 왕상운에는 총명하며 귀하게 될 수도 있다
	火出旺相分飛散 화출왕상분비산 生處相旺居別房 생처상왕거별방	화가 지세하니 좋은 운에 흩어지며 두 집이 서로 왕하니 분별된 방에 산다
	上尖下闊印堂穿 상첨하활인당천 眉眞鼻豊露鼻孔 미진비풍로비공	몸 위는 좁고 아래는 넓으며 인당이 좁고 진한 눈썹과 풍요로운 코에 들창코이다
	女形端正似玉人 여형단정사옥인 上闊下狹印堂明 상활하협인당명	여자는 단정하고 옥과 같은 사람이며 몸 위는 넓고 아래는 좁으며 인당이 밝다
	眉高眼深頂平平 미고안심정평평 聲音淸響好容光 성음청향호용광	눈썹은 높고 눈은 깊으며 이마는 평평하며 목소리가 맑으며 얼굴은 밝게 빛난다
	美髮口尖人中長 미발구첨인중장 言語巧技果斷性 언어교기과단성	예쁜 모발에 입이 뾰족하고 인중이 길며 말에 기교가 있고 매사에 과단성이 있다
	不及吝嗇内有毒 불급인색내유독 體心淫樂好殺生 체심음락호살생	인색하지 못하고 안으로는 독이 있으며 몸과 마음이 음탕하고 살생을 즐겨한다

● 겉궁합·속궁합 보는 법

● 겉궁합

1 납음오행 궁합

【납음 오행표】

갑자 을축 **해중금**	갑신 을유 **천중수**	갑진 을사 **복등화**
병인 정묘 **노중화**	병술 정해 **옥상토**	병오 정미 **천하수**
무진 기사 **대림목**	무자 기축 **벽력화**	무신 기유 **대역토**
경오 신미 **노방토**	경인 신묘 **송백목**	경술 신해 **차천금**
임신 계유 **검봉금**	임진 계사 **장류수**	임자 계축 **상자목**
갑술 을해 **산두화**	갑오 을미 **사중금**	갑인 을묘 **대계수**
병자 정축 **간하수**	병신 정유 **산하화**	병인 정사 **사중토**
무인 기묘 **성두토**	무술 기해 **평지목**	무오 기미 **천상화**
경진 신사 **백납금**	경자 신축 **벽상토**	경신 신유 **석류목**
임오 계미 **양류목**	임인 계묘 **금박금**	임술 계해 **대해수**

【오행 길흉 판단】

여 \ 남	목	화	토	금	수
목	비화	여상생	여상극	남상극	남상생
	반길흉	길	길	반길흉	길
화	남상생	비화	여상생	여상극	남상극
	길	불길	길	불길	반길흉
토	남상극	남상생	비화	여상생	여상극
	반길흉	길	길	길	반길
금	여상극	남상극	남상생	비화	여상생
	불길	반길흉	길	반길흉	길
수	여상생	여상극	남상극	남상생	비화
	길	불길	반길흉	길	길

● 보는법 : 납음오행표에서 해당 오행(목화토금수)을 찾아 오행길흉표에 대조하여 길, 불길, 반길 흉을 찾아 참고한다. 단, 아래와 같은 납음오행은 상극오행을 만나면 반길흉이 아니라 오히려 길하다.

납음오행	상극오행	납음오행	상극오행
무술 기해 **평지목**	금	무자 기축 **벽력화** 무오 기미 **천상화**	수
갑오 을미 **사중금** 임신 계유 **검봉금**	화	경오 신미 **노방토** 무인 기묘 **성두토** 무신 기유 **대역토** 병진 정사 **사중토**	목
병오 정미 **천하수** 임술 계해 **대해수**	토		

② 띠로 보는 궁합

삼합오행	육합오행	원진살
신(원숭이) 자(쥐) 진(용)	자(쥐) 축(소)	자(쥐) 미(양)
	인(범) 해(돼지)	축(소) 오(말)
사(뱀) 유(닭) 축(소)	묘(토끼) 술(개)	인(범) 유(닭)
	진(용) 유(닭)	묘(토끼) 신(원숭이)
인(범) 오(말) 술(개)	사(뱀) 신(원숭이)	진(용) 해(돼지)
해(돼지) 묘(토끼) 미(양)	오(말) 미(양)	사(뱀) 술(개)

● 보는 법 : 두 사람의 띠가 위의 도표에서 삼합이나 육합에 있으면 길하고, 원진살이 있으면 아주 나쁘다.

●속궁합

1 생일날 일진 천간으로 보는 법(책력에서 확인)

【음양일 구분】

양일 간지					음일 간지				
갑(목)	병(화)	무(토)	경(금)	임(수)	을(목)	정(화)	기(토)	신(금)	계(수)
인(목)	오(화)	진술(토)	신(금)	자(수)	묘(목)	사(화)	축미(토)	유(금)	해(수)

【궁합 판단 일람표】

정배합	간합	남	갑	을	병	정	무	기	경	신	임	계
		녀	기	경	신	임	계	갑	을	병	정	무
	남극녀	음남	을		정		기		신		계	
		양녀	무		경		임		갑		병	
편배합	남극녀	남	갑	을	병	정	무	기	경	신	임	계
		녀	무	기	경	신	임	계	갑	을	병	정
상극배합	녀극남	남	갑	을	병	정	무	기	경	신	임	계
		녀	경	신	임	계	갑	을	병	정	무	기
상생배합	남녀상생	남	갑을		병정		무기		경신		임계	
		녀	병정		무기		경신		임계		갑을	
비화배합	같은오행	남	갑을		병정		무기		경신		임계	
		녀	갑을		병정		무기		경신		임계	

● 보는 법 : 두 사람의 일간이 위도표에서 정배합은 길하며, 편배합은 현실은 다소 불합함으로 반흉반길하고, 상극배합은 불길하며, 상생배합과 비화배합은 음양 상생배합은 대길하고, 양양 음음 상생배합은 길하며, 상극배합은 불길하다.

【 일지 관계 일람표 】

상생	인묘	사오	진술축미	신유	해자
	사오	진술축미	신유	해자	인묘
육합	자축(토)	인해(목)	묘술(화)	진유(금)	사신(수)	오미(토)
삼합	신자진(수)	해묘미(목)	인오술(화)	사유축(금)
방합	인묘진(동, 목)	사오미(남, 화)	신유술(서, 금)	해자축(북, 수)
형	인사신(삼형)	축 술미(삼형)	자묘(삼형)	진진, 오오, 유유, 해해(자형)
상충	자오	축미	인신	묘유	진술	사해
상극	인묘	진술축미	해자	사오	신유
	진술축미	해자	사오	신유	인묘
파	축진	묘오	사신	미술	유자	해인
해	자미	축오	인사	묘진	신해	유술
원진	자미	축오	인유	묘신	진해	사술
귀문	자유	축오	인미	묘신	진해	사술

● 보는 법 : 두 사람의 일진 지지가 상생·육합·삼합·방합에 있으면 대길하고, 형·상충·상극 ·파·해·원진·귀문에 들어 있으면 불길하다.

● 남녀 임신 조정법

1 고대 중국 황실의 통계적 남아 출산 기록

임신한 달		기대하는 산모의 연령(만 나이)													
음력	양력	18	19	20	21	22	23	24	25	26	27	28	29	30	31
1	2		남		남		남	남		남		남		남	남
2	3			남		남	남		남		남		남		
3	4		남			남		남	남	남		남			남
4	5	남		남			남	남			남				
5	6	남		남		남	남						남		
6	7	남	남	남				남	남	남			남		
7	8	남	남	남			남	남				남	남		
8	9	남	남			남		남	남	남	남	남	남		
9	10	남	남	남			남		남	남	남	남	남		
10	11	남	남				남		남	남	남				
11	12	남	남	남			남		남				남		
12	1	남		남					남		남			남	남

임신한 달		기대하는 산모의 연령(만 나이)													
음력	양력	32	33	34	35	36	37	38	39	40	41	42	43	44	45
1	2	남		남	남		남			남			남	남	
2	3		남		남	남		남		남		남		남	남
3	4	남		남		남	남		남		남		남		남
4	5			남		남	남	남	남		남		남	남	
5	6					남	남	남		남		남	남	남	
6	7							남			남		남		남
7	8						남		남		남		남		남
8	9		남		남		남			남			남		
9	10					남		남		남	남	남	남		남
10	11					남	남		남		남	남	남		
11	12			남	남	남		남				남		남	
12	1	남	남	남	남	남	남				남		남		남

※ 부부간의 나이를 음(짝수) 양(홀수)으로 고려하지 않은 통계임

※ 만 나이 : 그해 생일날부터 다음 해 생일 전날까지

② 중화된 자식 만드는 방법

① 만 나이로 만세력의 절기에 맞는 임신할 달을 도표에서 선택한다.

② 반드시 여자는 생리가 끝나는 날부터 1~3일 중에 아들을 원할시는 양일(陽日), 딸을 원할시는 음일(陰日)을 택하여 합궁한다.

※ **양일(陽日)** : 일진 천간이 갑(甲)·병(丙)·무(戊)·경(庚)·임(壬)인 날

※ **음일(陰日)** : 일진 천간이 을(乙)·정(丁)·기(己)·신(辛)·계(癸)인 날

※ **시(時)**도 양일은 양시, 음일은 음시로 하면 좋다.

③ 부부의 음양 육신을 분명히 맞추면 중화된 자식을 보게 된다.

④ 남편도 이를 위하여 합궁 택일을 받으면 일주일 전부터 외박을 금하고 과음과 과욕을 금하고 정신과 몸 단련에 노력해야 한다.

【입태일부터 출생일 기간】

입태일	276 중기	출생일	입태일	256 하기	출생일	입태일	296 상기	출생일
자오(子午)		축미(丑未)	인신(寅申)		해사(亥巳)	진술(辰戌)		유묘(酉卯)
입태일	266 중기	**출생일**	**입태일**	286 상기	**출생일**	**입태일**	하기246 혹은 306 상기	**출생일**
축미(丑未)		자오(子午)	사해(巳亥)		신인(申寅)	묘유(卯酉)		술진(戌辰)

【예문】 만 26세의 부인은 상기도표에서 음력 1월, 3월, 6월, 8월이 남아 임신이 가능한 달이다. 월경이 끝나는 날이 매월 19일경이면 매월 19~21일이 배란기이다.

• 만세력을 이용하여 부부의 만 나이를 음양을 포함한 남녀를 선별하는 임신사주를 뽑아 임신사주에 나온 일시에 합궁을 한다.

⊙ **남아를 원할시** : 부(29세) 모(26세)의 음력 6월 입태사주를 뽑으니 경인년(庚寅年) 계미월(癸未月) 임오일(壬午日) 경자시(庚子時)〔2010년 6월 20일 23시 30분부터 01시 30분〕로, 음양오행(陰陽五行)이 순환(循環)되는 중화(中和)된 남아입태사주(四柱)임〔남편(양년 음월 양일 양시 3양

1음) 아내(양년 음월 양일 양시 3양 1음)〕

예상 출생사주를 추상한다면 신묘년(辛卯年) 경진월(庚辰月) 정미일(丁未日) 무신시(戊申時)로 예상되나 산모의 건강과 기후변동 등으로 다를 수 있다.

⊙ **여아를 원할시** : 부(양) 모(음)의 음력 4월 입태사주를 뽑으니 경인년(庚寅年) 신사월(辛巳月) 계미일(癸未日) 계해시(癸亥時)〔2010년 4월 20일 21시 30분부터 23시 30분〕로, 음양오행(陰陽五行)이 순환(循環)되는 중화된 여아입태사주임 〔남편(양년 음월 음일 음시 1양 3음) 아내(1양 3음)〕

예상 출생사주를 추상한다면 신묘년(辛卯年) 경인월(庚寅月) 무오일(戊午日) 계해시(癸亥時)로 예상되나 산모의 건강과 기후변동 등으로 다를 수 있다.

제4부

성명학

수(數)리(理)오(五)행(行)	자(字)오(五)행(行)	음(陰)양(陽)오(五)행(行)	성명(姓名)			수(數)리(理)격(格)국(局)	음(陰)양(陽)	사 주 (四柱)
			획수 (劃數)	한자 (漢字)	한글			
화	목	금	11	崔	최	원(元) 24	양	−수 −금 −토 +금
								식신 본인 편인 겁재
								癸 辛 己 庚
목	화	토	10	倫	윤	형(亨) 21	음	巳 酉 卯 寅
								정관 비견 편재 정재
								−화 −토 −목 +목
목	화	토	14	僖	희	리(利) 25		편재격
						정(貞) 35	음	정관(사) 용신
								오행 구비

綜合 易理要約集

종합 역리요람

1 성명이란

사주(四柱)는 선천(先天)이요, 성명(姓名)은 후천(後天)이라 한다. 그러므로 사주는 숙명(宿命)이며, 이름은 운명(運命)이라 한다. 고로 선천사주(先天四柱)와 후천성명(後天姓名)이 합함으로 좋은 운명이 탄생하게 된다. 그러므로 사주는 고칠 수 없으나 성명(姓名)은 좋은 이름으로 작명(作名) 또는 개명(改名)을 하여 좋은 운명(運命)으로 유도할 수 있다.

2 성명의 구성원칙

1 문자(文字)는 성명(姓名)의 정신(精神)이다.

2 수리(數理)는 성명(姓名)에 의한 운명노선(運命路線)이다.

3 음양(陰陽)은 성명(姓名)의 골격(骨格)이다.

4 오행(五行)은 성명(姓名)의 생명(生命)이요 양식(糧食)이다.

5 삼재(三才)사격(四格)은 성명(姓名)의 질서(秩序)이다.

6 역상(易象)은 성명(姓名)의 활동력(活動力)이다.

3 작명作名 양식

작명증서(作名證書)

수(數)리(理)오(五)행(行)	자(字)오(五)행(行)	음(陰)양(陽)오(五)행(行)	성명(姓名)			수(數)리(理)격(格)국(局)	음(陰)양(陽)	사주(四柱)
			획수(劃數)	한자(漢字)	한글			
화	목	금	11	崔	최	원(元) 24	양	−수 −금 −토 +금
목	화	토	10	倫	윤	형(亨) 21	음	식신 본인 편인 겁재 癸 辛 己 庚 巳 酉 卯 寅 정관 비견 편재 정재
						리(利) 25		−화 −토 −목 +목
목	화	토	14	僖	희	정(貞) 35	음	편재격 정관(사) 용신 오행 구비

총평(總評)

음양은 양1 음2로 적절하며 수리격국의 원격은 24획에 출세격에 축재운이고 형격은 21획으로 자립격에 두령운이며 리격은 25획에 안강격에 재록운이고 정격은 35획에 태평격에 안강운으로 수리격국이 여자로 다소 강한 편이고 오행배치는 음향오행과 자오행은 대길로 대치되고 수리오행은 중길로 배치되어 사주(운명)의 격국과 용신을 보강되도록 잘 지어진 이름임

작명일(作名日) 2011년 1월 23일

역학상담사 ㅇㅇ ㅇ ㅇ ㅇ

④ 성명의 사격(四格)이란

원격(元格)	지격(地格)이라고도 하고, 기초가 되며 유년기(幼年期 1~17세까지)이다. 상하명자(上下名字)를 합한 수(數)임
형격(亨格)	인격(人格)이라고도 하고, 청년기(青年期 18~27세)가 되며 또한 자기(自己)를 암시(暗示)한다. 성(姓)과 이름상자(上字)를 합한 수(數)임
리격(利格)	외격(外格)이라고도 하고, 장년기(壯年期 28~45세)가 되며 사회(社會) 가정(家庭)을 암시(暗示)한다. 성(姓)과 이름하자(下字)를 합한 수(數)임
정격(貞格)	총격(總格)이라고도 하고, 말년기(末年期 46세 이상)가 되며 평생(平生)을 암시(暗示)한다. 성(姓)과 명상하자(名上下字)를 합한 수(數)임

인격(人格)은 자기(自己)의 성격(性格)을 나타내고(亨格), 외격(外格)은 배우자(配偶者)의 성격을 나타낸다(利格)

⑤ 음오행(陰五行)이란
① 음오행

오행 (五行)	오음 (五音)	발음기관 (發音器官)	자음 (子音)	자모음 (子母音)
목(木)	각(角)	아(牙)	ㄱ ㅋ ㄲ	가 카
화(火)	치(徵)	설(舌)	ㄴ ㄷ ㄹ ㅌ	나 다 라 타
토(土)	궁(宮)	후(喉)	ㅇ ㅎ	아 하
금(金)	상(商)	치(齒)	ㅅ ㅈ ㅊ	사 자 차
수(水)	우(羽)	순(脣)	ㅁ ㅂ ㅍ	마 바 파

② 음오행 적용

金 土 土

崔 倫 僖

ㅊ ㅇ ㅎ   ㅊ은 金, ㅇ은 土, ㅎ은 土가 됨

⑥ 수리오행數理五行이란

① 수리오행

목(木)	화(火)	토(土)	금(金)	수(水)
1 2	3 4	5 6	7 8	9 0

② 수리오행 적용

수 리 오 행	작 성 법
火 木 木 崔 倫 僖 11 10 14	火 : 명두자 합수 24-20....나머지수 4(火) 木 : 성과 명 상자 합수 21-20....나머지 1(木) 木 : 성 11획에 천수(天數) 1을 더한 수 12-10....나머지 2(木)

⑦ 자오행字五行이란

최(崔)＝목(木)   윤(倫)＝화(火)   희(僖)＝화(火)   이것을 자오행이라 한다.

⑧ 음양배합陰陽配合 작명법(자획 짝수 음○ 홀수 양●)

○	○	●	●	●	○	○	●
○	●	●	○	○	●	○	●
●	●	○	○	●	○	○	●
사업번창 부부화락 입신출세 건강평생 자손창령 부귀공명 가내화락 수복강령						조실부모 두뇌명철 변사 무자 병액 광기 객사 범법 살상 불구 조난 형액 단명	

획부 (劃部)	성별 (姓別)	성획부(姓劃部)에 맞는 작명획수(作名劃數)										
1획	一 乙 일 을	②	②	②	②	2	④	4	⑤	⑤	⑥	6
		4	5	14	15	22	12	20	10	12	10	17
		⑦	7	⑩	10	12	12	⑭	⑮	⑯		
		10	16	14	22	12	20	17	16	16		
2획	丁 卜 又 정 복 우 刀 力 乃 도 력 내	1	1	1	1	1	③	③	4	④	④	4
		4	5	14	15	22	3	13	1	9	11	19
		⑤	⑤	5	⑥	6	⑨	⑬	13	⑭	14	16
		6	11	16	9	15	14	16	19	15	19	19
3획	千 干 弓 천 간 궁 山 凡 산 범	3	8	⑧	⑩	12	⑭	⑭	14		②	
		10	13	21	8	20	12	21	18	18	3	8
		②	3	3	4	⑤	⑤					
		13	10	18	14	8	10					
4획	尹 文 元 윤 문 원 孔卞 王 方 毛 공변 왕 방 모 午 公 太 水 天 弘 오 공 태 수 천 홍 夫 井 化 令 부 정 화 령 疋 玄 乙支 (필)소 현 을지	①	①	①	②	②	2	③	3	④	④	4
		2	12	20	9	11	19	4	14	7	9	13
		4	7	9	9	⑪	⑪	⑫	12	12		
		17	14	12	20	14	20	13	17	19		

획부 (劃部)	성별 (姓別)	성획부(姓劃部)에 맞는 작명획수(作名劃數)										
5획	田전 白백 申신 石석 甘감 玉옥 史사 皮피 平평 占점 永영 包포 召소 冊책 台태 功공 北북 令령 弘홍 疋소(필) 　 玄현 乙을 支지	1 2	1 10	① 12	② 6	② 11	② 16	③ 8	③ 10	 6	⑥ 10	6 12
		6 18	 8	8 10	⑧ 16	⑫ 13	13 20	 16	16 16	 24		
6획	全전 任임 安안 朱주 吉길 伊이 印인 牟모 伍오 米미 先선 朴박 好호 守수 瓜과 　 弛이 宅택 光광 　 羽우 曲곡 西서	1 1	1 10	1 17	② 5	② 9	2 15	5 5	5 05	5 12	5 18	7
		1	⑦ 11	⑦ 18	⑨ 15	⑩ 19	⑩	 11	11 12	⑪ 18	⑫ 19	12 17
		15	15 17	17	15 18							
7획	李이 吳오 宋송 呂려 辛신 江강 成성 延연 池지 車차 判판 杜사 甫보 余여 佐좌 何하 良양 吾오 谷곡 見견 汎범 別별 延연 孝효 肖소 弟제	1 10	1 16	④ 4	4 12	④ 14	6 14	⑥ 11	⑥ 18	 8	8 8	⑧ 9
		⑧ 10	8 16	⑧ 17	⑨ 16	⑩ 14	11 14	14 17	14 18	 16	16 16	⑱
8획	金김 林임 沈심 孟맹 寄기 尚상 昔석 具구 周주 知지 明명 房방 承승 宗종 卓탁 奉봉 忠충 空공 采채 昕흔 和화 艾예 長장 松송 　 斧부 岳악 庚경 狄적	3 3	3 10	③ 5	3 13	 5	5 8	5 10	5 16	 7	⑦ 8	⑦ 9
		⑦ 10	7 16	⑦ 17	⑨ 8	9 15	9 16	10 13	10 15	 13	13 8	13 10
		13 16	 15	15 8	15 16	16 17	 17	17 8				

획부 (劃部)	성별 (姓別)	성획부(姓劃部)에 맞는 작명획수(作名劃數)										
9획	俞유 柳유 姜강 河하 秋추 香향 泰태 扁편(변) 禹우 胡호 柴시(채) 南남 韋위 姚요 宣선 表표 泉천 律률 拓척 段단 彦언 思사 信신 俊준	②/4	②/6	2/14	4/4	4/12	④/20	⑥/9	⑦/8	7/16	⑧/8	8/15
		8/16	9/14	12/20	15/8							
10획	洪홍 泰태 芳방 桑상 張장 時시 夏하 馬마 高고 桂계 芮예 貢공 能능 殷은 袁원 原원 孫손 祜호 宮궁 耿경 晏안 唐당	①/5	①/6	①/7	①/14	③/3	③/5	3/8	5/8	⑤/6	6/7	6/15
		⑦/8	7/14	8/13	8/15	⑪/14	⑭/15					
11획	崔최 許허 卿경 梅매 張장 邦방 栗율 國국 將장 康강 扈호 范범 海해 梁양 乾건 堅견 珠주 曹조 魚어 麻마 啓계 彬빈	②/4	②/5	④/14	/6	⑥/7	6/12	⑥/18	⑦/6	7/14	10/14	14/7
		⑭/10	⑱/6									
12획	閔민 傳전 馮빙 舜순 邵소 曾증 東동 智지 賀하 彭팽 程정 荊형 庚경 景경 童동 黃황 堯요 方방	①/4	①/5	3/20	4/9	4/19	5/6	⑤/20	⑥/5	⑥/11	⑥/19	9/12
		⑪/6	11/12	⑫/13	⑫/17							

획부 (劃部)	성별 (姓別)	성획부(姓劃部)에 맞는 작명획수(作名劃數)										
13 획	廉렴 莊장 郁도　睦육 楊양 楚초 賈가 司공 琴금 敬경 雷뢰 新신 空 溫온	② 3	③ 2	③ 8	④ 4	④ 12	5 20	 8	8 8	8 10	8 16	⑩ 8
		⑫ 12	16 8									
14 획	趙조 賓빈 華화　愼신 種종 端단 對대 實실 綠록 鳳봉 箕기 溪계 榮영 競경 槐괴	① 2	① 10	② 1	2 9	② 15	③ 4	③ 5	4 3	④ 11	4 7	4 17
		④ 21	7 10	7 11	9 15	10 1	10 7	10 11	⑩ 15	11 10		
15 획	慶경 董동 萬만　魯노 漢한 墨묵 部부 劉유 標표 廣광 漫만 郭곽　葉엽 價가 葛갈	1 2	2 1	② 2	2 14	3 16	 20	⑥ 6	6 10	 18	8	8 8
		8 10	8 16	⑩ 14	⑭ 10	14 18	 ⑯	16 8	⑯ 16	17 6	⑱ 6	
16 획	陳진 龍용 遇우　陰음 盧노 諸제 陶도 皇甫황보 燕연 潘반 蓋개 輸수 霍곽 甫	 1	① 7	① 15	2 5	② 13	2 15	② 19	 5	5 16	 7	7 8
		7 16	8 13	8 15	8 17	9 8	⑨ 16	 13	⑬ 16	 15	15 17	⑮ 16
		17										

획부 (劃部)	성별 (姓別)	성획부(姓劃部)에 맞는 작명획수(作名劃數)										
17획	韓(한) 蔡(채) 蔣(장) 鐘(종) 鮮(선) 鞠(국) 陽(양) 燭(촉) 獨(독) 濃(농) 彌(이)	1	①	4	4	④	④		6	6	6	⑦
		6	14	4	12	14	20	6	12	15	18	8
		⑦		8	⑫	15		16		16		
		14	8	16	12	16	16	15	⑱	8		
18획	魏(위) 簡(간) 雙(쌍) 戴(대)		3	3		5	⑥	⑥	6	6		⑪
		3	3	14	5	6	7	11	15	17	⑦	6
		13	15	⑮	17	17						
				6		6						
19획	鄭(정) 壁(벽) 離(이) 古爾(고이) 南宮(남궁)	2	2	4	4	4	⑥	⑥	⑩	12	⑫	
		4	14	2	12	14	10	12	6	4	6	⑬
												16
		14	⑯									
		4	13									
20획	嚴(엄) 羅(라) 還(환) 釋(석) 鮮于(선우) 夏候(하후)	1	1	3	3	3	④	4	④	④	⑤	⑤
		4	12	12	15	18	1	9	11	17	12	13
		9	⑪	12	12	⑫	⑫	⑬	13			
		4	4	1	3	9	13	5	19			

획부(割部)	성별(姓別)	성획부(姓割部)에 맞는 작명획수(作名劃數)										
21획	隨 顧 수 고	③ / 8	③ / 5	④ / 12								
22획	權 邊 蘇 권 변 소 隱 耶律 은 야률	2 / 9	② / 11	② / 13	② / 15	③ / 10	③ / 13	3 / 20	⑦ / 9	⑦ / 10	⑨ / 7	⑨ / 16
		10 / 11	10 / 13	⑩ / 15	11 / 10	1 / 2	1 / 10	1 / 16	⑯ / 9			
24획	靈 령	/ 1	① / 7	⑤ / 8	/ 5	8 / 9	8 / 13	/ 7	⑧ / 7	9 / 8		
25획	獨孤 독고	4 / 4	⑥ / 10	/ 8	⑩ / 22	/ 7	⑩ / 6					
31획	諸葛 제갈	1 / 6	1 / 16	2 / 4	② / 6	④ / 4	⑥ / 10	⑦ / 10	⑦ / 14	/ 8	⑧ / 8	/ 6
		⑯										

(음, 자, 수리오행 모두 적용)

성명오행배치														
대길 (大吉)	木木木	木木火	木木土	木木水	木火木	木火土	木水木	木水金	火木木	火木火	火木水	火土木	火土火	火土金
	土火木	土火土	土土火	土土土	土金土	土金土	金土土	金土火	金土土	金土金	金金土	水木木	水木火	水木水
	水金金	水金土	水金水	木水水	木火火	火火土	金水水	金水金	金水木					
중길 (中吉)	木火水	木土火	木金水	木水火	火土金	火土土	火金土	火木土	火水木	土木火	土火金	土金火	水水金	水木金
	水火木	金水土	金火土	金木水	金土水									
길흉 (吉凶) 상반 (相半)	木火金	木土金	木金土	木水土	火木金	火土水	火金水	火水金	土木水	土火水	土金木	金木火	金水火	金火木
	金金金	金金木	火火火	水水水										
대흉 (大凶)	木木金	木木土	木土木	木土土	木金金	木金水	木土火	火金水	火金木	火金火	火水金	火水水	火水土	火火金
	土木木	土土木	土木木	土土水	土水土	土水金	土木水	土水木	金金木	金金火	金木木	金木金	金火金	金火火
	金木土	金火水	水水火	水水火	水火土	水土金	水土木	水火水						

一획

한자	자이름	오행
一	한 일	木
乙	새 을	木

二획

한자	자이름	오행
乃	이어 내	金
刀	칼 도	金
了	밝을 료	火
人	사람 인	土
力	힘 력	火
卜	점 복	水
又	또 우	火
丁	고무래 정	火
二	둘 이	木

三획

한자	자이름	오행
三	석 삼	火
上	윗 상	木
万	일만 만	木
丸	알 환	土
也	어조사 야	水
于	어조사 우	水
凡	무릇 범	水
千	일천 천	木
大	큰 대	火
丈	어른 장	火
士	선비 사	金
子	아들 자	水
寸	마디 촌	金
山	뫼 산	土
川	내 천	金
工	장인 공	木
己	몸 기	土
小	적을 소	金
女	계집 여	火
土	흙 토	土
弓	활 궁	木
久	오래 구	木
干	방패 간	木

四획

한자	자이름	오행
四	넉 사	火
丑	소 축	土
中	가운데 중	土
丹	붉을 단	火
之	갈 지	火
云	이를 운	土
井	우물 정	水
今	이제 금	火
介	소개할 개	火
分	나눌 분	金
公	귀 공	火
仁	어질 인	火
化	될 화	木
元	으뜸 원	金
王	임금 왕	火
午	낮 오	火
升	되,오를승	木
友	벗 우	水
太	콩 태	木
孔	구멍 공	金
引	도장 인	火
心	마음 심	木
支	헤아릴 지	水
文	글월 문	木

五획

한자	자이름	오행
司	맡을 사	水
史	사기 사	水
台	별 태	火
外	바깥 외	土
央	중앙 앙	木
功	공 공	火
巨	클 거	木
去	갈 거	火
市	저자 시	土
弘	클 홍	木
戊	별 무	火
末	끝 말	火
未	아닐 미	土
本	근본 본	木
正	바를 정	火
民	백성 민	水
玄	검을 현	金
永	길 영	土
玉	구슬 옥	木
甘	달 감	水
生	날 생	土
用	쓸 용	火
田	밭 전	火
五	다섯 오	土
丘	언덕 구	土
且	또 차	木
世	인간 세	火
丙	남녁 병	火
主	주인 주	火
仕	벼슬할 사	火
仙	신선 선	火
代	대신할 대	火
令	하여금 영	水
出	날 출	火
可	오를 가	水
加	더할 가	木
占	점칠 점	木
卯	토끼 묘	水
右	오를 우	火
左	왼 좌	土

四획 (계속)

한자	자이름	오행
夬	명쾌 쾌	木
兮	어조사 혜	金
予	나 여	金
斗	말 두	火
方	모 방	土
斤	날 근	金
日	날 일	火
比	견줄 비	火
爻	효 효	火
尹	맏 윤	水
天	하늘 천	火
夫	지아비 부	火
少	젊을 소	火
壬	북방 임	水
月	달 월	水
木	나무 목	木
水	물 수	水
片	조각 편	木
止	그칠 지	水
以	써 이	火
手	손 수	木
氏	각시 씨	火
牛	소 우	金
内	안 내	土
勿	말 물	水
尤	더욱 우	土

六획

(1)

한자	자이름	오행
同	한가지 동	水
回	돌아올 회	水
名	이름 명	土
好	좋을 호	木
如	같을 여	水
宇	집 우	木
守	지킬 수	木
多	많을 다	金
安	편할 안	火
宅	집 택	水
自	스스로 자	木
年	해 년	火
式	법 식	水
旭	빛날 욱	土
有	있을 유	水
朱	붉을 주	火
地	땅 지	水
次	버금 차	木
求	구할 구	水
牟	보리 모	土
百	일백 백	水
兆	조짐 조	火
羽	나래 우	火

(2)

한자	자이름	오행
六	여섯 육	土
交	사귈 교	火
休	쉴 휴	火
任	맡길 임	火
伊	저 이	土
伍	다섯 오	土
企	바랄 기	金
全	온전 전	木
光	빛 광	土
匡	바를 광	金
先	먼저 선	木
共	한가지 공	水
再	두 재	水
在	있을 재	水
列	벌 렬	木
印	도장 인	水
合	합할 합	水
吉	좋을 길	水
仲	버금 중	木
向	향할 향	水
价	착할 개	木
伎	재주 기	火
收	거둘 수	金

(3)

한자	자이름	오행
甲	갑옷 갑	木
白	흰 백	金
石	돌 석	木
禾	벼 화	水
召	부를 소	木
由	말미암을 유	金
申	납 신	金
立	설 립	木
示	보일 시	水
皮	가죽 피	火
句	글귀 구	火
仟	일천 천	火
付	부칠 부	金
旦	아밀 단	水
乎	어조사 호	土
古	옛 고	水
半	반 반	水
北	북녘 북	水
只	다만 지	水
丕	클 비	水

七획

한자	자이름	오행
見	볼 견	火
七	일곱 칠	金
亨	형통할 형	土
佑	도울 우	火
佐	도울 좌	火
何	어찌 하	木
位	자리 위	水
作	지을 작	水
伸	펼 신	金
伯	맏 백	水
佛	부처 불	水
怜	영리할 영	火
住	머물 주	火
江	물 강	水
汝	너 여	水
汎	물범 범	水
池	못 지	水
克	이길 극	木
兵	군사 병	水
判	판단할 판	金

한자	자이름	오행
兌	바를 태	金
利	이할 이	水
吾	나 오	木
宂	연구 구	金
材	재목 재	水
戒	경계할 계	木
呈	드릴 정	金
廷	조정 정	水
玎	옥소리 정	土
呂	범 려(여)	水
坊	박을 방	木
址	터 지	土
坂	언덕 판	水
告	고할 고	木
君	임금 군	土
妙	묘할 묘	水
牡	장할 장	土
孝	효도 효	水
完	완전할 완	木
成	이룰 성	土
局	판 국	木
志	뜻 지	火
希	바랄 희	木

한자	자이름	오행
臣	신하 신	火
考	상고할 고	土
至	이를 지	火
行	갈 행	金
西	서녁 서	水
亥	돼지 해	木
丞	이을 승	水
汀	물가 정	水
氾	물범 범	火
旬	열흘 순	木
充	가득할 충	土
圭	홀 규	水
州	고을 주	火
老	늙을 노	土
戌	개 술	土
竹	대 죽	木
羊	양 양	土
旨	맛 지	火
早	일찍 조	火
后	황후 후	水
因	인할 인	水
米	쌀 미	水

한자	자이름	오행
侊	클 광	火
昄	밝을 광	火
伯	일백 백	火
來	올 래	火
侖	둥글 륜	土
姃	단정할 정	火
政	정치 정	土
定	정할 정	水
姈	영리할 령	水
汶	물 문	土
沅	물 원	水
沇	물이름 연	土
坤	땅 곤	土
昆	맏 곤	火
坵	언덕 구	土
坪	평평할 평	土
坡	언덕 파	土
兩	두 량	火
其	그 기	土
奇	기이할 기	土
具	가출 구	土
典	법 전	火
玖	옥돌 구	金

한자	자이름	오행
序	차례 서	木
忍	참을 인	火
妊	아이밸 임	土
辛	매울 신	金
更	고칠 경	火
冏	빛날 경	火

八획

한자	자이름	오행
八	여덟 팔	金
事	일 사	木
社	모일 사	土
享	누릴 향	土
京	서울 경	土
庚	별 경	火
炅	빛날 경	土
冏	들 경	火
佳	아름다울 가	火
使	하여금 사	火
侍	모실 시	火
佺	신선이름 전	火
佶	바를 길	火
侑	짝 유	火

한자	자이름	오행
延	늘일 연	木
形	모양 형	土
我	나 아	金
杏	살구 행	木
村	마을 촌	木
杓	자루 표	木
杜	막을 두	木
束	묶을 속	木
秀	빼낼 수	木
杠	깃대 강	木
杞	구기자 기	木
均	고를 균	水
甫	펼 보	土
男	사내 남	土
良	어질 양	土
谷	골 고	金
辰	별 진	土
里	마을 리	木
李	오얏 리	木
酉	닭 유	金
岐	뫼 기	土
免	면할 면	木
町	밭 정	土

漢字	訓音	五行
長	어른 장	木
青	푸를 청	木
晤	낮 오	火
卓	높을 탁	水
岡	뫼 강	水
叔	아재비 숙	水
弦	활시위 현	水
沃	기름질 옥	木
函	함 함	木
扶	잡을 부	土
艾	쑥 애	水
姓	성 성	火
奄	문득 엄	火
亞	버금 아	金
奈	어찌나(녀)	火
武	호반 무	火
征	갈, 칠 정	水
供	이바지할 공	木
固	굳을 고	火
汽	증기, 김 기	水
帛	비단 백	木
旺	왕성할 왕	火
抄	베낄 초	木

漢字	訓音	五行
季	끝 계	木
宜	마땅할 의	木
官	벼슬 관	金
宗	마루 종	金
宙	집 주	木
尚	오히려 상	土
岳	뫼 악	金
岩	바위 암	火
幸	다행 행	土
府	마을 부	火
忠	충성 충	土
知	알 지	木
枝	가지 지	木
林	수풀 림(임)	木
松	소나무 송	木
秉	잡을 병	木
采	채색 채	木
杰	호걸 걸	木
料	구기 두	木
東	동녘 동	木
欣	기거울 흔	火
舍	집 사	火
門	문 문	木

漢字	訓音	五行
玕	옥돌 우	金
雨	비 우	水
旼	화할 민	火
旻	하늘 민	火
昇	해돋을 승	水
承	이을 승	火
昔	옛 석	木
析	가를 석	火
明	밝을 명	火
昊	하늘호 범	火
虎	범 호	木
易	바꿀 역(이)	火
券	책 권	火
刻	새길 각	金
到	이를 도	金
制	법 제	水
協	맞을 협	水
劾	본받을 효	水
受	받을 수	水
和	화할 화	土
周	두루 주	水
姓	예쁠 주	水
命	목숨 명	水

한자	자이름	오행
快	쾌할 쾌	火
呼	부를 호	水
昌	창성할 창	火
沄	흐를 운	水
直	곧을 직	木
牧	다스릴 목	土
汪	넓을 왕	水
技	재주 기	木

九획

한자	자이름	오행
九	아홉 구	水
炯	밝을 형	火
炫	밝을 현	火
炳	불꽃 병	火
昞	밝을 병	火
眩	밝을 현	火
泫	물 현	水
星	별 성	火
省	살필 성	木
性	성품 성	火
昱	날빛 욱	火
昭	밝을 소	火
昤	밝을 영(령)	火
昰	여름 하	火
怡	기쁠 이	火
泳	물가 영	水
映	빛일 영	火
春	봄 춘	火
河	물 하	水
沼	맑을 소	水
治	다스릴 치	水
法	법 법	水
泌	물가 필	水
泓	깊을 홍	水
柚	유자나무 유	木
泉	샘 천	水
垠	언덕 은	土
垣	담 원	土
柁	언덕 택	火
律	법률 률	火
沿	물 연	水
泰	클 태	火
癸	북방 계	水
俊	준걸 준	火
保	보전할 보	火
信	믿을 신	火
侹	곧을 경	火
侯	제후 후	火
俞	맑을 유	金
亮	밝을 양(량)	火
貞	곧을 정	木
亭	정자 정	金
冠	갓 관	金
前	앞 전	土
勉	힘쓸 면	火
勇	용맹 용	土
南	남쪽 남	水
厚	두터울 후	水
咸	다 함	土
哉	어조사 재	土
姬	계집 희	土
姸	계집 길	土
姞	별 규	土
奎	성 강	土
姜	집 실	土
室	임금 제	木
帝	법도 도	木
度		木

十획

한자	자이름	오행
十	열 십	水
乘	탈 승	木
倉	고집 창	火
修	따글 수	火
倍	배,두 배	火
倫	인륜 윤(륜)	火
俸	녹 봉	火
俱	가출 구	火
候	제후 후	火
倞	굳셀 경	火
倬	밝을 탁	金
俓	곧을 경	土
剛	굳셀 강	水
原	언덕 원	木
哲	밝을 철	土
唐	당나라 당	土
城	재 성	土
娥	여름 하	木
夏	아름다울 성	
娍	고을 연	
娟	고을 나	
娜	재상 재	
宰		

한자	자이름	오행
宥	도울 유	木
柔	부드러울 유	木
宦	벼를 환	木
畇	쟁기 균	土
敍	펼 서	水
施	베풀 시	土
枰	나무이름 평	木
紀	벼리 기	木
禹	임금 우	土
桯	나무바룰 정	木
段	계단 단	火
表	겉 표	木
致	이를 치	土
契	맺을 계	土
勁	굳셀 경	金
俚	힘입을 이(리)	火
帥	장수 수	木
奈	어찌 나	木
奐	빛나 환	木
炡	빛날 정	火

한자	자이름	오행
建	세울 건	木
彦	선비 언	火
思	생각 사	火
拓	개척할 척	木
是	이 시	火
柱	기둥 주	木
柳	버들 유	木
相	서로 상	木
秋	가을 수	木
皇	임금 황	金
美	아름다울 미	土
重	무거울 중	金
革	바꿀 혁	金
奕	클 혁	木
飛	날 비	木
香	향기 향	火
衍	넓을 연	金
玟	구슬 민	金
玧	옥돌 윤	金
玩	희롱할 완	木
庠	학교 상	木
祉	복지 지	木
宣	베풀 선	木

한자	훈음	오행
洵	밀물 순	水
洸	물솟을 광	水
記	기록 기	金
訓	가르칠 훈	火
烈	매울 열(렬)	木
祐	도울 우	火
財	재산 재	水
祖	할아버지 조	火
祚	복 조	火
起	일어날 기	金
高	높을 고	金
益	더할 익	木
彧	빛날 욱	木
竝	아우릴 병	金
桑	뽕나무 상	木
效	본받을 효	金
兼	겸손할 겸	木
芮	성 예	木
芝	지초 지	木
祏	섬 석	木
祇	공경할 지	木
虔	공경 건	木
耕	밭갈 경	木

한자	훈음	오행
桂	계수나무 계	木
娃	밝을 계	火
桃	복숭아 도	木
株	그루 주	木
校	학교 교	木
耘	김맬 운	木
桄	나무 광	木
桀	호걸 걸	火
晏	늦을 안	火
珏	쌍옥 각	金
珉	구슬 민	金
眞	참 진	木
珍	보배 진	金
旅	나그네 여(려)	土
瑂	옥돌 필	金
珒	구슬 현	金
玭	대모 대	金
栻	판 식	木
洪	넓을 홍	水
津	물가 진	水
洛	낙수 낙	水
洋	바다 양	水
洙	물가 수	水

한자	훈음	오행
栽	심을 재	木
素	흴 소	木
容	얼굴 용	土
峰	봉우리 봉	土
埈	높을 준	土
峻	산이름 준	土
席	자리 석	木
庭	뜰 정	木
島	섬 도	土
恩	은혜 은	火
殷	나라 은	金
晃	빛날 황	火
時	때 시	火
晉	나아갈 진	火
秦	진나라 진	木
書	글 서	火
徐	차례 서	火
晁	아침 조	火
案	책상 안	木
桓	굳셀 환	木
洞	고을 동	水
桐	오동나무 동	木
根	뿌리 근	木

十一획

한자	자이름	오행
姚	예쁠 요	土

한자	자이름	오행
乾	마를 건	金
健	건강할 건	火
偉	위대할 위	火
晃	면류관 면	木
凰	봉황새 황	木
副	다음 부	金
動	움직일 동	水
偵	살필 정	火
得	얻을 득	火
偕	다 해	火
御	모실 어	木
務	힘쓸 무	土
卿	벼슬 경	火
參	석 삼	火
茂	무성할 무	木
偶	짝 우	火
冑	맡아들 주	水
啓	고칠 계	水
商	장사 상	水

한자	자이름	오행
祥	상서 상	木
國	나라 국	土
基	터 기	土
執	잡을 집	土
堂	집 당	土
培	북돋을 배	土
寅	범 인	木
奇	붙일 기	木
宿	잘 숙	木
常	떳떳 상	土
將	장수 장	土
專	오로지 전	火
庵	암자 암	木
庸	떳떳 용	木
康	편할 강	木
彩	빛날 채	火
彬	빛날 빈	火
斌	빛날 빈	木
梅	매화 매	木
梧	오동나무 오	木
梁	들보 양(량)	木
振	떨칠 진	木
旣	이미 기	水

한자	자이름	오행
昶	밝을 창	火
紋	문채 문	木
准	법 준	水
氣	기운 기	火
玆	이 자	火
恭	공손할 공	火
栗	밤 율(률)	木
洲	물가 주	水
芳	꽃다울 방	木
殊	따를 수	水
芙	부용 부	木
洧	맑을 유	水
純	순진할 수	木
耿	빛날 경	火
軒	난간 헌	火
奜	클 장	火
峨	산이름 아	土
芽	싹 아	土
祜	복 호	木
奚	어찌 해	水
洹	맑을 열(렬)	水
桔	도라지 길	木
珆	옥 소	金

한자	뜻·음	오행
迎	맞을영	土
崙	산이름 윤(륜)	土
悌	공경 제	火
梯	사다리 제	木
第	차례 제	木
彗	비 혜	金
救	구할 구	木
鹿	사슴 록(녹)	水
胤	맏아들 윤	火
焄	향기 윤	土
崎	산길 기	水
孰	누구 숙	水
湧	샘솟을 용	土
崑	뫼 곤	木
苑	동산 원	火
悠	멀 유	水
流	흐를 유	土
畢	다할 필	水
㳟	물이름 효	金
珥	귀막이옥 이	土
婉	예쁠 완	火
悟	깨달을 오	土
崇	높을 숭	

한자	뜻·음	오행
珠	구슬 주	金
珪	옥돌 규	金
珖	구슬 선	金
望	바랄 망	金
珣	옥돌 순	金
研	연구할 연	金
章	글자 장	木
笠	삿갓 입(립)	金
翊	나래 익	木
英	꽃뿌리 영	木
規	법 규	火
許	허락할 허	金
設	배풀 설	金
貨	재화 화	金
貫	본 관	金
近	가까울 근	土
那	나라 나	土
野	들 야	土
雪	눈 설	水
竟	마침 경	金
頃	이랑 경	火
珖	옥피리 광	金
旋	돌이킬 선	水

한자	뜻·음	오행
悅	기쁠 열	火
敎	가를칠 교	金
湖	넓을 호	水
晧	밝을 호	火
晚	늦을 만	火
晤	밝을 호	火
晟	밝을 성	火
皖	밝을 환	火
晨	새벽 신	火
朗	밝을랑(앙)	水
晛	별기운 현	火
敏	민첩할 민	水
海	바다 해	水
涉	건널 섭	水
浪	물결 랑	水
浚	깊을 준	水
晙	밝을 준	水
涓	시내 연	水
涇	물 경	水
范	풀 범	木
浣	옷빨 완	水
域	지역 역	土
焌	밝을 준	火

(11획 계속)

한자	자이름	오행
量	헤아릴 양	火
期	기약 기	水
朝	아침 조	水
棅	나무 병	木
森	수풀 삼	木
植	심을 식	木
棟	기둥 동	木
邱	언덕 구	土
球	지구 구	金
集	모을 집	木
鈞	무거울 균	金
鈗	병기 윤	金
淵	못 연	水
涯	물가 애	水
淑	맑을 숙	水
淳	순박할 순	水
淸	맑을 청	水
淡	맑을 담	水
淙	물소리 종	水
淨	맑을 정	水
淏	맑을 호	水
敞	넓을 창	金
創	시작할 창	金

한자	자이름	오행
堯	요나라 요	土
報	갚을 보	土
堤	막을 제	土
富	부자 부	木
巽	괘명 손	木
幾	몇 기	火
弼	도울 필	木
筆	붓 필	木
情	뜻 정	火
程	거리 정	木
惟	오직 유	火
惠	은혜 혜	火
敦	도타울 돈	火
景	별 경	火
晳	밝을 석	火
晶	수정 정	火
智	지혜 지	火
晴	맑을 청	火
普	넓을 보	火
最	가장 최	火
曾	일찍 증	火
替	바꿀 체	火
晸	해돋을 정	火

한자	자이름	오행
埈	과녁 준	土
晞	마를 희	火
軟	부드러울 연	火
珖	큰옥 공	金
堈	언덕 강	土
崗	뫼 강	土
浦	물가 포	水
苾	향기 필	木
紹	이을 소	木
苟	진실로 구	木
彪	무늬 표	火
梨	배 이(리)	木

十二획

한자	자이름	오행
傑	호걸 걸	火
備	갖출 비	火
傅	스승 부	火
復	다시 복	火
勝	이길 승	土
博	넓을 박	水
喜	기쁠 희	水
善	착할 선	水

한자	자이름	오행
邵	언덕 소	土
寔	이 식	木
廈	큰집 하	木
㝢	머무를 우	土
邰	나라이름 태	木
凱	개선할 개	水
能	능할 능	木
棋	바둑 기	木
茶	차 다	土
畯	받고랑 준	土
卨	설나라 설	火
雅	맑을 아	木
筍	죽순 순	火
勛	공 훈	金
琁	옥 선	土
媄	빛고울 미	土
阭	언덕 윤	土

十三획

한자	자이름	오행
僅	겨우 근	火
勤	부지런할 근	土
傳	전할 전	火

한자	자이름	오행
舜	임금 순	木
閏	부를 윤	火
惀	즐거울 종	火
草	풀 초	木
裁	마를 재	火
視	보일 시	木
賀	하례 하	火
貴	귀할 귀	火
軫	수래 진	火
貳	두 이	金
開	열 개	火
雄	수컷 웅	火
雲	구름 운	水
須	모름지기 수	火
述	지을 술	土
媛	예쁠 원	火
悳	큰 덕	火
德	큰 덕	火
壹	한 일	木
盛	담을 성	火
喆	밝을 철	水
阪	언덕 판	土
超	뜰,넘을 초	土

한자	자이름	오행
翔	나래 상	火
象	코끼리 상	水
淇	물 기	水
硯	벼루 연	火
然	그러할 연	金
現	나타날 현	金
珹	옥이름 성	金
琇	옥돌 수	金
珷	옥돌 무	金
理	다스릴 이(리)	金
琉	유리 유	金
琁	옥돌 정	金
珵	옥돌 정	水
淀	맑을 정	水
珸	옥돌 오	金
淳	순박할 순	水
登	오를 등	火
發	필 발	火
皓	흴 호	金
竣	마칠 준	金
筆	붓 필	木
統	거느릴 통	木
順	순할 순	火

한자	훈음	오행
莊	씩씩할 장	木
補	도울 보	木
試	시험 시	金
資	물자 자	金
載	시를 재	金
鉉	솔귀 현	金
鈺	금 옥	金
銘	놋쇠 석	水
鉀	갑옷 갑	木
鉦	정 정	火
湊	물모일 주	火
靖	편안할 정	火
鼎	솥 정	火
頌	청송할 송	木
頓	조아릴 돈	金
琓	옥 완	金
莞	완골 완	金
琡	구슬 숙	木
琨	옥 곤	金
琯	옥피리 관	金
祿	녹 녹	木
琫	칼장식 봉	金
琮	옥돌 종	金

한자	훈음	오행
暎	밝을 영	火
焕	밝을 영	火
暖	따뜻할 난	火
睦	화목 목	木
湖	호수 호	水
嫄	후직이름 원	土
湘	물 상	水
湳	물 남	水
湧	물솟을 용	水
渽	맑을 재	水
渶	맑을 영	水
渡	건널 도	水
湞	물이름 정	水
煥	불꽃 환	火
煜	빛날 욱	火
熙	밝을 희	火
照	빛일 조	火
楡	느릅나무 유	木
猶	오히려 유	土
督	살필 독	水
義	오를 의	土
群	무리 군	土
聖	성인 성	火

한자	훈음	오행
傾	기울 경	火
經	글 경	木
敬	공경 경	金
莖	줄기 경	木
勢	형세 세	金
歲	해 세	土
圓	둥글 원	木
園	동산 원	木
愛	사랑 애	火
想	생각 상	火
意	뜻 의	火
楊	버들 양	木
楠	나무 남	木
椿	춘나무 춘	木
極	다할 극	木
楚	초나라 초	木
楗	문지방 건	木
楨	담틀 정	木
楷	법 해	木
業	업 업	木
新	새 신	金
暉	햇빛 휘	火
會	모일 회	木

한자	자이름	오행
琦	옥이름 기	金
祺	상서 기	木
琪	구슬 기	金
琥	호박 호	金
琳	옥 림	火
微	작을 미	木
稙	올벼 직	金
詳	자세 상	火
愚	어리석을 우	金
賃	세낼 임	金
詠	읊을 영	木
廈	큰집 하	土
阿	언덕 아	火
暘	날 역	木
楹	기둥 영	木
粲	빛날 찬	土
塤	풍류 훈	金
筵	자리 연	水
鉛	납 연	水
彙	무리 휘	水
渲	물적실 선	水
渠	시내,걸 거	水
羨	부러워할 선	土

한자	자이름	오행
渭	위수 위	水
暐	빛날 위	火
郁	빛날 욱	火
該	해당할 해	金
莉	사과꽃 리(이)	木
琴	거문고 금	金
廉	청렴 렴(염)	木

十四획

한자	자이름	오행
嘉	아름다울 가	水
圖	그림 도	木
壽	목숨 수	水
銖	저울 수	金
慈	어여쁠 자	火
愼	삼갈 신	火
榮	영화 영	火
寧	편할 령(영)	火
瑛	옥빛 영	金
種	심을 종	木
溪	시내,걸 계	水
源	근원 원	水
滋	맑을 자	水

한자	자이름	오행
準	법 준	水
滄	바다 창	水
滉	깊을 황	水
溟	바다 명	水
溢	넘칠 일	金
瑟	비파 슬	金
瑄	구슬 선	金
瑀	옥돌 우	水
瑅	옥이름 제	金
豪	호걸 호	金
瑚	산호 호	金
瑜	옥 유	水
熒	등불,밝을 형	火
瑃	옥이름 춘	火
塾	글방 숙	土
熏	연기낄,훈 훈	火
鳳	새 봉	火
墉	담 용	木
榕	나무 용	水
溶	물 용	火
態	태도 태	火
銑	금,끝 선	金
睿	밝을 예	火

十四획 (continued)

제1조 (오른쪽 난)

한자	자이름	오행
愷	즐거울 개	火
理	옥빛 성	金
綠	푸를 록(녹)	火
愿	성실할 원	金
韶	풍류 소	火
駉	역말 일	木
夢	꿈 몽	木
實	열매 실	火
僖	즐거울 희	火
領	거느릴 령(영)	木
菩	보살 보	木

十五획

한자	자이름	오행
億	억 억	火
儀	거동 의	火
儁	준걸 준	火
德	큰 덕	火
徹	통할 철	火
微	경계할 경	火
慶	경사 경	木
增	더할 증	土
嬉	즐길 희	土

제2난

한자	자이름	오행
彰	빛날 창	火
綱	벼리 강	木
翠	비취 취	火
聚	모을 취	火
臺	집 대	土
菊	국화 국	木
誠	정성 성	金
箕	키 기	木
綺	비단 기	木
維	오직 유	土
碩	클 석	金
碧	푸를 벽	金
境	지경 경	土
綵	비단 채	木
祕	향기 필	木
萊	쑥 래(내)	木
瑗	구슬 원	木
菴	풀이름 암	木
構	맺을 구	木
瑞	상서 서	金
與	줄,더불 여	土
郡	고을 군	土
逞	길 경	土

제3난 (왼쪽 난)

한자	자이름	오행
說	말씀 설	金
銘	이름 명	金
像	형상 상	火
嘗	맛볼 상	火
赫	붉을 혁	火
輔	도울 보	土
通	통할 통	土
連	이을,연할 연	土
銀	은 은	金
慇	은근할 은	火
潊	물소리 은	水
銅	구리 동	金
賑	넉넉할 진	金
華	빛날 화	木
誌	기록 지	金
福	복 복	木
禎	정미러울 정	木
端	상서 정	木
閣	끝 단	木
齊	집 각	木
逢	제나라 제	土
暢	만날 봉	土
	화창할 창	火

오행(五行) 한자 목록 (각 칸: 한자 / 뜻·음 / 오행)

한자	뜻·음	오행
影	그림자 영	火
衛	호위할 위	火
諄	도울 순	金
醇	진술할 순	金
熱	더울 열	火
毅	굳셀 의	金
彊	강할 강	金
瑩	옥돌 형(영)	金
銇	새길 지	金
諒	믿을 양(량)	土
嬌	아릿다울 교	木
緣	인연 연	土
嬋	고을 선	金
瑪	옥돌 마	木
數	수리 수	土
稼	심을 가	金
墡	백토 선	木
瑥	옥돌이름 온	土
範	모범 범	木
演	넓을 연	水
滿	찰 만	水
漌	물이름 근	火
熟	익을 숙	

가운데 단:

한자	뜻·음	오행
逵	한길 규	土
魯	노라라 노	火
董	바를 동	木
究	끝 구	金
瑢	옥소리 용	金
鋌	쇠 정	木
靚	단정할 정	木
樟	녹나무 장	火
暲	밝을 장	水
漳	물이름 장	金
瑱	귀고리 진	木
禎	복 진	金
瑨	구슬 진	火
慧	지혜 혜	火
頴	빛날 경	木
練	익힐 련(연)	土
院	집 원	土
畿	경기 기	火
緒	찾을 서	水
輪	바퀴 윤(륜)	火
漾	물이름 양	水
誼	오를 의	金
談	말씀 담	金

왼쪽 단:

한자	뜻·음	오행
嫿	고울 화	土
寬	너그러울 관	木
審	살필 심	木
廣	넓을 광	木
樂	즐거울 악(락)	木
模	모범 모	木
槿	무궁화 근	火
鋒	칼날 봉	金
慕	생각 모	火
穆	화목할 목	木
稷	피 직	木
萬	일만 만	木
調	고루 조	金
賢	어질 현	金
輝	빛날 휘	火
逸	편할 일	土
陞	오를 승	土
部	무리 부	土
進	나갈 진	水
震	우래 진	火
雁	기러기 안	土
養	기를 양	土
奭	클 석	火

한자	자이름	오행
葉	잎 엽	木
愍	총명할 민	火

十六획

한자	자이름	오행
勳	공 훈	火
燁	빛날 엽	火
曄	빛날 엽	火
燕	연나라 연	火
黙	잠잠할 묵	火
熹	밝을 희	火
熺	밝을 희	火
暾	해돋을 돈	火
燉	빛날 돈	火
學	배울 학	水
導	인도할 도	火
憲	법 헌	火
整	정제할 정	金
曉	세벽 효	火
撤	거둘 철	土
澈	맑을 철	水
錞	도울 순	金
潤	윤택할 윤	水
穆	화목 목	木
潭	맑을 담	水
潾	맑을 린(인)	水
澔	넓을 호	水
螢	반딧불 형	火
冀	바랄 기	土
鎮	호미 기	金
嗜	좋아할 기	水
機	베틀 기	木
錡	기마 기	金
璂	옥 기	土
壁	벽 벽	土
澐	물결 운	水
翰	깃 한	火
衡	저울대 형	火
運	운전 운	土
達	통달 달	土
都	도읍 도	土
窺	엿볼 규	木
舘	바퀴 관	金
陳	묶을 진	土
陸	육지 육	土
陵	능 능	土
陪	도울 배	土
靜	고요 정	木
龍	용 용	土
錫	주석 석	金
潼	물이름 동	水
鋼	강철 강	金
錦	비단 금	金
暻	맑을 경	火
憬	동경할 경	火
錕	구리 곤	金
錠	제기 정	金
蒼	푸를 창	木
縣	고을 현	木
遇	만날 우	土
篤	도타울 독	木
瑾	붉은옥 근	金
樹	나무 수	木
遂	통달할 수	土
輸	시를 수	火
叡	밝을 예	火
橋	다리 교	木
錄	기록 록	金
璁	패옥소리 종	金
遒	군셀 주	土

한자	자이름	오행
嫙	옥 선	金
蒙	어릴 몽	木
穎	이싹 영	金
儒	선배 유	火
憓	사랑할 혜	火

十七획

한자	자이름	오행
優	넉넉할 우	火
徽	아름다울 휘	火
應	응할 응	火
澤	못 택	水
擇	가릴 택	木
鴻	기러기 홍	水
燦	빛날 찬	火
澯	맑을찬 찬	水
營	집 영	火
爕	불꽃 섭	火
禧	복 희	木
臨	임할 임(림)	水
謙	겸손할 겸	金
遠	멀 원	土
鍾	쇠북 종	金
鄕	고을 향	土

한자	자이름	오행
鋏	방울소리 영	金
鍍	도금 도	金
鍵	잠을쇠 건	金
陽	볕 양	土
鞠	기를 국	木
韓	나라 한	金
駿	달릴 준	火
璟	구슬 경	金
璡	옥돌 진	金
璣	구슬 기	金
璘	옥무늬 인	火
償	갚을 상	火
蓮	연꽃 연	木
點	점 점	火
嶽	뫼 악	土
義	화할 희	土
嬌	거짓 교	水
激	격동할 격	木
擊	칠 격	金
磯	자갈 기	木
憶	싸리 억	火
憶	기억할 억	木
穗	이싹 수	木

한자	자이름	오행
隋	수나라 수	土
檣	박달나무 강	木
鮮	빛날 선	水
龜	거북 구	水
檀	박달나무 단	木
聲	소리 성	火
壎	흙 훈	土
講	강론할 강	金
嶺	재 령(영)	土

十八획

한자	자이름	오행
濤	물결 도	水
燾	비칠 도	火
濬	깊을 준	水
濟	건널 제	水
環	고리 환	金
璨	구슬 찬	金
禮	예돈 예(례)	木
翼	나래 익	火
豐	풍년 풍	木
謹	삼갈 근	金
鎭	참 진	金

한자	자이름	오행
嚴	엄할 엄	水
瓊	옥빛 경	金
羅	벌 라(나)	木
耀	빛날 요	火
薰	향기 훈	木
馨	꽃다울 형	金
譯	번역 역	木
釋	놓을 석	金
鐘	쇠북 종	木
繼	이을 계	火
懸	매달 현	火
爔	빛날 희	土
孃	어미 양	火
覺	깨달을 각	土
還	돌아올 환	木
勸	권할 권	水
藍	쪽 남	木
瀚	바다 한	水

한자	자이름	오행
識	알 식	金
贊	찬성할 찬	金
鏡	거울 경	金
鏞	쇠북 용	金
選	가릴 선	土
麒	기린 기	土
韻	운 운	金
璿	구슬 선	土
疇	밭 주	水
璹	옥그릇 숙	土
鯨	고래 경	水
麗	빛날 여(려)	土
鏑	금 만	金
隣	이웃 린(인)	火
薇	장미 미	木
鄭	나라 정	土
譜	족보 보	金
曠	멀 광	土
轍	수래 철	金
遵	행할 준	火
譚	말씀 담	土
疇	밭 주	土

한자	자이름	오행
鎬	호경 호	金
爀	빛날 혁	火
燻	불기운 훈	火
曜	빛날 요	火
馥	향기 복	木
騎	말타 기	火
騏	천리마 기	火
璧	구슬 벽	金
歸	돌아올 귀	土
濠	물이름 호	水
鎰	무게이름 일	金
彛	떳떳 이	火
戴	받을 대	金
繕	기울 선	木
蕙	난초 혜	木
鎌	낫 겸	金
爵	벼슬 작	金
謨	꾀 모	金

한자	자이름	오행
薔	장미 장	木
薛	설나라 설	木

二十四획			二十五획			二十六획		
한자	자이름	오행	한자	자이름	오행	한자	자이름	오행
艶 瓚 靈 讓	고울 염 옥그릇 찬 신령 령(영) 사양 양	土 金 水 金	觀 灝 廳 欑	볼 관 물세 호 마루 청 이을 찬	火 水 木 木	讚 驥	도울 찬 준마 기	金 火

二十七획		
한자	자이름	오행
鑽	뚫을 찬	金

◎ 대길 ○ 중길 △ 소흉 × 대흉

획수	길흉	격운	판 단
一	◎	태초격 시두운	강한 의지력으로 영달(榮達)과 개척(開拓)을 하는 좋은 운수의 수리(數理)이다
二	×	분산격 고독운	의지가 약해서 항상 동요(動搖)하므로 혼란 속에서 제자리를 찾지 못하는 수리이다
三	◎	명예격 복록운	활동적이며 천혜(天惠)의 복을 누리는 수리이다
四	×	사멸격 파괴운	요절(夭折)을 바탕으로 불안에 떨며 재앙(災殃)의 꼬리를 물고 다니는 수리이다
五	◎	통어격 명재격	변화하면서도 좋은 일에 기여하며 이른 곳마다 큰 공을 세우므로 부귀(富貴), 번영(繁榮)하는 수리이다
六	◎	계승격 덕후운	선조(先祖)의 은덕(隱德)을 받아 일생을 편안하게 지내는 좋은 수리이다
七	○	강성격 발전운	독립심과 의지력이 리더십을 발휘하나 권위, 힘, 고집 등으로 친화력이 모자란다
八	◎	발달격 전진운	의지(意志)가 견고(堅固)하고 진취적(進取的)인 기상(氣象)이 풍부하여 목적을 이룬다
九	×	종국격 약혀운	재화(財貨)가 깨지고 공로(功勞)가 헛되어 불행과 파산(破産), 파멸(破滅)을 초래하는 수리이다

획수	길흉	격운	판　　단
十	×	귀공격 공허운	공허(空虛)와 몰락(沒落) 그리고 암흑천지(暗黑天地)에서 해매는 고독한 수리이다
十一	◎	갱신격 재흥운	천지조화(天地造化)의 복록(福祿)으로 최고의 부귀영화(富貴榮華)를 얻을 최고(最高)의 수리이다
十二	×	유약격 고수운	실패의 연속으로 타고난 수명을 제대로 누릴 수 없는 운명적 비극의 수리이다
十三	◎	청명격 지달운	학문(學文)과 예술적인 지능이 풍부하고 지모(智謀)와 뛰어난 책략(策略)을 가진 수리이다
十四	×	이산격 파괴운	비 오는 밤길을 걷는 형국으로 빈곤과 파괴(破壞)를 당하는 수리이다
十五	◎	통솔격 수복운	뛰어난 수완(手腕)으로 민첩하게 큰 공(功)을 세우는 수리이다
十六	◎	덕망격 유재운	존귀(尊貴)한 지위와 덕망이 높아 평안과 부귀, 존경과 명예를 공유하는 수리이다
十七	◎	용진격 창달운	강인하고 강직한 성격으로 어려운 일도 능히 돌파, 성사시키는 수리이다
十八	◎	발전격 융창운	매사를 강력하게 추진하여 크게 발전하고 성공하는 운수의 수리이다

획수	길흉	격운	판 단
十九	×	성패격 병액운	재능(才能) 있고 활동력이 있으나 하는 일마다 공(空)치는 허망한 수리이다
二十	×	공허격 허망운	쇠퇴(衰退)하여 파멸(破滅)하게 되고 결국은 패망(敗亡)하는 지독히 나쁜 수리이다
二十一	◎	자립격 두령운	독립적이고 권위가 있어 많은 사람 의 수령(首領)이 되는 수리이다
二十二	×	중절격 단명운	병약(病弱)하고 고독해지며 모든 일에 실패의 연속으로 치닫는 수리이다
二十三	◎	혁신격 왕성운	맹호(猛虎)가 날개를 더한 형상으로 권위(權威)가 매우 왕성한 수리이다
二十四	◎	출세격 축재운	지혜와 지략, 지모가 출중하여 적수공권(赤手空拳)으로도 일가를 번창시키는 운수의 수리이다
二十五	◎	안강격 재록운	매우 총명한 성품으로 지위가 있으며 권위(權威)와 부귀(富貴)를 누릴 수리이다
二十六	○	만달격 영웅운	파란(波瀾)이 중첩되고 변칙적이며 기이한 운명을 타고난 영웅(英雄)운의 수리이다
二十七	×	대인격 중절운	풍파(風波)와 좌절을 연속적으로 겪게 되는 괴상망측한 비탄(悲嘆)의 수리이다

획수	길흉	격운	판 단
二十八	×	풍파격 파란운	토끼가 호랑이 굴에 들어간 형상으로 조난(遭難)을 당해 불길에 휩싸이는 수리이다
二十九	◎	성공격 형복운	명성(名聲)과 실리를 널리 취하여 성공을 거둠으로써 크게 행복해질 수리이다
三十	×	불칙격 불안운	역경(逆境)과 비운(悲運)에 시달리다가 결국 모두가 허사로 끝나는 허망한 수리이다
三十一	◎	세찰격 흥가운	백절불굴(百折不屈)의 의지와 용기로 난관을 극복하는 견고한 수령의 수리이다
三十二	◎	순풍격 왕성운	요행(僥倖)이 곁들여 큰 희망을 찬연히 꽃피울 수 있는 아름다운 운수의 수리이다
三十三	◎	등용격 융성운	아침 해가 힘차게 솟아오르듯 기세가 등등하여 전도(前途)가 쾌청한 운수의 수리이다
三十四	×	변란격 파멸운	병약(病弱)하고 재난(災難)이 잦으며 파괴와 위기, 망신살이 끊이지 않는 수리이다
三十五	◎	태평격 안강운	능력과 재주가 특출하며 지모와 계획도 원대하고 심오한 좋은 운수의 수리이다
三十六	×	영웅격 파란운	시비와 고난과 파란을 일으키는 영웅(英雄)격으로 역경을 지난 후 조금 나아지는 수리이다

획수	길흉	격운	판　단
三十七	◎	정치격 출세운	하늘이 내린 복을 타고 났으니 위엄(威嚴)과 존경을 받는 대단히 좋은 운수의 수리이다
三十八	◎	문예격 학사운	뛰어난 재주와 총명한 두뇌로 예능계를 주름잡는 운수의 수리이다
三十九	◎	장성격 지휘운	지혜(智慧)와 장수(將帥), 권위(權威)와 권세(權勢)를 구비한 운수의 수리이다
四十	×	변화격 공허운	지략, 재능, 담력은 풍부하나 덕망(德望)의 결핍으로 쇠퇴를 가져다줄 수리이다
四十一	◎	고명격 제중운	부귀(富貴)와 복록(福祿)이 무궁무진하게 집안으로 몰려드는 전도양양한 운수의 수리이다
四十二	○	신고격 수난운	총명하고 박학다식(博學多識)하여 예술과 기예(技藝)에 탁월한 운수의 수리이다
四十三	×	성쇄격 산재운	산재(散財)와 무존(無存)으로 외화내빈(外華內貧)하는 좋지 않은 수리이다
四十四	×	침마격 파멸운	침마(侵魔)하여 파괴와 난리가 한꺼번에 밀려오는 슬픈 운수의 수리이다
四十五	◎	대각격 현달운	순풍에 돛을 올리니 만사가 뜻대로 잘 되며 순조로운 운수의 수리이다

획수	길흉	격운	판　단
四十六	✕	미운격 비수운	금은보화(金銀寶貨)를 실었으나 풍랑을 만나 좌초(坐礁) 또는 파선(破船)하는 수리이다
四十七	◎	출세격 득시운	천지(天地)에 꽃이 만발하여 아름다운 향기를 뿜으며 알찬 결실을 맺는 운수의 수리이다
四十八	◎	제중격 영달운	재능과 경륜이 탁월하여 덕망이 또한 높으니 존경과 신뢰를 받을 운수의 수리이다
四十九	✕	변화격 성패운	자기 관리 소홀로 크게 실패하게 되어 불운이 겹치는 운수의 수리이다
五十	✕	상반격 길흉운	시종(始終)이 달라 낭패를 당하게 되어 결국 탈락할 운수의 수리이다
五十一	✕	길흉격 성패운	파란(波瀾)이 일어 변동(變動)이 심하고 부침(浮沈)으로 비참해질 운수의 수리이다
五十二	◎	승용격 시래운	대기만성형(大器晩成形)으로 처음에는 다소 힘들더라도 나중에는 즐겁고 태평할 운수의 수리이다
五十三	✕	내허격 반길운	표리부동(表裏不同), 내부허영(內部虛榮)으로 변파(變破)를 일으키는 운수의 수리이다
五十四	✕	무공격 패가운	열심히 노력해도 실패만 거듭, 성공이 없는 흉악한 운수의 수리이다

획수	길흉	격운	판 단
五十五	◎	미달격 불안운	기회를 잘 포착하여 성실하게 일을 추진하면 크게 성공할 수 있는 운수의 수리이다
五十六	×	한탄격 패망운	부부궁이 불길하고 손재와 관재구설 등 재앙이 따라 불길한 운수의 수리이다
五十七	◎	봉시격 강성운	재주와 지능을 바탕으로 열심히 추구하면 영광과 부귀(富貴)의 천혜(天惠)를 얻을 수리이다
五十八	◎	선곤격 후복운	재욕(財慾)이 융성하고 재화(財貨)가 많아 말년에 더욱 좋은 운수의 수리이다
五十九	×	재화격 불성운	인내력이 부족하고 소심하여 실패하는 운수의 수리이다
六十	×	동요격 재난운	먹구름이 항상 따라다녀 하는 일마다 크게 패(敗)하는 수리이다
六十一	◎	이지격 재리운	명예와 실리(實利)를 함께 얻을 수 있고 운기(運氣)가 서려 있어 부귀(富貴)할 운수이다
六十二	×	화락격 쇠퇴운	복록(福祿)이 없고 서로 화합(和合)하지도 못함으로 불행의 늪에서 헤어나지 못하는 수리이다
六十三	◎	순성격 발전운	오랜 가뭄 끝에 단비를 만나듯 융성하고 발전하는 운수의 수리이다

획수	길흉	격운	판 단
六十四	×	봉상격 쇠멸운	일이 뜻대로 되지 않아 인재(人災)나 재앙(災殃)이 득실거리는 운수의 수리이다
六十五	◎	휘양격 흥가운	다복장수(多福長壽)하고 부귀영화(富貴榮華)를 한껏 누리는 천혜(天惠)의 수리이다
六十六	×	암야격 실등운	과욕(過慾)이 실패를 부르게 되고 신용이 추락하여 결국 패가망신하는 수리이다
六十七	◎	천복격 영달운	뜻하는 바를 마음껏 이룰 수 있어 천혜(天惠)를 누리는 대길(大吉)의 수리이다
六十八	◎	명지격 발명운	의지력이 강(强)하고 계획이 견실(堅實)해 성공을 이루는 운수의 수리이다
六十九	×	종말격 정지운	복록(福祿)이 없고 불안과 동요가 심해 궁박해지는 대단히 불길한 운수의 수리이다
七十	×	공허격 암야운	근심과 걱정이 떠날 날이 없어 일생 동안 빛을 볼 수 없는 수리이다
七十一	△	견용격 발전운	용기와 기백(氣魄)이 약해 전력을 쏟아도 크게 전진하지 못하는 수리이다
七十二	×	상반격 후곤운	먹구름이 밝은 달을 가리므로 항상 불안정한 운수의 수리이다

획수	길흉	격운	판 단
七十三	◎	평길격 안과운	자연(自然)의 혜택을 크게 받아 일평생 안정과 복록(福祿)을 누릴 수리이다
七十四	×	우매격 불우운	미로(迷路)를 헤매다가 출구를 찾지 못해 어둠 속에서 보내는 수리이다
七十五	○	적시격 평화운	대복(大福)은 없지만 분수를 잘 지키면 일생을 평안하게 보내는 수리이다
七十六	×	선곤격 후성운	병약(病弱)하여 단명(短命)하는 불운의 수리로 배우자와의 돈독하지 못한 운수의 수리이다
七十七	△	전후격 길흉운	흉중(凶中)에도 길운(吉運)이 있어 인생의 전반기에는 흉하나 후반기는 길운이 있는 수리이다
七十八	△	선길격 평복운	길흉(吉凶)이 반반(半半)으로 평범한 운수의 수리이다
七十九	×	종극격 종말운	역경(逆境)에 처해 헤어나지 못하여 발버둥쳐도 활로를 찾지 못하는 수리이다
八十	×	종결격 종지운	냉음한 곳에서 공허와 고독으로 실의에 빠지는 생활을 해야 하는 수리이다
八十一	◎	환원격 갱희운	뜻한 바 소원이 성취되며 명예를 되찾고 부귀와 영화가 찾아드는 운수의 수리이다

팔십일운수법(八十一運數法)은 이름의 수리(數理)와 전화번호, 주민등록번호, 은행비밀번호, 자동차번호, 각종 입찰번호(복권) 등을 판단하는 기초자료로 사용한다. 이름은 자획수(字畫數), 원형이정(元亨利貞)의 수리를 사용하고, 기타는 총 합한 수리(數理)로 길흉화복을 판단한다.

2 성명姓名 판단법

1 역상易象의 길흉吉凶은 성명의 활동력

1 작괘作卦의 요령

팔괘 (無極)	일 건삼연 천 (一 乾三連 天)	이 태상절 택 (二 兌上絶 澤)	삼 이중허 화 (三 離中虛 火)	사 진하련 뢰 (四 震下連 雷)
	오 손하절 풍 (五 巽下絶 風)	육 감중연 수 (六 坎中連 水)	칠 간상연 산 (七 艮上連 山)	팔 곤삼절 지 (八 坤三絶 地)
상괘 (上卦)	성명자(姓名字) 합한 수(數=總格 또는 貞格)를 8(八卦)로 나누어 나머지 수(數)를 상괘로 한다			
하괘 (下卦)	이름자(名)를 합한 수(數)를 8(八卦)로 나누어 나머지 수(數)를 하괘로 한다			
동효 (動爻)	성명 삼자(上卦)와 이름자(下卦)를 합한 수(數)를 6(六爻)으로 나누어 나머지 수(數)를 동효로 한다			

● 납갑표納甲表

팔괘(八卦)	납갑(納甲) 내괘(內卦)				납갑(納甲) 외괘(外卦)			
건금(乾金)	갑(甲)	자(子)	인(寅)	진(辰)	임(壬)	오(午)	신(申)	술(戌)
감수(坎水)	무(戊)	인(寅)	진(辰)	오(午)	무(戊)	신(申)	술(戌)	자(子)
간토(艮土)	병(丙)	진(辰)	오(午)	신(申)	병(丙)	술(戌)	자(子)	인(寅)
진목(震木)	경(庚)	자(子)	인(寅)	진(辰)	경(庚)	오(午)	신(申)	술(戌)
손목(巽木)	신(辛)	축(丑)	해(亥)	유(酉)	신(辛)	미(未)	사(巳)	묘(卯)
이화(離火)	기(己)	묘(卯)	축(丑)	해(亥)	기(己)	유(酉)	미(未)	사(巳)
곤토(坤土)	을(乙)	미(未)	사(巳)	묘(卯)	계(癸)	축(丑)	해(亥)	유(酉)
태금(兌金)	정(丁)	사(巳)	묘(卯)	축(丑)	정(丁)	해(亥)	유(酉)	미(未)

부모(父母)	생아자(生我者)는 부모(父母)요
자손(子孫)	아생자(我生者)는 자손(子孫)이며
형제(兄弟)	비아자(比我者)는 형제(兄弟)이고
처재(妻財)	아극자(我克者)는 처재(妻財)요
관귀(官鬼)	극아자(克我者)는 관귀(官鬼)이다

● 각各 신神 배치법配置法

육수법 (六獸法)	청용(靑龍)		주작(朱雀)		구진(句陳)		등사(螣蛇)		백호(白虎)		현무(玄武)	
	갑을목 (甲乙木)		병정화 (丙丁火)		무토 (戊土)		기토 (己土)		경신금 (庚辛金)		임계 (壬癸)	
일충(日沖) 월충(月沖)	자오(子午)		축미(丑未)		인신(寅申)		묘유(卯酉)		진술(辰戌)		사해(巳亥)	
천록법 (天祿法)	갑(甲)	을(乙)	병무(丙戊)	정기(丁己)	경(庚)	신(辛)	임(壬)	계(癸)				
	인(寅)	묘(卯)	사(巳)	오(午)	신(申)	유(酉)	해(亥)	자(子)				
천을법 (天乙法)	갑무(甲戊)		병정(丙丁)		을기(乙己)		경신(庚辛)		임계(壬癸)			
	축미(丑未)		해유(亥酉)		자유(子酉)		오인(午寅)		사묘(巳卯)			
공망법 (空亡法)	갑자순 (甲子順)		갑인순 (甲寅順)		갑진순 (甲辰順)		갑오순 (甲午順)		갑신순 (甲申順)		갑술순 (甲戌順)	
	술해(戌亥)		자축(子丑)		인묘(寅卯)		진사(辰巳)		오미(午未)		신유(申酉)	
포태법 (胞胎法)	신자진(申子辰)			인오술(寅午戌)			해묘미(亥卯未)			사유축(巳酉丑)		
양순음역 (陽順陰逆)	사(巳)			해(亥)			신(申)			인(寅)		
구분(區分)	신자진(申子辰)			인오술(寅午戌)			해묘미(亥卯未)			사유축(巳酉丑)		
포태법 (胞胎法)	인(寅)			신(申)			사(巳)			해(亥)		
겁살(劫殺)	사(巳)			해(亥)			신(申)			인(寅)		

▌성명의 괘 산출▌

重風巽卦之 變 風山蠱
중풍손괘지 변 풍산고

兄卯 형묘 衰世 쇠세	●	靑 청
孫巳 손사 祿 록	●	玄 현
才未 재미	● ●	白 백
官酉 관유 養乙 양을	● 應 응	巳 사
孫午文亥 손오문해 劫乙空 겁을공	●	句 구
才丑 재축	● ●	朱 주

상괘(정격)

성명 합수　성8 + 명상5 + 명하16
　　　　= 29 ÷ 8 = 3 … 5(손괘)

하괘(원격)

명상하합수　명상5 + 명하16
　　　　= 21 ÷ 8 = 2 … 5(손괘)

상하괘합(동효)

상괘(정격) 29　하괘(원격) 21
　　　　= 50 ÷ 6 = 8 … 2(효동)

四柱

年辛酉 月壬辰 日丙寅 時壬辰

2 육십사괘六十四卦의 길흉

팔괘 (八卦)	육십사괘 (六十四卦)	길흉(吉凶)
건천 (乾天) 금(金)	중천건 (重天乾)	이 괘를 얻은 사람은 현재 더할 나위 없이 왕성한 운세를 나타낸다. 그러나 너무 강하면 꺾인다는 말이 있듯이 다른 사람의 시샘을 받게 되고 또는 오만해지고 방심해지기 쉬우므로 생각지 않은 액운이 갑자기 몰아닥치기 쉬운 상이니 근면하고 겸손해서 미래에 다가오는 재앙에 만전을 기하면 더할 나위 없는 좋은 괘이다. 견용재전격(見龍在田格)
	천풍구 (天風姤)	이 괘를 얻은 사람은 교통사고나 사기, 실물 등을 주의해야 한다. 대체로 장애가 많아 일이 순조롭지 않다. 만사를 처리함에 항시 분수를 지키는 동시에 타인에게 피해를 주지 않도록 주의해야 한다. 특히 여성인 경우 남성의 유혹에 빠지기 쉬우니 주의하라. 공포무어격(空包無魚格)
	천산돈 (天山遯)	이 괘는 현재 쇠운에 처한 상태로 남의 시기를 받고 헐뜯기고 있으나 아무도 도와주는 사람이 없다. 이 시기에는 아무리 올바르고 좋은 일을 해도 나의 성의가 남에게 통하지 않는다. 앞으로 나가는 것보다 한 걸음 물러서서 차기를 위한 계획만을 세워두면 현재는 불리하나 후에 재기할 수 있는 성운이 온다. 표은남산격(豹隱南山格)
	천지비 (天地否)	이 괘를 얻은 사람은 적당한 시기가 올 때까지 기다려야지 성급한 마음으로 서둘다가는 오히려 난처한 입장에 빠져들기 쉽고, 가정에는 파란으로 불안한 상태이며 사업에는 일이 어긋나기만 하고 도무지 되는 일이 없다. 직장에 있는 사람도 걸핏하면 실수를 저질러 윗사람이나 동료에게 미움을 받고 있으니 좌절감과 자포자기에 빠지기 쉽다. 이 괘는 꽉 막힌 형상으로 움직이면 움직일수록 그만큼 손실이 있다. 백마음천격(白馬飮川格)
	풍지관 (風地觀)	관은 자세히 살펴본다는 뜻으로, 즉 세상의 움직임과 인심의 동태를 살펴서 처신해야 된다는 괘상이다. 이 괘를 얻은 사람은 침착성 있게 사물을 관찰하고 주위 환경에 신경을 써서 빈틈없는 처세를 한다면 뭇사람의 신망을 한 몸에 받아 지위가 확보된다. 또한 교육자 및 지도적인 입장에 놓여 있는 사람에게 매우 좋은 운이다. 정관아생격(正觀我生格)

건천 (乾天) 금(金)	산지박 (山地剝)	박(剝)은 '벗기다, 깎이다' 는 뜻으로 이 괘를 얻으면 많은 손실로 사업규모가 줄고 직장에서는 대수롭지 않은 실수가 말썽이 생겨 지위나 인기 면에서 점차 손실을 당하고 있어 사업확장보다는 현상유지만을 위해 전념하여야 하며 만일 직장인 경우는 소인의 무리가 당신의 자리를 탐내어 중상모략을 하고 있으나 그들과 맞서 싸울 수 없는 것이니 한 걸음 물러서서 겸손과 양보심으로 그들을 이해시켜야 한다. 백일운중격(白日雲中格)
	화지진 (火地晉)	진(晉)은 '나아간다' 는 뜻으로 용장이 싸움터에 임하는 기상으로 기세가 강건하고 웅대하여 자칫하면 오만해져 검손치 못한 행동으로 나태해지거나 어의 없이 실의의 고배를 마시게 된다. 또 이 괘는 상사의 제휴로 승진 또는 직장을 옮기는 변화가 있으며, 옛 친구나 애인을 만나기도 하고 충실한 수하를 두어 사업의 발전을 기하는 운이다. 동도상행격(同道相行格)
	화천대유 (火天大有)	대유(大有)는 관대하고 공명정대한 덕을 가지고 세상을 다스리는 군자로 그 덕이 모든 사람에게 미치는 대길한 괘상이다. 이 괘를 얻은 사람은 하등의 장애가 없고 일을 도모하면 얻어지므로 오만해지기 쉬우니 이 점을 유의하여 언제나 관대한 아량과 정직한 마음으로 처세하여야 이같은 좋은 운을 만나 좋은 성과를 거둘 수가 있는 것이다. 대혁이재격(大革以載格)
감수 (坎水) 수(水)	중수감 (重水坎)	감(坎)은 물이다. 이 괘는 어려운 난관에 부딪쳐 이러지도 저러지도 못하는 자신의 운세가 막혀 있는 때라는 점을 알고 모든 일을 중지하고 고요히 때를 기다리는 태도로 조심성 있게 처신하는 것만이 이 난관을 넘길 수 있는 방법이다. 이 괘를 얻은 사람은 조그마한 과오도 말썽이 되고 남의 일에 말려들어 손실을 가져오는 등 현재로서는 활동 시기가 아니므로 참고 기다려야 한다. 구추상국격(九秋霜菊格)
	수택절 (水澤節)	절(節)은 절약(節約)의 뜻으로 지출 낭비를 방지하고 시간의 소모를 막아야 하는 괘이니 일할 때는 일하고 쉴 때는 쉬는 자연에 역행함이 없이 천천히 전진해야 길하다. 그래서 모든 일을 순리로 다스리고 쓸데없는 고집과 만용으로 일을 하다가는 큰 액운이 닥치는 불길한 괘이다. 안절지형격(安節地亨格)

감수 (坎水) 수(水)	수뢰둔 (水雷屯)	둔(屯)은 '막히다, 고민하다'의 뜻으로 일에 장애(障碍)가 많아 시달리는 형상이다. 현재 환경은 재능과 역량을 발휘할 수 없는 상태로 몸부림치나 결코 단념해서는 안 된다. 당신의 앞날에 무한한 영광과 큰 운이 있으므로 기다리면 행운이 온다. 월야독명격(月夜獨鳴格)
	수화기제 (水火旣濟)	기제(旣濟)는 '이미 성취하였다'는 뜻으로 현재는 길하지만 나중에는 어려워지는 괘상이다. 그러므로 마음의 평정과 자세의 균형을 유지하면서 교만하거나 해이함이 없어야 현재의 행운을 오래 유지할 수 있다. 새로운 일이나 욕심을 부리면 크게 낭패를 당한다. 소인물용격(小人勿用格)
	택화혁 (澤火革)	혁(革)은 '개혁(改革)하다, 혁명(革命)한다' 등의 뜻이다. 이 괘는 현재의 부패한 것을 혁신함으로 길하게 된다. 개혁에 매우 적합한 시기가 닥쳐온 것이다. 종전의 계약이 변경되거나 취소되는 일이 있어도 차라리 그렇게 되는 것이 도리어 좋아진다. 수풍승용격(隨風乘龍格)
	뇌화풍 (雷火豊)	풍(豊)은 '풍성하다, 성대하다'의 강한 운세의 괘이다. 현재의 운세는 매우 강한 성운으로 보이나 내면에는 복잡성이 있는 괘이기도 하여 다가올 쇠운에 만반의 대비를 해야 하는 괘로서 사업의 규모를 줄이고 결정을 보완하며 남과 충돌 없이 대인관계에 신중해야 한다. 비장충천격(飛將沖天格)
	지화명이 (地火明夷)	명이(明夷)는 '거짓이 참된 것을 어지럽게 하다'의 뜻이다. 이 괘는 성운에서 쇠운으로 바뀌는 시기이므로 다가올 쇠운과 불행에 대비하기 위하여 한 걸음 물러서서 양보하고 아량과 덕을 베풀고 유순하고 겸손하면서 내면을 충실히 확보하여 밑거름이 될 요소를 차분히 준비하면 전과 같은 성운이 온다. 우수난해격(憂愁難解格)

감수 (坎水) 수(水)	지수사 (地水師)	사(師)는 지휘자(指揮者) 또는 윗사람의 고충(苦衷)을 의미한다. 즉 명성과 권한이 한 몸에 있지만 그만큼 책임이 중하기 때문에 마음이 편할 수 없다. 그러므로 당신의 책임감과 과감한 용단으로 불굴의 노력만 요구되는 것으로 상하의 뜻을 아낌없이 받아들인다면 비약적인 성공을 할 수 있다. 유싱유벌격(有賞有罰格)
간산 (艮山) 토(土)	중간산 (重艮山)	간(艮)은 산이다. 동요하지 말고 무겁게 일을 처리하라는 뜻이다. 이 괘는 현재 난관에 봉착하고 있으므로 이럴 때는 일단 발을 멈추고 힘을 길러 원조자를 얻을 때까지 기다렸다가 모든 조건이 부합될 시에 일을 해야 한다. 억지로 강행하다가는 그 전보다 훨씬 못한 결과를 초래한다. 전공가석격(前功可惜格)
	산화비 (山火賁)	비(賁)는 '아름답다'의 뜻으로 속임수도 내포하고 있다. 특히 감언이설에 주의해야 한다. 이 괘상에는 혼담은 거짓투성이로 아예 그만두는 것이 좋고 예술 방면에는 아주 좋은 괘로 인기 절정의 기회가 온다. 사업경영이나 대인관계에 허세나 겉치레로 위장하지 말고 충실과 실력배양에 유의해야 한다. 금의농적격(錦衣弄笛格)
	산천대축 (山天大畜)	대축(大畜)은 '큰 것이 이룩된다'는 뜻으로 지금까지 노력한 보람이 결실을 맺는 좋은 괘로 서두르지 말고 시종일관 착실하게 쌓고 저장하여 다가오는 길운을 마음껏 활용해야 한다. 원길유희격(元吉有喜格)
	산택손 (山澤損)	손(損)은 손실을 의미한다. 그러나 손실 뒤에는 큰 이익이 있음을 전제로 한 것이다. 이 괘를 얻으면 자본을 투자한 뒤에 이익을 위하여 우선적으로 손해를 보는 일 등에 손을 대면 얼마 후 착실한 이득이 돌아올 것이다. 상하부지격(上下不志格)

간산 (艮山) 토(土)	화택 규 (火澤睽)	규(睽)는 '눈을 흘긴다, 서로 피한다'의 뜻으로 이 괘를 얻으면 항상 말과 행동을 주의하지 않으면 부부 싸움은 물론 대수롭지 않은 일로 남과 충돌이 일어나기 쉽고 서로 협력을 바랄 수 없으니 새로운 사업이나 결혼 추진은 희망이 없고 성의를 다하여 친절을 하게 하여도 까닭없이 미워하고 신뢰하지 않는다. 가정 문제나 폭행으로 인한 상해사건 같은 일을 조심해야한다. 선곤후달격(先困後達格)
	천택 이 (天澤履)	이(履)는 '밟는다'는 뜻으로 남의 뒤를 밟는다는 괘상으로 자신이 자칫 실수만 하면 윗사람이나 많은 사람들에게 노여움과 미움을 사게 됨으로 매사에 신중을 기하고 상하 모든 사람에게 겸손하면서 남의 의사를 존중하면서 매사에 남의 뒤를 따르는 형식을 취하면 무난하다. 청한수복격(淸閑受福格)
	풍택 중부 (風澤中孚)	중부(中孚)는 '성실(誠實)'을 나타내는 것으로 매사에 '충실하라'는 뜻이다. 그래서 정직하고 부지런한 사람에게는 대길한 괘이므로 성의를 다하여 전진하면 큰 사업을 성취할 수 있을 것이다. 월출동령격(月出東嶺格)
	풍산 점 (風山漸)	점(漸)은 '순서(順序)를 밟아 차근차근 앞으로 간다'는 뜻이다. 이 괘는 작은 것을 쌓아 큰 것을 이루는 괘상으로 차근히 쌓아 나가면 큰 사업이나 큰 뜻을 이룬다. 한편 색정에 빠질 염려가 있으니 조심하라. 임신의 징조도 있다. 백일비승격(白日飛昇格)
진뢰 (震雷) 목(木)	중뢰 진 (重雷震)	진(震)은 '진동한다, 발분한다, 위엄을 떨친다'의 뜻으로 현재 패기가 가득 차 있으나 좋은 일에 마가 생긴다는 격으로 어떠한 일을 하든 남모르게 해야지 그렇지 않으면 경쟁자가 생겨서 말썽이다. 그리고 이 괘는 연애나 결혼에 있어 반드시 라이벌이 생겨 말썽이 있고 초혼인 경우는 성립되기 매우 어렵다. 고도우풍격(孤棹遇風格)

진뢰 (震雷) 목(木)	뇌지예 (雷地豫)	예(豫)는 '미리 한다, 사전에 방지하다'의 뜻으로 앞으로 예기치 못한 공경에 있음을 예고해 주고 그에 대한 철저한 대비가 있어야 된다는 뜻이다. 그래서 앞으로의 사태를 예상해서 충분한 준비를 해둔다면 어떠한 난관에 봉착해도 어렵지 않게 해결할 수 있을 것이다. 또한 가정적으로 득남의 경사와 사업의 확장 등에 좋다. 그러나 여난에 조심하라. 곤궁에 빠진다. 충열정절격(忠烈貞節格)
	뇌수해 (雷水解)	해(解)는 '모든 일이 잘 풀려 나간다'는 뜻이다. 모든 근심과 어려움이 눈 녹듯이 사라지고 점차 좋은 운으로 향하고 있다. 이 괘를 얻으면 수감된 사람도 가석방의 특례로 풀려 나온다. 전획삼고격(田獲三孤格)
	뇌풍항 (雷風恒)	항(恒)은 '한결같이 오래 간다'는 뜻이다. 이 괘는 좋은 일, 즐거운 일이 오래 된다는 것으로 평범한 사람에게는 더할 나위 없이 좋은 괘상이다. 현재의 환경이 지루해서 새로운 일을 구상하면 도리어 걱정거리가 생겨서 후회하게 된다. 유정무정격(有情無情格)
	지풍승 (地風升)	승(升)은 '오른다, 올라간다'의 뜻으로 이 괘는 공무원이나 회사원이라면 승진하는 좋은 운이고, 작은 사업도 큰 부자가 되는 운으로 투기사업이나 도박성으로 부자가 되는 것은 아니다. 이 괘는 차츰 전진해 가는 운이지 갑자기 횡재하는 운은 아니기 때문이다. 윤승대길격(允升大吉格)
	수풍정 (水風井)	정(井)은 우물, 우물의 두레박이 올라갔다 내려갔다 하는 형상이다. 이 괘는 지금 무슨 일이고 해낼 조건과 역량이 충분히 갖추어지고 있다. 다만 성실하게 일을 함으로 성공의 문턱에 올라설 수 있다. 이 괘는 타인과 손발이 잘 맞지 않은 형태로 서로 양보하고 이해하여 협동함으로 큰 성과를 거둘 수 있다. 좌정관천격(坐井觀天格)

진뢰 (震雷) 목(木)	**택풍대과** (澤風大過)	대과(大過)는 '지나치다, 정도에 넘치다'의 뜻으로 정상적인 궤도를 지나치게 벗어났다는 말이다. 이 괘는 모든 일에 정도를 지나치고 있음을 말해 준다. 도저히 감당하기 어려운 일에 말려들어 이러지도 저러지도 못하고 쩔쩔매는 상태이다. 이 괘를 얻으면 한 걸음 물러서서 짐을 가볍게 하고 되도록 남의 협조를 얻어 일을 해결해 나가야 한다. 고양생화격(枯楊生華格)
	택뢰수 (澤雷隨)	수(隨)는 '남의 의견에 따른다, 남의 본을 받는다'는 뜻이다. 그래서 독립심이 결여되고 종속적인 경향이 있어 운세가 약하긴 하나 아주 나쁜 운은 아니다. 다만 우유부단에 흐르기 쉽고 남의 감언이설에 속아 손해를 보지 않도록 해야 한다. 이 괘를 얻으면 남보다 앞서는 일보다 남이 하는 일을 따라가는 것이 발전이 빠르며, 주소나 직장을 옮기는 일 등은 무방하다. 고소실대격(顧小失大格)
손풍 (巽風) 목(木)	**중풍손** (重風巽)	손(巽)은 '바람'이다. 순종하고 이리저리 흔들리며 확고한 신념이 없는 경향으로 독립성이 다소 결여되나 지능 부족이 아니고 너무 겸손하고 유순하여 순종을 잘하는 성질이라 윗사람들의 의견을 잘 받드는 격이며 또한 꼬임에 넘어가 사기와 손해를 보는 수가 있으니 주의해야 한다. 반성지미격(反成之美格)
	풍천소축 (風天小畜)	소축(小畜)은 '조금 저축한다'의 뜻으로 이 괘는 불원간 기회가 옴으로 조급하게 서둘거나 너무 쉽게 단념하거나 자포자기하지 말고 적은 이익이라도 착실하게 저축하면 한 밑천은 되나 큰 성공이나 재물을 모으기는 아직 때가 이르다. 추월기망격(秋月旣望格)
	풍화가인 (風火家人)	가인(家人)은 '가족(家族)'이라는 뜻이며 또 사소한 일에도 주의력을 가지라는 말이다. 이 괘는 집 일, 즉 내면적인 일에 대해서는 더없이 좋은 일이며 밖에서 하는 일은 불리하나 남에게 의뢰하는 일이나 남과 협동하는 일에도 길하다. 부유일신격(富有日新格)

손풍 (巽風) 목(木)	풍뢰익 (風雷益)	익(益)은 '더하다, 모이다'의 뜻이니 쇠운을 성운으로 전진하고 있음을 말한다. 이 괘는 해어진 가족이 한 자리에 모이고 뿌린 씨앗을 수확하는 형상으로 이익을 전제로 한 손이기 때문에 결과적으로는 손이 아니다. 원길무구격(元吉无咎格)
	천뢰무망 (天雷无妄)	무망(无妄)은 아무 욕심 없이 자연법칙에 순응하는 괘로, 그 무엇인가 애타게 기다리나 쉽게 찾아오지 않을 것이니 침착하고 참을성 있게 기다리면 올 것은 결국 오게 된다. 애당초 예상했던 성과는 거두지 못한다. 금전보다는 명예 방면이 길하다. 기적삼천격(奇蹟三遷格)
	화뢰서합 (火雷噬嗑)	서합(噬嗑)은 '씹는다, 소화(消化)를 잘 시킨다'는 뜻이다. 이 괘는 무슨 일이나 서둘러 어설프게 대하지 말고 아주 차분하고 안전하게 매듭지어 나가야만 대길할 것이다. 또한 구설수와 사업에 약간의 난관이 생길지라도 결국은 성공한다. 온고지신격(溫故知新格)
	산뢰이 (山雷頤)	이(頤)는 본래 '턱'이란 뜻이지만 '기른다'는 뜻도 포함되나 말을 조심하고 음식도 조심하라는 뜻이다. 이 괘는 내심 고민이 많은 형상이지만 과오를 깨닫고 매사를 정돈하면 호운을 맞이 할 수도 있다. 즉 분수에 맞는 일에 성실히 노력하면서 때를 기다려라. 십년유용격(十年有用格)
	산풍고 (山風蠱)	고(蠱)는 '구덩이가 낀 썩은 음식'이라는 뜻과 또는 '병들다, 벌레먹다'는 뜻이다. 이 괘는 사업 부진, 재산상의 손해 등으로 불안과 위험을 지닌 불길한 괘상이다. 특히 외인보다 집안 사람을 조심하라. 배신을 당하여 많은 손해를 입는다 만일 여성인 경우는 정조 유린에 조심하고 유혹에 넘어가면 돌이킬수 없는 불행한 결과를 오게 된다. 수구안전격(守舊安全格)

이화 (離火) 화(火)	중화이 (重火離)	이(離)는 '불' 이다. 광명, 정열 등 약동을 상징하는 뜻이다. 이 괘를 얻는 사람은 많은 사람에게 봉사하고 은덕을 베풀어주는 일에 종사하면 그 명성이 천하를 진동할 수 있을 것이다. 그 반면에 지나치면 원망을 살 염려가 있으니 항상 중용지도를 지키며 겸손하고 차분하게 사물에 임해야 할 것이다. 화광충천격(火光沖天格)
	화산려 (火山旅)	려(旅)는 '나그네' 라는 뜻으로 안정을 못하고 현재 피로한 상태이다. 이 괘는 자기 일신상의 문제를 누구에게 상의할 사람도 없고 매사에 손해가 많아서 들떠 있고 무엇보다도 금전에 쪼들림을 받고 심한 고민에 빠져 있는 중이다. 이 괘를 얻은 사람은 고향을 떠나 외국유학이나 해외로 진출이 좋고 또는 문학가와 같은 새로운 아이디어를 구상하고자 하는 사람에게도 좋은 괘이다. 고산유수격(高山流水格)
	화풍정 (火風鼎)	정(鼎)은 세 발 달린 솥으로 '기초가 든든하다' 는 뜻이다. 이 괘는 신규적인 것을 시작하면 좋고 지금까지 이끌어 오던 사업이나 직업을 버리고 새로운 일로 혁신해야 한다. 또 이 괘를 얻은 사람은 어떤 일이나 중심적인 지위를 차지한다. 남의 두목이 되어 부하를 거느리게 되는 운세이니 여러 사람들의 지도적인 위치에 임하면 크게 성공한다. 청용조천격(靑龍朝天格)
	화수미제 (火水未濟)	미제(未濟)는 '덜 되었다, 미숙하다' 의 뜻으로 이 괘는 순조롭게 당장 진행되지는 못하지만 시기가 오면 성취되는 것이니 침착하게 천천히 진행하면 좋은 성과를 거둘 수 있다. 또한 비밀이 많은 괘로 여성은 자기 심정을 고백하지 못하고 망설이나 용기를 가지고 고백해 버리면 상대도 흔쾌하게 응해 줄 것이다. 우중망희격(憂中望喜格)
	산수몽 (山水蒙)	몽(蒙)은 '어리다, 어리석다' 의 뜻으로 이 괘는 처음 시작하는 사업이나 어린이의 장래를 위한 일에는 대길하다. 당신의 지금 일은 매우 어렵지만 혼자 해결하려 들지 말고 선배나 윗사람의 도움을 청하여 그들의 지도를 받고 그들의 뜻에 순응하면 앞으로 발전하여 성공을 얻을 것이다. 지성자귀격(至誠自歸格)

이화 (離火) 화(火)	풍수환 (風水渙)	환(渙)은 '바뀐다, 발산하다'의 뜻으로 이 괘는 바다와 인연이 많음으로 해외무역, 유학 문제 등이 일어날 수 있다. 또한 흩어지는 뜻도 있으니 굳건히고 확고한 의지와 노력으로 절호의 행운을 실패로 전락하지 않아야 한다. 사화위용격(蛇化爲龍格)
	천수송 (天水訟)	송(訟)은 '송사(訟事)를 일으킨다, 싸운다, 시비(是非)를 가릴 일이 발생하다'의 뜻으로 이 괘를 얻는 사람은 윗사람이나 아랫사람 사이에 갈등이 생겨 불화가 심하게 되고 걸핏하면 남과 시비가 벌어져 싸우기만 하면 항상 불리하게 된다. 그래서 비위가 거슬려도 참고 먼저 이해와 성의를 배풀어 오해가 없도록 하면 어려운 시기를 넘긴다. 조경모운격(朝耕暮耘格)
	천화동인 (天火同人)	동인(同人)은 '남과 같이 한다, 남의 협력(協力)을 받아야 한다'는 뜻으로 남이나 친구와 힘을 합하여 경영하면 순조롭게 뜻을 이루고, 관직에 있는 사람은 동료나 친구의 도움으로 승진하며, 사업을 경영하는 자는 모든 조건이 자연히 구비되어 자산이 늘어난다. 삼성덕길격(三省德吉格)
곤지 (坤地) 토(土)	중지곤 (重地坤)	곤(坤)은 '땅'이다. 덕을 쌓고 순리에 따르면 대성(大成)하는 상이다. 그래서 정성으로 윗사람을 섬겨야 그 뜻을 참되게 받아들여 상하 협력으로 큰 업적을 성취한다. 인내력을 가지고 꾸준히 노력하라. 충분한 혜택이 내린다. 순시순명격(順時順命格)
	지뢰복 (地雷復)	복(復)은 '다시 한다, 돌아온다'는 뜻이다. 즉, '회복된다'는 뜻으로 현재까지 모든 일이 부진하여 괴롭고 답답한 환경이나 좋은 운이 돌아와 매사가 순조로워 즐거운 일이 돌아온다. 그러나 지금까지 좋았던 사람은 쇠운이 다가온다. 견현사제격(見賢思濟格)

곤지 (坤地) 토(土)	지택림 (地澤臨)	림(臨)은 '군림하다' 의 뜻으로 순서를 밟아 올라가서 큰 목적을 달성하여 여러 사람의 우두머리가 되는 상이다. 특히 정치인 같은 자격과 여건이 구비되면 대성할 것이나 만일 여성이면 남성들의 유혹을 받아 난처한 입장에 놓일 것이다. 대형천도격(大亨天道格)
	지천태 (地天泰)	태(泰)는 '크다' 의 뜻으로 매사에 안정되어 있는 64괘 중 가장 길한 괘이다. 하지만 너무 순조롭기 때문에 방심하면 뜻밖의 손해를 당하는 수도 있으니 세심한 관찰력과 노력을 아끼지 말아야 한다. 이 괘는 가정운에 가장 좋은 괘이며 가정 불화나 우환도 즉시 사라진다. 만회천운격(挽回千運格)
	뇌천대장 (雷天大壯)	대장(大壯)은 '건강하다, 왕성하다' 의 뜻으로 이 괘는 소문만 크게 나고 실속이 없는 상태이다. 이 괘를 얻는 사람은 남이 보기에는 매우 좋다. 사업으로 말하면 규모만 컸지 실속이 없으며 직장에서는 허울 좋은 이름뿐이고 실권이 없으나 머지않아 알찬 실속들을 얻게 되리라. 수암불명격(數暗不明格)
	택천쾌 (澤天夬)	쾌(夬)는 '결단한다' 는 뜻으로 윗사람을 밀어내고 올라가는 상이니 운세가 매우 강하나 자칫하면 모순을 일으켜 현재의 위치를 믿고 무모하게 밀고 나가다 도리어 현재보다 떨어지는 실의의 쓴잔을 마시는 수가 있으니 직장에서는 평소보다 더욱 겸손하고 겸양된 언어로 분수에 넘치는 행동을 하지 않으면 매우 좋은 성과를 거두는 운이다. 양무위진격(陽武威振格)
	수천수 (水天隨)	수(需)는 '아직 이르다' 의 뜻으로 아무리 뛰어난 재주가 있고 지혜가 총명할지라도 윗사람이나 세상 사람의 인정을 받지 못하면 재능을 부릴 수가 없으니 좋은 때가 오기를 기다려 당신을 돕는다는 귀인이 생길 때 비로소 뜻을 성취할 수 있는 절호의 기회를 맞이하게 되는 것이다. 주경야독격(晝耕夜讀格)

곤지 (坤地) **토(土)**	**수지비** (水地比)	비(比)는 한 지도자의 주변에 많은 사람이 그를 추모하여 모여드는 형상으로, 한 가지 목적으로 여러 사람이 협력하면 누구도 따르지 못함으로 이 괘를 얻은 사람이 사업을 이끄는 우두머리가 되면 대길한다. 군자유신격(君子有新格)
태택 (兌澤) **금(金)**	**중태택** (重兌澤)	태(兌)는 기쁨 그리고 괴로움을 품고 있는 상태로, 현재 이성 문제로 신경을 쓰고 있는 중이라 사업이나 직장의 일을 등한시하여 손실을 당하게 되고 아니면 허영심이나 오락 등으로 소일하는 당신을 겉으로는 호의적이나 내면으로는 시기하고 비방함으로 정신을 바짝 차리고 겸손하고 진실성 있게 처신하면 평소보다 많은 인기를 얻을 수 있다. 종성대기격(終成大器格)
	택수곤 (澤水困)	곤(困)은 '곤고(困苦)하다'의 뜻으로 이 괘는 사대난관 중의 하나로 이 괘를 얻은 이상 모든 일이 뜻대로 안 되고 곤궁에 빠져 정신적이나 육체적으로 극히 쇠약해 있는 상태로 오직 침착하게 근신하며 인내력으로 다음의 운을 기다려야 한다. 호사다마격(好事多魔格)
	택지췌 (澤地萃)	췌(萃)는 '모인다'는 뜻으로 이 괘를 얻으면 자기의 역량을 마음껏 발휘할 수 있는 대길한 운으로 주식이나 회사 등을 설립하면 대성하게 되며 그렇게 되면 항상 겸손하고 성실하며 정직한 마음으로 처세한다면 계속 번영할 것이다. 대길무구격(大吉无咎格)
	택산함 (澤山咸)	함(咸)은 '느끼다'와 같은 뜻으로 운이 좋다고 무조건 복록이 오는 것이 아니고 사물에 대한 민감한 관찰력과 기회를 잘 포착해야 하며 또한 주위 사람들의 호감을 사서 스스로 도와주도록 하여야 좋은 운을 만나 크게 발전할 수 있다. 지재외방격(志在外方格)

태택 (兌澤) 금(金)	수산건 (水山蹇)	건(蹇)은 '절름발이'의 뜻으로 매사에 주위의 협조가 절실히 필요하나 돕겠다는 사람이 없는 괘운으로 이괘를 얻는 경우 금전 거래가 가장 나쁘다. 내어놓은 돈은 회수가 어렵다. 대건명래격(大蹇明來格)
	지산겸 (地山謙)	겸(謙)은 '겸손하다, 양보하다'의 뜻으로 이 괘는 마음에 내키지 않더라도 현재의 위치를 고수하고자 한다면 소인배의 무리에 시기와 모략을 받아 억울한 누명을 쓰게 된다. 그러므로 관재구설을 조심하고 송사는 일으키지 말아야 하며 물질적인 손해가 있더라도 참고 양보해야 한다. 노겸득길격(勞謙得吉格)
	뇌산소과 (雷山小過)	소과(小過)는 '조금 지나치다, 약간 과하다'의 뜻으로 이 괘는 소인이 좋지 못한 일을 꾀하는 상이니 자기의 신분에 미치는 능력의 한계를 잘 알아서 분수를 지키고 겸허하고 순박한 태도로 처세해야 아무런 탈이 생기지 않을 것이다. 밀운불우격(密雲不雨格)
	뇌택귀매 (雷澤歸妹)	귀매(歸妹)는 '중매하다, 시집가다'의 뜻으로 남녀의 결혼을 의미하는 첫 출발이 잘 되어야 된다는 것이며 이괘는 남녀가 결합한다는 것뿐이지 중도에 파탄이 생기기 쉬운 징조가 있으므로 남자의 경우는 색정에 빠져 난처한 입장에 놓이고 이로 인해 가정 불화가 있다. 하여튼 이 괘는 남녀 관계에 복잡성을 띠고 있다. 유명무실격(有名無實格)

② 음향오행陰響五行 표출법表出法

구분(區分)	음향오종주종음오행(音響五種主從音五行)				
오행(五行)	목(木)	화(火)	토(土)	금(金)	수(水)
주음(主音)	가 카	나 다 라 타	아 하	사 자 차	마 바 파
음성(音性)	아음(牙音)	설음(舌音)	후음(喉音)	치음(齒音)	진음(脣音)
종음(從音)	ㄱ	ㄴ ㄷ ㄹ	ㅇ ㅎ	ㅅ	ㅁ ㅂ
오행(五行)	목(木)	화(火)	토(土)	금(金)	수(水)
음향(音響) 오행(五行) 성질(性質)	견실(堅實) 사고(思考) 이상(理想) 자존(自尊)	쾌활(快闊) 민완(敏腕) 활기(活氣) 왕성(旺盛)	온후(溫厚) 자중(自重) 강유(剛柔) 통수(統帥)	과단(果斷) 용감(勇敢) 인내(忍耐) 실력(實力)	지모(智謀) 수기(秀技) 임기(臨機) 응변(應辯)

③ 주종별主從別 분류법

주종별 오행 지지 표출법				음양오행(陰陽五行) 지지(地支) 판단법				
지지 변환	주종 오행	성명 (姓名)	음양 (陰陽)	木(목)	火(화)	土(토)	金(금)	水(수)
卯(주)	木(주)	金(김) 八	陰(음)					
亥(종)	水(종)			陽(양) 寅(인) 陰(음) 卯(묘)	陽(양) 午(오) 陰(음) 巳(사)	陽(양) 辰戌 (진술) 陰(음) 丑未 (축미)	陽(양) 申(신) 陰(음) 酉(유)	陽(양) 子(자) 陰(음) 亥(해)
子(주)	水(주)	丙(병) 五	陽(양)					
辰(종)	土(종)							
酉(주)	金(주)	澈(철) 十六	陰(음)					
巳(종)	火(종)							

④ 주종主從 음오행에 따른 육친六親 육수六獸 표출법表出法

육친 표출법	●육친	비아자(比我者)—형제(兄弟), 생아자(生我者)—부모(父母), 아생자(我生者)—자손(子孫), 아극자(我克者)—처재(妻才), 극아자(克我者)—관귀(官鬼)로 생년의 지지오행(地支五行)과 성명의 각 주종음오행(主從音五行)을 상생상극하여 육친표출(六親表出)을 한다
	●예	생년이 계미(癸未)면 미(未)는 토(土)이므로 성 김은 주음(主音) 목(木)은 목극토(木克土)로 관(官)이고 종음(從音) 수(水)는 토극수(土克水)로 재(才)이며, 명 상자 병은 주음(主音) 수(水)는 토극수(土克水)로 재(才)이며 종음(從音) 토(土)는 토비토(土比土)로 형(兄)이고, 명 하자 철의 주음(主音) 금(金)은 토생금(土生金)으로 손(孫)이며 종음(從音) 화(火)는 화생토(火生土)로 부(父)이다
육수 표출법	●육수	갑을(甲乙)—청룡(青龍), 병정(丙丁)—주작(朱雀), 무(戊)—구진(句陳), 기(己)—등사(螣蛇), 경신(庚辛)—백호(白虎), 임계(壬癸)—현무(玄武)로 생년의 천간(天干)을 상기의 육수(六獸) 중에서 골라 명(名)하자의 종음(從音)부터 붙이고 위로 순서에 입각하여 육수를 붙여나간다
	●예	생년이 계미(癸未)면 계(癸)는 상기 육수 중 현무(玄武)이므로 명(名)하자의 종음(從音)에 현무(玄武), 주음(主音)에 청룡(青龍), 명(名)상자 종음(從音)에 주작(朱雀), 주음(主音)에 구진(句陳), 성(姓)의 종음(從音)에 등사(螣蛇), 주음(主音)에 백호(白虎)를 붙인다

⑤ 명名 사주격四柱格 표출법表出法

① 명 사주격 조견표

연대 (年代)	선천명 (先天命)	성명운 (姓名運)	성명 (姓名)	오행 (五行)	육친 (六親)	사주 (四柱)
노년(老年)	생시(生時)	정격(定格)	성 (姓)	주(主)	부계(父系)	년간(年干)
				종(從)	형제(兄弟)	월주(月柱)
장년(壯年)	생일(生日)	이격(利格)	명상자 (名上字)	주(主)	기신(基身)	일간(日干)
청년(青年)	생월(生月)	형격(亨格)		종(從)	처(處)	일지(日支)
			명하자 (名下字)	주(主)	모계(母系)	년지(年支)
유년(幼年)	생년(生年)	원격(元格)		종(從)	자손(子孫)	시주(時柱)

② 주종(主從) 오행(五行) 정국법(政局法)

- 주오행(主五行)을 천간(天干)으로 하고 종오행(從五行)을 지지(地支)로 한다
- 만일 종오행(從五行)이 없을 때는 한자(漢字)의 변오행(邊五行)을 쓴다
  예 물가 수(水) 자는 수변(水邊)으로 오행 수(水)로 하고 지지(地支) 변환은 해(亥)이다
- 오행에 해당하는 자변(字邊)이 없는 한자(漢字)일 경우에는 주오행(主五行)과 동질(同質)인 오행으로 지(支)를 삼는다
- 주오행(主五行)을 천간(天干)으로 고칠 때는 성명(姓名)의 육신(六神)이 표출(表出)된 지오행(支五行)과 동질(同質)인 천간오행(天干五行)으로 고친다
- 오행정법(五行定法)에서 생월(生月)의 월주(月柱)를 대운(大運)격으로, 삼고 태세(太歲)수를 유년(流年)운으로 삼는다

【 명사주정국법(名四柱政局法)과 표출법(表出法)의 예시(例示) 】

※ 생년(生年) 신유(辛酉)가 월주(月柱)로 됨 ※ 임진(壬辰)이 사주(四柱)의 월주(月柱)이므로 대운(大運)이 됨						
음(陰)	팔(八)	김(金)	주(主)	목(木)	을(乙)	년주 (年柱)
			종(從)	수(水)	해(亥)	
양(陽)	오(五)	병(丙)	주(主)	수(水)	임(壬)	일주 (日柱)
			종(從)	토(土)	진(辰)	
음(陰)	십육(十六)	철(澈)	주(主)	금(金)	신(辛)	시주 (時柱)
			종(從)	화(火)	사(巳)	

생신사주(生辰四柱)			
년주(年柱)	월주(月柱)	일주(日柱)	시주(時柱)
신유(辛酉)	임진(壬辰)	병인(丙寅)	임진(壬辰)

명사주(名四柱)			
년주(年柱)	월주(月柱)	일주(日柱)	시주(時柱)
을해(乙亥)	신유(辛酉)	임진(壬辰)	신사(辛巳)

대운 (大運)	임진 (壬辰)	신묘 (辛卯)	경인 (庚寅)	기축 (己丑)	무자 (戊子)	정해 (丁亥)	병술 (丙戌)	을유 (乙酉)	갑신 (甲申)	계미 (癸未)

3 길흉(吉凶) 제살(諸殺) 제성(諸星) 붙이는 법

(1) 십이성(十二星) 조견표

살＼년지	겁살(생)	제살(욕)	천살(대)	지살(관)	년살(왕)	월살(쇠)	망신(병)	장성(사)	반안(장)	역마(포)	육해(태)	화개(양)
사유축	인	묘	진	사	오	미	신	유	술	해	자	축
해묘미	신	유	술	해	자	축	인	묘	진	사	오	미
신자진	사	오	미	신	유	술	해	자	축	인	묘	진
인오술	해	자	축	인	묘	진	사	오	미	신	유	술
신수방위	불리	평	소길	길	불리	길	대길	대길	평	입삼재	복삼재	출삼재

(2) 합(合)·형(刑)·충(沖)·파(破)·해(害)·원진(怨嗔)·귀문(鬼門) 조견표

합국	천간합	갑기(토)	을경(금)	병신(수)	정임(목)	무계(화)
		중정지합	인의지합	위엄지합	인수지합	무정지합
	육합	자축(토)	인해(목)	묘술(화)	진유(금)	사신(수) / 오미(토)
	삼합	신자진(수, 임)	해묘미(목, 갑)	인오술(화, 병)	사유축(금, 경)	
형		인사신(삼형) 무은지형	축술미(삼형) 지세지형	자묘(상형) 무례지형	진진,오오,유유,해해 (자형)	
충	천간	갑경	을신	병임	정계	
	지지	자오	축미	인신	묘유	진술 / 사해
파		축진	묘오	사신	미술	유자 / 해인
해		자미	축오	인사	묘진	신해 / 유술
원진		자미	축오	인유	묘신	진해 / 사술
귀문		자유	축오	인미	묘신	진해 / 사술

(3) 길신(吉神) 조견표

천을 귀인	갑무경 일		갑기 일		병정 일		신 일		신계 일	
	축미(우양)		자신(서후)		해유(돈계)		인오(호마)		사묘(사토)	
천을	갑	을	병	정	무	기	경	신	임	계
암록	해	술	신	미	신	미	사	진	인	축
금여	진	사	미	신	미	신	술	해	축	인
문창성	갑년	을년	병년	정년	무년	기년	경년	신년	임년	계년
	사병	오정	신경	유신	신경	유신	해임	자계	인갑	묘을
천록	갑년	을년	병년	정년	무년	기년	경년	신년	임년	계년
	인	묘	사	오	사	오	신	유	해	자

천덕	인월	묘월	진월	사월	오월	미월	신월	유월	술월	해월	자월	축월
	정	신	임	신	해	갑	계	인	병	을	기	경
월덕	인월	묘월	진월	사월	오월	미월	신월	유월	술월	해월	자월	축월
	병	갑	임	경	병	갑	임	경	병	갑	임	경

(4) 흉신(凶神) 조견표

양인 비인살	일간	갑	을	병	정	무	기	경	신	임	계
	양인	묘	진	오	미	오	미	유	술	자	축
	비인	유	술	자	축	자	축	묘	진	오	미

백호살	갑진	을미	병술	정축	무진	임술	계축

괴강살	경진	경술	임진	임술	무진	무술

고과살	인묘진년 생	사오미년 생	신유술년 생	해자축년 생
	고축·과사	고진·과신	고미·과해	고술·과인
양인	인오술	신자진	사유축	해묘미
역마살	신	인	해	사
도화살	묘	오	유	자
장성살	오	자	유	묘
화개살	술	진	축	미

4 성명판단법(姓名判斷法) 체계도(體系圖)

【성명 감정(鑑定) 체계도】

음향오행(音響五行)						음양 (陰陽)	성명 (姓名)	운격 (運格)	성명(姓名) 수리(數理) 작괘(作卦)	선천명 정국 (先天名 定局)
사주	신살	육수	육친	육신	주종					사주(四柱)
경진 (庚辰)	부 (父)	사 (蛇)	부 (父)	신 (申)	금 (金)	양 (陽)	최崔 11	원격 (元格) 24	중이중 괘 변 천화동인 괘	(건)명
	형개개	구 (句)	재 (才)	진 (辰)	토 (土)				형사 ● 등 세	−수 −금 −토 +금 식신 자기 편인 겁재
경인 (庚寅)		주 (朱)	재 (才)	축 (丑)	토 (土)	음 (陰)	윤倫 10	형격 (亨格) 21	손진손미 ● × ● 구	계 신 기 경
									재유 ● 주 록파	사 유 묘 인
기사 (己巳)	자겁 역	청 (靑)	손 (孫)	사 (巳)	화 (火)	음 (陰)	희僖 10	이격 (利格) 25	관해 ● 청 역 웅	정관 비견 편재 정재 +화 −금 −목 +목
	모	현 (玄)	재 (才)	축 (丑)	토 (土)				손축 ●● 현 공	오행(구비)
기사 (己巳)	자겁 역	백 (白)	손 (孫)	사 (巳)	화 (火)	음 (陰)		정격 (貞格) 35	문묘 ● 백 충	편재격 정관(巳)용신

음향오행 정국판단

부모는 평범하게 살아가며 부선망이 쉬우며 형제도 많지 않고 남편은 유덕한 편이며 자녀는 많이 둘 것 같고 큰 살이나 흉신이 없어 건강에는 큰 문제가 없으나 심장과 폐 계통에 항시 관심을 두어야 하며 직업은 법조 계통이 바람직하며 재운도 많은 편임

수리역리 정국판단

이 괘는 화광충천격(火光沖天格)으로 많은 사람에게 봉사하고 베풀어주는 일에 종사하면 그 명성이 천하를 진동할 수 있으나 그 반면에 지나치면 원망을 살 염려가 있으니 항상 중용지도를 지키며 겸손하고 차분하게 살아야 한다.
변괘는 삼성덕길격(三省德吉格)으로 남이나 친구와 합하면 모든 일이 순조롭게 뜻을 이루고 공직에 있을 시도 동료나 친구의 도움으로 승지하는 아주 길한 격이다

감정일 2011년 1월 23일
역학상담사 ○○ ○ ○ ○

궁	세항	길 흉
부모궁	부선망 조실 부모격	• 부위(父位)에 백호·구진·현무 등이 있고 타 오행과 상극되면 부선망한다 • 부위에 백호·구진·현무 등이 있고 음부에 양재가 극히든가 제가 부를 직접 극하면 부선망하고 생월·월령에 극을 받아도 부선망한다 • 성자 주 오행 또는 명 하자 주 오행에 부가 있고 백호·구진·현무 등이 있으면 조실 부모에 부선망한다. 년령은 3, 4, 7, 9, 12, 17, 18세에 사별한다 • 청용에 재가 있고 타위에 부가 있어 타 육수의 극을 받으면 부선망한다 • 부가 없고 재가 있거나 재가 왕하고 부가 약하면 부선망한다 • 청룡에 부라도 백 재가 왕하면 부선망한다 • 백재 청부가 망신살인 경우에도 부선망하는 동시에 부모 무덕 또는 양자로 간다 • 청재에 부가 망신살이면 조실 부모에 부선망하여 양자가 된다
	모선망 격	• 청부에 재가 약할 때엔 모선망이다 • 유부 무재일 때에 부왕이면 모선망이다. 단, 청부 백재는 재외한다 • 재가 생년지와 원진일 때는 모선망한다 • 청재 백부일 때에 백부가 왕하면 모선망한다 • 부모궁이 은복 시 은복 부모와 생월·월령과 제살 그리고 왕쇠를 대조한다
	부모 장수 유덕격	• 명상자에 부모가 있고 타에 심한 극을 받지 않을 때는 부모가 장수한다 • 등사·주작 등에 부모가 있으며 타의 극을 받지 않거나 또는 청부 등사재나 등사부 청재에 타의 극을 받지 않으면 부모가 장수한다
	부모궁 길흉시 년령기 준법	성주(姓主)　　　　　　　10세부터 17세까지 성종(姓終)　　　　　　　18세부터 26세까지 명상주(名上主)　　　　　27세부터 35세까지 명상종(名上從)　　　　　36세부터 44세까지 명하주(名下主)　　　　　45세부터 53세까지 명하종(名下從)　　　　　53세부터 61세까지

형 제 궁	**형제 남녀 수 길흉 관계**	• 형에 백호·구진·현무 등이 있으면 생이별하여 죽거나 또는 무형제한다 • 형이 은복되면 무형제 또는 소수이나 무덕하다 • 형에 백호·구진·현무 등이 있고 부나 관이 상극되면 무 형제 또는 소수이나 무덕하다 • 형에 망신이 있어도 소수이며 무덕하다. • 형에 청룡이 있거나 형이 많으면 다형제에 유덕하다 • 형에 등사·주작이 있으면 형제가 많다 • 성자주 또는 명하자주에 형이 있으면 2, 3형제이다 • 성자의 주종 또는 성종과 명하자종에 형이 있으면 3형제 이상이다 • 성자종에 형이 있고 대(帶) 청룡이면 5, 6형제에 유덕하다 • 청룡에 형이 있고 현부가 생하면 형제가 많으며 유덕하다 • 음복된 형은 부가 생하면 이복형제가 있고 무덕하다 • 은복된 형에 망신살이 붙으면 남형제가 없다
부 부 궁	**처궁 길흉 덕망 유무**	• 재가 많고 수리가 흉하면 두세 번 재취(再娶)나 축첩(蓄妾)을 한다 • 무재(無才)나 은복재(隱伏才)에 수리가 흉하면 재취로 덕이 없다 • 단일재(單一才)라도 구진·현무·백호 등이 붙고 수리가 흉하면 재취이다 • 재에 백호와 망신살이 붙으면 상처한다 • 재에 청룡이 있으면 처덕이 있는데, 중복재(重複才)하면 축첩한다 • 재가 많고 수리가 양호해도 축첩한다 • 재에 청용·주작·등사 등이 화개(華蓋)·반안(攀安) 등 길성이 있으면 처덕이 있다
	남편궁 길흉	• 관이 많고 관에 구진·현무·백호 등이 오면 과부가 되거나 또는 2, 3차 재혼한다 • 관이 은복되어 수리가 흉하면 과부가 되거나 또는 첩을 둔다 • 관에 백호가 붙고 망신살이 있으면 상부한다 • 관에 백호·현무·구진 등이 있고, 원형리정의 수리가 흉하면 과부가 된다 다관, 무관도 동일하며 대개는 2, 3차 재혼한다 • 청용·등사·주작 관에 수리가 양호하며 타의 극을 받지 않으면 남편이 유덕하다

자녀궁	자녀수덕망	• 손(孫)에 백호·현무·구진 등이면 생리사별한다
		• 손이 은복되고 수리가 흉하면 무자한다. 혹 무남유녀할 수도 있다
		• 손이 은복되고 남자는 다관하고 여자는 다재하면 자녀가 많다
		• 인묘해자묘유 생으로 무손무관하고 수리가 흉하면 무자하기 쉽고 유손이라도 백호·현무·구신에 수리가 흉하면 무자 또는 남아가 적다
		• 명상자 주종과 성종, 명하자 의종 등에 유손하고 주작·등사 등이면 2, 3 남아이고 백호·구진·현무 등이면 무자 또는 독자이다
		• 성자의 주종이나 성자 의종과 명하자종 등에 유손하고 청룡·주작·등사 등이면 3명 이상이다
		• 청룡 손이면 자녀가 많고 귀자에 유덕하다
		• 성자 주에 유손하고 남녀 음손이면 초생 남아(男兒)하고, 남녀 양손이면 초생 여식(女息)이나 만일불연(萬一不然)이면 난양(難養)이다
		• 명하자에 유손하고 남녀 음손이면 다녀식후 생남하거나 남아가 적고 늦다
		• 명상자 주종에 유손하고 명하자에 유손이면 많은 자녀를 둔다
		• 명상자 주종에 유손하고 백호·현무·구진 등이 붙으면 자녀를 다산하나 특히 백호가 붙으면 사별수가 많다
		• 성주에 유손하고 명상자에 유관 또는 오행이 하에서 상으로 연결 상생하거나 손을 직접 간접으로 다생하면 많은 자녀를 둔다
		• 명상자에 손관이 겸유(兼有)하고 타에 유손하면 4, 5명의 남아를 둔다
		• 신술축미오 생으로서 유손 유관이 많으면 자녀가 많다
		• 손에 망신·육해·원진살이 붙으면 자식을 극해한다
수명궁	사망시기	• 성명자에 망신살이 있고 생년의 지(支)와 상합할 때는 원진이 왕할 때에 그 원진년이나 망신년에 사망한다
		• 성명의 원진과 생년의 지(支)와 상호 원진되어 상합 또는 상충으로 원진이 왕하는 원진년에 사망한다
		• 성명과 생년지(生年支)와 망신이 합하여 원진이나 망신이 상충하는 해에 사망한다
		• 원진과 년지(年支)와 망신이 상호상합(相互相合)하면 상충년에 사망하고 상충하면 상합년에 사망한다

수 명 궁	사망 시기	• 성명에 망신이 있고 생년지와 원진 망신이 상합하면 원진이 충(沖)하는 해에 사망한다 • 원진과 상충년에 해당되는 자는 사망한다. 또 부(父)나 재(才)가 원진일 때는 상충년에 부(父)가 사망한다
복 록 궁	재운	• 재를 손이 생하면 재운이 양호하다. 특히 청재와 백재는 거재인대 손생재, 형생손, 문생형, 관생문하면 재운이 좋아 거부가 된다 • 전항과 같이 주종이 직, 간접으로 상생하고 수리가 양호하며 선천국과 조화가 되면 대왕성하여 거부가 된다 • 재운을 생하는 태세(流年) 또는 재와 비화의 년에는 재운이 양호하다
	관운	• 청룡관·백호관 등은 고관격이다 • 주작관·등사관 등은 중급격이다 • 구진관·현무관은 등은 하급격이다 • 청룡관은 성강관(聖剛官)으로 타격보다 양호하고 선천국(사주)와 합국한 대국자(大局者)는 수령급이 된다 • 백호관은 강한 관운으로 장관급 또는 장성급이 된다 • 등사관은 판검사격이다 • 주작관은 치안장관격이다 • 구진관은 행정관격이다 • 현무관은 무관격이다
	재운과 관운	• 재운은 재를 생하는 유년(流年) 또는 암록이 붙은 유년(流年)에 양호하다 • 손이 재를 생하는 유년(流年)에 태세와 생년지(生年支)가 상합상생되는 해에 재운이 길하다 • 재를 극하는 태세는 불길하다 • 관운은 관이 왕하여 건록이나 역마가 붙어 상생상충하는 유년(流年)에 관운이 길하다 • 청룡, 백호관이 성명에 있으면 상생상합되는 해에 길하고 상극, 상충, 공망되는 유년(流年)에는 불길하다

	인체에 속한 오행	• **목(木)** ⇨ 간장, 담, 신경계통, 정신, 두뇌 등을 관장함 • **화(火)** ⇨ 심장, 소장, 안목(眼目) 등을 관장함 • **토(土)** ⇨ 위장, 비장, 복부(腹部), 피부 등을 관장함 • **금(金)** ⇨ 폐, 대장, 근육, 사지 등을 관장함 • **수(水)** ⇨ 신장, 방광, 혈액 등을 관장함
건 강 궁	건강 관계	• 주오행이 하에서 상으로 상생하거나 상에서 하로 상생하면 일생에 중병 없 이 장수한다. 단, 수리운로(원형리정)가 길하고 선천명(사주)과 조화되어야 한다. • 주종오행이 연결 상생하면 더욱 좋다

	질병
	관계
		※ 주종오행간에 직접으로 상극을 하면 극을 받은 오행에 속하는 인체가 질병에 걸
		리기 쉽다
		
		• 목극토부(木克土部)
		  목토목(木土木), 토목목(土木木), 토목토(土木土)는 위장(胃臟), 비장(脾臟),
		  복부(腹部), 피부(皮膚), 간장(肝臟)병에 걸리기 쉽다
		• 화극금부(火克金部)
		  화금화(火金火), 금화금(火金火), 화금금(火金金)은 폐(肺), 대장(大腸)병에
		  걸리기 쉽고 수리가 19 20 30이면 절골(折骨)로 사지불구(四肢不具), 소아
		  마비, 곱추 등 불구자가 된다
		• 토극수부(土克水部)
		  토수토(土水土), 토토수(土土水), 수토토(水土土)는 신(腎), 방광(膀胱), 혈
		  액(血液) 계통의 질병에 걸리기 쉽다
		• 금극목부(金克木部)
		  목금금(木金金), 금목금(金木金), 목금목(木金木)은 간장(肝臟), 담(膽), 신
		  경통(神經痛), 정신병(精神病)에 걸리기 쉽다
		• 수극화부(水克火部)
		  수화수(水火水), 수화화(水火火), 화수화(火水火)는 심장(心臟), 소장(小腸),
		  안질(眼疾), 풍량증(風凉症)에 걸리기 쉽고 특히 신경통(神經痛)과 냉증(冷
		  症), 혈압(血壓), 해수(咳嗽) 등의 질환에 많이 걸린다

綜合 易理要約集

종합 역리요약집

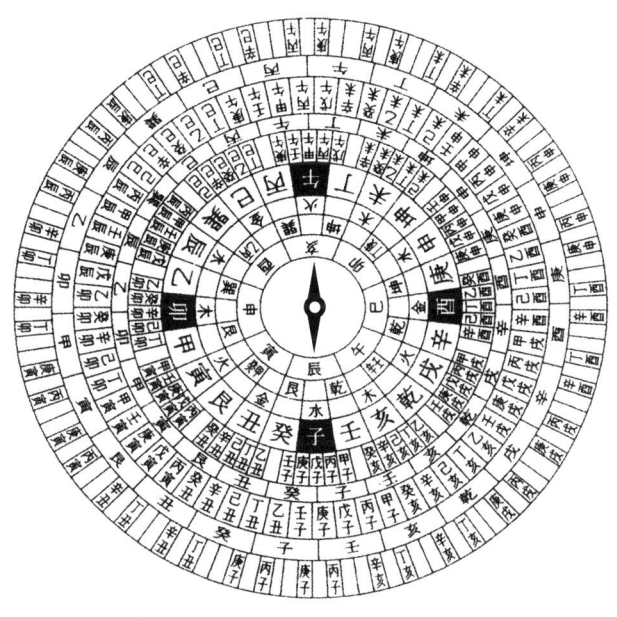

제5부

음택과 양택론

綜合 易理要約集

종합 역리요점

● 풍수지리의 기본용어

기본용어	설 명
용(龍)	● 평지보다 높이 솟아 있는 땅 ● 산 또는 산이 이어져 오는 지맥
맥(脈)	● 용은 형태에 대한 이름 ● 맥은 용의 흐름에 대한 용어
혈(穴)	● 용맥 중에서 가장 생기가 있는 곳 ● 음택에서 관이 들어가는 곳
와(窩) 겸(鉗) 유(乳) 돌(突)	● 와혈(窩穴) ☞ 산에서 혈의 위치가 되는 곳으로 둥우리 같이 보임 심와(心窩) 천와(淺窩) 활와(闊窩) 협와(狹窩) ● 겸혈(窩穴) ☞ 와혈에서 양다리가 깊게 뻗쳐 있는 상태 ● 유혈(窩穴) ☞ 젖 모양 혈 유(乳), 쌍유(雙乳), 삼유(三乳) ● 돌혈(窩穴) ☞ 맥이 돌출된 형태(밭에 돌출된 곳에 무덤)
사(砂)	● 혈 주위에 있는 산(山), 바위, 건물(建物)들을 사(砂)라 함
주산(主山) 조산(祖山)	● 주산은 혈 뒤에 가장 혈과 가까운 산(山) ● 조산은 산의 근원이 되는 주위의 가장 높은 산
입수맥(入首脈)	● 주산에서 혈까지 연결된 맥 ● 맥 중에서 혈로 막 들어가려 하는 곳을 입수라 함
좌청룡(左靑龍) 우백호(右白虎)	● 좌청룡 ☞ 주산이나 입수룡에서 갈라져 좌측을 둘러싼 산 ● 우백호 ☞ 주산이나 입수룡에서 갈라져 우측을 둘러싼 산
명당(明堂)	● 혈 앞의 토지로서 마당과 같은 곳
득수(得水) 파구(破口)	● 득수 ☞ 물이 처음 보이는 곳으로 여러 개가 있다 ● 파구 ☞ 물이 흘러가서 혈에서 마지막 보이는 곳
만두(灣頭)	● 혈 뒤의 입수룡에서 약간 돌출된 곳, 분수척상(分水脊上)
좌향(坐向)	● 관이나 집 등의 방향으로 혈의 이름이 된다
나경(羅經)	● 풍수지리학에서 방위를 보는 기구. 패철이라고도 함
안산(案山) 조산(朝山)	● 안산 ☞ 혈 앞에 있는 산 ● 조산 ☞ 안산 뒤에 높은 산
물형(物形)	● 입혈할 경우 혈 주위의 산세가 나타내는 형태

● 음택대요 陰宅大要

● 음택 기본도

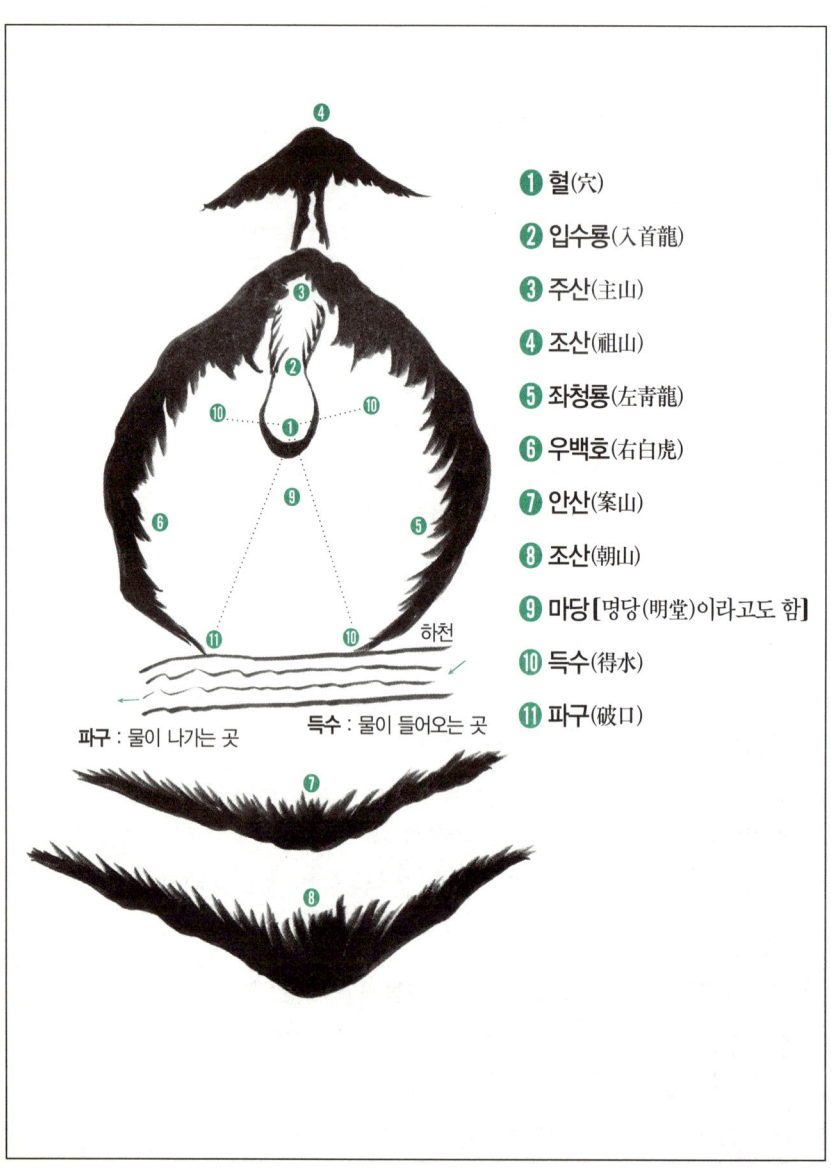

1 혈(穴)

2 입수룡(入首龍)

3 주산(主山)

4 조산(祖山)

5 좌청룡(左靑龍)

6 우백호(右白虎)

7 안산(案山)

8 조산(朝山)

9 마당[명당(明堂)이라고도 함]

10 득수(得水)

11 파구(破口)

하천

파구 : 물이 나가는 곳   득수 : 물이 들어오는 곳

● 용龍

1 용龍과 맥脈

양협(陽峽)	음협(陰峽)	상협(長峽)
오목한 협으로 맥이 오목한 가운데 출맥	도록한 협으로 맥이 이마로 부터 등마루가 있는 출맥 (돌로 된 출맥도 있음)	협이 매우 긴 것으로 좌우에 사(모래·자갈)들이 보호해야 함
단협(短峽)	고협(高峽)	곡협(曲峽)
협이 짧은 것으로 조화가 부족, 끊어지면 불길	협이 매우 높은 것으로 협을 보호함이 주밀해야 길함	굽은 협으로 산뱀이 물을 건너는 형상이 귀격

직협(直峽)	활협(闊峽)	원협(遠峽)
곧은 협 사맥으로 불길, 중간 수포가 있으면 길	협이 매우 넓은 것으로 중간에 가는 선이 있으면 길	협이 매우 먼 것으로 양 변에서 보호하여야 함
	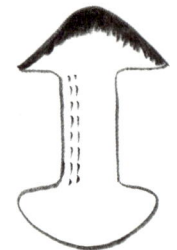	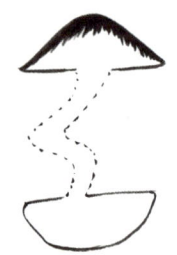
천전협(穿田峽)	도수협(渡水峽)	봉요학슬협(蜂腰鶴膝峽)
밭을 뚫고 지나가는 것으로 맥이 높은 밭을 자나면 길, 끊어지면 불길	물을 건너는 것으로 물 한 가운데서 돌 줄기가 있어야 함	굽은 협으로 산뱀이 물을 건너는 형상이 귀격

직룡입수(直龍入首)	횡룡입수(橫龍入首)	비룡입수(飛龍入首)

잠룡입수(潛龍入首)	회룡입수(回龍入首)

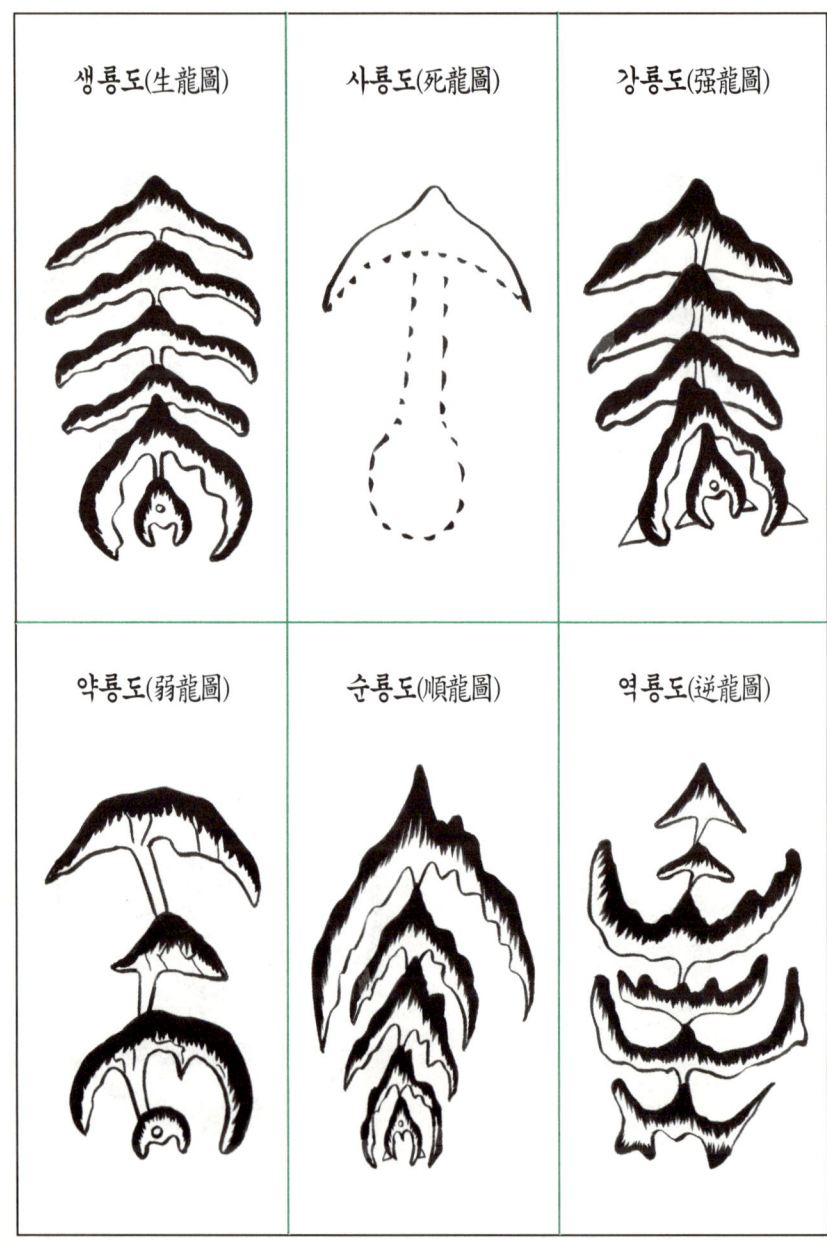

생룡도(生龍圖)

사룡도(死龍圖)

강룡도(强龍圖)

약룡도(弱龍圖)

순룡도(順龍圖)

역룡도(逆龍圖)

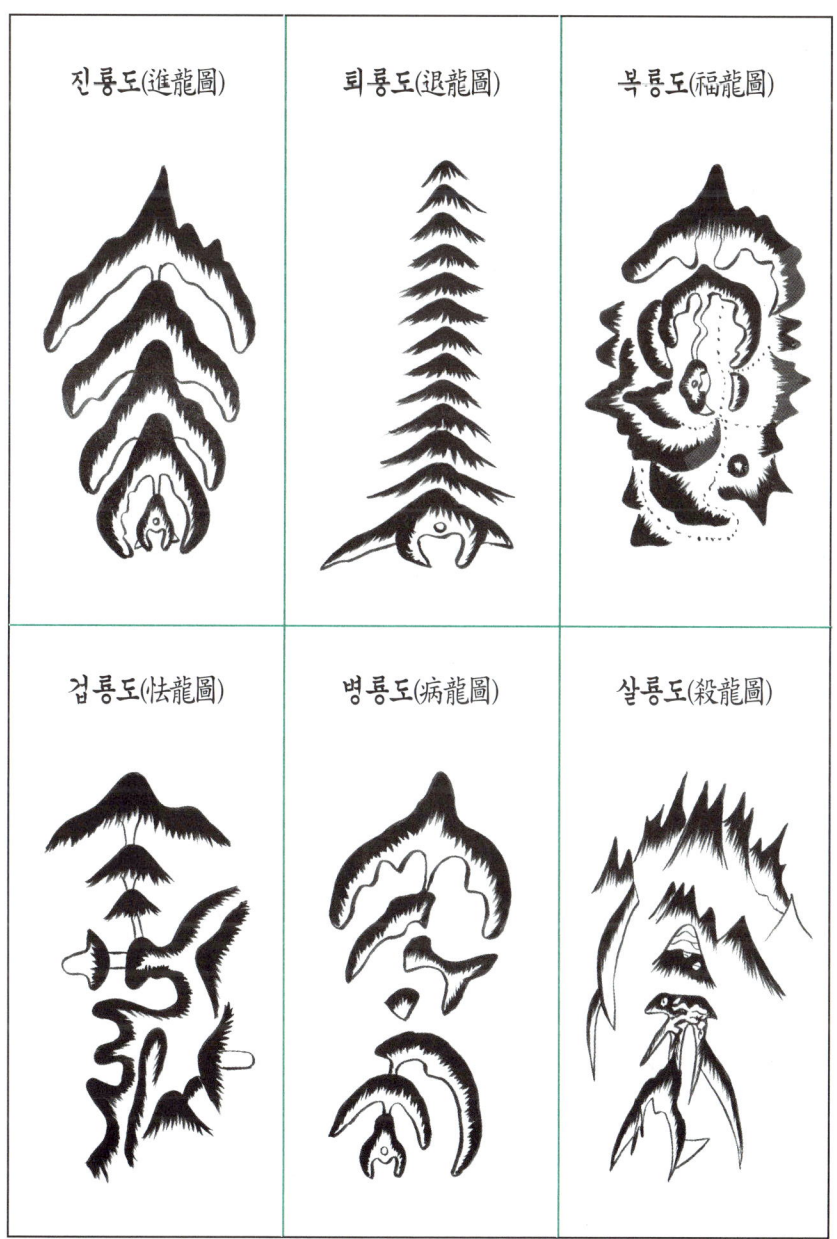

| 진룡도(進龍圖) | 퇴룡도(退龍圖) | 복룡도(福龍圖) |
| 겁룡도(怯龍圖) | 병룡도(病龍圖) | 살룡도(殺龍圖) |

④ 용龍의 여기餘氣

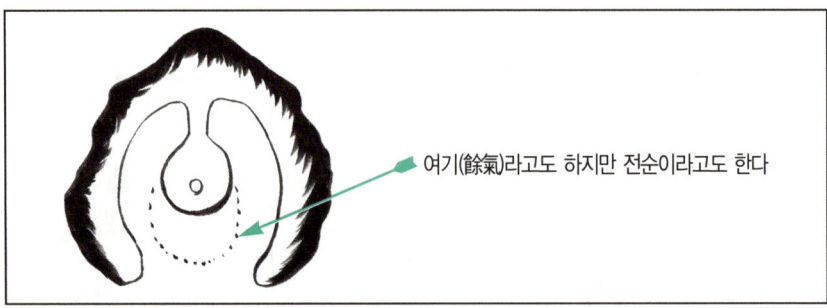

여기(餘氣)라고도 하지만 전순이라고도 한다

⑤ 용호龍虎의 길십격吉十格

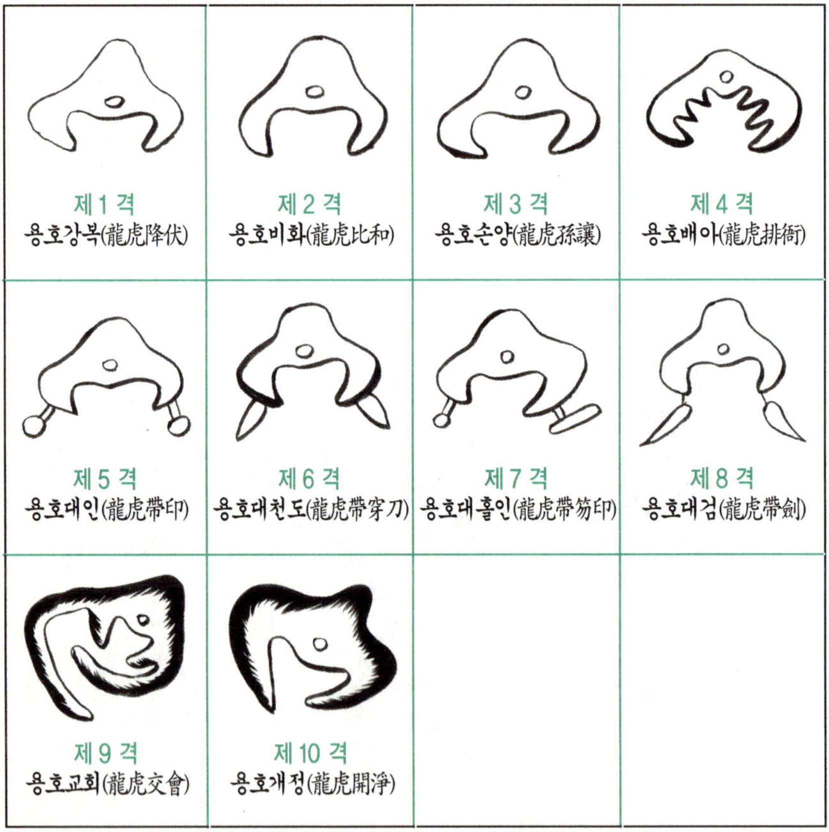

제1격 용호강복(龍虎降伏)	제2격 용호비화(龍虎比和)	제3격 용호손양(龍虎孫讓)	제4격 용호배아(龍虎排衙)
제5격 용호대인(龍虎帶印)	제6격 용호대천도(龍虎帶穿刀)	제7격 용호대홀인(龍虎帶笏印)	제8격 용호대검(龍虎帶劍)
제9격 용호교회(龍虎交會)	제10격 용호개정(龍虎開淨)		

⑥ 용호龍虎의 흉십격凶十格

제 1 격 용호상투(龍虎相鬪)	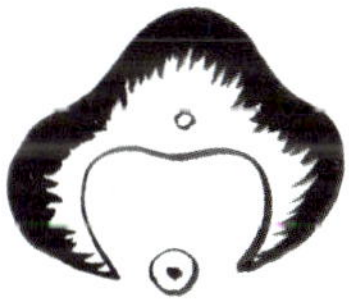 제 2 격 용호상쟁(龍虎相爭)	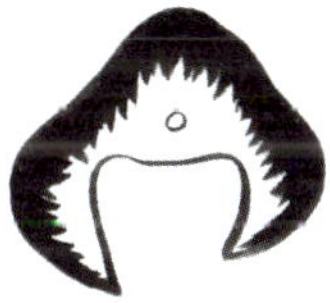 제 3 격 용호상사(龍虎相射)	 제 4 격 용호분비(龍虎分飛)
 제 5 격 용호추차(龍虎推車)	 제 6 격 용호절벽(龍虎折壁)	 제 7 격 용호반배(龍虎反背)	제 8 격 용호순수(龍虎順手)
 제 9 격 용호단축(龍虎短縮)	제 10 격 용호교로(龍虎交路)		

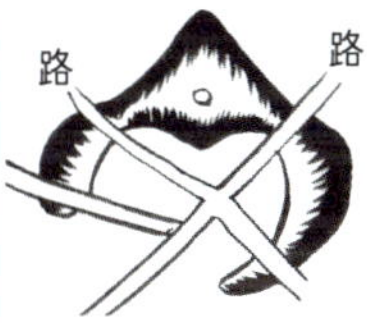

⑦ 안산案山과 조산朝山

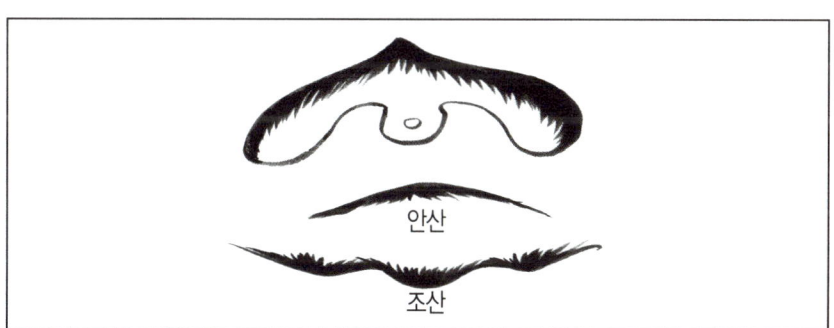

안산

조산

◉ 혈穴

1 기본 혈도基本 穴圖

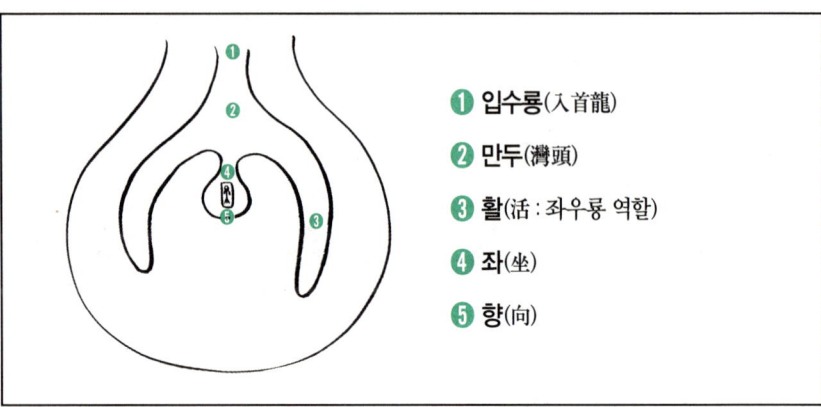

1 입수룡(入首龍)

2 만두(灣頭)

3 활(活 : 좌우룡 역할)

4 좌(坐)

5 향(向)

2 혈穴의 성립조건成立條件

일반적 조건		• 주산이 있어야 한다 • 입수룡이 있어야 한다 • 맥이 끝이 나는 곳이다 • 흙이 넉넉할수록 좋다 • 좌우룡이 있으면 좋다 • 안산과 조산이 있으면 좋다 • 마당이 바르게 되어 있어야 한다
특수 조건	흙	• 묘지는 흙 속의 혈토(穴土)에 매장(지표에서 1~2m) 흙을 둥글게 금퇴(金堆), 모나게 토퇴(土堆)하는 것은 주산의 형태와 오행상으로 생(生) 관계
	경사 (傾斜)	• 입수룡이 있어도 가파른 경사(30도 이상)에 입혈 불가 • 축대를 높이 쌓으면 불안정하고 위험함

③ 혈穴의 종류

① 와형혈瓦形穴

와혈은 고산에 많으며, 모양은 제비집 또는 닭둥우리 같이 쟁반 같고, 심와(深窩)·천와 (淺窩)·협와(狹窩)·활와(闊窩)로 구분되며, 좌우가 균일하면 정격이고 균일하지 못하면 변격 이다.

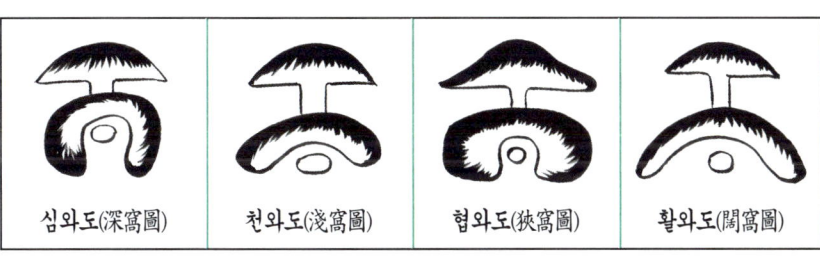

| 심와도(深窩圖) | 천와도(淺窩圖) | 협와도(狹窩圖) | 활와도(闊窩圖) |

② 겸형혈鉗形穴

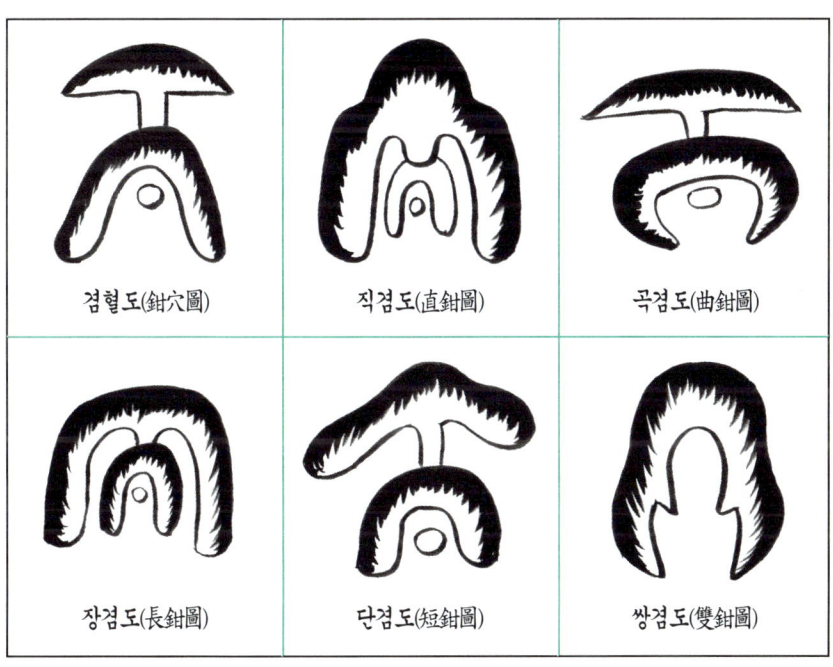

| 겸혈도(鉗穴圖) | 직겸도(直鉗圖) | 곡겸도(曲鉗圖) |
| 장겸도(長鉗圖) | 단겸도(短鉗圖) | 쌍겸도(雙鉗圖) |

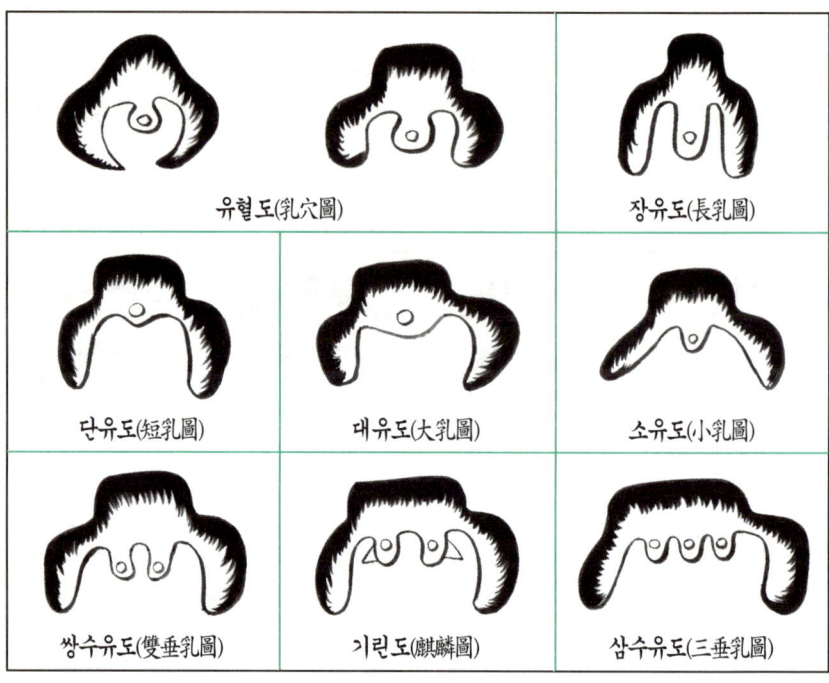

유혈도(乳穴圖)

장유도(長乳圖)

단유도(短乳圖)

대유도(大乳圖)

소유도(小乳圖)

쌍수유도(雙垂乳圖)

기린도(麒麟圖)

삼수유도(三垂乳圖)

④ 돌형혈突形穴

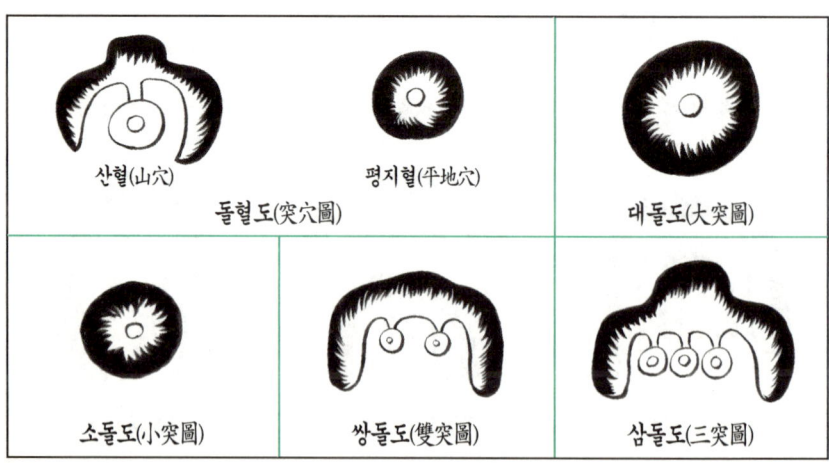

산혈(山穴)

돌혈도(突穴圖)

평지혈(平地穴)

대돌도(大突圖)

소돌도(小突圖)

쌍돌도(雙突圖)

삼돌도(三突圖)

4 정혈법定穴法

❶ 태극정혈 (太極定穴)	• 태극의 형상은 원운(圓暈 – 둥그스름한 것) • 태극은 음양의 본체(本體)요
❷ 양의정혈 (兩儀定穴)	• 양의는 태극에서 둘로 나누어진 것, 즉 음양임 • 형체는 구각(口角), 와돌현릉(窩突弦稜), 하수해안(蝦鬚蟹岸), 앙매화(仰梅花), 복매화(覆梅花), 금어계합(金魚界合), 상음하양(上陰下陽), 상양하음(上陽下陰), 좌음우양(左陰右陽), 좌양우음(左陽右陰), 변명변암(邊明邊暗), 변생변사(邊生邊死), 변경변연(邊硬邊軟) 등은 음양이 교구한 곳

❸ 삼세정혈 (三勢定穴)	삼세 (三勢)	• 입세(立勢) ☞ 용신(龍身)의 기(氣)가 솟아 위로 뜬 것 천혈(天穴 – 높은 혈)에 해당 • 좌세(坐勢) ☞ 신굴(身屈)하여 기(氣)가 중장(中藏 – 가운데로 감춘)한 것 인혈(人穴 – 산중턱)에 해당 • 면세(眠勢) ☞ 용신이 엎드려 하락(下落)한 것 지혈(地穴 – 낮은 혈)에 해당
	천혈 (天穴)	• 앙고혈(仰高穴) ☞ 혈이 협(峽) 위에 있는 면을 젖혔으므로 붙여진 명칭 • 빙고혈(凭高穴) ☞ 혈이 성진(星辰)의 머리 아래에 있으므로 붙여진 명칭 • 기형혈(騎形穴) ☞ 혈이 용(龍) 위에 있으므로 붙여진 이름
	지혈 (地穴)	• 현유혈(懸乳穴) ☞ 혈이 산록(山麓 – 산기슭)에 있는 것 • 탈살혈(脫殺穴) ☞ 혈이 성체 아래에 있는 것 • 장구혈(藏龜穴) ☞ 혈이 평지나 밭 가운데에 있는 것
	인혈 (人穴)	• 장살혈(藏殺穴) ☞ 산의 중턱(산허리)에 있으며 당법을 쓰는데 급히 오면 의법을 쓴다

❹ 삼정정혈 (三停定穴)	• 천(天) 지(地) 인(人)의 삼재(三才) 혈법(穴法) • 천혈은 관고(官高), 지혈은 재록(財祿), 인혈은 부귀(富貴)

⑤ 사살정혈 (四殺定穴)	**장살혈** (藏殺穴)	•내맥이 길게 나와서 곧지도 않고 굽지도 않고 딱딱하지도 않 고 준엄하지 않으면 장살혈(장법)
	압살혈 (壓殺穴)	•내맥이 뾰족하고 날카롭고 급하고 억센 형으로 벗어날 수 없 으면 압살혈(개법)
	섬살혈 (閃殺穴)	•내맥이 직출하고 머리가 뾰족하여 벗어날 수 없고 사세가 중 취하면 섬살혈(의법)
	탈살혈 (脫殺穴)	•내맥이 급하고 산세가 준엄하여 사세가 하취하면 탈살혈(점 법)
⑥ 자웅정혈 (雌雄定穴)		•자혈은 음 웅혈은 양으로 웅혈은 기가 위로 모인 것이요 자혈은 기가 아래로 모인 것이니 웅혈-천혈, 자혈-지혈
⑦ 요감정혈 (饒減定穴)		•요감이란 적은 것을 보태고 넉넉한 곳은 감하여 혈을 정한다는 것을 말 함
⑧ 취산정혈 (聚散定穴)		•기가 모이면 길하고 흩어지면 흉하므로 기가 모인 곳을 살펴서 혈을 정 하는 것을 말함
⑨ 향배정혈 (向背定穴)		•향배란 향하고 등진 것을 말하는 것으로, 즉 산천의 유정과 무정이며 앞과 뒤를 가려서 정혈하는 것을 말함
⑩ 장산식수정혈 (長山食水定穴)		•입혈함에 있어 전면의 산수가 좌반(左畔)으로 오면 좌변에 혈을 잡고, 우변(右畔)으로 오면 우변에 혈을 잡고. 중앙으로 오면 중심에 혈을 잡 는 것을 장산식수(長山食水)로 혈을 정하는 법임
⑪ 취길피흉 (就吉避凶) **장신복살정혈** (藏神伏殺定穴)		•산수에 길흉이 있으니 길한 것은 취하고 흉한 것은 피하는 것이 좋으니 흉한 것이란 당면 혈을 곧게 쏘는 것과 혈을 지나 횡으로 쏘는 것을 혈 중에 보이는 것을 말하는 것으로 격국에 따라 입혈시 판단해야 함
⑫ 지장정혈 (指掌定穴)		

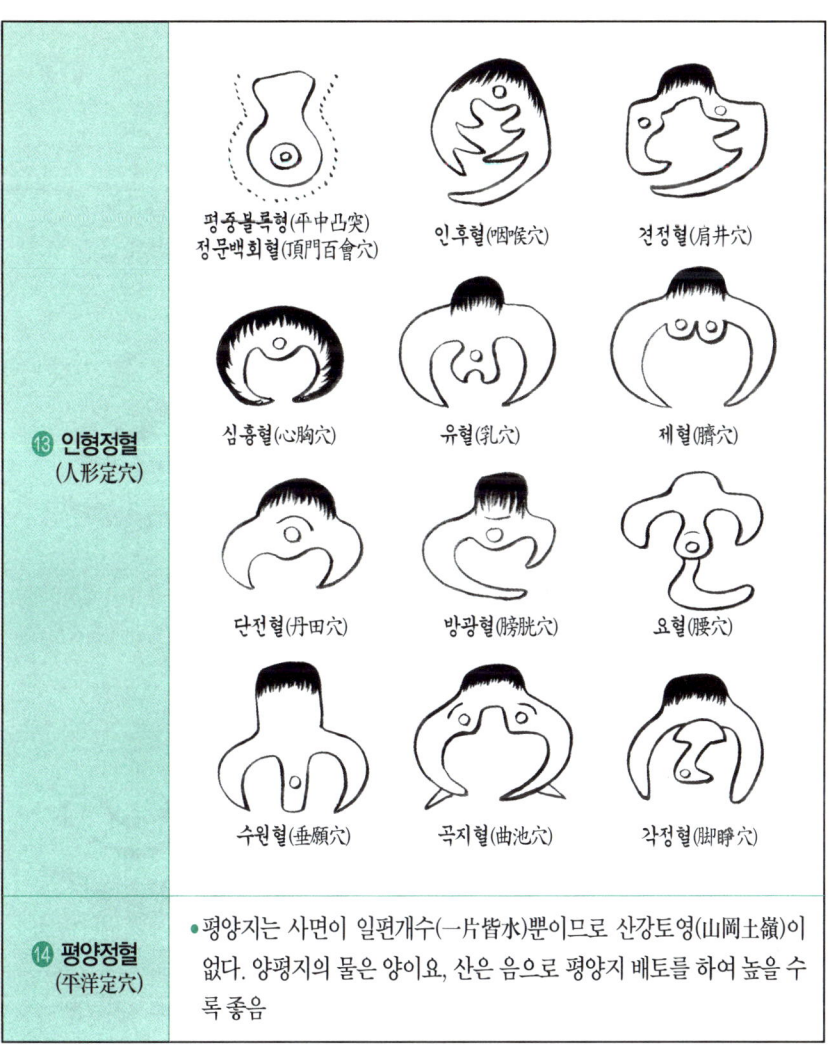

⑬ **인형정혈** (人形定穴)	평중볼록형(平中凸突) 정문백회혈(頂門百會穴) 인후혈(咽喉穴) 견정혈(肩井穴) 심흉혈(心胸穴) 유혈(乳穴) 제혈(臍穴) 단전혈(丹田穴) 방광혈(膀胱穴) 요혈(腰穴) 수원혈(垂願穴) 곡지혈(曲池穴) 각정혈(脚睜穴)
⑭ **평양정혈** (平洋定穴)	• 평양지는 사면이 일편개수(一片皆水)뿐이므로 산강토영(山岡土嶺)이 없다. 양평지의 물은 양이요, 산은 음으로 평양지 배토를 하여 높을 수 록 좋음

◉ 수水

1 수水의 형세形勢

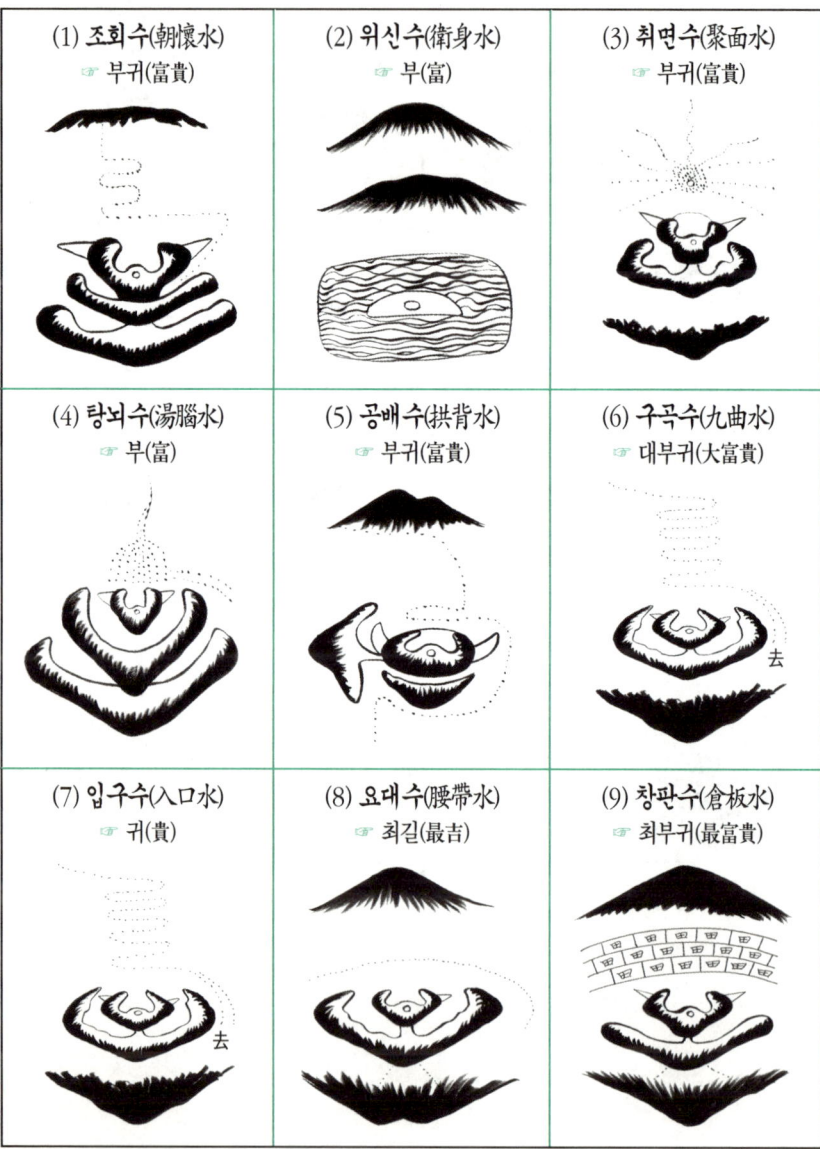

(1) 조회수(朝懷水) ☞ 부귀(富貴)	(2) 위신수(衛身水) ☞ 부(富)	(3) 취면수(聚面水) ☞ 부귀(富貴)
(4) 탕뇌수(湯腦水) ☞ 부(富)	(5) 공배수(拱背水) ☞ 부귀(富貴)	(6) 구곡수(九曲水) ☞ 대부귀(大富貴)
(7) 입구수(入口水) ☞ 귀(貴)	(8) 요대수(腰帶水) ☞ 최길(最吉)	(9) 창판수(倉板水) ☞ 최부귀(最富貴)

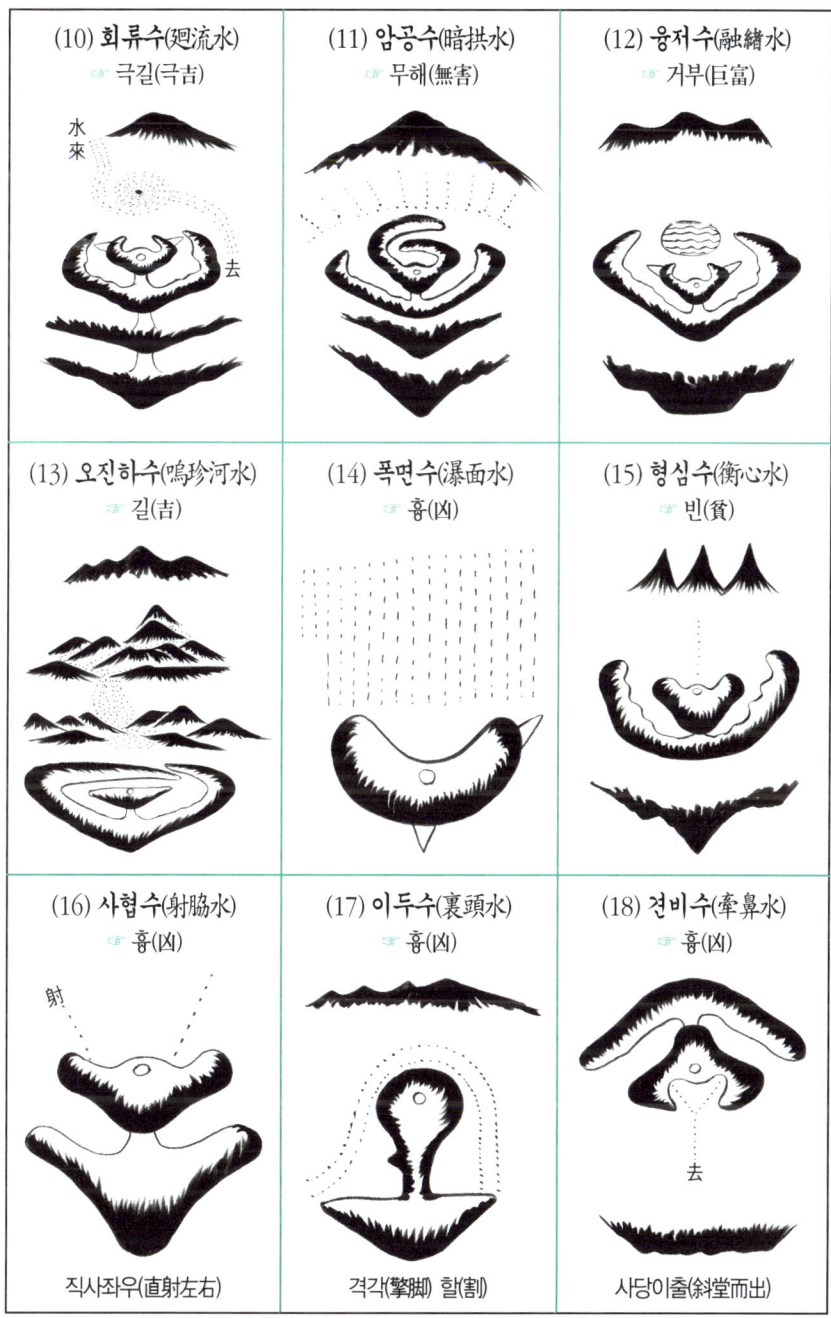

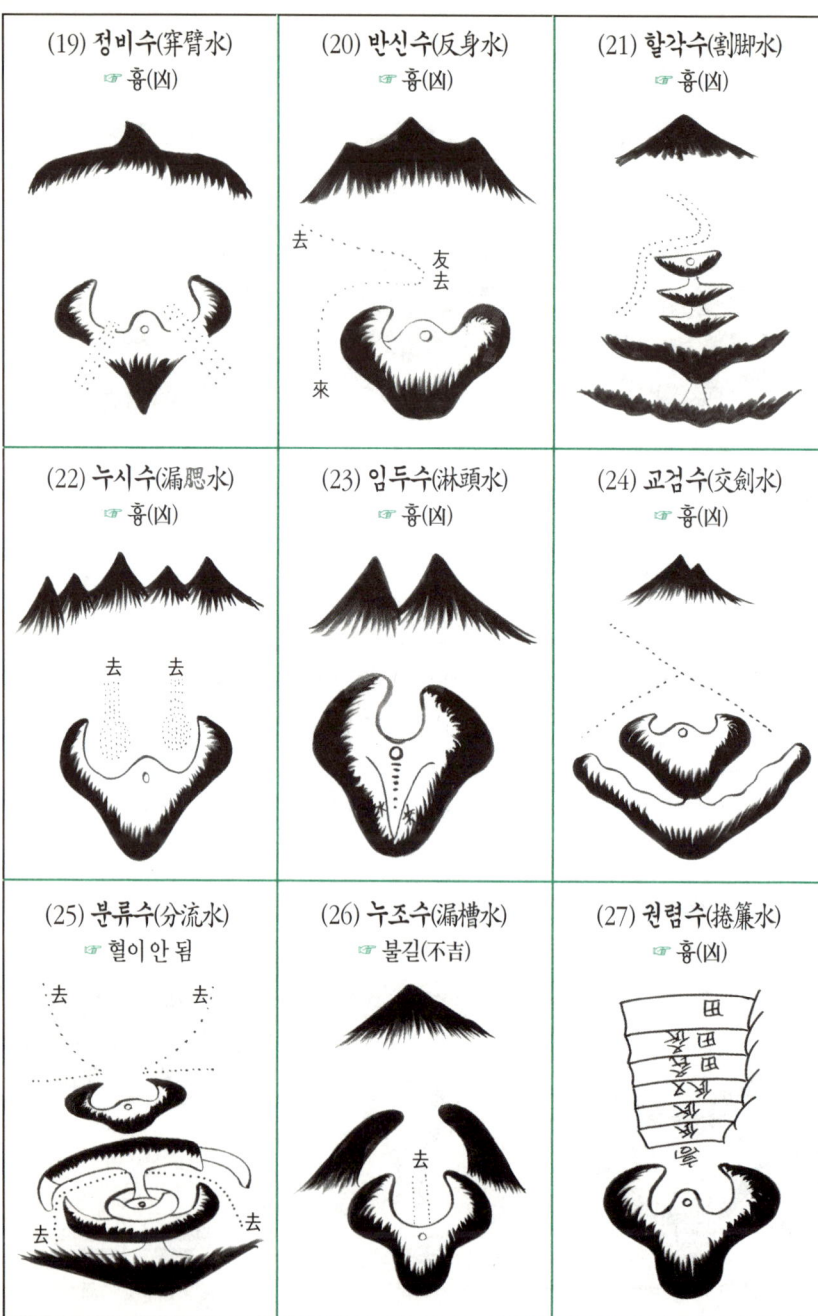

(19) 정비수(窄臂水)	(20) 반신수(反身水)	(21) 할각수(割脚水)
☞ 흉(凶)	☞ 흉(凶)	☞ 흉(凶)
(22) 누시수(漏腮水)	(23) 임두수(淋頭水)	(24) 교검수(交劍水)
☞ 흉(凶)	☞ 흉(凶)	☞ 흉(凶)
(25) 분류수(分流水)	(26) 누조수(漏槽水)	(27) 권렴수(捲簾水)
☞ 혈이 안 됨	☞ 불길(不吉)	☞ 흉(凶)

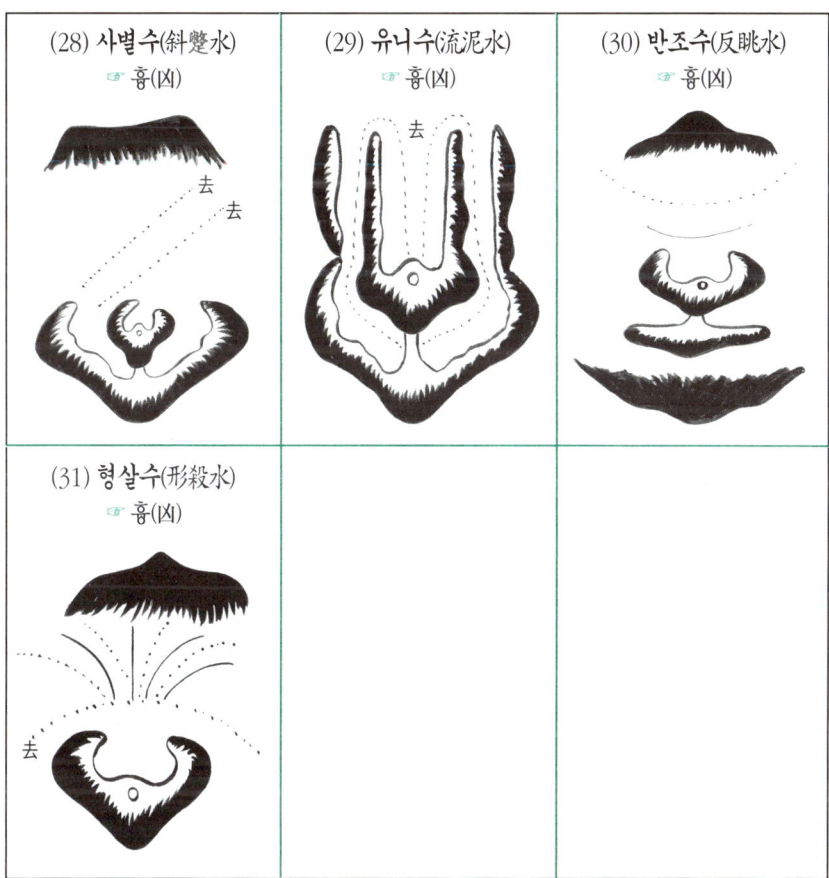

(28) 사별수(斜撇水)	(29) 유니수(流泥水)	(30) 반조수(反眺水)
☞ 흉(凶)	☞ 흉(凶)	☞ 흉(凶)
(31) 형살수(形殺水)		
☞ 흉(凶)		

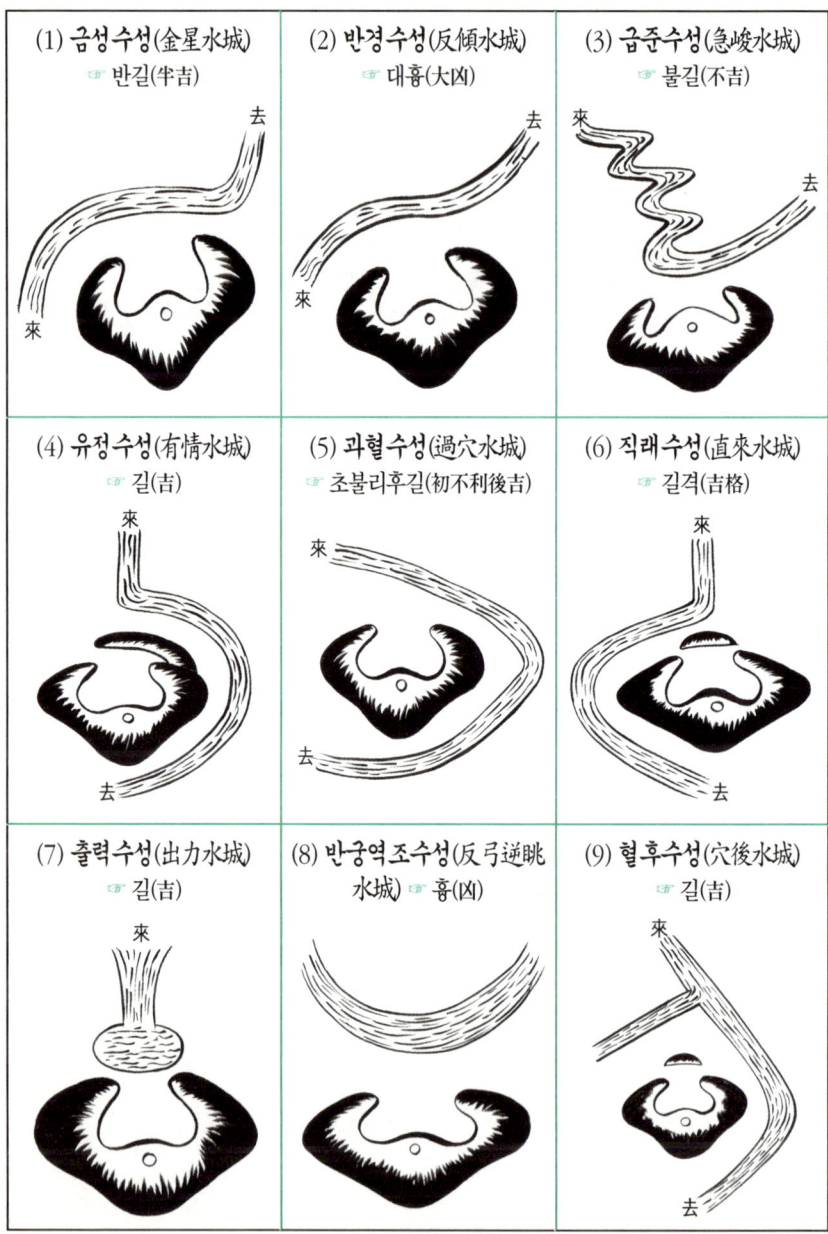

(1) 금성수성(金星水城)
☞ 반길(半吉)

(2) 반경수성(反傾水城)
☞ 대흉(大凶)

(3) 급준수성(急峻水城)
☞ 불길(不吉)

(4) 유정수성(有情水城)
☞ 길(吉)

(5) 과혈수성(過穴水城)
☞ 초불리후길(初不利後吉)

(6) 직래수성(直來水城)
☞ 길격(吉格)

(7) 출력수성(出力水城)
☞ 길(吉)

(8) 반궁역조수성(反弓逆眺水城)
☞ 흉(凶)

(9) 혈후수성(穴後水城)
☞ 길(吉)

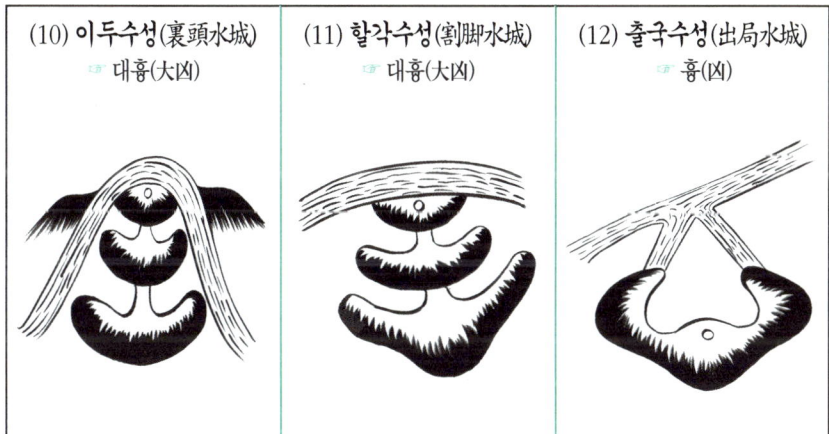

(10) 이두수성(裏頭水城)	(11) 할각수성(割脚水城)	(12) 출국수성(出局水城)
대흉(大凶)	대흉(大凶)	흉(凶)

● 마당【명당明堂】

1 길흉명당吉凶明堂 9격九格

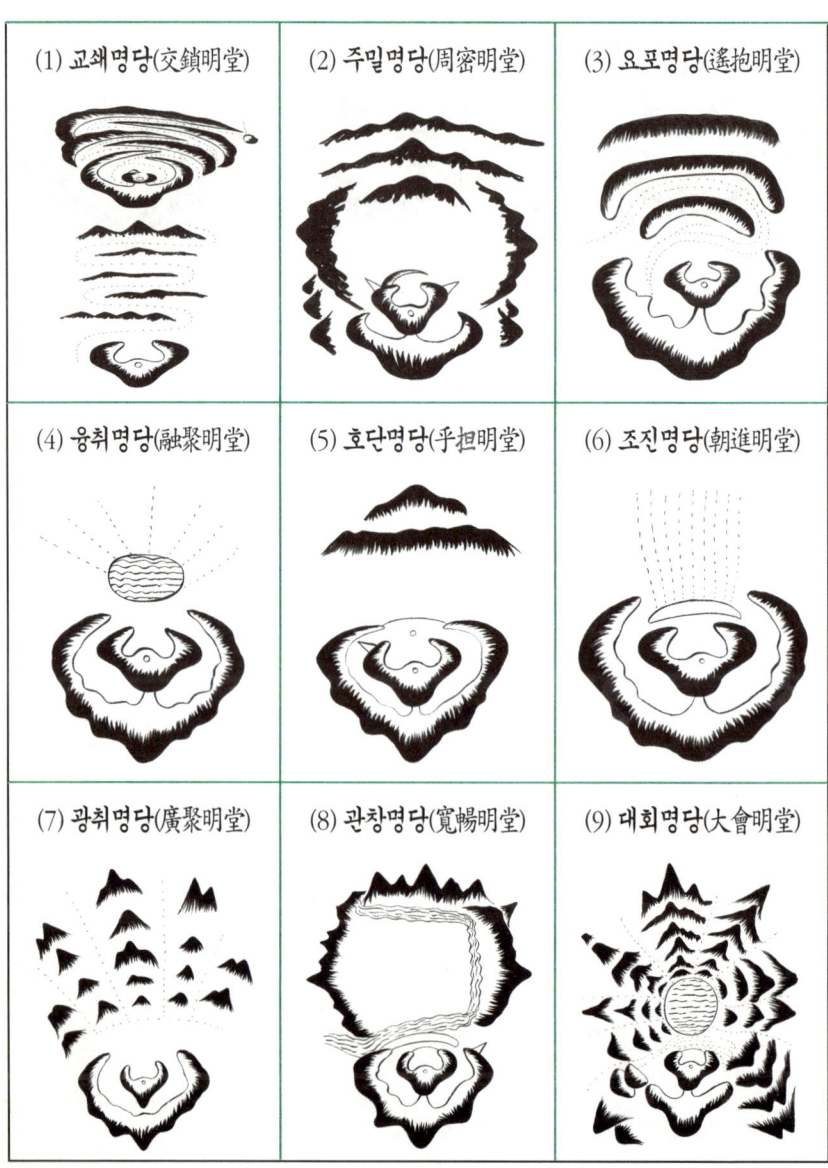

(1) 교쇄명당(交鎖明堂)	(2) 주밀명당(周密明堂)	(3) 요포명당(遙抱明堂)
(4) 융취명당(融聚明堂)	(5) 호단명당(乎担明堂)	(6) 조진명당(朝進明堂)
(7) 광취명당(廣聚明堂)	(8) 관창명당(寬暢明堂)	(9) 대회명당(大會明堂)

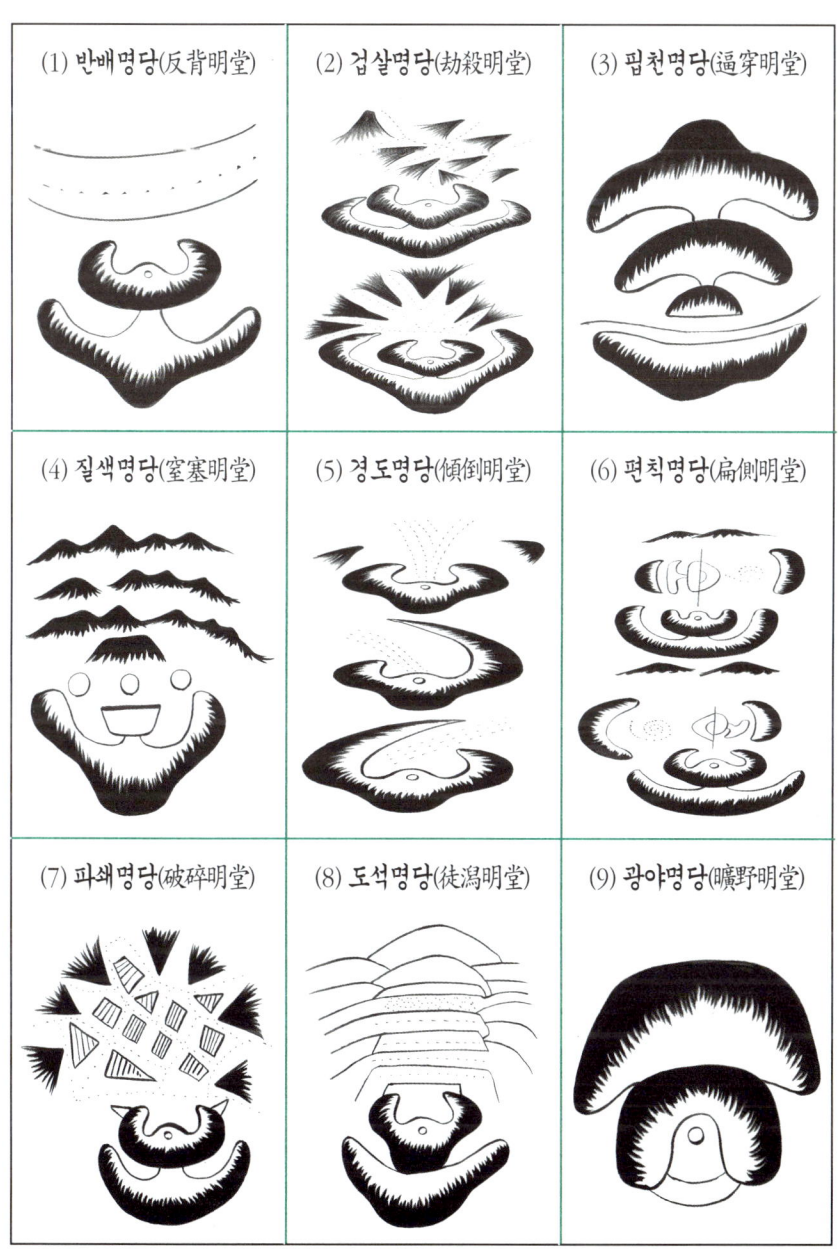

(1) 반배명당(反背明堂)	(2) 겁살명당(劫殺明堂)	(3) 핍천명당(逼穿明堂)
(4) 질색명당(窒塞明堂)	(5) 경도명당(傾倒明堂)	(6) 편칙명당(扁側明堂)
(7) 파쇄명당(破碎明堂)	(8) 도석명당(徒潟明堂)	(9) 광야명당(曠野明堂)

● 음택오행陰宅五行의 종류

오행 종류	목(木)	화(火)	토(土)	금(金)	수(水)	비고(備考)
정오행(正五行)	인갑묘을손(寅甲卯乙巽)	사병오정(巳丙午丁)	진술축미간곤(辰戌丑未艮坤)	신경유신건(申庚酉辛乾)	해임자계(亥壬子癸)	5층분수척상(五層分水脊上) 입수좌(入首坐)
삼합오행(三合五行) 쌍산오행(雙山五行)	해묘미건갑정(亥卯未乾甲丁)	인오술간병신(寅午戌艮丙辛)		사묘축손경계(巳卯丑巽庚癸)	시자진곤을임(申子辰坤乙壬)	6층좌(坐)와 입수(入首) 석물(石物)
사대국오행(四大局五行)	정미곤신경유(丁未坤申庚酉)	신술건해임자(辛戌乾亥壬子)		계축간인갑묘(癸丑艮寅甲卯)	을진손사병오(乙辰巽巳丙午)	8층좌와 파구 포태법
대현공오행(大玄空五行)	임오곤신술신(壬午坤申辛戌)	계갑손미유해(癸甲巽未酉亥)		자인진을병건(子寅辰乙丙乾)	축간묘사정경(丑艮卯巳丁庚)	9층 향과 외수 득파
소현공오행(小玄空五行)	신간정해(癸艮丁亥)	을병정유(乙丙丁酉)	축미경술(丑未庚戌)	묘오건곤(卯午坤乾)	임자인진손사(壬子寅辰巽巳)	9층 향과 내수 득파
팔괘(八卦)	진손(震巽)	리(離)	간곤(艮坤)	건태(乾兌)	감(坎)	
주마육임(走馬六壬)	간을병곤신임(艮乙丙坤辛壬)	자인진오신술(子寅辰午辛戌)		건손갑계정경(乾巽甲癸丁庚)	축묘사미유해(丑卯巳未酉亥)	
구묘오행(舊墓五行)	곤임을간병신(坤壬乙艮丙辛)	신자진인오술(申子辰寅午戌)		손경계건갑정(巽庚癸乾甲丁)	사유축해묘미(巳酉丑亥卯未)	구묘혈좌와 신묘좌 포태법
홍범오행(洪範五行)	간묘사(艮卯巳)	임을병오(壬乙丙午)	계축미곤경(癸丑未坤庚)	정유건해(丁酉乾亥)	자인갑진손신신술(子寅甲辰巽申戌)	산운(山運)
성숙오행(星宿五行)	건곤간손(乾坤艮巽)	갑병임자오묘유(甲丙壬子午卯酉)	을신정계(乙辛丁癸)	진술축미(辰戌丑未)	인신사해(寅申巳亥)	사(砂), 좌(坐)의 인정관계
구성득파법(九星得破法)	일상파군(一上破軍) 이중록존(二中綠存) 삼하거문(三下巨門) 사중탐랑(四中貪狼) 오상문곡(五上文曲) 육중염정(六中廉貞) 칠하무곡(七下武曲) 팔중보필(八中輔弼)					
구성궁길흉(九星宮吉凶)	①파군은 파재, 객사　②녹존은 질병, 단명　③거문은 사령관　④탐랑은 재금, 부귀 ⑤문곡은 문장　⑥염정은 흉살, 도적　⑦무곡은 무관　⑧보필은 성공					

정음정양(淨陰淨陽) (좌와 득파)

정음(淨陰)	간병손신태정사축진경해미(艮丙巽辛兌丁巳丑辰庚亥未)			
	건갑득파(乾甲得破)는 목염(木廉)	곤을득파(坤乙得破)는 풍염(風廉)	감손신진득파(坎巽申辰得破)는 수염(水廉)	이임인술득파(離壬寅戌得破)는 화염(火廉)
정양(淨陽)	건갑곤을감신신진리임인술(乾甲坤乙坎申辛辰離壬寅戌)			
	진경해미득파(辰庚亥未得破)는 목염(木廉)	태정사축득파(兌丁巳丑得破)는 화염(火廉)	손신득파(巽辛得破)는 풍염(風廉)	간병득파(艮丙得破)는 수염(水廉)

포태법(胞胎法)

포태(胞胎)	포태양생욕대관왕쇠병사장(胞胎養生浴帶冠旺衰病死葬)
순서(順序)	금인수토사목신화해(金寅水土巳木申火亥) 양순음역(陽順陰逆)

납음오행 찾는 법

천간(天干) : 1 갑을(甲乙) 2 병정(丙丁) 3 무기(戊己) 4 경신(庚辛) 5 임계(壬癸)	천간수 + 지지수 = 합수
지지(地支) : 1 자축오미(子丑午未) 2 인묘신유(寅卯申酉) 3 진술사해(辰戌巳亥)	1 목 2 금 3 수 4 화 5 토

● 나경羅經 - 패철

1 나경의 사용

1 묘터에서 혈穴 잡기

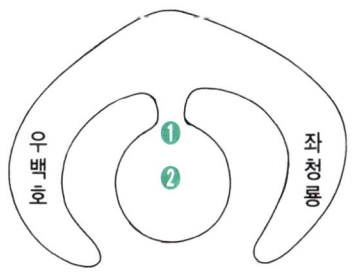

1 입수(入首) ① 위치에 나경을 놓고 5층의 입수룡(入首龍))과 6층 천산 칠십이룡(穿山 七十二龍)을 찾는다.

2 나경은 ①에서와 같은 곳에 그대로 두고 입수부터 혈까지의 9층 투지 육십룡(透地 六十龍)으로 투지룡을 찾는다.

3 혈의 ② 위치에서 5층 지반정침(地盤正針)으로 좌향(坐向)을 잡는다.

4 ② 위치에서 7층인 인반중침(人盤中針)으로 사(沙)의 방위를 본다.

5 ②에서 8층인 천반봉침(天盤縫針)으로 득수(得水)와 파구(破口)를 본다.

2 1층과 5층 좌의 황천살

1 임자계좌는 진득수 또는 직풍

2 병오정좌는 해득수 또는 직풍

3 축간인좌는 인득수 또는 직풍

4 미곤신좌는 묘득수 또는 직풍

5 갑묘을좌는 신득수 또는 직풍

6 경유신좌는 사득수 또는 직풍

7 진손사좌는 유득수 또는 직풍

8 술건해좌는 오득수 또는 직풍

	포(胞)	태(胎)	양(養)	생(生)	욕(浴)	대(帶)	관(冠)	왕(旺)	쇠(衰)	병(病)	사(死)	장(葬)
갑목	신	유	술	해	자	축	인	묘	진	사	오	미
을목	유	신	미	오	사	진	묘	인	축	자	해	술
병화	해	자	축	인	묘	진	사	오	미	신	유	술
정화	자	해	술	유	신	미	오	사	진	묘	인	축
경금	인	묘	진	사	오	미	신	유	술	해	자	축
신금	묘	인	축	자	해	술	유	신	미	오	사	진
임수	사	오	미	신	유	술	해	자	축	인	묘	진
계수	인	축	자	해	술	유	신	미	오	사	신	미

1 미파구(未破口)

- 정미곤신경유(丁未坤申庚酉)
  6개 방위가 남서방 목(木)
- 목절어금(木絶於金) 신유(申酉)
- 미파구(未破口)의 음(陰)은 계포태
  (癸胞胎), 양(陽)은 갑포태(甲胞胎)

2 술파구(戌破口)

- 신술건해임자(辛戌乾亥壬子)
  6개 방위가 서북방 화(火)
- 화절어금(火絶於金) 해자(亥子)
- 술파구(戌破口)의 음(陰)은 을포태
  (乙胞胎), 양(陽)은 병포태(丙胞胎)

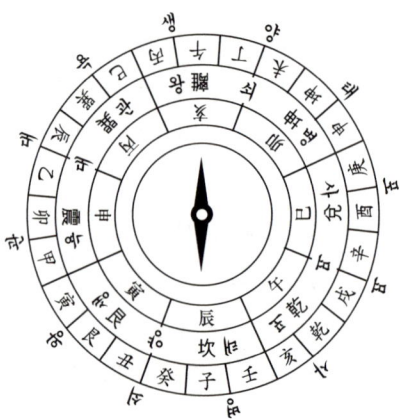

③ 축파구(丑破口)

- 계축간인갑묘(癸丑艮寅甲卯)

  6개 방위가 동북방 금(金)

- 금절어금(金絶於金) 인묘(寅卯)

- 축파구(丑破口)의 음(陰)은 정포태

  (丁胞胎), 양(陽)은 경포태(庚胞胎)

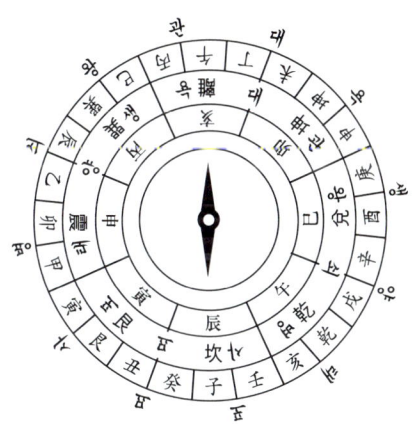

④ 진파구(辰破口)

- 을진손사병오(乙辰巽巳丙午)

  6개 방위가 동남방 수(水)

- 수절어화(水絶於火) 해자(亥子)

- 진파구(戌破口)의 음(陰)은 신포태

  (辛胞胎), 양(陽)은 임포태(壬胞胎)

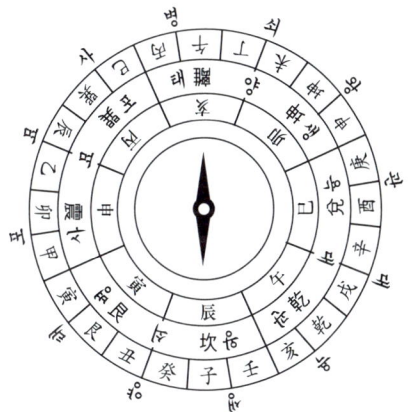

④ 4층 성숙오행星宿五行

① 7층 인반중침으로 좌(坐)와 사(砂)의 인정(人丁) 길흉 관계를 살핌

② 성수오행

목(木)	화(火)	토(土)	금(金)	수(水)
건곤간손 (乾坤艮巽)	갑경경임 (甲庚庚壬) 자오묘유 (子午卯酉)	을신정계 (乙辛丁癸)	진술축미 (辰戌丑未)	인신사해 (寅申巳亥)

③ 오행 판단

좌와 사의 판단	재 살	해 설
좌(坐)와 사(砂) 동	비견(兄弟)	인재(人才)에 득(得)이 있음
좌(坐)생(生) 사(砂)	식신(子息)	재물(財物)에 손실(損失)이 있음
좌(坐)생(生) 사(砂)	재살(財物)	큰 도움이 없음
사(砂)극(克) 좌(坐)	관살(官祿)	인재(人才)에 피해(被害)를 받음

④ 성수오행은 오행 관계의 길흉(吉凶)을 논할 수 없으니, 사〔砂 : 산(山), 건물(建物) 등〕
는 모양이 중요한 것으로 모양 자체의 좋고 흉함이 더욱 중요하다.

관방 (官方)	사(砂)가 고(高)하고 유정(有情)하며 청(淸)하면 부귀(富貴)하고
	사(砂)가 저(低)하고 험상(險像)하면 빈천(貧賤)하다
재방 (財方)	사(砂)가 고(高)하고 유정(有情)하며 청(淸)하면 처덕(妻德)이 있고 재(財)가 있고
	사(砂)가 저(低)하고 험상(險像)하면 처덕(妻德)이 없고 빈천(貧賤)하다
인방 (印方)	사(砂)가 고(高)하고 유정(有情)하며 청(淸)하면 부자화목(父子和睦)하고 유산(有産)이 있고
	사(砂)가 저(低)하고 험상(險像)하면 부덕(父德)이 없다
비방 (比方)	사(砂)가 고(高)하고 유정(有情)하며 청(淸)하면 부귀(富貴)하고
	사(砂)가 저(低)하고 험상(險像)하면 형제덕(兄弟德)이 없다
장생방 (長生方)	사(砂)가 고(高)하고 유정(有情)하며 청(淸)하면 장수(長壽)하고
	사(砂)가 저(低)하고 험상(險像)하면 질병(疾病)이 많다

⑤ 좌룡(左龍)은 장남, 우룡(右龍)은 3남, 안산(案山)은 2남, 또한 좌룡은 아들이고, 우룡
은 딸과 재물, 안산은 노복과 후원자이며, 후룡은 조상·상속 재산·관직을 의미한다.

⑥ 관살로 흉악한 사(砂)가 있을 경우에 꼭 그곳에 묘를 써야 할 경우 식상관(食傷官) 방
위로 비석을 세워 관살을 재어하는 방법도 있다. 비석을 세울 때 삼합오행 방법과 성수오행 방
법이 있으니 유의하기 바란다.

5층인 지반정침은 ① 좌향(坐向)의 방위를 결정하고 ② 입수룡(入首龍)의 방위를 결정하는 데 사용한다.

건괘(乾卦)	술(戌) 건(乾) 해(亥) 삼방위(三方位)
감괘(坎卦)	임(壬) 계(癸) 자(子) 삼방위(三方位)
간괘(艮卦)	축(丑) 간(艮) 인(寅) 삼방위(三方位)
진괘(震卦)	갑(甲) 묘(卯) 을(乙) 삼방위(三方位)
손괘(巽卦)	진(辰) 손(巽) 사(巳) 삼방위(三方位)
이괘(離卦)	병(丙) 오(午) 정(丁) 삼방위(三方位)
곤괘(坤卦)	미(未) 곤(坤) 신(申) 삼방위(三方位)
태괘(兌卦)	경(庚) 유(酉) 신(申) 삼방위(三方位)

⑥ **6층 천산 칠십이룡**穿山 七十二龍

①　천산 72룡은 십이지지(十二地支)에 각각 5룡(龍)씩 60룡(龍)과 8간(干) 임계갑을병정경신(壬癸甲乙丙丁庚辛)과 4유(維) 건곤간손(乾坤艮巽)의 빈칸 12룡(龍)을 합쳐 72룡이 된다.

②　이는 분수척상(分水脊上), 즉 입수(入首) 자리인 취기처 또는 만두에 나경을 놓고 후룡(後龍)에서 입수룡(入首龍)까지 들어오는 용(龍)의 방향(方向)을 정하며 입수룡의 길(吉−사용)과 흉(凶−미사용)을 구별하는 데 사용한다.

③　간단히 갑자순(甲子順)−냉기살(冷氣殺), 임자순(壬子順)−퇴기살(退氣殺) 무자순(戊子順)−무기살(戊己殺)로 사용되지 못하는데 이를 나경에서 쉽게 찾아보는 것은 5층의 지반정침에서 지지(地支−자축인묘진사오미신유술해)는 가운데 용을 쓰지 못하고 양쪽만 사용하고 천간(天干)과 사유(四維)의 12룡은 양쪽은 쓰지 못하고 빈칸만 사용된다.

⑦ **7층 인반중침**人盤中針

인반중침은 사(砂)의 방위를 볼 때 사용한다. 즉 사(砂)와 좌(坐)와의 오행(五行) 관계를 살펴 사(砂)가 좌(坐)에 미치는 길흉(吉凶)을 살펴보는데 사용되며, 사(砂)란 산(山), 건물(建物), 비석(碑石)등이며 사(砂)는 성숙오행(成宿五行)으로 오행(五行)의 생극(生剋) 관계를 살펴보아야 하는데 이때 좌(坐)가 주(主)가 되는 것이다.

⑧ 8층 천반봉침天盤縫針

수(水)의 방위는 나경 5층의 방위가 아니고 8층 천반봉침(天盤縫針)으로 본다. 2층의 황천살(黃泉殺)은 수(水)의 방위임으로 8층 천반봉침으로 살펴야 한다. 3층의 포태법(胞胎法)에서도 역시 파구(破口)를 8층으로 보아 정한다.

⑨ 9층 투지 육십룡透地 六十龍

① 투지 60룡이란 5층의 24방위를 각 2.5분한 것으로 쌍산(雙山－同宮)을 5분한 것이다.

② 투지 60룡을 정하는 데는 입수(入首)의 분수척상(分水脊上－灣頭)에 나경을 놓고, 나경에서부터 혈에 이르는 9층의 방위를 측정하여 납음오행(納音五行)으로 투득(透得)되는 좌향(坐向)으로 결정하는 데 사용한다.

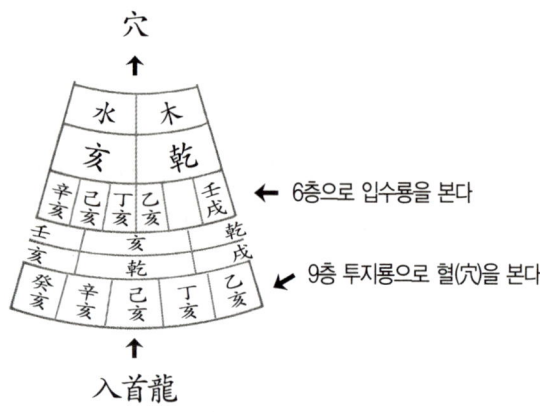

③ 입수룡의 좌우선 투지룡을 판단하여 좌선이면 투지룡의 좌측에서 생하여 주는 투지룡으로 재혈하고, 우선이면 투지룡의 우측에서 생하여 주는 투지룡으로 재혈하여 좌향을 결정하되 포태법과도 합당해야 한다.

④ 좌(坐)와 투지룡 납음오행의 상극 관계

(1) 투지 60룡은 오직 병자순(丙子順 : 丙子 丁丑 戊寅 己卯 庚辰 辛巳 壬午 癸未 甲申 乙酉 丙戌 丁亥) 12룡과 경자순(庚子順 : 庚子 辛丑 壬辰 癸卯 甲辰 乙巳 丙午 丁未 戊申 己酉 庚戌 辛亥) 12룡의 합계 24룡만을 사용할 수 있으니 이를 주보혈이라 하며 각 좌(坐)마다 주보혈이 1개가 있다.

(2) 주보혈(珠寶穴)의 납음오행(納音五行)이 좌(坐)의 정오행(正五行)을 극(克)하거나 좌(坐)가 투지룡을 생(生)해 주면 쓰지 못한다.

● 장례 葬禮의 필요사항

1 중상일 重喪日 · 복일 復日 · 중일 重日

월 구분	인	묘	진	사	오	미	신	유	술	해	자	축
중상	갑	을	기	병	정	기	경	신	기	임	계	기
복일	경	신	무	임	계	무	갑	을	무	병	정	무
중일	사해	사해	사해	사해	사해	사해	사해	사해	사해	사해	사해	사해

2 입관 入棺 길시 吉時

일	자	축	인	묘	진	사	오	미	신	유	술	해
시	갑경	을신	을계	병임	정갑	을경	정계	을신	갑계	정임	경임	을신

3 하관 下棺 길시 吉時

일	자오	축미	인신	묘유	진술	사해
시	오	사	사미	오미	사	오미

4 정상기방 停喪忌方

사유축년일	신자진년일	인오술년일	해묘미년일
간방(동북방)	손방(동방)	건방(서북방)	곤방(서남방)

5 하관 入棺할 때 피하는 법

정충(正沖)	장일(葬日)과 일간(日干)이 같고 일지(日支)와는 충(沖)되는 사람
순충(旬沖)	장일(葬日)과 동순중(同旬中)에 해당하는 생년과 일지와는 충(沖)되는 사람
태세압본명(太歲壓本命)	장사(葬事)하는 해의 태세(太歲)를 중궁(中宮)에 넣고 순행(順行) 중궁에 드는 사람

6 동총운動塚運 ☞ 이장移葬·사초莎草·입석立石에 참고

임자계축 병오정미	좌향	진술축미년 대리	자오묘유년 소리	인신사해년 중상
을진손사 신술건해	좌향	인신사해년 대리	진술축미년 소리	자오묘유년 중상
간인갑묘 곤신경유	좌향	자오묘유년 대리	인신사해년 소리	진술축미년 중상

7 개총기일開塚忌日 ☞ 이장移葬·합장合葬

갑을 일	신술건해 좌 또는 신유 시
병정 일	경신곤유 좌 또는 축오신술 시
무기 일	진술유 좌 또는 진술유 시
경신 일	간인갑묘 좌 또는 축진사 시
임계 일	을진손사 좌 또는 축미 시

8 입지공망일立地空亡日

갑기 망명	을경 망명	병신 망명	정임 망명	무계 망명
경오일 장사 불가	경진일 장사 불가	경인일 장사 불가	경술일 장사 불가	경신일 장사 불가

9 제신상천일諸神上天日 ☞ 이장移葬·합장合葬·비석碑石·사초莎草

한식(寒食日), 청명일(淸明日), 대한 후(大寒 後) 오일(五日) ~ 입춘 전(立春 前) 이일(二日)

10 주마육임走馬六壬 택일법擇日法 ☞ 이장移葬운이 맞을 때

양산 (陽山)	임자간인을진병오곤신신술(壬子艮寅乙辰丙午坤申辛戌) 양좌(陽坐)는 양년(陽年) 양월(陽月) 양일(陽日) 양시(陽時)를 쓴다 예 庚寅年 戊寅月 甲辰日 庚午時
음산 (陰山)	계축갑묘손사정미경유건해(癸丑甲卯巽巳丁未庚酉乾亥) 음좌(陰坐)는 음년(陰年) 음월(陰月) 음일(陰日) 음시(陰時)를 쓴다 예 己丑年 丁卯月 辛巳日 癸未時

● 양택대요 陽宅大要

1 개총기일開塚忌日

　① 양택陽宅-住宅**의 기본**

　　1 양택(陽宅)의 위치(입지선정)

　　　(1) 따뜻해야 한다.　　　　　　　(2) 교통이 편리해야 한다.

　　　(3) 주위 환경이 좋아야 한다.　　(4) 생토(生土)가 좋다.

　　　(5) 집 앞의 전경이 아름다워야 한다.

　　　(6) 대지 안에 너무 큰 나무가 있으면 좋지 않다.

　　　(7) 연못이 마당에 있으면 좋지 않다.　　(8) 대문이 2개 이상이면 좋지 않다.

　　　(9) 대문이 안방에서 보이거나 화장실에서 보이면 좋지 않다.

　　　(10) 앞이 트이고 안정감이 있어야 한다.　　(11) 습지나 그늘진 곳은 없는가?

　　　(12) 관공서나 병원은 가까운가?　　(13) 주위에 근린 시설이 있는가?

　　　(14) 정원, 대문, 현관, 안방, 화장실 설계는 용이한가?

　　2 양택의 좌향(坐向)

　　　지형에 알맞은 방향으로 집에도 좌향이 있어야 한다.

　　　집 뒤는 좌(坐)이고 집 앞은 향(向)이다. 꼭 자좌오향을 고집할 필요는 없다.

　　3 대문(大門)의 위치

　　　대문은 주택의 출입구이다. 이는 득수(得水)가 아니고 파구(破口)이다.

　　　파구라면 당연히 대지보다 낮은 곳에 위치함이 원칙이다.

　　4 도로와 대지

　　　주택은 도로보다 많이 낮은 곳이나 높은 곳에 위치하는 것은 흉가이다.

　　5 주택의 5가지 나쁜 점

　　　(1) 집은 큰데 식구가 적은 경우(식구가 적어도 출입인이 많으면 다름)

　　　(2) 대문은 큰데 안채가 보잘 것 없는 경우

　　　(3) 담이나 창문이 어수선한 경우

　　　(4) 우물이나 부엌이 제대로 놓이지 않은 경우

　　　(5) 빈터와 빈 구석이 많을 경우

② 주역팔괘론周易八卦論

괘명	부호	방위	의미	오행	비고
건(乾)	☰	서북	부(父)	금(金)	건물 대지의 볼록, 오목 형태 출입문(현관), 화장실, 안방, 부엌, 공부방 등의 방위로 풀이
진(震)	☳	동	장남(長男)	목(木)	
감(坎)	☵	북	차남(次男)	수(水)	
간(艮)	☶	동북	삼남(三男)	토(土)	
곤(坤)	☷	남서	모(母)	토(土)	
손(巽)	☴	동남	장녀(長女)	목(木)	
이(離)	☲	남	차녀(次女)	화(火)	
태(兌)	☱	서	삼녀(三女)	금(金)	

③ 동서사택론東西四宅論

① 동서사택

동사택(東四宅)	감(坎-北) 이(離-南) 진(震-東南) 손(巽-東)
서사택(西四宅)	건(乾-東北) 곤(坤-西南) 간(艮-東北) 태(兌-西)

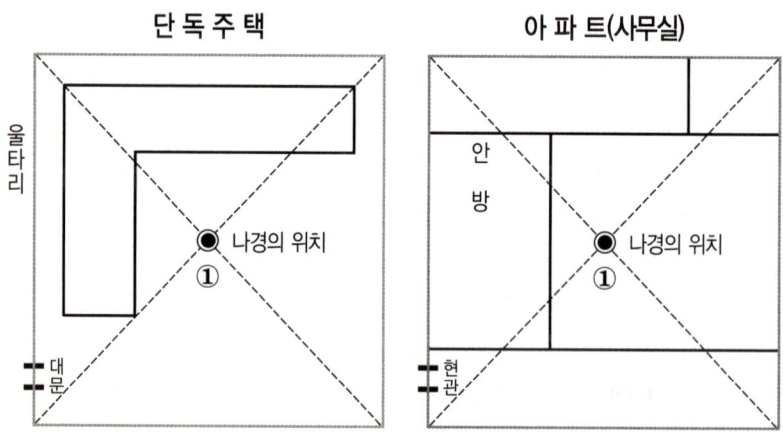

단 독 주 택   **아 파 트(사무실)**

● 남자 사택운(男 四宅運)

서기	상원/중원/하원									
서기 1864~1923년	상원	1백감	9자이	8백간	7적태	6백건	5황중 / 남명기곤	4록손	3벽진	2흑곤
서기 1924~1983년	중원	4록손	3벽진	2흑곤	1백감	9자이	8백간	7적태	6백건	5황중 / 남명기곤
서기 1984~2043년	하원	7적태	6백건	5황중 / 남명기곤	4록손	3벽진	2흑곤	1백감	9자이	8백간
남명 육십갑자		갑자	을축	병인	정묘	무진	기사	경오	신미	임신
		계유	갑술	을해	병자	정축	무인	기묘	경진	신사
		임오	계미	갑신	을유	병술	정해	무자	기축	경인
		신묘	임진	계사	갑오	을미	병신	정유	무술	기해
		경자	신축	임인	계묘	갑진	을사	병오	정미	무신
		기유	경술	신해	임자	계축	갑인	을묘	병진	정사
		무오	기미	경신	신유	임술	계해			

※ 남명 오황중궁은 곤궁으로 따진다

● 여자 사택운(女 四宅運)

서기	상원/중원/하원									
서기 1864~1923년	상원	5황중 / 여명기간	6백건	7적태	8백간	9자이	1백감	2흑곤	3벽진	4록손
서기 1924~1983년	중원	2흑곤	3벽진	4록손	5황중 / 여명기간	6백건	7적태	8백간	9자이	1백감
서기 1984~2043년	하원	8백간	9자이	1백감	2흑곤	3벽진	4록손	5황중 / 여명기간	6백건	7적태
여명 육십갑자		갑자	을축	병인	정묘	무진	기사	경오	신미	임신
		계유	갑술	을해	병자	정축	무인	기묘	경진	신사
		임오	계미	갑신	을유	병술	정해	무자	기축	경인
		신묘	임진	계사	갑오	을미	병신	정유	무술	기해
		경자	신축	임인	계묘	갑진	을사	병오	정미	무신
		기유	경술	신해	임자	계축	갑인	을묘	병진	정사
		무오	기미	경신	신유	임술	계해			

※ 여명 오황중궁은 간궁으로 따진다

② 주택 선정 요령

① 단독주택이나 아파트(사무실) 중앙에 나경을 설치하고 가장이 동사택 운인지 서사택 운〈356페이지 동서사택론 참조〉인지를 확인한다.

② 그림〈356페이지 동서사택론 참조〉에서 **❶** 대문 또는 현관 **❷** 안방〈내실(內室)〉 **❸** 부엌이 해당 사택의 나경의 24방위에 포함되는가를 확인한다.

③ 해당 사택에 맞추어 집의 좌향을 결정한다.

④ 집 좌향에 의거하여 대문, 안방, 현관, 부엌 등의 위치를 결정한다.

⑤ 위 세 개의 방위가 동사택 또는 서사택에 들어가는가를 살펴보는 것이다.

> **❶** 대문(大門) **❷** 안방(내실(內室)) **❸** 부엌의 세 방위가 동사택이나 서사택에 들어 가면 길가(吉家)이고, 들어가지 않으면 흉가(凶家)로 본다.

⑦ 대문(출입문)과 안방이 동사택이고 부엌이 서사택일 경우

> • 경제적 문제는 없으나 우환이 있다

⑧ 대문(출입문)과 부엌이 동사택이고 안방이 서사택일 경우

> • 건강은 좋으나 경제적 어려움이 있다

⑨ 대문(출입문)이 동사택인데 반해 안방과 부엌이 서사택일 경우

> • 우환도 많고 경제적 어려움도 있어 이들은 다 흉가들로 본다

④ 주택 住宅의 구성요소

① 대문 大門 ☞ 대지 중앙에 나경으로 방위 측정 길흉 여부 판단

① 대문이 주택 대지보다 지대가 낮은 경우

> • 집안의 가장에게 이성 문제가 있다

② 대문이 주택 대지보다 지대가 높은 경우에는

> • 차남이나 삼남이 가업을 잇거나 양자가 승계한다.

③ 대문이 파손되어 눈에 띄게 조화가 되지 못하면

> • 흉상으로 집안에 질병이 발생한다

④ 비슷한 크기의 대문이 한 집안에 두 개 있으면

> • 두 집 살림을 할 운이다

⑤ 대문에 등나무 등으로 씌우거나 길게 터널을 만드는 경우

　•주부가 허영심을 갖는다

⑥ 대문이 대지 안으로 들어와 있는 경우

　•불행하다

⑦ 대문이 남보다 높아야 한나. 낮으면 흉사로 본나.

⑧ 대문이 건(乾－西北方) 방위에 있거나 건물이 함몰된 경우

　•가장이 나쁘다(건강, 재산).

② 현관 ☞ 건물 중앙에서 주역 후천팔괘 방위로 길흉 판단

　① 건(乾－서북쪽) 방위는 가장의 방위

　　•가장의 권위상실과 불치병과 만성 성병들이 발생한다.

　② 곤(坤－서남쪽) 방위는 모(母)를 의미

　　•현관으로는 기(氣)가 희박하여 주택에서는 주부가 가정의 경제를 이끌고 있는 경우에는 매우 조심이 필요하다.

　③ 진(震－동쪽), 이(離－남쪽), 손(巽－동남쪽) 방위

　　•기(氣)가 충만하여 매우 발전적이다.

　④ 태(兌－서쪽) 방위

　　•경제적 어려움이 있다.

　⑤ 감(坎－북쪽) 방위

　　•입수맥(入首脈)이 남쪽에서 들어온 경우 등은 부득이한 경우를 제외하고 삼가는 것이 좋다.

　⑥ 간(艮－동북쪽) 방위

　　•기(氣)가 없으므로 가족의 화목을 얻지 못하고, 특히 질병과 재난을 조심해야 하며, 도난의 우려도 있다.

7 현관이 볼록하면 길가이고, 들어가면 흉가로 본다.

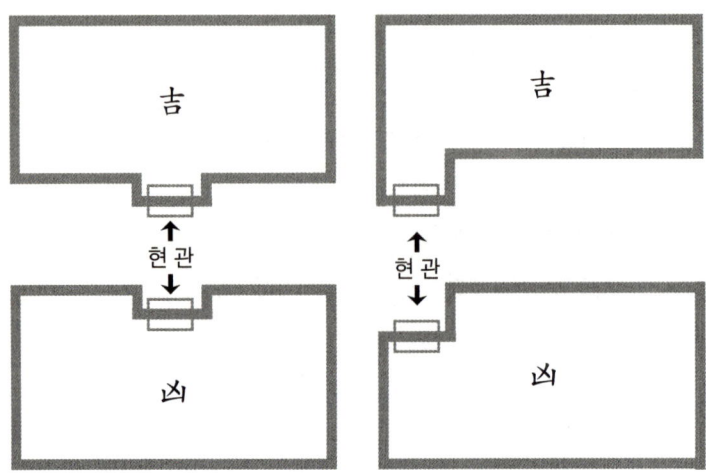

8 현관이 높고 넓으면 신뢰성을 갖고, 대문과 현관이 일직선으로 있으면 비타협적이며 권위주의적이고, 현관이 오목하게 들어간 집은 흉가이다.

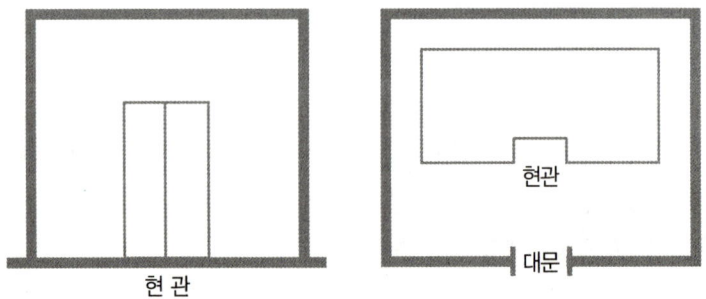

3 안방(內室) ☞ 택지 중앙에서 동서사택에 의한 결정이 좋음

1 안방은 안정적 조건을 갖추어야 한다. 이는 방위적인 것뿐만 아니라 전경(前境) 밝기, 색깔, 높이 등 모든 면에서 안정을 말한다.

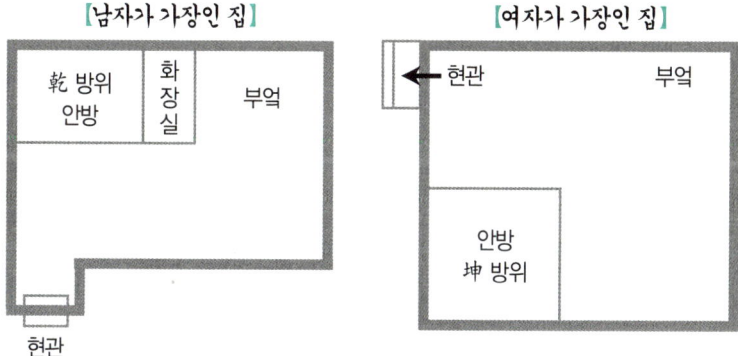

[남자가 가장인 집]

乾 방위
안방

화장실

부엌

현관

[여자가 가장인 집]

현관

부엌

안방
坤 방위

2 안방은 중심적이어야 한다. 중심적이어야 한다는 의미는 건물 중앙에 있어야 한다는 뜻이 아니다. 이는 어떤 면에서 정신적인 면인 것이다.

3 안방은 위엄이 있어야 한다. 이는 내부 구조를 의미하며 실내 장식도 포함된다. 거울이 많아 현란스럽다거나 반대로 음침하다거나 하면 좋지 않다.

4 안방 ☞ 건물 중앙에서 주역 후천팔괘 방위로 길흉 판단

- 곤(坤-서남) ☞ 예술가나 학자에게는 길상
- 손(巽-동남) ☞ 경우에 따라 이상적이지만 가능한 부엌이 좋다
- 이(離-남) ☞ 안방 및 독서실로는 금물. 거실로 좋다
- 진(震-동) ☞ 체질 약한 자녀방으로 이상적이며 독서실로 적합
- 태(兌-서) ☞ 재산을 잃으며 심정이 불안

4 화장실

- 건(乾-서북) ☞ 재물 잃음, 자식이 불효, 가장 권위상실, 도화살과 신경질환 발생
- 곤(坤-서) ☞ 자식 출산 지장, 주부 허영심과 도화살, 신경과민증, 안질, 두통의 질병 발생
- 태(兌-서) ☞ 처자(妻子)가 수절하지 못함, 신경성 부인병, 위장질환 빈번히 발생
- 이(離-남) ☞ 송사가 끊이지 않고 하극상과 심장병 및 빈혈 등이 발생 우려
- 손(巽-동남) ☞ 대체로 양호. 회사 내 부정, 기밀누설 조심
- 진(震-동) ☞ 장남이 품위를 지키지 못하여 이남, 삼남이 가업 승계
- 간(艮-동북) ☞ 많이 사용. 두통, 교통사고 주의
- 감(坎-북) ☞ 차남, 차녀가 부모와 불화. 대체적으로 무난

5 성조운成造運 ☞ 집 짓는 운 보는 법

손(巽)	이(離)	곤(坤)
8 53	9 54	1 46
17 62	18 63	10 56
26 71	27 72	19 64
34 80	36 81	28 73
43 89	44 90	37 82
우마사각(牛馬四角)	대길(大吉)	처자사각(妻子四角)
진(震)	**중(中)**	**태(兌)**
7 52	5 50	2 47
16 61	15 55	11 57
24 70	25 65	20 66
33 79	35 75	29 74
42 88	45 85	38 83
대길(大吉)	잠사각(蠶四角)-(凶)	대길(大吉)
간(艮)	**감(坎)**	**건(乾)**
6 51	4 49	3 48
14 60	13 59	12 58
23 69	22 68	21 67
32 78	31 77	30 76
41 87	40 86	39 84
자사각(自四角)-(凶)	대길(大吉)	부모사각(父母四角)

6 좌향운坐向運 · 성조길년成造吉年 · 길향법吉向法

좌향운	자오묘유년(子午卯酉年) - 진술축미을신정계(辰戌丑未乙辛丁癸) 좌향이 대길
	진술축미년(辰戌丑未年) - 인신사해건곤간손(寅申巳亥乾坤艮巽) 좌향이 대길
	인신사해년(寅申巳亥年) - 자오묘유임병경갑(子午卯酉壬丙庚甲) 좌향이 대길
성조길년	을축(乙丑) 무진(戊辰) 경오(庚午) 을유(乙酉) 병술(丙戌) 기축(己丑) 경인(庚寅) 신묘(辛卯) 계사(癸巳) 을미(乙未) 무술(戊戌) 경자(庚子) 을묘(乙卯) 병진(丙辰) 기미(己未) 경신(庚申) 신유(辛酉) 계해년(癸亥年)이 길
길향법	신자진생(申子辰生) - 갑술해향(甲戌亥向) 서북향도 무방
	사유축생(巳酉丑生) - 사미신향(巳未申向) 서남향도 무방
	인오술생(寅午戌生) - 인진사향(寅辰巳向) 동남향도 무방
	해묘미생(亥卯未生) - 해축인향(亥丑寅向) 동북향도 무관

7 대문(출입문)·주방(부엌) 방위법

【좌향에 따라 출입문·주방·안방 길흉방 보는 법】

좌방 \ 좌	감(坎)	간(艮)	진(震)	손(巽)	이(離)	곤(坤)	태(兌)	건(乾)
감(坎)	복음	오귀	천을	생기	연년	절명	화해	육살
간(艮)	오귀	복음	육살	절명	화해	생기	연년	천을
진(震)	천을	육살	복음	연년	생기	화해	절명	오귀
손(巽)	생기	절명	연년	복음	천을	오귀	육살	화해
이(離)	연년	화해	생기	천을	복음	육살	오귀	절명
곤(坤)	절명	생기	화해	오귀	육살	육살	천을	연년
태(兌)	화해	연년	절명	육살	오귀	천을	복음	생기
건(乾)	육살	천을	오귀	오귀	절명	연년	생기	복음

⊙ 동사택 – 상길 생기방(生氣方) 중길 연년방(延年方) 소길 천을방(天乙方)
⊙ 서사택 – 상길 연년방(延年方) 중길 천을방(天乙方) 소길 생기방(生氣方)

감(坎)	간(艮)	진(震)	손(巽)
임자계(壬子癸) 방향	축간인(丑艮寅) 방향	갑묘을(甲卯乙) 방향	진손사(辰巽巳) 방향
이(離)	**곤(坤)**	**태(兌)**	**건(乾)**
병오정(丙午丁) 방향	미곤신(未坤申) 방향	경유신(庚酉辛) 방향	술건해(戌乾亥) 방향

● 양택길흉지법 陽宅吉凶知法

1 천간 기조년 운견법 天干 起造年 運見法

생년 (生年)	길년 (吉年)	생년 (生年)	길년 (吉年)
자년 (子年)	갑기정임무계 (甲己丁壬戊癸)	오년 (午年)	갑기을경병신 (甲己乙庚丙辛)
축년 (丑年)	병신정임무계 (丙辛丁壬戊癸)	미년 (未年)	갑기을경무계 (甲己乙庚戊癸)
인년 (寅年)	병신정임무계 (丙辛丁壬戊癸)	신년 (申年)	갑기을경무계 (甲己乙庚戊癸)
묘년 (卯年)	을경병신정임 (乙庚丙辛丁壬)	유년 (酉年)	갑기을경무계 (甲己乙庚戊癸)
진년 (辰年)	을경병신정임 (乙庚丙辛丁壬)	술년 (戌年)	갑기을경무계 (甲己乙庚戊癸)
사년 (巳年)	갑기을경병신 (甲己乙庚丙辛)	해년 (亥年)	갑기정임무계 (甲己丁壬戊癸)

2 기조년월 起造年月 길흉표 吉凶表

구분 \ 생년	길년 (吉年)	길월 (吉月)	사운년 (死運年)
신자진 (申子辰)	해자축인묘 (亥子丑寅卯)	신유술해자 (申酉戌亥子)	진사오미 (辰巳午未)
해묘미 (亥卯未)	인묘진사오 (寅卯辰巳午)	해자축인묘 (亥子丑寅卯)	미신유술 (未申酉戌)
인오술 (寅午戌)	사오미신유 (巳午未申酉)	인묘진사오 (寅卯辰巳午)	술해자축 (戌亥子丑)
사유축 (巳酉丑)	신유술해자 (申酉戌亥子)	사오미신유 (巳午未申酉)	축인묘진 (丑寅卯辰)

③ 십이지 十二支 입주흉년 立柱凶年

살\년	삼재 (三災)	태세 입택	명파 (命破)	겁살 (劫煞)	재살 (災煞)	천살 (天煞)	지살 (地煞)	묘파 (墓破)
사유축	해자축	인오술	미	인	묘	진	사	축
신자진	인묘진	사유축	술	사	오	미	신	진
해묘미	사오미	신자진	축	신	유	술	해	미
인오술	신유술	해묘미	진	해	자	축	인	술

④ 집 짓는 단계별 段階別 길일 吉日

단계별	길 일	단계
가옥신축 (家屋新築)	갑자, 을축, 정묘, 무진, 경오, 신미, 기묘, 신사, 갑신, 을미, 정유,기해, 병오, 정미, 임자, 계축, 갑인, 을묘, 경신, 신유	터닦기
정초길일 (定礎吉日)	갑자, 을축, 병인, 무진, 기사, 경오, 신미, 갑술, 을해, 무인, 기묘, 신사, 임오, 계미, 갑신, 정해, 무자, 기축, 경인, 계사, 을미, 정유, 무술, 기해, 경자, 임인, 계묘, 병오, 무신, 기유, 임자, 계축, 갑인, 을묘, 병진, 정사, 기미, 경신, 신유	주춧돌
수주길일 (竪柱吉日)	병인, 기사, 을해, 신사, 갑신, 을유, 무자, 기축, 경인, 을미, 기해, 신축, 계묘, 을사, 무신, 기유, 임자, 갑인, 기미, 경신, 임술, 황도, 천덕, 월덕, 성일, 개일	기둥 세우기
상양길일 (上梁吉日)	갑자, 을축, 정묘, 무진, 기사, 경오, 신미, 임신, 갑술, 병자, 무인, 경진, 임오, 갑신, 병술, 무자, 경인, 갑오, 병신, 정유, 무술, 기해, 경자, 신축, 임인, 계묘, 을사, 정미, 기묘, 신해, 계축, 을묘, 정사, 기미, 신유, 계해	상양

綜合 易理要約集

종합 역리요약집

제 **6** 부

쥐	子時 (11시~1시)	소	丑時 (1시~3시)	범	寅時 (3시~5시)	토끼	卯時 (5시~7시)
용	子時 (7시~9시)	뱀	丑時 (9시~11시)	말	寅時 (11시~1시)	양	卯時 (1시~3시)
원숭이	子時 (3시~5시)	닭	丑時 (5시~7시)	개	寅時 (7시~9시)	돼지	卯時 (9시~11시)

육임래시정법

綜合 易理要約集

종합 역리요점

도착시간	상담 용건	작괘법
자	재화 출입, 구재, 대차, 희망, 계획	방문시간에 무조건 갑(甲)을 붙여 상담 용건의 지지(地支)까지 천간(天干)을 붙여 붙는 천간과 용건의 지지를 붙이고, 마지막 온 시간의 지지를 붙여서 3자가 된 괘(卦)를 본문에서 찾아보면 된다.
축	음신, 시신, 소식	
인	혼인, 약혼	
묘	대인, 여행, 외출, 이사	
진	방문, 래객	
사	분실, 도난	
오	도주, 가출, 실종	예 묘시(卯時)에 와서 신(申)의 소송 관계를 물어왔을 때 묘(卯)에서부터 갑(甲)을 붙여 신(申)까지 가면 기(己)가 된다. 그러므로 이 괘(卦)는 기신묘(己申卯)가 된다.
미	계획, 소망, 취직, 시험	
신	소송, 관재, 분쟁	
유	질병, 우환	
술	매매 거래, 가격, 계약 여부	
해	임신, 출산	

● 갑부甲部

부별	구분	해　　설
갑자자 (甲子子)	총평	● 좋습니다! 다 잘 되겠습니다.
	세부 설명	● 이 괘를 얻었을 때에는 천시·지리·인화를 얻어 제협력, 화합하며 기쁨을 얻게 됩니다. 소망이나 계획은 진행시켜도 좋을 것입니다. 수하인의 존경을 받고 재화를 얻는 기쁨은 아래에서 위로 올라오는 상입니다. 그 외에 기쁨은 그침이 없게 됩니다. ● 경영하는 일은 순조롭게 진행되고 목적은 무난히 달성될 것입니다. ● 재화와 순리를 구하는 일은 상당한 이익을 얻게 됩니다. ● 영업이익·대차 또는 희망·계획하는 일은 거의 모두 일거양득의 기쁨을 얻게 됩니다. ● 구재지사는 동방·남방이 길방이며 크게 애쓰지 않아도 목적이 달성됩니다. 갑오일에 기쁜 일이 있게 될 것입니다. ● 자금조달은 가능하고 임금은 회수될 것입니다.

갑축축 (甲丑丑)	총평	◉ 좀 늦어지나 반드시 옵니다.
	세부 설명	• 통신이나 음신은 좀 늦어집니다. 그러나 전언의 경우는 있을 수 있습니다. 좀 늦어지더라도 꼭 음신이 있게 됩니다. • 문장, 서류, 문화 적용건은 좀 늦더라도 꼭 입수됩니다. 점단일이 진술일이면 많이 연체되고, 경일·신일이면 음신이 빨리 올 것입니다.
갑인인 (甲寅寅)	총평	◉ 순조롭고 결과가 좋습니다.
	세부 설명	• 혼담은 순조롭게 이루어질 것입니다. 그러나 재물의 실비가 많을 징조가 보입니다. 이 점, 주의를 요합니다. • 타인에게 의뢰하더라도 지체하지 말고 성혼하는 것이 좋습니다. • 이 혼담은 성립된다면 부부 화목과 부귀를 얻게 될 것입니다.
갑묘묘 (甲卯卯)	총평	◉ 순풍에 돛단배 격입니다.
	세부 설명	• 형제·붕우·동업자·동지 모두가 의지 소통과 협력을 얻을 수 있는 희망이 있습니다. • 순풍 행선과 같이 외출·여행 등에 거의 목적을 달성하며 만사 이득이 될 것입니다. • 출행에도 도중 재난이나 거리끼는 일 없이 목적지에 도착, 환대를 받게 될 것입니다. • 대인·음신은 마음속에 원할시 상응하여 오게 됩니다. • 방문·회담·구재·상품매매 등은 길조라고 할 수 있습니다.
갑진진 (甲辰辰)	총평	◉ 우여곡절이 있겠으나 결국 뜻대로 되겠습니다.
	세부 설명	• 방문하여도 심적으로 피로하고 심신이 바쁩니다. 그러므로 목적달성은 만사 우여곡절이 있으나 마지막에는 성사됩니다. 피아 모두 사랑의 정을 잃지 않고 있기 때문입니다. 혹 인일(寅日)이면 쉽게 면담할 수 있으며 서로 만족한 의사교환이 가능합니다. • 무슨 일이든 지성을 갖고 추진한다면 늦더라도 성사되겠습니다. 성급하게 서두르지 마세요. 동방 혹은 인일(寅日)에 만족하게 목적이 달성됩니다. • 재가하여 면담하여도 목적은 달성됩니다. • 기다리는 사람은 올 것입니다. 그러나 야간이면 중도에서 돌아갑니다.

	총평	⊙ 내부자 소행입니다. 찾게 되겠습니다.
갑사사 (甲巳巳)	세부 설명	• 실물이나 도난은 거의 집안사람, 종사원 또는 내용을 잘 아는 자의 소행이 니 빨리 손을 쓴다면 반 정도는 찾을 수 있습니다. 만약 지체한다면 하나도 찾을 가망이 없습니다. • 결국은 서북방이나 술해방에서 반은 찾게 됩니다. 혹 사취당하였을 때도 또한 같습니다.
	총평	⊙ 스스로 귀가하거나 연락이 오겠습니다.
갑오오 (甲午午)	세부 설명	• 이 괘를 얻으면 실종을 점단할 경우 남방에서 찾을 수 있습니다. 또는 자기 스스로 나타날 조짐도 있으나 방해가 생기기 쉬운 상입니다. • 점단일이 진술일이면 수년 후가 아니면 나타나지 않으며 본인은 고통스러 운 생활을 하고 있을 것입니다. 오미(午未)일에 가출하였을 경우 자기 스스 로 귀가할 것입니다. 혹 연락을 받게 되겠습니다.
	총평	⊙ 방해로 지연되니 성심성의를 다해야 합니다.
갑미미 (甲未未)	세부 설명	• 계획하는 일이 처음에는 방해로 만사 의혹이 생겨 결정이 어려울 것입니 다. 망동하면 손해만 될 뿐 아무런 성과도 얻지 못합니다. 견인불발의 정신 력으로 서두르지 말고 지성으로 추진해 나간다면 후광을 얻어 길한 응신이 오게 됩니다. • 목적달성이 거의 어렵고 혹 이루어지더라도 소성에 불과하며 그 외에 지연 될 가능성이 많습니다.
	총평	⊙ 내 탓으로 생긴 사건이나 화해가 되겠습니다.
갑신신 (甲申申)	세부 설명	• 쟁송사건은 재물 혹은 타인을 놀라게 한 일이 원인이 되어 타인의 농락에 의해 발생한 것입니다. 처음에는 다소 차질이 생겨 불리하겠으나 점차 호 전되어 유리한 방향으로 전환되어 결국은 화해 또는 불기소될 것입니다. 진일(辰日)·자일(子日)에는 자연스럽게 화해될 것입니다. • 원래 어떤 사건이든 어제는 유정하다가 오늘은 원수로 화하여 타인의 중상 모략으로 악화되나 결국은 호전되고 신흉후길지상입니다.

갑유유 (甲酉酉)	총평	⦿ 악운 때문이나 신불에 기원하면 낫겠습니다.
	세부 설명	• 노인 혹은 소아의 병환은 쾌유되기가 어렵습니다. 그 밖의 병은 한때 어려움이 있으나 회복되겠습니다. • 원래 악운으로 인하여 발병한 것이므로 손재가 많을 것입니다. • 병의 원인은 동토나 혹은 묘당을 촉범한 것이 원인이므로 가내를 청결히 하고 신불에 기원하면 병은 쾌유되고 기쁨이 옵니다. 임계일(壬癸日)에 안강을 얻겠습니다.
갑오신 (甲午申)	총평	⦿ 무사하고 종교 방면의 친지에게 가 있습니다.
	세부 설명	• 가인의 실종이니 신변은 무사하고 외국으로 간 것은 아니고 친지에게 의뢰하여 숨어 있습니다. 사원이나 종교 인가를 찾아보는 것이 좋습니다. • 출분한 후 돌아올 뜻을 가지고 있으나 귀가를 하기가 어려울 것으로 보입니다. • 빨리 찾아보면 무난히 찾을 수 있습니다. 오랜 친구나 은인의 집 등에 있는 징조가 있습니다.
갑미유 (甲未酉)	총평	⦿ 손해가 크고 자칫 헛수고일 듯싶습니다.
	세부 설명	• 계획 추진사항은 방해를 받아 인력과 실비의 손해가 있으나 결과적으로 목적은 달성하게 되겠습니다. • 모두가 연목구어격으로 비관적입니다. 서둘러 보아도 졸렬한 결과가 초래되고 만사가 공허하게 되기 쉽습니다
갑신술 (甲申戌)	총평	⦿ 내 꾀로 결국 이기겠으나 화해가 되겠습니다.
	세부 설명	• 송사사건은 처음에는 방해가 있으나 뒤에는 이기게 될 것입니다. 결과적으로 화해가 되겠습니다. • 원고로서 승소하면 상대가 항소로 맞설 징조가 있으며 처음에는 형세불리할 것이나 결국은 이기게 됩니다. 중도에 화해 협상 제의가 있을 때에는 수락하는 태도로 임하는 것이 현명합니다. • 승리의 이유가 모두 아방의 책모에 의한 것이므로 이 점을 유의하지 않으면 안 됩니다.

갑유해 (甲酉亥)	총평	◎ 띠 반대쪽 절에 가서 모래를 가져다가 집 안팎에 뿌리십시오.
	세부 설명	• 고용인 혹은 자녀의 병환으로 자유롭지 못합니다. 더욱이 가장도 병환의 염려가 있습니다. 사기 악급이 범하고 있기 때문입니다. 의약 치료 외에 가내를 청결히 하고 신불에 분향 기원하면 병귀는 점차 퇴산될 것입니다. • 병인의 생년지지의 반대 방향에 있는 사원에서 청결한 모래를 구하여 집안 내외에 뿌리십시오. 영험이 있을 것입니다.
갑축묘 (甲丑卯)	총평	◎ 곧 소식이 옵니다 조금만 기다리십시오.
	세부 설명	• 먼 곳에서 오는 음신은 좀 늦어지나 조만간 음신을 받게 됩니다. 가까운 곳의 음신은 좋은 소식을 얻고 10일 사이에 올 것입니다. 혹 인일이나 진일이면 좋은 소식이 집으로 오겠습니다. • 계획하는 일, 희망하는 일의 소식은 일순 중에 호 음신이 있을 것이니 조용히 기대하고 있는 것이 좋습니다.
갑인진 (甲寅辰)	총평	◎ 다른 곳을 골라도 되겠고 성사되면 아주 잘 살겠습니다.
	세부 설명	• 빨리 대화를 진행시키면 혼담은 꼭 성립합니다. 만일 성립되지 않을 때에는 다른 곳에서 구하는 것이 양책입니다. 늦을 때에는 반복해도 되지 않습니다. • 결혼이 성립되면 가문이 번영하고 부부 화합합니다. • 중매인이 선량하면 만사 신뢰해도 좋으니 의심이 생기면 반복해도 성립은 어렵겠습니다.
갑묘사 (甲卯巳)	총평	◎ 무엇이든 다 좋게 되겠습니다.
	세부 설명	• 원근 어느 쪽이나 여행과 외출이 양호하고 여행 중 유정한 사람을 만나 친하게 됩니다. • 신사, 구사 모두 목적 완성되며 대인 원신도 언젠가는 도래합니다. • 여행, 출행, 대인, 음신 모두가 뜻한 대로 됩니다. 대인은 오게 될 것이고 모든 일이 구사는 신사로 바뀌게 됩니다 • 명암 즉 선악이 불원간 희사로 화합니다. 구사재기 재회에 있어도 일로 평안하게 됩니다.

	총평	◉ 동쪽 윗사람을 만나십시오.
갑진오 (甲辰午)	세부 설명	• 방문은 남녀간 어느 쪽이든 상위자를 만나면 이득이 있겠습니다. • 방향은 동방이좋고 주객 모두 협력과 이득을 얻을 수 있습니다. 무슨 목적을 품고 있다면 꼭 후원을 얻을 수 있습니다. • 희망사항은 길하게 응하고 있습니다. 상위자를 방문하면 댁에서 만날 수 있고 담화는 유리하게 진행될 것입니다. 아랫사람의 내방이 있겠습니다. 계획하는 일을 부탁에 상응하는 길조가 보입니다.
갑사미 (甲巳未)	총평	◉ 동남간을 알아보십시오.
	세부 설명	• 분실, 도난, 절취, 도망한 것 모두가 오리무중이고 판단이 어렵습니다. 작은 단서라도 발견하면 찾을 수 있습니다. • 동방의 방향으로 탐문을 하면 묘진일에 가서 찾을 수 있겠습니다.
갑술술 (甲戌戌)	총평	◉ 노인의 방해가 있기는 하나 이익이 큽다.
	세부 설명	• 매매는 순조롭게 성립되며 상당한 이익을 얻겠습니다. 중간에 노인이 한때 방해하는 일이 있겠으나 결국은 뜻대로 되겠습니다. • 축인생인 사람이나 축인방에서 더욱 재리가 많겠습니다. 일반적인 매매상담은 성립되고 수량은 많겠습니다. • 매매에 따른 이해는 상담시의 생각대로 하여 길합니다 • 원매자를 구하면 쉽게 나타납니다. 상담은 순조롭게 이루어지겠습니다. 매자의 경우도 또한 같습니다.
갑해해 (甲亥亥)	총평	◉ 귀자이며 순산입니다.
	세부 설명	• 태점인 경우에는 점단이 어려우며 의뢰인이 처음 발설한 말이 남자면 아들, 여자면 딸로 판단하십시오. • 난산 산액은 없을 것입니다. 자인묘일에 경사가 있겠습니다. • 임신 여부는 현귀한 자를 회임합니다. 임신 중에는 아무런 근심과 걱정이 없습니다.

갑술사 (甲戌巳)	총평	◉ 아직 시기가 아닙니다. 기다리십시오.
	세부 설명	• 매매는 어느 쪽이건 비용이 들고 노력을 들여도 성립은 어렵습니다. 최소의 목적은 어렵게나마 성립하나 큰 목적은 가망이 없습니다. 신중을 기하지 않으면 손재만 하고 기회도 빨리 오지 않겠습니다. • 신규 사업 착수는 하지 않는 것이 현명합니다. • 상담은 아직 시기가 빠르며 기회를 보는 것이 중요합니다. 즐거움은 후에 기대됩니다.
갑해축 (甲亥丑)	총평	◉ 수재이고 출세할 아이이니 맡겨 길러야 합니다.
	세부 설명	• 임신 중이며 남아를 출산합니다만 양육이 어렵지 않을까 두렵습니다. • 만일 재취처라고 하면 아무 일 없이 잘 자랍니다. 불연이면 타인에게 의뢰하는 것이 좋겠습니다. 잘 기를 수만 있다면 성장하여 수재로 가문을 빛낼 것입니다.
갑자인 (甲子寅)	총평	◉ 지체는 되겠으나 이익은 좋습니다.
	세부 설명	• 괘상은 길하나 다소 지체됩니다. 그러나 성의를 갖고 노력하면 결실을 얻게 되겠습니다. 재리를 구하면 임차 어느 쪽이든 이익을 얻을 것입니다. • 다소 지장은 있으나 뜻대로 재리를 얻을 것입니다. • 자금 조달은 처음에는 어려우나 순조롭게 얻어집니다. • 임금 회수는 일부만 가능합니다.

● 을부 乙部

을축자 (乙丑子)	총평	◉ 좋은 소식이 곧 옵니다. 기대하십시오.
	세부 설명	• 음신은 좀 늦어질 징조가 보입니다. 그러나 열흘 내에 원근불문하고 꼭 도착합니다. 음신은 좋은 소식이고 정신이 명쾌하여 되겠습니다. 또는 귀인의 아름다운 이야기를 들어 좋은 일을 보게 됩니다. 다음 갑일이 지난 후에 서신이 오는 것이 정상입니다. • 어떤 일이든지 공허한 것은 없고 크게 기대할 만한 음신일 것입니다.
을인축 (乙寅丑)	총평	◉ 성사되겠습니다. 좋은 배필입니다.
	세부 설명	• 혼담은 기대하지 않은 것이 성립되어 결혼 후에 희경지사가 끊이지 않으며 부부 화합하겠습니다. • 평지를 보행하는 것과 같이 안전합니다. 평생 쾌락의 호운입니다. • 부부동심, 부창부수, 화목지상입니다. • 망설이지 마십시오. 약혼만 성립되면 순풍이 불어오는 상입니다.
을묘인 (乙卯寅)	총평	◉ 다 뜻대로 되겠습니다. 기다리는 사람은 오미일에 옵니다.
	세부 설명	• 외출, 여행 모두 계획이나 소망대로 목적을 달성하게 되겠습니다. 또한 면회를 구하여도 뜻대로 될 것이고 외출에서 길보를 얻게 되겠습니다. 뜻한 대로 행하여서 이득이 있을 것이 틀림없을 것입니다. • 볼 일이나 관광여행에 아무런 방해 없이 도원경을 보게 되겠습니다. • 대인은 원근불문하고 올 것입니다. 가까운 곳은 오미시에, 먼 곳은 오미일에 스스로 올 것입니다. 타인은 이익을, 육친은 희소식을 갖고 올 것입니다.
을진묘 (乙辰卯)	총평	◉ 원하는 것은 무엇이든지 잘 됩니다.
	세부 설명	• 방문하면 상화하목의 기쁨을 얻겠습니다. • 무슨 일이든 호운이므로 추진하는 것이 좋습니다. 다소 지연될 수도 있으나 반드시 이익이 있겠습니다. 신일(申日), 유일(酉日) 혹은 유시(酉時)에 방문하면 뜻을 이루면 되겠습니다. • 방문하면 면회가 가능합니다. 대인은 오전 중에 못 오고 좀 늦을 것입니다.
을사진 (乙巳辰)	총평	◉ 남쪽에 있으나 찾기 어렵습니다.
	세부 설명	• 실물 도난는 찾는 것은 거의 어렵습니다. • 남방에서 찾을 희망은 있으나 완전할 수 없다는 것이 유감입니다.

을오사 (乙午巳)	총평	◉ **찾기 어렵습니다. 사람의 꼬임에 빠졌습니다.**
	세부 설명	• 실종인은 중간인의 농락 때문에 가출한 것입니다. 즉 선동에 편승하여 남방으로 달아난 것입니다. 물품이나 재물을 가지고 나갔을 경우는 찾기가 더 어렵습니다. • 오미일에 찾아보는 것이 좋겠습니다. 가출한 까닭은 가족과의 의견 차이로 타인의 꼬임에 의한 것입니다.
을미오 (乙未午)	총평	◉ **때를 기다려야 합니다.**
	세부 설명	• 계획한 일은 급하게 성립되기는 어렵습니다. 시기가 올 때를 기다려야 합니다. 아무리 바쁘게 노력하여도 효과는 얻기 어렵습니다. • 목적달성은 어려우며 혹 이루더라도 소성입니다.
을신미 (乙午巳)	총평	◉ **서두르되 윗사람과 의논해야 합니다. 어차피 치루어야 할 문제입니다.**
	세부 설명	• 소송이나 관사는 거의 손재가 많고 일은 확대될 것입니다. 염려는 크게 하나 실효는 적겠습니다. • 상위자 혹은 집안 어른의 후원과 지도를 받아 대처하는 것이 상책입니다. 그렇게 하면 관송사는 다소 가볍게 되겠습니다. • 무슨 일이든 서둘러 방책을 강구하는 것이 필요합니다.
을유신 (乙酉申)	총평	◉ **완쾌가 어렵습니다.**
	세부 설명	• 허리 위의 병입니다. 병은 점점 악화되는 상태입니다. 거의 완쾌를 기대하기 어렵습니다. 십 중 칠팔은 호전되나 전쾌는 어렵습니다. • 생년지지에서 앞으로 다섯 번째 지지 방위에서 의사를 구하십시오. 그리고 제칠방위의 신불에게 기원하면 호전되겠습니다.
을술유 (乙戌酉)	총평	◉ **규모가 크고 유리합니다. 순조롭습니다.**
	세부 설명	• 매매교역은 클수록 유리하게 회전되며 물품은 클수록 이익이 많습니다. 대중소 어느 것이나 일에 상응한 효과를 얻을 기회입니다. 진전시켜도 좋을 것입니다. • 길상복록의 상입니다. 길한 가운데 배신하는 일이 있을 수 있습니다. 그러나 소재에 불과한 것이므로 개의치 않는 것이 좋습니다. • 매물에 유리합니다. 상담은 순조롭게 이루어지며 시세는 보통이나 앞으로 많이 오르겠습니다.

을해술 (乙亥戌)	총평	⊙ 적선한 덕으로 남아를 얻습니다.
	세부 설명	• 남아를 얻겠습니다. 모자 모두 선강하고 양육 중 다소 어려움은 있을 것이 나 원래 적선한 덕이 있어 탈 없이 남아를 얻게 됩니다. • 기쁨은 인일(寅日) 아니면 신일(申日)에 있겠습니다.
을자해 (乙子亥)	총평	⊙ 정신을 맑게 하면 다 잘 됩니다.
	세부 설명	• 재리를 구하여 반드시 목적을 달성합니다. 어떤 일이건 돌연히 길조가 나 타나 성취를 보게 됩니다. 임계(壬癸)일이나 자진(子辰)일에는 목적을 달 성하게 되며 귀인의 후원을 얻게 될 것입니다. • 때로는 재록이 없는 것 같이 보이나 심기일전하여 계획을 세우면 가능하겠 습니다 • 자금 차입금은 뜻대로 조달됩니다. 대금은 회수가 가능합니다.
을해자 (乙亥子)	총평	⊙ 임계(壬癸)일에 출산하고 남아입니다. 가운이 융창할 것입니다.
	세부 설명	• 임신하였다면 득남하겠습니다. 난산의 위험은 없습니다. 출산 후 가정은 날로 융창할 길조입니다 • 선조의 감응이 있습니다. 혹 신앙이 있다면 태만히 하지 마십시오. 임계(壬 癸)일에 출산하게 됩니다.
을자축 (乙子丑)	총평	⊙ 일이 어렵습니다.
	세부 설명	• 재물을 구하여도 뜻대로 되지 않습니다. 매사에 의심이 생겨 진퇴를 결정 할 수가 없습니다. 재물을 구하여도 재물로 인해 차질이 생기는 상입니다. • 인일(寅日)이면 소재(小才)를 얻겠으나 요는 재운이 없습니다. 누구도 원 망하지 말고 후일을 기약하는 방침을 세우는 것이 현명하겠습니다. • 자금 차입금도 조달이 불가능하고 대금 회수도 어렵습니다.
을축인 (乙丑寅)	총평	⊙ 지금 소식이 오고 있는 중입니다.
	세부 설명	• 음신의 유무는 지금 단정하기 어렵고, 음신이 있다면 인일(寅日) 또는 묘일 (卯日)에 도달하겠습니다. • 음신은 호사는 적고 불만스러운 음신이겠습니다. • 인일(寅日) 또는 묘일(卯日)에 점단한다면 음신은 근일 중에 도달합니다. 즉 음신은 오고 있는 중입니다.

을인묘 (乙寅卯)	총평	⊙ 진행하여 성과가 있겠습니다. 아주 좋습니다.
	세부 설명	• 결혼이나 약혼은 진전시키는 것이 좋습니다, 주위의 협조가 있으므로 의심할 바 없습니다. • 결혼 후 백년해로는 물론 양가 모두 대길하며 만사 안심하고 진행시켜도 좋겠습니다.
을묘진 (乙卯辰)	총평	⊙ 크게 생각하지 마십시오.
	세부 설명	• 여행의 목적이 소사는 성취되나 큰 소망이라면 성취할 가능성이 희박합니다. 그저 당시의 명운에 순응하지 않으면 안 됩니다. • 무슨 일이나 망설임이 따르게 됩니다. 양자택일의 분기점에 이르게 된 것입니다. 숫한 과거지사 혹은 재기재홍의 징조가 보입니다. • 대인은 오게 됩니다. 이득을 갖고 옵니다. 혹 물품의 증정을 만나는 기쁨이 있겠습니다. • 면회를 구할 경우 목적은 소성합니다.
을진사 (乙辰巳)	총평	⊙ 계획을 고치십시오. 되어지는 일이 없겠습니다.
	세부 설명	• 방문이나 배알은 모두가 헛수고가 되겠습니다. 더욱 후회만 남게 되며 시작은 있으나 결과가 없습니다. • 타인에게 구하는 것보다 자신이 구하는 것이 현명하겠습니다. 결심과 계획을 고치고 시기를 기다리는 것이 최선의 방책입니다. • 방문하여도 부재 중이라 목적은 달성하기 어렵겠습니다. • 래객은 있으나 이득이 없습니다. 도로 한담만 하게 됩니다.
을사오 (乙巳午)	총평	⊙ 집 식구의 짓입니다. 분실한 것일 수도 있습니다.
	세부 설명	• 가인으로 인해 분실, 도난당한 것입니다. 의욕을 탐하여 은의를 배반한 소행입니다. • 실물은 놓아둔 장소를 잊어버렸기 때문입니다. 언젠가는 찾게 됩니다. 원래 위치를 찾아보는 것이 중요합니다. • 실물이나 도난은 빨리 찾아보면 유일(酉日)이면 발견하겠습니다. 불연이면 단서라도 찾게되겠습니다.

	총평	◉ 서쪽으로 갔는데 찾기가 어렵습니다.
을오미 (乙午未)	세부 설명	• 은애하는 정이 날로 소원해집니다. 발견하거나 대면의 시기를 판단하기 어렵습니다. 음신도 시일이 경과함에 따라 멀어집니다. 찾아도 만나기 어렵겠습니다. 방향은 서방으로 간 것이 틀림없습니다. • 인일(寅日)이나 신일(申日)에 점단하였으면 속히 발견됩니다. 혹 인월이나 인일에 돌아오겠으나 꼭 기대하기는 어렵습니다.
을미신 (乙未申)	총평	◉ 꼭 되겠습니다. 하지만 빨리는 안 됩니다.
	세부 설명	• 계획하고 있는 일은 타인의 도움으로 달성됩니다. 만사가 꼭 성취됩니다. • 계획은 늦더라도 꼭 만성되게 됩니다. 소망하는 일이나 계획은 거의 목적하는 바를 뜻대로 이루게 됩니다. • 목적은 달성하게 될 것이나 급하게는 되지 않습니다.
을신유 (乙申酉)	총평	◉ 방책을 윗사람과 급히 세우면 다 잘 되겠습니다.
	세부 설명	• 관사는 소송 모두가 소산하는 수입니다. 증거와 책임이 애매모호하여 일이 마무리되지 않는 상입니다. 누구의 원조나 귀인의 조력을 얻는다면 관재는 퇴산되고 위험한 다리를 무사히 건너게 되겠습니다. 그렇게 되면 걱정은 기쁨으로 화하게 됩니다. 그러므로 급히 방책을 강구하는 것이 유리합니다.
을유술 (乙酉戌)	총평	◉ 신불에 기도하는 수밖에 없습니다.
	세부 설명	• 병환의 전도가 불안합니다. 생사를 판단하기 어렵습니다. 간병에 심혈을 다하는 정성이 필요합니다. 그저 조금 차도가 보이거든 신불에 천우신조를 기원하십시오. 그러면 혹 영험을 얻게 될 수도 있습니다.
을술해 (乙戌亥)	총평	◉ 뜻대로 안 되는 운세입니다.
	세부 설명	• 매매에 거의 실리가 없고 손실을 당하기 쉽겠습니다. 타인으로 인해 망설이고 속임수에 빠질 징조가 보입니다. 그러나 본업이 아닌 부업이라면 소리를 얻을 수 있겠습니다. • 허욕을 버리고 본분을 지켜 손실을 예방하는 것이 상책입니다. • 모든 일에 방해가 생기기 쉽습니다. 방침을 변경하고 영리를 다시 한 번 점검해 보는 것이 좋겠습니다. • 매매는 어느 쪽이든 보고 넘기는 것이 유리합니다. • 시세는 고저부정입니다. 나의 매물은 원매자가 없습니다. • 상담은 순조롭다고 전망됩니다. 망설임과 매매도 불리합니다.

●병부丙部

병인자 (丙寅子)	총평	◉ 반드시 성립됩니다. 인연이 좋습니다.
	세부 설명	•주위의 상부상조를 얻어 반드시 혼인은 성립합니다. •양가 동심이 되어 약혼이 성립되면 천우를 얻어 부부 전도는 행복을 얻겠습니다. 좋은 가정이 이룩됩니다. •경사는 빨리 거행하는 것이 길합니다
병묘축 (丙卯丑)	총평	◉ 북방은 해롭습니다. 다른 곳은 좋습니다.
	세부 설명	•명리 모두 양난지상입니다. 무슨 일이든 지체될 징조가 보입니다. •대인은 오지 않습니다. 원방인은 아직 올 예정을 못하고 있습니다. •대인 음신은 혹시 동방(東方)이면 올 수도 있습니다. 외출도 또한 동방이라면 무방하겠습니다.
병진인 (丙辰寅)	총평	◉ 분명한 목적을 세워 방문하십시오. 성과가 큽니다.
	세부 설명	•목적을 세워 방문하면 큰 효과를 거두어 성취합니다. 거의 연체되는 일 없이 순조롭게 진행될 것이나 때로는 주변의 방해를 받겠습니다. •무슨 일이든 결과는 걱정할 것 없습니다. 서로 친한 가운데 복을 획득하게 되겠습니다. •상위자나 존장을 방문하면 면담이 가능하며 유리하나 재 하인의 경우는 불리합니다. •내방을 요청하면 약속을 깨고 오지 않습니다. 객이 온다 해도 이익은 기대할 수 없습니다. 혹 저녁시간 후라면 유리하게 전환될 수도 있겠습니다.
병사묘 (丙巳卯)	총평	◉ 보관을 잘 못해서 잃었습니다. 내방자 소행이고 급히 서쪽을 탐색하십시오.
	세부 설명	•실물은 자신의 보관 실책으로 잃은 것입니다. 타인의 내방자에 의한 소행임을 알아차리고 임방(壬方)이나 북방(北方) 또는 서방(西方)을 찾아보면 발견할 수 있을 것입니다. •혹 도난일 경우 급히 서방(西方)으로 탐색하고 빨리 손을 쓰면 찾을 수도 있습니다. 그러나 늦을 경우는 은닉되어 발견이 어렵게 됩니다.

병오진 (丙午辰)	총평	◉ 가정 불화로 타인과 같이 나갔는데 자방(子方) 또는 묘방(卯方)에 숨었습니다.
	세부 설명	• 도주자는 타인과 함께 동반도주한 것입니다. 부평초와 같이 떠돌아 다니고 있습니다. 그러나 자방(子方) 또는 묘방(卯方)에 숨어 있습니다. • 혹 진술방(辰戌方)을 돌아보면 소식을 알 수 있고 불연이면 음신이 올 것입니다. 그리고 뒤에 돌아오게 됩니다. • 가정 불화가 원인입니다. 도주한 후 몸을 의지할 곳이 없는 상입니다.
병미사 (丙未巳)	총평	◉ 아주 잘 되겠습니다. 순조롭습니다.
	세부 설명	• 음인의 방해가 다소 있으나 소망과 계획은 형통되어 아무런 장애없이 순조롭게 진전되겠습니다. • 목적은 완수되며 순조롭게 이득을 얻겠습니다.
병신오 (丙申午)	총평	◉ 돈을 쓰는 수밖에 없겠습니다. 그러면 유리해집니다.
	세부 설명	• 도량이 협소한 것이 발단이 되어 소송이나 관재가 일어난 것입니다. 피차 동일한 심정으로 사건이 발생하게 된 것이며 모두 고통을 주는 화환이 침범하고 있습니다. • 깊이 생각하고 재력에 의뢰한다면 만사 유리하게 전환되겠습니다.
병유미 (丙酉未)	총평	◉ 귀신의 침범입니다. 무연불에 정성껏 기도하십시오.
	세부 설명	• 병환의 원인은 거의 내외귀신의 발동에 의한 것입니다. 한기와 열이 왕래하며 또한 종기까지 병발할 수도 있습니다. 병세는 좋고 나빠지는 것이 반복하고 차츰 진퇴하게 되겠습니다. • 유(酉)시에 선조에게 지성으로 제사(치제)로 보내고 무연의 불을 공양하면 순차로 병귀가 퇴산됩니다. 그러면 신일(申日)과 유일(酉日)에 가서 차도가 있을 것입니다.
병술신 (丙戌申)	총평	◉ 이익이 크겠습니다. 소극적인 방침으로 하십시오.
	세부 설명	• 상거래 매매, 계약 등은 거의 성립되며 모두 상당한 이윤을 올릴 수 있겠습니다. 그러나 너무 망설이거나 맹진할 때에는 손재가 있을 것이므로 기회를 보고 소극적인 방침으로 처리해 나가는 것이 현명합니다. • 가격 전망은 상승하겠습니다. 그러므로 매입하는 쪽이 유리합니다. • 상담은 성립합니다. 재고품은 원매자가 있겠습니다. 매매가 진행되는 도중에 가격은 최고가로 상승하게 됩니다.

병해유 (丙亥酉)	총평	⊙ 임계(壬癸)일에 처음 만난 사람의 남녀에 따라 아들딸을 구별하십시오.
	세부 설명	• 임신 여부가 확실치 않습니다. 임신 중이라 해도 남녀 판단이 어렵습니다. 임신이라면 천우신조를 얻어 안산할 것입니다. • 남녀 판별은 임일(壬日)이나 계일(癸日)에 처음으로 만나는 사람의 남녀에 따라 판단하십시오.
병자술 (丙子戌)	총평	⊙ 어렵습니다. 아랫사람의 방해가 있겠습니다.
	세부 설명	• 재를 구하는 목적은 달성하기 어렵습니다. 자금조달 계획은 세웠으나 불가능합니다. • 사용인 또는 하수인의 방해로 구설과 피해가 우려되며 자금조달과 회수가 불가능합니다.
병축해 (丙丑亥)	총평	⊙ 남쪽에서 기쁜 소식이 있습니다.
	세부 설명	• 남방에서 기쁜 음신이 오겠습니다. 기쁜 소식으로 온 가족이 흔쾌한 기쁨을 갖게 되겠습니다. • 남방 이외의 곳은 다소 늦어질 것입니다. 역시 기쁜 소식일 것이나 경미한 것입니다. • 요는 소식에 의하여 가내에 희경사가 생기겠습니다.

●정부 丁部

정묘자 (丁卯子)	총평	◉모든 것이 새롭고 이익이 되겠습니다.
	세부 설명	●새로운 일이 시작될 징조입니다. 여행이나 외출은 다소 난점이 있을 것입니다. 도중에 지체는 저해가 생기기 쉬우므로 곧바로 가는 것이 길흉 상반이며 목적의 반 정도는 달성되겠습니다. ●대인이나 음신은 오겠으나 좀 늦어지겠습니다. 오는 것은 적으나 그것이 이익이 되겠습니다. 육친이 온다면 함께 즐거워하는 경사가 있겠습니다.
정진축 (丁辰丑)	총평	◉만사가 형통합니다.
	세부 설명	●귀인을 방문하면 만사 성공하겠습니다. 모든 일이 목적하는 데로 통달하겠습니다. ●방문 면담이 가능하며 면접 면담하는 가운데 좋은 기회를 얻게 되며 영리의 기반으로 유리하게 전개되겠습니다. ●내객을 기다리는 경우는 빠른 시간 안에 오게 됩니다.
정사인 (丁巳寅)	총평	◉도적은 맞은 것이고 또 도적 맞을 것입니다.
	세부 설명	●악인에 의해 절취당한 것입니다. 운명적인 손재수입니다. 타인의 발설 혹은 대화에서 단서를 얻게 될 가능성이 있습니다. ●파재, 실물, 도난 등이 겹쳐서 당할 징조가 있으니 신중한 경계를 요합니다.
정오묘 (丁午卯)	총평	◉멀리 가려고 하나 가까운 곳에 있습니다.
	세부 설명	●가인의 실종은 정신착란 또는 오해 때문에 타향으로 달아난 것입니다. 마음은 원방으로 갈 의지가 있으나 몸은 가까운 곳에 있습니다. ●사람이 와서 알려줄 것입니다. 가출하여 오래 경과되었으면 병으로 고생하겠으나 임일(壬日), 계일(癸日)에 발견할 수 있겠습니다.
정미진 (丁未辰)	총평	◉엉뚱한 계획이나 나중에 큰 이익이 되겠습니다.
	세부 설명	●계획이나 도모하는 일은 선곤후태의 상이니 한 사람으로 성취가 어렵고 후원자를 얻으면 길하겠습니다. ●처음에는 목적을 달성하기가 어려울 것 같으나 뒤에는 형세가 변화하기 때문에 노력하면 크게 이익을 얻겠습니다.

정신사 (丁申巳)	총평	◉ 원한 때문에 일어난 일입니다. 무섭습니다.
	세부 설명	• 관재 소송 사건은 거의 원한 때문에 일어난 것입니다. 타인의 고자질과 모략에 의한 것이므로 화환이 점점 무거워지는 상입니다. 그러므로 손재와 정신적 손상이 많게 됩니다. • 내외 주위 사람들과의 불화합 때문에 번민하게 되겠으나 무일(戊日)이나 유일(酉日)에 해결의 서광이 보이니 이때를 놓치지 마십시오.
정유오 (丁酉午)	총평	◉ 위험합니다. 치료에 최선을 다해야 합니다.
	세부 설명	• 노인 또는 소년의 병입니다. 병세는 낙관을 불허하니 충분한 의료를 요합니다. 표면상 고통은 적은 것 같으나 병이 악화될 징조가 보이므로 명의와 양약으로 치료하고 간병에 전념해야 합니다. • 유일(酉日), 술일(戌日)에는 다소 차도가 있으나 이날부터 병세가 악화될 경우에는 구사일생밖에 없습니다.
정술미 (丁戌未)	총평	◉ 여자가 제공하는 정보에 전력하면 이익이 큽니다.
	세부 설명	• 매매는 순조롭게 성취되어 많은 이득을 얻을 것입니다. 대부분 여인에 의하여 동기가 조성되겠습니다. 맹진은 삼가야 하며 다소 가격경쟁이 예상되나 결국은 순조롭게 성립되며 이익을 얻게 되겠습니다. • 매매는 최고가에 가까우므로 파는 쪽이 유리합니다. 재고품도 원매자가 나타날 때 매출하는 하는 것이 좋을 것입니다.
정해신 (丁亥申)	총평	◉ 신불에게 정성을 다해 기도해야 합니다. 아이를 낳게 된다면 운세가 펴집니다.
	세부 설명	• 이 괘를 얻으면 임신이 어려운 상입니다. 만약 임신이 될 때에는 신일(申日)이나 해일(亥日)에 크게 놀라는 일이 생겨 인일(寅日)에 난산의 우려가 있으므로 조심해야 합니다. • 정성으로 신불에게 기원하십시오. 신앙의 덕으로 악기가 소산되면 차차 난산은 없어지게 되겠습니다. 신앙의 신조에 기대하십시오.

	총평	◉선수를 치고 나가야만 합니다. 늦으면 안 됩니다.
정자유 (丁子酉)	세부 설명	•재화를 구하려 한다면 신속히 노력하고 활동한다면 목적을 달성할 것이나 혹시 늦어진다면 지체되는 상황이며 노력을 해도 효과는 얻을 수 없게 될 것입니다. •상대를 선제(先制)함으로써 효과를 얻는 상이므로 선수(先手)를 쓰는 것이 중요합니다. •영업상 금융 관계는 모두 신속하게 활동하면 목적을 달성할 수 있으나 이에 따른 시비나 구설이 예상되므로 모든 일이 불안한 상태입니다.
	총평	◉기다리지 마십시오. 온다고 해도 시원치가 않습니다.
정축술 (丁丑戌)	세부 설명	•이 괘를 얻으면 음신(音信)이 오지 않습니다. 모든 일이 착오가 생겨 늦게 도착하는 하는 수가 있겠으며 음신이 온다 해도 명리(名利)에는 하나도 마음에 합당한 것은 없겠습니다. •희소식을 기다리는 것은 시기상조임을 알아야 합니다.
	총평	◉좋은 인연입니다. 축복받는 부부가 되겠습니다.
정인해 (丁寅亥)	세부 설명	•속세의 인연으로 서로 도와 혼인이 성립되겠습니다. 신일(申日)이나 유일(酉日)에 결정됩니다. •결혼 후에는 백년화합(百年和合)을 얻게 되고 금슬상화(琴瑟相和)하여 경사가 있을 것입니다. 가히 가연(佳緣)이라고 말할 만합니다.

무진자 (戊辰子)	총평	◉ 사리사욕을 품지 말고 대의정도를 추진하면 길합니다.
	세부 설명	• 이 괘를 얻으면 면담을 주선해 줄 소개자를 만나게 되겠습니다. 그러나 이기적인 생각과 자세로 임한다면 면담 성과는 기대할 수 없습니다. 대의를 위한 공익 정신으로 임한다면 방문 성과가 있겠습니다. • 래객은 오고 있는 중입니다. 좀 늦어지겠습니다.
무사축 (戊巳丑)	총평	◉ 공직자나 동네 불량배의 짓이고 동쪽에 흙이나 나무 밑을 찾아보십시오.
	세부 설명	• 실물이나 도난은 타인의 힘으로 시간은 오래 걸리겠으나 발견되겠습니다. • 공직인 또는 인근 도배(徒輩)의 악의에 의해 물건을 없앨 가능성이 있습니다. 타인의 내통 또는 구전으로 단서를 얻게 되면 동방(東方)의 흙과 나무 아래를 찾아보면 대개는 발견이 되겠습니다.
무오인 (戊午寅)	총평	◉ 묶여 있는 상태입니다. 다른 방법이 없습니다.
	세부 설명	• 실종된 도망자는 숨어 있을 곳이 없어 동분서주하면서 극도로 피로한 상태입니다. 후회하면서 돌아오고 싶으나 사람에 의하여 저지당하고 있으므로 자유 행동이 어려운 것입니다. • 극도로 궁한 나머지 자멸할 징조가 있으나 빨리 뉘우치고 돌아올 수도 있겠습니다. 기다리는 이외의 다른 방법은 없겠습니다.
무미묘 (戊未卯)	총평	◉ 처음에는 나쁘나 뒤에는 좋게 되겠습니다.
	세부 설명	• 계획하는 일은 선흉후길의 상입니다. 심지를 굳게하고 전진한다면 마침내 성취할 수 있게 되겠습니다. 혹 진일(辰日)에 시작하면 목적보다 늦게 성공하게 됩니다. • 처음에는 좀 곤란에 봉착하겠으나 뒤에는 춘풍을 만난 것처럼 목적이 달성되겠습니다.
무신진 (戊申辰)	총평	◉ 내가 불리하니 인내하십시오. 상황이 유리해집니다.
	세부 설명	• 이 괘를 얻으면 상대에게 유리하고 나에게는 불리하게 되는 상입니다. 무슨 일이든 인내와 지구전으로 임한다면 유리한 방향으로 전환되겠습니다. • 모든 일이 지체되는 것은 피할 수 없습니다. 힘써 화해하는 방향으로 방침을 세우는 것이 현명합니다.

무유사 (戊酉巳)	총평	◉ 가택신에 기도하고 북쪽에서 약을 쓰십시오.
	세부 설명	• 이 괘를 얻으면 병증의 경과는 불안한 상태를 가중하게 될 것입니다. 여인 또는 사용인의 신변에 병환이 붙어 있는 상입니다. • 자축(子丑)일부터 병상은 조금씩 차도가 보이겠습니다. 가신에 기원하고 북방(北方)에서 약을 쓴다면 병세가 점점 호전됩니다
무술오 (戊戌午)	총평	◉ 여의치 않습니다. 포기하고 기다리는 것이 상책입니다.
	세부 설명	• 이 괘를 얻으면 모든 사업에 지장이 초래되어 순조롭게 되지 않습니다. 매매는 이익이 없고 계약은 불이행되는 일이 많을 것입니다. • 매매 공히 역상을 하는 것이 유리합니다. 전도는 불규칙한 보합입니다. 상담은 순조롭지 못할 것이며 상품의 구득은 가능하지만 원매자는 만나기 어렵겠습니다.
무해미 (戊亥未)	총평	◉ 어렵습니다. 마음을 비우고 관음기도를 하십시오. 기적이 기대됩니다.
	세부 설명	• 이 괘를 얻으면 임신이 어렵습니다. 만약 임신을 하더라도 우회가 공존하는 상입니다. 산액이 있어 모자가 한때 위험한 상태에 처하게 되겠습니다. • 태교와 양생의 뜻을 버리고 일찍 관음을 신앙하여 무사를 기원하면 기적을 얻을 수가 있을 것입니다.
무자신 (戊子申)	총평	◉ 최선의 노력을 하면 여자의 도움으로 일이 되나 급하면 안 됩니다.
	세부 설명	• 이 괘를 얻으면 노력과 꾀하는 일이 지력을 다한 덕으로 성사되겠습니다. 급히 서두르면 실책하게 됩니다. 노고를 아끼지 않고 노력한다면 후에는 반드시 빨리 달릴 수가 있을 것입니다. • 상하 내외가 모두 화합하여 노력하면 여인 또는 음덕의 후원자를 얻게 됩니다. 급하게 서두르지 말고 목적을 달성하는 데만 진력하십시오. • 자금은 소성은 가능하나 대성은 어렵습니다. 자금 회수 또한 같습니다.
무축유 (戊丑酉)	총평	◉ 좋은 소식이 오겠습니다. 조금만 기다리십시오.
	세부 설명	• 신경을 쓰고 음신이 오기만을 기대하는 상입니다. 기다리는 음신은 가까운 시간 내에 도착하게 될 것입니다. • 음신이 오면 행복한 소식을 맞이하게 되며 모두가 이윤과 가화의 좋은 음신이 오겠습니다.

무인술 (戊寅戌)	총평	◉ 정혼은 안 되겠고 먼저 동지를 구하십시오. 그러면 도움이 될 것입니다.
	세부 설명	•마음속으로는 정해져 있으나 성립은 되지 않습니다. 재삼 담합하게 될 징조입니다. 그러므로 실비와 노력이 소모될 것입니다. •바라는 약혼이 좀 늦어질 징조입니다. 진행시켜 나가면 성취를 보게 되고 남녀 모두 길응히게 되겠습니다.
무묘해 (戊卯亥)	총평	◉ 급히 가는 일에 장애가 있는 것은 당연하나 오히려 돈이 생기겠습니다.
	세부 설명	•이 괘는 급하게 외출 또는 여행을 하게 됩니다. 중도에 다소 난관에 봉착하여도 대소로운 것이 아닙니다. •중도에 방해가 생기면 득재하는 기쁨이 생기겠습니다.

기사자 (己巳子)	총평	◉ 집에 왔던 여자의 소행입니다.
	세부 설명	• 이 괘를 얻으면 자택을 방문하였던 여인이 절취하여 땅에 묻어 감추었습니다. 마음에 집히는 곳을 찾아보면 원위치로 돌아오게 될 것입니다. • 계속하여 유사한 피해가 예견됩니다. 가내 단속을 잘해야 합니다. 방심은 금물입니다.
기오축 (己午丑)	총평	◉ 찾지 마십시오. 스스로 오게 됩니다.
	세부 설명	• 마음에 표리가 있어 배은망덕하고 도주한 것입니다. 하늘은 돕지 않습니다. 급히 찾아보아도 헛수고입니다. 시간이 경과하면 스스로 뉘우치고 돌아옵니다. 기다리는 방법밖에 없습니다. • 처음은 소식을 전하고 뒤에 스스로 돌아올 것입니다. 찾아다니는 것은 노력만을 허비하게 되니 찾지 마십시오.
기미인 (己未寅)	총평	◉ 마음을 다시 가다듬으십시오. 좋게 변합니다.
	세부 설명	• 계획하는 일은 조석으로 정신만 허비하게 됩니다. 돌연히 변화하여 비관하던 것이 즐거운 일로 바뀐다는 것입니다. 심기일전으로 추진해 나가는 것이 좋겠습니다. • 끈기 있게 목적달성을 위하여 노력한다면 좀 늦는 한이 있더라도 꼭 성취를 보게 될 것입니다.
기신묘 (己申卯)	총평	◉ 아랫사람이 조종을 받아 일으킨 일이나 무시하지 말고 인간적으로 해결해야 되겠습니다.
	세부 설명	• 공소 관사 쟁송은 모두가 사용인 또는 수하인이나 여인 혹은 배후 조종인에 의한 도발적인 사건으로 다소 파란과 기복이 생기겠으나 결국은 확대되지 않고 종국을 보게 될 것입니다. • 상대를 경시하지 말고 인간적으로 해결한다면 이유 여하를 불문하고 반드시 타개될 것입니다.

기유진 (己酉辰)	총평	⊙ 반드시 쾌유되겠으니 간호를 잘하십시오.
	세부 설명	• 병상은 가벼우나 좋고 나쁜 것이 공존하는 상입니다. 오월(午月) 또는 오일(午日)에 이르러 점차 호전되어 진퇴의 보조로 쾌유되겠습니다. • 정신차려 간병하고 정양하는 것이 긴요합니다. 병상은 길어지겠으나 꼭 치료됩니다.
기술사 (己戌巳)	총평	⊙ 이익이 있습니다. 잘해 보십시오.
	세부 설명	• 교역 상품매매는 모두 상당한 이윤을 얻을 수 있을 것입니다. • 경선순수의 상입니다. 상기를 얻어 순조롭게 진행됩니다. 적은 방해는 있으나 신경 쓸 일이 아니며 자축(子丑)일에는 점점 이익을 크게 보게 될 것입니다. 상담은 순조롭게 될 것이며 상품은 원매자가 있으나 급하게는 되지 않습니다.
기해오 (己亥午)	총평	⊙ 콩 심은 데 콩 나고 팥 심은 데 팥 나게 되지요.
	세부 설명	• 이 괘를 얻으면 적덕지가에서는 현자를 출산하며 불선지가에서는 악명을 남길 자식을 얻을 인연입니다. 음덕을 쌓은 가정에서는 옥동자를 출산하여 양육하면 길조가 있을 것입니다. • 이 괘상은 아직은 옥석을 판단할 수 없으므로 그저 하늘의 뜻을 따르는 것이 현명합니다. 운명의 성쇠에 따라 분기가 되지요.
기자미 (己子未)	총평	⊙ 방해가 있겠으나 꾸준히 나가십시오. 아랫사람이 속을 썩이겠습니다.
	세부 설명	• 재화나 이익을 추구해도 불안정한 상입니다. 타인이나 부하 때문에 방해가 발생합니다. 성의를 갖고 인내로 일한다면 목적은 성취될 것입니다. • 축일(丑日)이 길일입니다. 목적을 향해 추진한다면 대소 불문하고 재리를 얻겠습니다. 자금이나 차입금은 소액은 조달되나 큰 금액은 불가합니다.
기축신 (己丑申)	총평	⊙ 소식이 없다고 원망하지 말고 있으면 큰 기쁨이 오게 됩니다.
	세부 설명	• 높은 곳에서 밖을 내다보며 음신을 기다리는 상입니다. 그러나 음신은 오지 않습니다. • 음신이 오지 않아 체념하고 있으면 홀연히 좋은 음신이 올 것입니다. 희망과 소망이 성취되는 문서가 올 것입니다. 가정에 기쁨이 넘치겠습니다.

기인유 (己寅酉)	총평	◉ 선입견을 버리면 좋은 부부가 되겠습니다.
	세부 설명	• 약혼은 급하게 성립될 길조입니다. 그러나 늦어지면 성립되지 않습니다. 늦을 때에는 타인에 의하여 방해가 생기는 운세입니다. • 약혼을 한다 해도 도중 타인의 모략에 의해 파경의 불행이 우려됨으로 이 점을 주의하는 것이 중요합니다. 혼인 후 난관을 잘 극복해야만 백년해로의 기쁨이 있겠습니다.
기묘술 (己卯戌)	총평	◉ 무슨 일이든 일단 전진시키십시오. 다 잘될 것입니다.
	세부 설명	• 이 괘를 얻으면 원방 출입이나 여행에 아무런 목적지에 도착하여 이익을 얻어 기쁨의 원천이 조성될 것입니다. • 명리를 성취하는 대길조라고 점단할 수 있겠습니다.
기진해 (己辰亥)	총평	◉ 먼저 약속부터 하십시오. 좋은 관계가 기대됩니다.
	세부 설명	• 서로 면담이 있는 관계이므로 더욱 깊이 친하게 될 기회입니다. 서로 알게 된 지 얼마 안 되나 이번 일로 깊이 친해지게 되겠습니다. • 방문의 목적이 양다리를 걸치는 것처럼 한다면 성립되지 않습니다. 방문을 하려면 먼저 약속을 하고 가는 것이 좋으며 그렇게 하지 않으면 재방하는 번거로움이 있게 될 것입니다.

경오자 (庚午子)	총평	◉ 서쪽에 있으나 오지 않고 찾지 못합니다. 체념하십시오
	세부 설명	•신종자는 서방(西方)에 있으나 용이하게 발견되지 않으며 또한 돌아올 의 사도 없습니다. 오래토록 행방이 묘연하며 발견도 되지 않을 것입니다. •시일이 경과하면 생사를 알 길이 없으므로 체념하는 것이 좋으며 다른 방 법이 없습니다.
경미축 (庚未丑)	총평	◉ 어렵다고 포기하지 말고 인내하면 곧 궤도에 오르게 됩니다.
	세부 설명	•이 괘를 얻으면 성공을 추구해도 성취되기 어렵습니다. 인내심을 갖고 일 을 하면 목적달성이 지연되더라도 한번 궤도에 올라서기만 하면 모든 일이 순조롭게 되겠습니다. •모든 일이 순조롭게 잘 풀릴 때에는 천우신조로 귀인이 인도하여 후원자를 얻게 되어 많은 힘이 되겠습니다.
경신인 (庚申寅)	총평	◉ 걱정할 것 없습니다. 화해 분위기가 있으면 응하십시오.
	세부 설명	•쟁송은 중대한 것이 아니며 작은 일이므로 정력을 소모하는 다툼으로 가지 않을 것입니다. 조정 화해의 의사가 있을 때에는 나가서 응하는 것이 옳을 것입니다. •파재나 출비 또는 능욕을 당할 흉조가 있기는 하나 잘 해결됨으로 근심할 일은 없겠습니다.
경유묘 (庚酉卯)	총평	◉ 가택신을 달래 주고 침구로 고쳐야 하겠습니다.
	세부 설명	•이 괘를 얻으면 동방(東方)에서 사귀가 침범한 병으로 목이 아프고 호흡이 곤란한 증세를 보이고 있으므로 가내 수호신을 달래주어야 합니다. •침구로 치료하면 인신(寅申)일에 병이 물러갈 것입니다.
경술진 (庚戌辰)	총평	◉ 서둘러야 합니다. 연속성이 없습니다.
	세부 설명	•매매 교역사업은 성과를 올리겠습니다. 그러나 늦어질 때에는 이익이 없겠 으니 무슨 일이든 빠를수록 좋으며 태만이나 방심은 금물입니다. 동방(東 方)의 거래인은 점점 양호하게 되겠습니다. •수하나 사용인의 실수가 있을 것이나 적은 일에 불과하며 가격 전망은 상 승할 것이 예상되나 연속성이 없으니 기회를 기다리는 것이 좋으며 재고품 은 원매인이 있으니 속히 결정하지 않으면 위약이 초래될 것입니다.

경해사 (庚亥巳)	총평	⊙ 남아를 낳겠고 기도를 잘 하십시오. 움직이는 것은 해롭습니다.
	세부 설명	• 이 괘를 얻으면 남아를 임신하며 귀자를 출산하게 됩니다. 분만에 어려움이 예상됨으로 태교와 순산을 기원하는 기도를 하는 것이 좋겠습니다. • 임신 중에 멀리 이동이나 경거망동의 징조가 있으니 매사에 신중을 기하지 않으면 안 됩니다.
경자오 (庚子午)	총평	⊙ 크게 계획하지 마십시오. 성의가 필요합니다.
	세부 설명	• 재화를 구하는 일은 타인 또는 타동적인 힘에 의존하는 것이 좋습니다. • 무슨 일이고 선난이 있으므로 성의를 갖고 임한다면 목적한 바는 뜻대로 되겠습니다. • 자금은 모두 순조롭지 못합니다. 대금 회수도 불가능하게 됩니다.
경축미 (庚丑未)	총평	⊙ 생각과는 다릅니다. 신유(申酉)일이 아니면 포기하십시오.
	세부 설명	• 이 괘를 얻으면 음신은 없습니다. 혹 신일(申日), 유일(酉日), 자일(子日), 진일(辰日)에는 좋은 음신이 있게 될 것입니다. • 점단일이 신일(申日)이나 유일(酉日)이 아니면 음신이 올 희망은 거의 없습니다.
경인신 (庚寅申)	총평	⊙ 혼인이 안 될 뿐만 아니라 더러 된다고 해도 해로가 안 됩니다.
	세부 설명	• 이 괘를 얻으면 혼인의 성립은 어렵겠습니다. 모두 허사 허언이 많고 진실이 없습니다. 또한 결혼을 한다 해도 화합이 안 되며 서로 원수 대하듯 하게 됩니다. • 부부가 반목하지 않을 경우라도 생이별 또는 사별의 우려가 있게 될 것입니다.
경묘유 (庚卯酉)	총평	⊙ 가만히 있는 것이 상책입니다. 도모하지 마십시오.
	세부 설명	• 무슨 일이든 결과는 허망하게 됩니다. 이러한 때 망동한다면 결과적으로 재해가 발생하여 심신이 괴로워질 것입니다. • 출행이나 여행의 생각은 있으나 동할 수 없게 됩니다. • 대인은 출발하지 않은 상입니다. 오기가 어렵습니다.

경진술 (庚辰戌)	총평	⊙ 오해를 받지 않는 것이 다행이니 서로 제휴한다면 소극적 자세를 보이십시오.
	세부 설명	● 처음부터 자신을 의심하며 마음이 불안정하고 여러 가지 망설임으로 방문한다 해도 이익이 없습니다. 오히려 오해만 받게 될 조짐이 보입니다. 흉한 상입니다. ● 다행히 상대방과 서로 제휴하게 된다면 의외의 복운을 잡게 되겠습니다. 그러나 함부로 꾀한다면 졸책이 되어 목적은 성취되기가 어렵게 됩니다. ● 방문해도 부재 중이라 목적을 달성하기 어렵고 다만 후일을 약속하고 돌아오게 될 것입니다. ● 래방객은 이른 시간이면 올 것이나 늦어질 경우는 도중에서 변경하여 래방하지 않을 것입니다.
경사해 (庚巳亥)	총평	⊙ 물 속을 찾으십시오. 여자가 발견하게 될 것입니다.
	세부 설명	● 이 괘를 얻으면 실물은 타인으로 인해 절취당한 경우입니다. 수중을 찾아보는 것이 양책입니다. 또는 여성에 의해 발견될 가능성이 있습니다. ● 절도는 일인의 소행이 아니고 거의 사정을 잘 아는 자의 소행입니다.

신미자 (辛未子)	총평	⊙ 지금은 때가 아닙니다. 후일을 기약하십시오.
	세부 설명	• 이 괘를 얻으면 계획하는 일이 없더라도 불리하며 목적은 달성하기가 어렵습니다. • 풍파가 험악합니다. 강을 건너는 목적은 성취하기 어렵습니다. 그러나 의지를 강하게 갖고 끈기 있게 노력한다면 후에는 성취될 것입니다.
신신축 (辛申丑)	총평	⊙ 선수를 치되 삼자의 조정에 응하십시오.
	세부 설명	• 쟁송은 오래 걸리는 상입니다. 사건은 여러 갈래로 번져 확대될 조짐이 있습니다. 무슨 일이든 기선을 제압하고 조리 정연하게 진행한다며 이유는 서고 유리하게 될 것입니다. • 삼자의 조정 중재가 있을 때에는 이에 응하여 해결하는 것이 좋습니다. 금후 점점 확대될 경향이므로 화해하는 것이 결국 이기는 것이 되겠습니다.
신유인 (辛酉寅)	총평	⊙ 동방(東方) 토신에 기도하고 북두칠성에 기원하면 병은 낫습니다.
	세부 설명	• 이 괘는 여성의 질환입니다. 동방의 동토로 토신이 범하여 타병을 유병할까 두렵습니다. 그러므로 병세는 일시 악화되어 가인들을 놀라게 할 것입니다. 그러나 크게 걱정할 필요는 없습니다. 동방의 토신에게 제를 올리고 그밖에 북두칠성에게 기원하면 병은 평정될 것입니다. • 대소를 불문하고 경비가 적지 않을 것입니다.
신술묘 (辛戌卯)	총평	⊙ 기회를 잘 보아야 하고 대량적인 일은 불가합니다.
	세부 설명	• 매매, 무역 등 모두가 심써 또는 지써 등과 거래를 개시하게 됨으로서 이익을 얻게 됩니다. 작은 일이라도 방심하고 태만함 없이 경영하는 것이 긴요합니다. • 신규사업을 착수하고자 할 때에는 잘 살펴서 시작하고 경솔하게 착수한다면 비용의 손재가 많을 것입니다. • 상담은 성립되나 대량 거래는 불가능합니다. 매입하려고 할 때에는 가까운 시일에 기회를 얻게 될 것입니다.

신해진 (辛亥辰)	총평	◉아직 익지 않았습니다. 신명께 기도하십시오.
	세부 설명	•이 괘를 얻으면 나무 열매가 무거워 가지를 상하는 형상입니다. 늘 근심 걱정을 하게 됩니다. •천지신명에게 평안을 기원하십시오. 그러면 비로소 현자를 얻을 것입니다.
신자사 (辛子巳)	총평	◉뜻에 맞지 않습니다. 작은 것을 착실하게 가꾸십시오.
	세부 설명	•재리를 얻기 위해 노력을 해도 결과는 얻지 못할 것입니다. 그러나 재를 얻는 것으로 인하여 손해가 일어나기 쉬운 운세입니다. 혹은 타인의 질시를 받게 될 것입니다. •자금과 차입금은 소성은 가능하나 크게 성취는 되지 않습니다. 임금 회수 역시 뜻한 대로 되지 않겠습니다.
신축오 (辛丑午)	총평	◉단념하십시오. 기대가 안 됩니다.
	세부 설명	•이 괘를 얻으면 음신은 오지 않습니다. 장래에 올 희망도 거의 기대할 수 없습니다. •상대방에서 차질이 생긴 것이므로, 번민하지 말고 만사 인내로서 시기가 올 때를 기다리는 것이 좋을 것입니다.
신인미 (辛寅未)	총평	◉인연이 아닌 듯합니다. 서두를 필요는 없습니다.
	세부 설명	•타인으로 인해 방해가 생겨 혼인은 성립될 것 같지 않으나 혹 점단일이 신유(申酉)일이라면 성립을 보게 되겠습니다. •결혼을 한다 해도 처음은 잘 화합이 되지 않으나 나중에는 서로 이해와 화합하게 됩니다. •타인의 방해로 부부의 결합이 파괴되는 우려가 생기므로 이 혼담은 길흉이 상반하는 상입니다.
신묘신 (辛卯申)	총평	◉손해만 나겠습니다. 기대하지 마십시오.
	세부 설명	•이 괘를 얻으면 출행, 여행, 대인 모두가 주저하며 진전이 없습니다. 소망이나 계획하는 일은 진행하려 해도 지지 부진하게 됩니다. •모든 일에 정신을 가다듬고 신중을 기하지 않는다면 재물 손실만 초래하게 됩니다. 어느 일이든 반응은 늦어진다고 생각하십시오.

신진유 (辛辰酉)	총평	◉ 모두 잘 되겠습니다. 전력을 다하십시오.
	세부 설명	• 이 괘를 얻었을 때에는 상하 모두 회견을 하여 순리를 얻겠습니다. • 재물을 구하는 일에 대한 상담은 거의 순조롭게 마무리되며 서로 협조하게 됩니다. 면담은 화기 넘치는 면담으로 시종일관하게 되겠습니다. • 방문하여 즐거운 심정으로 면담하게 되고, 모든 목적은 달성될 것입니다.
신사술 (辛巳戌)	총평	◉ 집 식구의 짓입니다. 동북쪽 구석을 살피십시오.
	세부 설명	• 이 괘를 얻으면 실물은 가내인의 소행으로 찾기는 어렵겠습니다. • 가내 동북 구석을 탐색하면 찾을 수 있을 것입니다. 그러나 때에 따라서는 헛수고가 될 수도 있을 것입니다.
신오해 (辛午亥)	총평	◉ 여자 구설이 결정됩니다. 집을 나간 사람은 서쪽에 있습니다.
	세부 설명	• 이 괘를 얻으면 실종인은 가출하면서 물건 혹은 재물을 챙겨 서방(西方)으로 갔습니다. 경신(庚申)의 방향이나 서방(西方)을 탐색하면 빠를 때에는 잡을 수 있을 것이나, 늦을 때에는 타인의 손으로 넘어가 버렸습니다. • 혹 음인(陰人) 여인과의 다툼이나 구설이 생기기 쉽겠습니다.

임신자 (壬申子)	총평	◉ 유리하고 장차 바탕이 됩니다. 그러나 인간적인 호소에는 응하십시오.
	세부 설명	• 이 괘를 얻으면 소송이나 관사 모두 유리하므로 급히 서두르지 않아도 좋습니다. 그리고 해결의 광명이 보입니다. 때를 얻었기 때문에 해결되겠습니다. • 모두가 유리하나 의외의 변수가 있는 법이므로 인정에 유념하는 것이 좋겠습니다. 송쟁은 오히려 장래 유리한 동기를 잉태할 수도 있을 것입니다.
임유축 (壬酉丑)	총평	◉ 노인은 어렵고 소아는 일어납니다. 조상에 제를 올리십시오.
	세부 설명	• 이 괘를 얻으면 병은 소아 또는 노인의 병입니다. 소아는 쉽게 회복되겠으나 노인은 십중팔구 사별하게 될 우려가 많습니다. • 조상에 제사하고 모든 일을 지성으로 신덕에 기원하며 적선을 행하면 평안을 얻겠습니다.
임술인 (壬戌寅)	총평	◉ 협력심만 가지면 모든 일이 형통합니다.
	세부 설명	• 이 괘를 얻으면 상업으로 득재할 가장 좋은 운세입니다. 동심에 협력하면 소망을 달성합니다. • 상담할 때 마음 내키는 대로 매매하여도 좋습니다. 재고상품은 원매인이 있을 것이며, 물품 매입은면 뜻대로 되겠습니다.
임해유 (壬亥酉)	총평	◉ 큰 길상입니다. 참 좋겠습니다.
	세부 설명	• 이 괘를 얻으면 하사를 불문하고 큰 길조가 있을 상입니다. 귀자를 얻고 모자 모두 안강하게 됩니다.
임자진 (壬子辰)	총평	◉ 친구에 의해 재복이 있게 생겼습니다. 친구를 잃지 마십시오.
	세부 설명	• 타인의 도움을 받아 재를 구하는 것이 좋겠습니다. 가까운 친구에 의하여 재원이 발복하게 됩니다. • 남방(南方)에서 희소식이 와 재원이 조성되고 임금은 남방(南方) 또는 동방(東方)일 경우에는 회수가 가능합니다.

임축사 (壬丑巳)	총평	◉ 기다리지 마십시오. 오지 않겠습니다.
	세부 설명	● 이 괘를 얻으면 음신은 오지 않습니다. 온다 하여도 늦기 때문에 무슨 일이든 의심이 생깁니다. 그러나 시기가 늦어지면 먼저 소식을 전하고 뒤에 오던지 또는 귀가한 다음 음신이 있겠습니다. ● 십중팔구는 음신이 올 시기가 아닙니다. 기다리지 않음이 좋겠습니다.
임인오 (壬寅午)	총평	◉ 자신의 생각대로 결정해야 좋습니다. 방해를 극복하십시오.
	세부 설명	● 이 괘를 얻으면 혼담에는 좋을 것입니다. 그러나 타인의 중상모략으로 놓칠 징조가 농후합니다. 타인 또는 고용인의 중상에 마음 쓰지 말고 결혼한다면 백년해로의 행복을 얻겠습니다. ● 타인의 방해가 예상됨으로 잘 타개하지 않으면 안 됩니다.
임묘미 (壬卯未)	총평	◉ 시기를 조절하십시오. 속도를 늦추십시오.
	세부 설명	● 이 괘를 얻으면 여행이나 외출은 평안합니다. ● 모든 일을 신속만을 위주로 하면 목적달성은 어렵고, 시기를 보고 행동한다면 성공합니다. 대인도 오지 않을 것이며, 온다고 하더라도 늦게야 오게 됩니다. 무엇이든 시기를 기다리는 것이 중요합니다.
임진신 (壬辰申)	총평	◉ 늦추는 것이 좋습니다. 서둘러도 되지 않습니다.
	세부 설명	● 이 괘를 얻으면 방문하여도 면담은 불가능합니다. 혹 면담하게 되더라도 목적달성은 안 되며 시간만 허비하게 되겠습니다. 그러므로 냉정하게 사기를 길러 시기를 기다려 방문하는 것이 현명하겠습니다. ● 래객은 있으나 마음이 안정되지 않아 변경을 보게 될 것입니다.
임사유 (壬巳酉)	총평	◉ 집안에 있습니다. 인일(寅日)에 발견합니다.
	세부 설명	● 실물은 집안에 있으며 밖으로 나간 것은 아닙니다. ● 인일(寅日)에는 발견될 것이나 혹 정체되면 쉽게 발견되지 않겠습니다.

	총평	⊙ 혼자 고민하다 나가서 피곤해 있습니다. 후에 옵니다.
임오술 (壬午戌)	세부 설명	• 심중에 고민이 있어 가출한 것입니다. 원방으로 달아난 것이 틀림없습니다. 타인에 의해 감금되었던지 아니면 유혹에 걸려 심신이 피로할 조짐이 있습니다. • 시일이 경과하면 평정을 찾고 임일(壬日)이나 유일(酉日)에 음신이 있든지 또는 귀가하게 되겠습니다.
	총평	⊙ 모든 일이 순조롭습니다. 최대한 노력하며 윗사람을 찾으십시오.
임미해 (壬未亥)	세부 설명	• 이 괘를 얻으면 계획하는 일 또는 구재가 처음같이 정체될 상이나 점차로 성과가 있겠습니다. 구재, 소망 모두 시기에 따라 뜻대로 될 것입니다. • 귀인의 보살핌이 있어 성취의 실마리가 잡힐 것이며, 점단일이 자일(子日)과 축일(丑日) 이면 노력과 비용이 적게 들면서 목적한 바가 진전을 보게 됩니다. • 목적은 달성되고 모든일이 순조롭습니다.

◉ 계부 癸部

계유자 (癸酉子)	총평	◉북쪽에 있는 신불에 기도하십시오. 임일(壬日) 또는 진일(辰日)부터 좋아집니다.
	세부 설명	●병세는 아직 절정에 이르지 않았으며 점차로 악화될 조짐이므로 좋고 나쁜 것은 끝나지 않았습니다. 병증은 혈농 증상으로서 임일(壬日)이나 진일(辰 日)부터는 차차 병이 퇴보하게 되겠습니다. ●북방(北方) 또는 손방(巽方)과 동남방(東南方)에 양의가 있으니 치료하시 고 북쪽 방향의 신불에 기원하시면 차도가 있을 것입니다.
계술축 (癸戌丑)	총평	◉계속 이익은 없게 되니 서둘러 마무리하십시오.
	세부 설명	●재운이 좋습니다. 경영이 순조로우며 모두 뜻한 대로 되겠습니다. 모든 일 을 신속하게 처리하는 것이 좋으며, 지체할 경우 효과가 감소하게 됩니다. ●모든 일은 중매인의 협조와 자신의 활발한 노력으로 이익은 날로 증가하게 되겠습니다. ●가격이 상승일일 때에는 매매 원결로 전매 이익을 보는 것이 좋으며, 상담 은 성립되나 급히 진행시키는 것이 상책이며 좋은 가격은 계속 될 수 없겠 습니다.
계해인 (癸亥寅)	총평	◉남아입니다. 큰 인물이 될 아이입니다.
	세부 설명	●이 괘상은 남아를 임신하게 됩니다. 성육 후 수재로 대기가 되겠습니다. ●출산의 기쁨은 신일(申日), 자일(子日) 또는 진일(辰日)에 있을 것입니다.
계자묘 (癸子卯)	총평	◉마음대로 진행해도 실패가 없는 좋은 운입니다.
	세부 설명	●형제, 붕우, 동지의 협력에 의하여 재리를 얻게 되겠습니다. ●업무상 금전대차 출자 등은 거의 깊이 고려하지 않고 진행하여도 길하게 됩니다. ●자금·금융은 중개자를 통하므로 성립하며, 대금 회수도 사용인에게 대행 청구를 시키면 후에 회수되겠습니다.
계축진 (癸丑辰)	총평	◉포기하십시오. 기력이 없습니다.
	세부 설명	●음신을 기다려도 상대방이 연체하고 있기 때문에 래신의 희망은 없습니다. 기다려봐도 큰 희망은 없겠습니다. ●만사 체념하는 것이 중요합니다.

계인사 (癸寅巳)	총평	◉인연이 아닌 바에야 미련둘 이유가 없고 해로가 안 되는데 맺을 필요가 없습니다.
	세부 설명	•혼담은 방해가 있어 성립이 어려우나 혹 귀인이 중매하는 경우는 성립되겠습니다. 그러나 결혼 후 서로 정이 융화되지 않아 애정을 상하게 될 징조가 있습니다. •탄식과 통곡으로 눈물을 흘리는 상입니다. 귀인의 후원과 교훈을 얻게 되면 부부가 성심 성의를 다할 때 비로소 화합을 이루게 되겠습니다.
계묘오 (癸卯午)	총평	◉온다고 해도 피곤할 뿐입니다. 간다고 해도 무익입니다.
	세부 설명	•이 괘를 얻으면 여행이나 출입은 원근을 불문하고 도로 무익합니다. 인생의 행로간을 생각하게 합니다. •대인은 거의 오지 않을 것입니다. 혹 온다고 하더라도 아무런 유익함이 없습니다.
계진미 (癸辰未)	총평	◉그냥 혼자 지내십시오. 찾아봐야 손해만 납니다.
	세부 설명	•이 괘를 얻으면 누구를 방문하든지 면담이 어렵습니다. 면접이 되더라도 목적은 달성하기 어려울 것입니다. 심로와 손재만 초래될 것이므로, 다른 방책을 고려하던가 아니면 독서삼매를 즐기는 것이 유익할 것입니다. •래객은 있으나 이익은 적을 것이며, 덕으로써 맞이하면 소득을 얻을 수 있을 것입니다.
계사신 (癸巳申)	총평	◉가까운 사람에게 당합니다. 그러나 선처하는 것이 좋습니다.
	세부 설명	•분실이나 도난은 근친 또는 친척, 붕우가 고의에 의하여 당하게 됩니다. 혹은 가옥이 방치할 수 있는 원인이 되고 있습니다. 재물의 소모가 거듭되기 쉬우며 더욱 가장의 심사를 상하게 되겠습니다. •좋게 온정을 갖고 선처하는 외 다른 방법은 없습니다.
계오유 (癸午酉)	총평	◉배신자입니다. 찾을 길이 없습니다.
	세부 설명	•이 괘를 얻으면 의리를 망각하고 타인의 꼬임을 받아 가출한 것입니다. 마침내는 음신이 있겠으나, 이미 배은망덕한 소행을 저지른 자이므로 보기만 하는 외 다른 도리는 없습니다. •가정이 암담함을 한탄하게 되겠습니다. 가인의 실종은 찾을 길이 없다고 보며 생사의 정도도 알기 어렵습니다.

계미술 (癸未戌)	총평	◉ 시기를 더 기다리고 서두르지 마십시오. 때는 반드시 옵니다.
	세부 설명	• 계획하는 일은 아직 시기가 오지 않아 십중팔구는 성립하지 않습니다. • 시기가 올 때까지 심로하지 말고 급히 서두르지 마십시오. 모름지기 호운 이 올 때까지 기다리는 것이 현명합니다. 앞으로 한 번 행운이 오게 되면 순풍에 돛을 달게 되겠습니다.
계신해 (癸申亥)	총평	◉ 비용만 축내는 싸움입니다. 비용을 줄이고 스스로 자중하는 수밖에 없 습니다.
	세부 설명	• 관사나 송사 모두 모름지기 비용의 소모가 많게 됩니다. 더욱이 심로와 고 통이 중첩되기 때문에 한을 품게 될 것입니다. 그저 우인의 원조를 기다려 선처하면 길하게 되겠습니다. • 스스로 수양하고 실비를 줄이는 방책을 고려하는 것이 현명하겠습니다.

綜合 易理要術集

종합 역리요 안집

綜合 易理要約集 _ 종합 역리요약집

1판 1쇄 인쇄 | 2011년 6월 10일
1판 1쇄 발행 | 2011년 6월 17일

지은이 | 최병기
펴낸이 | 문해성
펴낸곳 | 상원문화사
주소 | 서울시 은평구 신사1동 32-9호 대일빌딩 2층(122-882)
전화 | 02)354-8646 · **팩시밀리** | 02)384-8644
이메일 | mjs1044@naver.com
출판등록 | 1996년 7월 2일 제8-190호

책임편집 | 김영철
본문 일러스트 | 김혜성
표지 및 본문디자인 | 개미집

ISBN 978-89-87023-92-2 (03150)